suhrkamp taschenbuch
wissenschaft 2368

In der letzten der im Sommersemester 1959 gehaltenen Vorlesungen zu Immanuel Kants *Kritik der reinen Vernunft*, die nun als Taschenbuch vorliegen, spricht Adorno von einem dialektischen Denken, »dessen Elemente ich Ihnen an Kant entwickelt habe«. Deutlicher konnte Adorno nicht sagen, worum es ihm ging: nicht um immanente Auslegung des historischen Kant, sondern in Auseinandersetzung mit Kants Transzendentalphilosophie um »die Grundlegung der philosophischen Position, wie ich sie vertrete« – und für die er erst später den Namen »negative Dialektik« fand.

Das Werk Theodor W. Adornos (1903-1969) liegt im Suhrkamp Verlag vor.

Theodor W. Adorno
Kants »Kritik der reinen Vernunft«
(1959)

Herausgegeben von Rolf Tiedemann

Suhrkamp

Dieser Band ist textidentisch mit Abteilung IV: Vorlesungen Band 4 der *Nachgelassenen Schriften* von Theodor W. Adorno, herausgegeben vom Theodor W. Adorno Archiv.

Bibliografische Information der Deutschen Nationalbibliothek
Die Deutsche Nationalbibliothek verzeichnet diese Publikation in der Deutschen Nationalbibliografie; detaillierte bibliografische Daten sind im Internet über http://dnb.d-nb.de abrufbar.

Erste Auflage 2022
suhrkamp taschenbuch wissenschaft 2368

Umschlag nach Entwürfen von Willy Fleckhaus und Rolf Staudt
Druck und Bindung: C. H. Beck, Nördlingen
Printed in Germany
ISBN 978-3-518-29968-5

Inhalt

Kants »Kritik der reinen Vernunft«

1. Vorlesung
12. 5. 1959

Lassen Sie mich mit der Fiktion beginnen, daß Sie von der »Kritik der reinen Vernunft« noch nichts wissen. Diese Fiktion ist legitim und illegitim zugleich: sie ist illegitim insofern, als ein Werk von der Art der erkenntnistheoretischen Hauptschrift Kants natürlich selbst heute noch eine solche Autorität ausstrahlt, daß jeder irgend etwas davon gehört hat; sie ist aber in einem tieferen Sinn, glaube ich, gar nicht so fiktiv, wie sie sich anhört. Zunächst könnte man ja sagen, daß das, was man so irgendwie von einer Philosophie hat läuten hören, im allgemeinen eher dazu beiträgt, ihren eigentlichen Gehalt zu verdunkeln, als ihn klarzulegen. Die üblichen Formeln, auf die man die Philosophien zu bringen pflegt, tendieren dazu, die Werke zu verdinglichen, zu verhärten und eine genuine Beziehung zu ihnen eigentlich zu erschweren. Um Ihnen das gleich etwas zu konkretisieren mit Bezug auf das Werk von Kant: Sie alle haben sicherlich vernommen, daß die sogenannte Kantische Kopernikanische Wendung darin bestanden hat, daß diejenigen Momente der Erkenntnis, die man früher bei den Gegenständen, den ›Dingen an sich‹ gesucht hat, in das Subjekt, also in die Vernunft, in das Vermögen der Erkenntnis verlegt worden seien.[1] Eine solche Ansicht von Kant ist in ihrer Grobschlächtigkeit zugleich auch falsch, weil auf der einen Seite die Wendung zum Subjekt in der Philosophie viel älter ist als Kant – sie hebt in der neueren Geschichte der Philosophie ja mit Descartes an, und in einem gewissen Sinn war der bedeutende englische Vorläufer Kants, David Hume, subjektivistischer als Kant selber es gewesen ist –, zum anderen aber ist diese verbreitete Annahme deshalb falsch, weil das eigentliche Interesse der »Kritik der reinen Vernunft« gar nicht so sehr auf das Subjekt, auf die Wendung zum Subjekt, geht als vielmehr auf die Objektivität der Erkenntnis. Und wenn ich Ihnen das programmatisch einmal voranstellen darf, sozusagen als Motto alles dessen, was Sie nun vernehmen sollen, so wäre der Kantische Versuch geradezu zu charakterisieren als einer – nicht etwa Objektivität der Erkenntnis durch Subjektivismus zu beseitigen; sondern die Objektivität, die vor ihm durch die Beziehung auf das Subjekt relativiert, skeptisch eingeschränkt gewesen ist, nun im Subjekte selbst als eine objektive zu begründen. Das ist eigentlich, könnte man sagen, das Interesse Kants in der »Kritik der reinen Vernunft«, und er hat das an einer gar nicht sehr bekannten Stelle der Vorrede zu der »Kritik der reinen Vernunft« selber auch gesagt; ich will Ihnen das gleich vorlesen, weil es doch vielleicht dazu hilft, von Anbeginn ein wesentliches Mißverständnis wegzuräumen. Seine Betrachtung habe zwei Seiten, von denen die eine sich auf die Gegenstände bezieht, die andere darauf ausgeht, »den reinen Verstand selbst, nach seiner Möglichkeit und den Erkenntniskräften, auf denen er selbst beruht, mithin ihn in subjektiver Beziehung zu betrachten«. Und er sagt dann: obwohl diese Erörterung wichtig sei, gehöre sie doch nicht wesentlich zu seinem ›Hauptzweck‹, »weil die Hauptfrage immer bleibt, was und wie viel kann Verstand und Vernunft, frei von aller Erfahrung, erkennen, und nicht, wie ist das Vermögen zu denken selbst möglich«[2]. Ich glaube also, wenn Sie von Anfang an das Interesse der »Kritik der reinen Vernunft« sehen in der Absicht, die *Objektivität* von Erkenntnis zu erweisen, oder, wenn ich das vorwegnehmen darf, sie zu *retten,*[3] dann haben Sie von vornherein einen adäquateren Zugang zu dem Werk, als wenn Sie der verbreiteten Vorstellung von dem sogenannten Kantischen Subjektivismus sich überantworten, – obwohl natürlich diese beiden Momente in der Kantischen Philosophie unablässig aneinander sich abarbeiten. *Wie* sie sich abarbeiten, in welche Konstellationen zueinander sie treten, welche Schwierigkeiten sich dabei ergeben: das herauszustellen wird gerade die Aufgabe dessen sein, was ich mir für diese Vorlesung vorgenommen habe.

Aber lassen Sie mich auf meine Ausgangsfiktion zurückkommen. Ich darf deshalb annehmen, daß Sie in einem belasteten Sinn nicht mit der »Kritik der reinen Vernunft« vertraut sind, weil die Tradition, die einem solche Werke zugeeignet hat, eigentlich nicht mehr besteht. Es hat einmal, das ist jetzt sicher 40 Jahre her, ein damals sehr bedeutender Philosoph sehr hübsch und witzig formuliert, ein Philosoph sei ein Mensch, der wisse, was in den Büchern steht, die er nicht gelesen habe. Und dieses Wort hat damals wahrscheinlich auch auf die »Kritik der reinen Vernunft« seine Anwendung gehabt; das heißt: die Aura dieses Buches ist damals so außerordentlich gewesen, daß auch, wenn man den Text selber nicht gekannt hat, man irgendwie – verzeihen Sie das Wort, es gibt dafür wirklich kein besseres: ein ›Gefühl‹ von dem hatte, was darin steht. Die geistige Lage, der man sich heute gegenüber findet, ist die, daß eine solche Autorität überhaupt kein Werk der Vergangenheit mehr hat; und das Kantische Hauptwerk hat eine solche Autorität ganz gewiß nicht mehr, allein schon aus dem einfachen Grund, weil die philosophische Schule, die bis vor ca. 40 Jahren in Deutschland wenigstens die Universitäten beherrscht hat: der Neukantianismus in seinen verschiedenen Nuancen, in der Marburger mathematischen, in der südwestdeutschen geisteswissenschaftlichen Nuance etwa, seitdem verblaßt und ein bißchen ein toter Hund geworden ist, – so daß also auch von daher der »Kritik der reinen Vernunft« unmittelbar keine Kräfte traditioneller Art mehr zuwachsen. Ich stelle mir also vor, daß Sie so ein bißchen in der Lage sind, von vornherein – und ich mache Ihnen daraus weiß Gott keinen Vorwurf; im Gegenteil: ich setze das als das Gegebene voraus –, daß Sie so ein bißchen an die »Kritik der reinen Vernunft« herangehen mit der Vorstellung: ist das nicht vielleicht auch so ein großer Kurfürst, so ein bißchen ein staubiger Götze, der da auf einem Sockel steht und den nun die Professoren, weil sie, Gott sei's geklagt, das seit 150 Jahren gewöhnt sind, immer wieder abhandeln, ohne daß uns das eigentlich so arg viel angeht; was haben wir damit eigentlich so recht zu schaffen? Sie werden sich also vorstellen, daß es sich in der »Kritik der reinen

Vernunft« auf der einen Seite um bestimmte Fragen der Wissenschaftstheorie und schließlich um einzelwissenschaftliche Erörterungen handle, die durch den tatsächlichen Stand der Wissenschaften weithin überholt sind; z. B. werden Sie alle irgend etwas davon gehört haben, daß die Kantische Lehre von der Apriorität von Raum und Zeit durch die Relativitätstheorie erschüttert worden sei, oder daß die Kantische Lehre von der Kausalität als einer apriorischen Kategorie durch die Quantentheorie ebenso erschüttert sei. Auf der anderen Seite aber werden für Sie die in einem engeren, einem spezifischen Sinn philosophischen – also nicht der Begründung der Wissenschaften gewidmeten – Fragen der »Kritik der reinen Vernunft« sowieso ein bißchen an Dignität verloren haben. Denn wenn Sie heute etwas von Metaphysik hören – um Ihnen das andere Stichwort zu geben, das den kritischen Gegenstand des Kantischen Werkes bildet –, so ist Ihr Interesse dabei im allgemeinen gar nicht mehr wesentlich das derjenigen Begriffe, die bei Kant Metaphysik ausmachen: also der Begriffe von Gott, Freiheit und Unsterblichkeit oder von der Unabhängigkeit oder dem Ansichsein oder Nicht-Ansichsein der Seele; sondern man hat Sie dazu erzogen, in solchen Begriffen wie etwa dem des *Seins* eigentlich den Gegenstand der Metaphysik zu erblicken. Lassen Sie mich hier Ihnen gleich sagen, daß die sogenannte Frage nach dem Sein nicht etwa gegenüber der »Kritik der reinen Vernunft« ein neuer Fund oder nicht etwa eine glückliche Ausgrabung ist, sondern daß über den Begriff des Seins in einem sehr zentralen Kapitel der »Kritik der reinen Vernunft«, dem Kapitel über die ›Amphibolie der Reflexionsbegriffe‹, sehr eindeutig und sehr bestimmt die Rede ist. Und vielleicht darf ich dem jetzt schon hinzufügen, daß ich glaube, daß es – wenn man gegenüber dem gegenwärtigen Gerede vom Sein überhaupt seiner selbst mächtig bleiben und der Suggestion der sogenannten Seinsphilosophie nicht verfallen will – recht gut ist, wenn man sich mit diesen Dingen vertraut macht. – Ich möchte nicht die Schwierigkeiten, die ich Ihnen eben angedeutet habe, auf die Weise beseitigen, daß ich Ihnen nun nach Professorenart versichere, daß die »Kritik der reinen Vernunft« ein ewiges göttliches Werk sei, etwa in der Art, wie über zwei Jahrtausende hin die Autorität des Platon gegolten hat; und daß wir in gewisser Weise erlahmen, diesen Ewigkeitswerten gegenüber den nötigen Respekt und das nötige Interesse aufzubringen. Ich würde sagen, daß eine solche Ermahnung selber bereits den gleichen Charakter der Ohnmacht und der Hohlheit hat, der in einem solchen Begriff der unveränderlichen Ewigkeitswerte selber drinsteckt.

Ich möchte statt dessen etwas anderes tun; ich möchte versuchen, dieses Werk, von dem ich allerdings, das kann ich nicht leugnen, der Ansicht bin, daß es auch heute noch aus sachlichen Gründen, wenn auch aus ganz anderen als denen seiner Entstehungszeit, das denkbar größte Interesse verdient, – ich möchte also versuchen, dieses Werk in einem gewissen Sinn zum Sprechen zu bringen. Ich möchte versuchen, Ihnen das eigentliche Interesse zu zeigen, das diese Dinge, die darin erörtert werden, heute überhaupt haben können; und ich möchte versuchen, dabei auf die Erfahrungen zu rekurrieren, die als objektive, als geschichtsphilosophische Erfahrungen hinter diesem Werk stehen: in einem vergleichsweise ähnlichen Sinn, wie ich es in meinem Festvortrag über Hegel,[4] den manche von Ihnen vielleicht gehört haben werden, an Hegel versucht habe. Ich möchte also versuchen, sozusagen diese Philosophie aus einem kodifizierten, erstarrten Gebilde zurückzuübersetzen in das, als was sie unter einem insistierenden Röntgenblick allenfalls erscheinen mag; nämlich Sie dazu anzuhalten, diese Philosophie als ein Kraftfeld zu begreifen, als etwas, wo noch hinter den abstraktesten Begriffen, die da miteinander in Konflikt geraten, sich aneinander abarbeiten, in Wirklichkeit außerordentlich lebendige Kräfte der Erfahrung stehen. Und dabei wird selbstverständlich auch als ein wesentlicher Aspekt sich zu ergeben haben, daß ich – wenn mir einigermaßen gelingt, was ich vorhabe – Sie befähige, den Text der »Kritik der reinen Vernunft«, der ja sehr umfangreich ist, von sich selbst aus zu lesen; dabei zwischen Wesentlichem und Unwesentlichem zu unterscheiden, was bei der Lektüre Kants eine recht wichtige Aufgabe ist; und die Dinge weiter in einer solchen Weise sich lebendig zu machen, wie ich es an einigen Modellen versuchen will. Es ist nicht etwa meine Absicht, Ihnen hier nun umständliche Resümees der »Kritik der reinen Vernunft« vorzulegen oder Ihnen Kommentare zu einzelnen Stellen zu geben; das ist unzählige Male geschehen, und diejenigen, die etwas derartiges wünschen, werden in der Literatur übergenug an solchen Schriften finden. Sondern ich werde wirklich versuchen, durch die Interpretation einzelner Probleme, die ich für zentral halte, Sie in die philosophische Problematik selber hereinzunehmen, nur in dem Sinn eben, daß ich Ihnen dabei nicht die »Kritik der reinen Vernunft« so einfach vortrage wie eine Philosophie, sondern daß ich versuche, diese Philosophie selber Ihnen als eine Art Schrift von dahinterstehenden geistigen Erfahrungen lesbar zu machen, – wobei der Begriff der Erfahrung (oder dessen, was ich dabei Ihnen zeigen will) von mir nun auch nicht abstrakt vorweggenommen werden kann. Ich bitte Sie, nicht etwa von mir zu verlangen, daß ich mit einer Definition dessen, was ich zeigen will, einsetze; sondern was das ist, wird sich im Laufe der Vorlesung selbst erst ergeben.

Sie werden zunächst einmal fragen, woher eigentlich die ungeheure Belastung dieses Buches als des schlechthin philosophischen stammt. Gerade wenn eine Tradition, in der die Autorität von Büchern nicht mehr selbstverständlich ist, vergangen ist, dann hat das ja auch das Gute, daß man eine solche Frage tatsächlich stellen kann. Ich möchte Ihnen übrigens sogleich sagen, daß, wenn ich Ihnen vom Autoritätsverlust der »Kritik der reinen Vernunft« gesprochen habe, ich nicht ins Leere hinein geredet habe, sondern daß es tatsächlich in unserer Zeit philosophische Richtungen gibt, die wirklich diese ganze Kantische Philosophie so als eine Art von Popanz betrachten, der durch die Entwicklung der Wissenschaften einfach überholt sei; mit dem sich abzugeben allenfalls noch antiquarisches Interesse beanspruchen dürfe, aber nicht eigentlich philosophische Arbeit. Zum Beispiel: Reichenbach, der logische Positivist, hat in seinem Buch »The Rise of Scientific Philosophy«[5] und noch in einer Reihe von anderen Schriften diese Auffassung jedenfalls mit sehr großer Zivilcourage, wenn auch nicht immer mit der notwendigen Sensibilität, vertreten. Sie könnten fragen, woher es eigentlich rührt, daß ein solches Buch eine solche Autorität hat, – wobei zunächst einmal auffällt, daß unmittelbar von den großen Gegenständen, von denen man glaubt, daß ihnen nun das entscheidende Interesse gebühre, in diesem Werk gar nicht die Rede ist. Also wenn Sie – um das einmal ganz grob deutlich zu machen – erwarten, aus der »Kritik der reinen Vernunft« nun etwa Beweise für oder gegen die Existenz Gottes oder der Unsterblichkeit oder der Seele oder der Freiheit zu empfangen, dann werden Sie dabei arg enttäuscht werden. Es fehlt zwar in diesem Buch, vor allem in dem großen zweiten Teil der ›Transzendentalen Logik‹, nämlich der ›Transzendentalen Dialektik‹, nicht an solchen Beweisen, aber diese Beweise haben die fatale Eigenschaft, daß Kant sie immer doppeldeutig organisiert hat, daß er sie in Form von Antinomien aufgestellt hat; das heißt also, daß er gezeigt hat, daß sich sowohl diese Begriffe selber beweisen lassen wie eben auch ihr Gegenteil. Das, was hier vorliegt, ist eine Erkenntnistheorie, aber eine Erkenntnistheorie in einem doppelten Sinn: nämlich einmal in dem Sinn, daß sie versucht, die Grundlage der für Kants Bewußtsein etablierten und zweifelsfreien Wissenschaften, nämlich der mathematisch-naturwissenschaftlichen Wissenschaften zu errichten; andererseits aber auch in dem Sinn, daß sie versucht, die Möglichkeit der Erkenntnis jener absoluten Begriffe, die Sie zunächst einmal als das Wichtigste ansehen mögen, einzuschränken. Daß Sie das sogleich richtig sehen: es wird nicht etwa in der »Kritik der reinen Vernunft« gegen diese Begriffe polemisiert im Sinn eines negativen Urteils; es wird nicht etwa die Existenz Gottes geleugnet. Und wenn Heine in seinem berühmten Witz in der »Geschichte der Religion und Philosophie in Deutschland« gesagt hat, daß das Ergebnis der »Kritik der reinen Vernunft« sei, daß selbst der Herr der Heerscharen unbewiesen in seinem Blute schwimme,[6] dann ist dabei ein großer Akzent auf das *unbewiesen* zu legen; das heißt: die Möglichkeit des Beweises ist eingeschränkt, es werden aber geradehin Urteile über diese Kategorien in dem Buch selber eigentlich gar nicht gefällt. Das, was also zunächst einmal die ungeheure Bedeutung des Buches ausmacht, und was wirklich das ganze Bewußtsein seitdem so verändert hat, daß es wahrscheinlich noch bis in die Alltäglichkeit unseres Geistes hineinwirkt, das ist wahrscheinlich das, daß es überhaupt gewisse Fragen aus unserem Horizont als Fragen der Vernunft verbannt hat. Der Geisteshistoriker Groethuysen hat in seinen Werken[7] nachzuweisen versucht, wie – gar nicht im Sinn etwa des Atheismus, sondern im Sinn eines Verschwindens der Fragen – im Lauf der geistigen Entwicklung des späteren 17. und des früheren 18. Jahrhunderts Gott und der Teufel aus der Welt gekommen sind. Nun, – man könnte sagen, daß die »Kritik der reinen Vernunft« eigentlich die Bedeutung hat, daß eine Reihe dieser metaphysischen großen, tragenden Begriffe überhaupt aus dem Horizont des vernünftig Entscheidbaren herausgekommen sind. Und wenn etwa die moderne Theologie, wie sie im Anschluß an Sören Kierkegaard von Karl Barth begründet worden ist, mit einem ungeheuren Pathos und Nachdruck die theologischen Kategorien in äußersten Gegensatz überhaupt zu dem Wissen setzt und versucht, den paradoxen Begriff des Glaubens auf sie anzuwenden, dann ist das, wenn Sie wollen, selbst auch noch insofern in der Kantischen Situation gelegen, als Kant eben zwischen dem Wissen und jenen metaphysischen Kategorien jenen Bruch endgültig etabliert hat, der da heute für uns überhaupt vorauszusetzen ist.

Wenn also von *Kritik* der reinen Vernunft die Rede ist, dann heißt diese Kritik nicht sowohl eine negative oder überhaupt eine Antwort auf die sogenannten philosophischen Grundfragen, sondern es ist Kritik *an* diesen Fragen; das heißt, an der Fähigkeit der Vernunft, solche Fragen zu stellen, solchen Fragen gerecht zu werden. Man kann vielleicht sagen, daß die ungeheure Wirkung der »Kritik der reinen Vernunft« genau darin begründet war, daß jenes Moment der bürgerlichen Entsagung, jener Verzicht, über die entscheidenden Fragen überhaupt etwas Wesentliches zu sagen, und statt dessen im Endlichen sich einzurichten und im Endlichen nach allen Seiten zu gehen, wie es bei Goethe heißt,[8] – daß das in der Kantischen Philosophie eigentlich zum ersten Mal seinen Ausdruck gefunden hat. Und das ist ein ganz anderes Bewußtsein als etwa das radikal atheistische Bewußtsein von Aufklärern wie Helvétius oder Lamettrie oder Holbach, bei denen es sich ja tatsächlich um negative Antworten gehandelt hat, in denen die Vernunft immerhin es sich zugetraut hat, über das Absolute etwas auszumachen, – während genau das bei Kant eingeschränkt wird. Worin aber nun das Entscheidende das ist (und das führt Sie vielleicht wirklich in diese innere Komplexion herein), daß das Kantische Werk geleitet wird von der Überzeugung, daß gerade dadurch, daß dieses Ausschweifen ins Absolute, dieses ›Ausschweifen in intelligible Welten‹, wie er es nennt,[9] der Vernunft verwehrt wird; daß man dadurch nun gewissermaßen fest mit beiden Füßen auf der Erde stehe, und daß man dadurch eigentlich erst recht wisse, was man nun überhaupt positiv und bestimmt wissen könne. Also es ist, man könnte beinahe sagen: eine Theodizee des zugleich seiner eigenen Praxis bewußten und an seiner Utopie verzweifelnden bürgerlichen Daseins, die in der »Kritik der reinen Vernunft« kodifiziert worden ist. Und die Kraft der »Kritik der reinen Vernunft« liegt gar nicht so sehr in der Antwort, die er auf die sogenannten metaphysischen Fragen erteilt hat, als in der sehr heroischen, sehr stoischen Weigerung, auf diese Fragen überhaupt eine Antwort zu erteilen. Die Möglichkeit dazu aber liegt bei Kant in der Selbstreflexion der Vernunft. Sie liegt also darin, daß ich, als ein vernünftiges Wesen, auch über meine eigene Vernunft nachdenke, und durch dieses Nachdenken über meine eigene Vernunft mir Rechenschaft gebe sowohl über das, was sie leisten, wie ebenso über das, was sie nicht leisten kann. Und in dieser Doppelheit der Selbstreflexion liegt eben jener Kantische Anspruch beschlossen, auf der einen Seite die Grundlage der Erfahrung – mit anderen Worten also: die ursprünglichen leitenden Begriffe der Naturerkenntnis – uns zu gewähren; auf der anderen Seite aber uns daran zu hindern, darüber hinauszugehen und ins Absolute hinein zu spekulieren. – Lassen Sie mich immerhin an dieser Stelle wenigstens bereits sagen, daß in diesem Gedanken der Selbstreflexion der Vernunft ein Problem steckt und eine Aufgabe, die dann eigentlich in der nachkantischen Philosophie, der Philosophie des deutschen Idealismus im engeren Sinn, sich entfaltet hat. Man könnte nämlich fragen: wieso kann eigentlich die Vernunft an sich selbst Kritik üben? Ist sie denn nicht dadurch, daß sie an sich selbst Kritik übt, immer schon bereits in einem Vorurteil befangen? Das heißt: traut sie sich nicht dadurch, daß sie über ihre Möglichkeiten, absolute Aussagen zu machen, urteilt, notwendigerweise selber auch schon bereits Aussagen über das Absolute zu? Und in der Tat hat der nachkantische Idealismus genau diese Konsequenz, diesen ganz einfachen Gedanken, den ich Ihnen eben sage, *gegen* Kant gewandt. Es ist das vielleicht die entscheidende Differenz zwischen Kant auf der einen Seite und seinen Nachfolgern auf der anderen, daß bei ihm die Reflexion der Vernunft auf sich selbst ganz naiv geschieht; ungefähr so, wie auch bei den englischen Empiristen, wo man halt so den Mechanismus der Vernunft zergliedert. Kant spottet zwar an einer Stelle über den Begriff einer Physiologie der Vernunft, wie sie bei Locke vorgelegen habe, die etwas dergleichen sich zutraue;[10] aber wenn man sich im Ernst ansieht, was er selber in der »Kritik der reinen Vernunft« geleistet hat, dann wird man finden, daß das von einer solchen Physiologie der Vernunft, also von einer Zergliederung der Vernunft, allerdings ›auf Grund von Prinzipien‹, wie Kant das nennt, gar nicht so sehr weit entfernt ist. Während seine Nachfolger dann das Problem gestellt haben: was das *bedeutet,* daß die Vernunft sich selbst kritisiert, – und aus dieser Frage ebenso Kritik an Kant abgeleitet haben, wie dann doch versucht haben, eben daraus auch eine Reihe von Antworten herzuleiten, die Kant durch seine Kritik jedenfalls zunächst nicht hat geben wollen.

Aber ich glaube, es ist gut, daß Sie festhalten, daß der als so schwierig verrufene Kant jedenfalls in dem Sinn ein relativ einfacher Schriftsteller war, daß er geglaubt hat – ohne viel darüber nachzudenken –, daß die Vernunft auch das Bereich der Vernunft, auch das Bereich der Erkenntnis genausogut behandeln kann wie irgendein anderes wissenschaftliches Bereich. Das hängt damit zusammen – und das ist weiter eine der Voraussetzungen zum Verständnis von Kant, die Sie sich unbedingt klarmachen müssen, wenn Sie überhaupt sehen wollen, was in dieser Philosophie sich abspielt –, das hängt damit zusammen, daß hinter der Kantischen Philosophie ein ungeheures Vertrauen auf die mathematischen Naturwissenschaften waltet; daß das Pathos dieser Philosophie geradezu von diesen Wissenschaften erfüllt ist. Wenn Sie verstehen wollen, was in einem gewissen Sinn die ganze »Kritik der reinen Vernunft« inspiriert hat, dann ist es das, daß die Anstrengungen der Metaphysik, gewisse absolute Erkenntnisse aus sich heraus, aus bloßem Denken heraus zu spinnen, gescheitert sind, – und insofern Hume daran Kritik geübt hat, hat er recht gehabt. Aber wir brauchen deshalb daran nicht zu verzweifeln, weil wir eben kraft der ungeheuren Überzeugungskraft der mathematischen Naturwissenschaften – vor allem also der Mathematik und dessen, was wir heute theoretische Physik nennen würden – über einen ganzen Stamm von Erkenntnissen verfügen, die tatsächlich dem Kriterium absoluter Wahrheit genügen: nämlich die für alle künftige Erfahrung absolut verbindlich gelten sollen. Nur unter dieser Voraussetzung also, daß eigentlich die Wissenschaft das an Absolutheit der Erkenntnis leistet, was der bloße abstrakte spekulative Gedanke vorher vergebens zu leisten beansprucht hat, – nur unter dieser Voraussetzung wird die ganze Kantische Leistung verständlich.

Ich glaube, damit kann ich Ihnen schon eine der Schwierigkeiten wegräumen, auf die man als ein sogenannter naiver Leser sicherlich sehr leicht stößt, wenn man sich mit der »Kritik der reinen Vernunft« befaßt. Da ist nämlich davon die Rede (in der Einleitung, und das wird dann in der Tat durch sehr große Teile des Werkes durchgeführt): *wie sind synthetische Urteile a priori möglich?* Das ist eine der Hauptfragen der »Kritik der reinen Vernunft«. Ich möchte Ihnen gleich, ohne lange Präambeln, zunächst einmal sagen, was diese Frage überhaupt bedeutet. Zunächst aber möchte ich Sie daran erinnern, daß der Schock, von dem ich gesprochen habe, in dem ›*wie* sind möglich‹ steckt, während man, wenn man als ein spekulativer philosophischer Mensch an die Lektüre dieses Werkes herangeht, eigentlich eine ganz andere Frage erwartet; nämlich: *sind* synthetische Urteile a priori, also sind absolut gültige Erkenntnisse – lassen Sie mich es einmal so aussprechen – überhaupt möglich? Diese Frage wird in der »Kritik der reinen Vernunft« nicht aufgeworfen.[11] Sie können hier deutlich sehen, wie wenig sich ein Werk, wie man so sagt: voraussetzungslos nur aus sich selbst verstehen läßt. Und wenn eine solche Vorlesung wie diese (und wie alle Vorlesungen über solche Gegenstände) einen besseren Rechtsgrund hat als bloß den, daß sie im Vorlesungsverzeichnis steht, dann ist dieser Rechtsgrund wohl eben darin zu suchen, daß das Verständnis solcher Werke aus sich selbst heraus nicht geleistet werden kann; gar nicht im Sinn der ominösen schulmeisterlichen Rede, daß man von allem die historischen Voraussetzungen kennen müsse, um es recht plazieren zu können – das wäre mir herzlich gleichgültig –, sondern aus dem Grund, daß die sachlichen Problemstellungen selber gar nicht verständlich sind, ohne daß man gewisse Kraftfelder kennt, innerhalb derer diese Philosophien sich bewegen. – Das Werk Kants heißt »Kritik der reinen Vernunft«, und es heißt wohl als erstes ›Kritik‹. Aber es ist darin der Sache nach gar nichts Neues, sondern man kann eigentlich sagen, daß die gesamte Geschichte der Philosophie nichts anderes ist als ein einziger ungeheurer Zusammenhang von Kritik, die das Bewußtsein an seinen Ideen, an seinen Vorstellungen und damit schließlich an sich selbst geführt hat, – so daß in diesem Sinn die »Kritik der reinen Vernunft« ein erstes Zu-sich-selber-Kommen der Philosophie überhaupt wäre. Was ich also sagen will ist, daß diese sonderbare Formulierung »*Wie* sind synthetische Urteile a priori möglich« dadurch überhaupt ihren Sinn gewinnt, und zugleich dadurch Ihnen etwas überhaupt verrät über die ganze Komplexion, die innere Zusammensetzung dieses Denkens, daß ihr als das eigentlich Substantielle, als das, woran sie ihr fragloses Recht zu haben glaubt, eben diese sogenannten synthetischen Urteile a priori vor Augen stehen, – und die, weil sie ja eben nicht abstrakt aus sich die Wahrheit herausspinnt, sondern weil sie von der Wahrheit, wie Kant es nennt: als von einem ›Gegebenen‹ ausgeht, sich an die Erkenntnisse hält, die sie als solche wahrhaften und absoluten Erkenntnisse betrachtet.

Lassen Sie mich Ihnen gleich hier sagen, was synthetische Urteile a priori sind; entschuldigen Sie, wenn ich etwas elementar rede, aber wenn ich schon mit meiner Fiktion ernst mache, daß Sie nichts von Kant wissen, muß ich das wohl tun. Zunächst muß ich Ihnen erläutern, was überhaupt ein *Urteil* ist; denn davon haben Sie alle wohl irgendwie eine mehr oder minder vage Vorstellung, aber doch eine vage. In der alten logischen Tradition hat man die Urteile charakterisiert als den Zusammenhang von Subjekt, Prädikat und Kopula, – also: daß von einem Gegenstand, entsprechend dem Subjekt im grammatischen Sinn, etwas *anderes* prädiziert wird, was dann durch die Form des ›ist‹, des ›A ist B‹, ausgedrückt werden soll. Das ist eine verhältnismäßig äußerliche Charakteristik eines Urteils, weil es eine Getrenntheit dieser Momente voraussetzt, die in der Tat nicht vorliegt; und außerdem ist es auch mit der darin implizierten Identität von A = B eine problematische Sache, weil im allgemeinen der Begriff, dem eine spezifische Sache subsumiert wird, immer weiter ist als die Sache selber, so daß das Urteil zugleich identisch und unidentisch ist. Sie kommen hier also auf alle Arten von Schwierigkeiten, und man hat deshalb das Urteil überhaupt definiert als einen Tatbestand, auf den die Frage nach der Wahrheit sinnvoll angewandt werden kann. Wenn ein solcher Tatbestand sprachlich ausgedrückt wird, so pflegt man ihn einen *Satz* zu nennen, aber dieser Unterschied spielt bei Kant keine große Rolle; bei Kant lesen Sie im allgemeinen von Urteilen, aber Sätze sind eben vielfach dabei gemeint, und nicht der Zusammenhang zwischen primitiven vorsprachlichen Begriffen. – Urteile können synthetisch oder analytisch sein, das heißt soviel wie: daß der Prädikatsbegriff dem Subjektsbegriff entweder etwas Neues hinzufügt oder, wie man exakter sagen muß, daß der Prädikatsbegriff nicht selbst in der Definition des Subjektsbegriffs enthalten ist; wenn das *nicht* der Fall ist, also: wenn es ein Urteil ist, das etwas Neues hinzufügt oder, wie man das auch nennt, wenn es sich um ein ›Erweiterungsurteil‹ handelt, dann sprechen wir von synthetischen Urteilen. Und wenn *das* nicht der Fall ist, wenn also der Prädikatsbegriff eine bloße Wiederholung des Subjektsbegriffs ist, wenn er in der Definition des Subjektsbegriffs drinsteckt, dann sprechen wir von analytischen Urteilen; das heißt: das Urteil ist dann eine bloße Analysis, eine bloße Analyse seines Subjektsbegriffs; sagt eben dann nur das aus, was in dem Subjektsbegriff bereits drinsteckt. Mit anderen Worten: die analytischen Urteile sind eigentlich alle Tautologien. – Diese Begriffe werden bei Kant verbunden mit den Begriffen des Apriori und des Aposteriori. Die analytischen Urteile sind selbstverständlich allesamt a priori, das heißt: sie gelten alle schlechterdings und unbedingt, – eben weil sie Tautologien sind. Weil sie eigentlich überhaupt keine Urteile sind, deshalb können sie auch gar nicht widerlegt werden, sondern sie sind bloße Wiederholungen der Definitionen, die dabei vorausgesetzt werden. Die synthetischen Urteile dagegen können a priori *oder* a posteriori sein; das heißt: wenn Sie über irgendeinen Gegenstand etwas aussagen, ein Urteil darüber fällen, dann kann dieses Urteil entweder ›aus der Erfahrung‹ stammen (würde Kant sagen), oder es kann schlechterdings notwendig sein, ohne daß es doch in diesem Begriff bereits enthalten ist. Also wenn Sie zum Beispiel sagen »Alle Menschen sind sterblich«, so ist das ein Erfahrungsurteil, da die Sterblichkeit im Begriff des Menschen nicht ohne weiteres enthalten ist. Wenn sie aber sagen »Alle Körper sind ausgedehnt«, so ist das ein synthetisches Urteil a priori;[12] das heißt: die Ausdehnung ist im Begriff des Körpers nicht drin enthalten, aber trotzdem kommt allen Körpern notwendig die Qualität der Ausdehnung eben auch zu.

Sie werden mich jetzt fragen, und damit komme ich wieder auf den ›Großen Kurfürsten‹ oder auf die Frage, ob das eine Perücke oder ein Zopf sei, – Sie können nun fragen: Ja, großer Gott, das soll nun also das wichtigste Werk in der Geschichte der Philosophie sein, und wir sollen eine umständliche Vorlesung uns darüber anhören, wie synthetische Urteile a priori möglich sind; wie also Urteile möglich sind, in denen etwas Neues gesagt wird, was aber trotzdem für alle Zeiten gilt... Dazu ist zu sagen, daß der Begriff der Wahrheit selbst bei Kant – und das ist nun wieder etwas, was, ich möchte sagen: mit dem bürgerlichen Denken aufs allertiefste zusammenhängt – der einer zeitlosen Wahrheit ist. ›Absolut sein‹ heißt bei Kant soviel wie: gleichsam durch die Zeit nicht widerlegbar sein; ein absolut sicherer Besitz; etwas, was einem nicht entrissen werden kann, was man für alle Zukunft fraglos in den Händen hält. Der Begriff der Zeitlosigkeit der Wahrheit: also der Begriff, daß eigentlich wahr überhaupt nur das sei, was zeitlos ist, während das, was widerlegt werden kann, eben dadurch auch eigentlich an den Begriff der Wahrheit nicht heranreicht: das ist eine der innersten Triebkräfte der Kantischen Philosophie. Und wenn schließlich unter den obersten Ideen die Idee der Unsterblichkeit erscheint, dann gibt Ihnen das gewissermaßen den Schlüssel für das ungeheure Pathos, das dieser Begriff der Apriorität bei Kant hat. Es kommt ihm gewissermaßen an in seinem Werk auf eine Art Rechnungslegung, in der er diejenigen Erkenntnisse herauskristallisieren will, die ich nun absolut sicher, ohne mich in Schulden zu verstricken, ohne daß sie von der Geschichte eingeklagt werden können, am Ende zurückbehalte. Solche, wie Sie denken mögen, etwas philiströsen Gleichnisse aus dem bürgerlichen Handelsverkehr spielen im übrigen bei Kant und auch in der »Kritik der reinen Vernunft« eine große Rolle; und ich darf Ihnen vielleicht sagen, daß sie mit dem Großartigen, nämlich mit einer bestimmten Art von Nüchternheit, von Seiner-selbst-mächtig-Bleiben auch den sogenannten erhabensten und größten Gegenständen gegenüber, – daß das mit jener Art der Kantischen Bürgerlichkeit und Philistrosität sehr tief zusammenhängt; daß man wahrscheinlich gerade in dieser Nüchternheit viel eher das Zentrum der Kantischen Metaphysik wird suchen dürfen als dort, wo die Kantische Metaphysik sich unmittelbar metaphysisch gebärdet. – Also dieses Interesse an den synthetischen Urteilen a priori bezieht sich tatsächlich darauf, daß Kant von der Wahrheit jenen Charakter der zeitlosen Dauer verlangt. Ich möchte Sie jetzt schon darauf aufmerksam machen, daß an dieser Stelle eines der allertiefsten Probleme Kants herrscht: daß er nämlich auf der einen Seite wie keiner vor ihm gesehen hat, daß die Zeit selber eine notwendige Bedingung der Erkenntnis und damit auch von jenen angeblich zeitlosen Erkenntnissen ist, nämlich als Form der Anschauung; daß er aber auf der anderen Seite Zeitlichkeit selber doch als einen Makel angesehen hat und als etwas, was von wahrhaft verbindlicher Erkenntnis eigentlich zu vermeiden sei. Und das also ist der Grund, warum die Fragestellung, ob und wie synthetische Urteile a priori möglich sind, für die »Kritik der reinen Vernunft« eine solche Schlüsselstellung hat.

2. Vorlesung
14. 5. 1959

Ich möchte zunächst einmal ein Mißverständnis berichtigen oder vielmehr einen groben Lapsus, den ich in der Hitze des Gefechts gegen Ende der letzten Stunde begangen habe und auf den ich aufmerksam gemacht worden bin. Ich habe nämlich einen völligen Blödsinn als Beispiel gesagt – wie das passieren mag, wenn man gegen Ende einer Stunde möglichst viel zusammenzudrängen sucht –, als ich Ihnen das Beispiel für synthetische Urteile a priori gab. Natürlich ist der Satz »Alle Körper sind ausgedehnt«, sofern es sich dabei um die Definition des Körpers in der Geometrie – genauer gesagt: in der Stereometrie – handelt, ein analytisches Urteil und nicht etwa, wie ich törichterweise gesagt habe, ein synthetisches; sondern ein synthetisches Urteil wäre – das ist das klassische Beispiel, das hier immer gegeben wird – der Satz »Alle Körper sind schwer«, weil der Begriff der Schwere in der Dreidimensionalität als solcher nicht enthalten ist.[13]

Ich möchte aber doch die Gelegenheit benutzen, die paar Worte, die ich Ihnen sagen mußte, um dieses Mißverständnis aufzuhellen, gleichzeitig in einen Fingerzeig auf ein Problem zu verwandeln, das an dieser Stelle tatsächlich liegt, – und zwar auf ein sehr ernstes Problem: nämlich daß die Unterscheidung nach synthetischen und analytischen Urteilen wohl überhaupt schwer isoliert an dem Einzelurteil gefällt werden kann. Und die Tatsache, daß zum Beispiel die Frage, wie weit die mathematischen Sätze synthetische Urteile sind, wie Kant es will, oder wie weit sie analytische Sätze sind, wie es die Ansicht von Leibniz war und wie es wiederum die Ansicht der neuen Mathematik ist – bekanntlich hat ja Henri Poincaré den Satz geprägt, die ganze Mathematik sei eine einzige Tautologie –, diese Frage hängt eben doch weitgehend davon ab, innerhalb welchen Zusammenhangs, innerhalb welchen Bezugssystems ein derartiges Urteil sich nun befindet. Das heißt zum Beispiel: wenn Sie den Begriff des Körpers (ich improvisiere das, ohne mich wissenschaftlich dafür verbürgen zu können, aber es kommt mir dabei auf das Idealtypische an und nicht auf den Stand der Einzelwissenschaften), – wenn Sie etwa eine Definition oder ein Urteil, eine Bestimmung des Körpers einführen in einen Zusammenhang wie den der Chemie, in dem die Schwere zu den konstitutiven Grundkategorien überhaupt gehört, dann kann dieselbe Aussage »Alle Körper sind schwer«, welche den Charakter eines synthetischen Urteils hätte, wenn sie im Zusammenhang der Mathematik auftritt, ein analytisches Urteil werden. Diese außerordentlich komplexen Fragen: ob überhaupt die logischen Formen wie Urteil, Schluß, Begriff in dieser Weise singulär gefaßt werden können, oder ob sie nur abgehandelt werden können in dem Zusammenhang der Denksysteme oder der Strukturen, innerhalb deren sie auftreten, – das ist eine Frage, die überhaupt erst durch die moderne logische Entwicklung aufgekommen ist.[14] Sie müssen, um Kant zu verstehen und um irgendeinen Denker zu verstehen, ihm zunächst einmal etwas vorgeben; das gilt für alles Geistige, was es überhaupt in der Welt, zwischen Himmel und Erde gibt: wenn man ihm nichts vorgibt, wenn man es rein aus sich heraus zu begreifen trachtet, dann begreift man gar nichts; ich werde darauf heute noch einmal zu sprechen kommen. Sie müssen dem Kant also vorgeben – und das ist wesentlich überhaupt für das Verständnis der gesamten »Kritik der reinen Vernunft« –, daß dabei die traditionelle Logik vorausgesetzt ist. Es steht eine Stelle in der »Kritik der reinen Vernunft«, an der er in aller Unschuld sagt, daß eigentlich das System der Logik, von kleinen Ausbesserungen abgesehen, seit dem Aristoteles keinen Fortschritt gemacht habe und auch keinen hätte machen können.[15] Und infolgedessen hält er sich also in seinem Begriff der Logik einfach an diese herkömmliche aristotelische Logik, die in der bekannten Weise eben die Kategorien säuberlich voneinander trennt, – nämlich nach der Anleitung einer Sprachanalyse zunächst einmal, ohne den Zusammenhang zwischen den logischen Kategorien und den Bezugssystemen dabei überhaupt in Erwägung zu ziehen.

Ich benutze das gleichzeitig dazu, um Sie auf ein weiteres Moment aufmerksam zu machen, das mit Rücksicht auf den Vernunftbegriff für das Verständnis der »Kritik der reinen Vernunft« wichtig ist. Sie werden ja in der Kantischen Philosophie von allen möglichen und recht verschiedenen Vernunftbegriffen hören. Da gibt es also den Vernunftbegriff in den mathematischen Naturwissenschaften, von dem ich Ihnen in der letzten Stunde auseinandergesetzt habe, daß er zu den synthetischen Urteilen a priori eben tauglich sei, – wenn er sich nämlich auf allgemeinste Sätze bezieht, welche den Grund zu Erfahrungsurteilen abgeben. Dann gibt es den Begriff der empirischen Vernunft selber, die sich nun auf materiale, inhaltliche Urteile innerhalb der Erfahrung bezieht. Dann gibt es die metaphysischen Urteile, über die ich Ihnen heute etwas sagen werde und die den kritischen, wenn Sie wollen: den negativen Gegenstand der »Kritik der reinen Vernunft« abgeben. Und schließlich gibt es die Urteile der praktischen Philosophie, die in einer gewissen Weise eine Verbindung dazwischen herstellen. Nun, – ich glaube, Sie können (und das ist etwas, was im allgemeinen, wenn man über Kant redet, sehr vernachlässigt wird) den Zusammenhang all dieser Bereiche, die von Kant ja teilweise in Gegensatz zueinander gerückt und sehr pointiert voneinander unterschieden werden, überhaupt nur verstehen, wenn Sie sich darüber klar werden, daß die Unterschiedenheiten dieser verschiedenen Bereiche ein Moment der Gleichheit, der Identität voraussetzen, an dem sie überhaupt gemessen werden. Und dieses Moment der Einheit ist eigentlich die Vernunft selber. Mit anderen Worten also: die Vernunft ist der Kanon der Sätze, wie sie in der traditionellen, zweiwertigen Logik eben kodifiziert sind; also eben in einer Logik, die im wesentlichen basiert auf dem Satz der Identität – also der Forderung, daß derselbe Begriff in derselben Bedeutung festgehalten werde – und dem Satz vom Widerspruch: daß von zwei kontradiktorisch entgegengesetzten Urteilen nur das eine wahr sein könne. Jedes Verfahren, das an diese Sätze sich hält, ist bei Kant ein Vernunftverfahren. Und die Einheit: das, was also sozusagen überhaupt diese verschiedenen Momente der Philosophie zusammenhält; das, was nun gewissermaßen an verschiedenen Bereichen ausprobiert wird, – das ist eben diese Art von Vernunft, wie sie definiert ist durch die dabei ein für allemal und, wenn Sie wollen: unkritisch vorausgesetzten Prinzipien der formalen Logik, während die Unterschiede – sowohl die Unterschiede innerhalb der »Kritik der reinen Vernunft« selber, wie dann auch noch weit darüber hinaus die Unterschiede innerhalb der verschiedenen großen Teile des Kantischen Systems, von denen ja die theoretische Vernunft nur einen Teil ausmacht – sich nun daraus ergeben, daß diese selbe Vernunft auf verschiedene Gegenstände angewandt wird. Also die Differenzierungen erfolgen in diesem gesamten Denken, in der Vernunftkritik und darüber hinaus, immer aus der Relation der als identisch vorgestellten, in all diesen Bereichen waltenden Vernunft zu verschiedenen Gegenständen: nämlich zu sinnlichem Material, zu sogenannten reinen Anschauungen, dann zu dem Gebrauch der Vernunft über eine jegliche Erfahrungserfüllung hinaus und zu dem Gebrauch der Vernunft für die Anweisung, irgendwelche Handlungen zu vollführen – wobei die Voraussetzung ist, daß, soweit diese Handlungen aus Freiheit erfolgen, eine Bindung an einen bestimmten Gegenstandsbereich überhaupt nicht vorliege –, und schließlich auch zu dem formallogischen Gebrauch, das heißt also dem Inbegriff der formalen Regeln der Vernunft, ohne Rücksicht überhaupt auf irgendeinen Inhalt. Es geht im Grunde bei Kant immer darum, daß Vernunft kritisiert wird nicht etwa im Sinn einer bloßen logischen Vernunft – ob sie in sich selber stimmig sei; denn die Geltung der Logik wird für die Vernunft allerorten vorausgesetzt, und Vernunft ist selber geradezu mit logischem Denken identisch –, sondern der Sinn der Kantischen Vernunft ist überall, daß die Vernunft reflektieren soll auf ihr eigenes mögliches Verhältnis zu verschiedenen Typen von Gegenständen; wobei allerdings, das habe ich das letzte Mal bereits angedeutet, vorausgesetzt wird, daß dabei die Vernunft es vermag – was ja eine starke Zumutung ist –, über ihr eigenes Verhältnis zu den Gegenständen etwas Verbindliches, etwas wirklich Zwingendes auszumachen. – Das wollte ich zunächst hier nachtragen.

Ich möchte nun aber doch noch einmal auf die Frage der ungeheuren Belastung kommen, die in der Kantischen Philosophie diese sogenannten synthetischen Urteile a priori haben, von denen ich Ihnen in der letzten Stunde versucht habe einigermaßen detailliert zu zeigen, was man darunter sich vorzustellen habe. Viele von Ihnen werden in eine philosophische Vorlesung kommen – und gestatten Sie mir, daß ich hier noch einmal meine Fiktion aufnehme, daß Sie hierherkommen, ohne von Kant bereits etwas zu wissen – und dabei irgendwie so etwas mitbringen wie den Gedanken der Voraussetzungslosigkeit. Das liegt ja auch nahe genug, denn in Ihren Einzelwissenschaften sind Sie jeweils mit materialen oder auch formalen Disziplinen konfrontiert, die ihrerseits auf irgendwelche Voraussetzungen zurückweisen, von denen Ihnen dann gesagt wird: was diese Grundbegriffe selber nun eigentlich seien – was Raum oder Zeit sei, oder was Geschichte sei, oder was das Wesen des Menschen sei, oder sonst was immer –, diese sogenannten Voraussetzungen zu prüfen, dafür sind wir nicht zuständig; sondern die Voraussetzungen *allesamt* zu prüfen, das ist eigentlich die Aufgabe der Philosophie ... Und die Konsequenz davon ist natürlich, daß Sie von der Philosophie erwarten, daß sie selber nun voraussetzungslos sei in dem Sinn, daß sie die Voraussetzungen aller erdenklichen Einzeldisziplinen zuallererst überhaupt ermöglicht. Lassen Sie mich Ihnen zweierlei dazu sagen. Erstens, daß Sie die Philosophie überfordern, wenn Sie das von ihr verlangen, – oder vielmehr genauer: daß Sie dabei an die Philosophie bereits einen höchst spezifischen Begriff heranbringen, der zwar sanktioniert ist durch die Geschichte der abendländischen Metaphysik in einem sehr weiten Maß, der aber keineswegs in der Weise eben als ein Selbstverständliches sich ausweist, wie man nun annehmen könnte. Ein Denken, das absolut voraussetzungslos anheben würde, wäre in der Tat ein Denken, das an nichts anderes gebunden ist denn an Denken selber. Mit anderen Worten: das Problem, das das philosophische par excellence ist, nämlich das Problem der Stellung des Bewußtseins zu den Gegenständen, der Stellung des Subjekts zum Objekt, das wäre dadurch bereits in einem ganz bestimmten Sinn präjudiziert: nämlich in dem idealistischen Sinn, daß alles was ist Subjekt ist, daß es Bewußtsein, daß es Geist ist. Nur wenn das so wäre, nur wenn also der Geist gleichsam aus sich selber heraus die Bedingungen einer jeglichen Erkenntnis, ohne Beziehungen auf ein von ihm Verschiedenes, schöpfen könnte, wäre die Forderung von Voraussetzungslosigkeit erfüllt. Und sie wäre selbst dann problematisch, denn die oberste Voraussetzung, die nämlich gewissermaßen die Basis jedes erdenklichen Urteils wäre, die wäre dabei selber ihrerseits auch nicht abzuleiten, auch nicht zu deduzieren; und selbst Fichte hat ja an dieser Stelle bis zu einem gewissen Grad sich, wenn Sie so wollen: mit Gegebenheiten abzufinden vermocht, obwohl die Fichtesche Philosophie wohl die einzige ist, die mit diesem Begriff der Voraussetzungslosigkeit ganz ernst gemacht hat. Was hier vorliegt in diesem ganzen Schreien nach voraussetzungslosem Philosophieren, ist wirklich das, was ich etwas respektlos den Fundierungswahn getauft habe;[16] das heißt: der Glaube, daß alles, was es überhaupt gibt, aus irgendeinem anderen, Ursprünglichen, Älteren herausgezogen werden müsse; ein Wahn, in dem eben schließlich doch die idealistische Annahme der möglichen Reduktibilität alles erdenklichen Seienden auf Geist oder, ich hätte beinahe gesagt: auf Sein – und das ist ja ein in sich vermittelter, ein geistiger Begriff – bereits enthalten ist. Und ich würde sagen: es gehört vielleicht zu den heute fälligen Revisionen, die gerade die Philosophie Ihrer vorphilosophischen Vorstellung von der Philosophie zumutet, daß Sie von diesem ›Fundierungswahn‹ sich freimachen, daß Sie also nicht glauben, immer mit dem Allerersten und Ursprünglichen anfangen zu müssen; eine Voraussetzung, in der nämlich im Grunde steckt, daß nichts Neues unter der Sonne sei, daß alles auf das reduktibel sei, was von je gewesen ist, – wodurch also schließlich Probleme wie das der Geschichte und das der Veränderung überhaupt den Charakter des schlechterdings Unlösbaren gewinnen würden.[17] Verlangen Sie also von der Kantischen Philosophie nicht eine solche Voraussetzungslosigkeit, und verlangen Sie sie von der Philosophie überhaupt nicht, sondern suchen Sie lieber statt dessen die Stellung der sogenannten Voraussetzungen *innerhalb* der Bewegung eines Denkens richtig zu begreifen; und ich glaube, Sie werden weiterkommen als in den gewissermaßen mechanischen Fragen: ja, aber setzt das nicht voraus, daß jenes … und setzt das nicht voraus, daß …, – ein Typus von Frage, den ich als infantil charakterisieren möchte. Denn das ist ja genau die Frageweise des Kindes, das auf jede Erklärung, die man ihm überhaupt gibt, mit ›Ja aber‹ antwortet, und das es gewissermaßen nicht vermag, irgendwo innezuhalten, weil es eigentlich die Beziehung auf die Sache gar nicht sich zugeeignet hat, sondern statt dessen nur gewissermaßen den Fragemechanismus als solchen leerlaufen läßt: fragen, um zu fragen, ohne daß in die Frage der Widerstand der Sache, der Widerstand dessen, worauf sie eigentlich sich bezieht, überhaupt hineingenommen wäre.

Darüber hinaus aber ist es so, daß auch das Kantische Denken, genausowenig wie irgendein anderes Denken, als ein voraussetzungsloses Denken begriffen werden kann. Und es ist sicher (und das ist der Grund, der mich bei meinem ganzen Verfahren, Sie in die Vernunftkritik einzuleiten, eigentlich motiviert): Sie können, wenn Sie versuchen würden, voraussetzungslos zu verstehen, also sozusagen rein aus sich heraus, und ohne daß Sie etwas von der Stellung der Kategorien wissen, in denen dieses Denken sich bewegt, die Kantische Philosophie überhaupt gar nicht verstehen. Selbst der zentrale

Begriff, auf den die Vernunftkritik sich bezieht, nämlich der Begriff des Transzendentalen, von dem es an einer der entscheidenden Stellen des Werkes heißt, daß er an ihm (nämlich an der synthetischen Einheit der Apperzeption) seine ganze Philosophie ›festgemacht‹ habe[18], – selbst dieser Begriff wird von Kant nicht etwa abgeleitet, sondern er wird in einer gewissen Weise deskriptiv hingenommen. Ich lese Ihnen ein Beispiel dafür vor, das deshalb so interessant ist, weil es gewissermaßen auf das Allergeistigste in der Kantischen Philosophie, also auf das innere Wesen, wenn Sie so wollen, von Vernunft sich bezieht, das aber dann doch in einer eigentümlichen Weise den Charakter der Gegebenheit bei ihm hat. Da heißt es in einer Anmerkung zur ›Transzendentalen Deduktion der reinen Verstandesbegriffe‹ – mit der wir uns genau beschäftigen müssen, da sie Kant selber für das Zentralstück seiner Vernunftkritik gehalten hat[19] und die es in der Tat wohl auch ist –: »Allein von einem Stücke konnte ich im obigen Beweise doch nicht abstrahieren, nämlich davon, daß das Mannigfaltige für die Anschauung noch vor der Synthesis des Verstandes, und unabhängig von ihr, *gegeben* sein müsse; wie aber, bleibt hier unbestimmt.«[20] Das ist ja einleuchtend, daß, was mir von außen zukommt, also das Material der Erfahrung – mit anderen Worten: die sinnlichen Eindrücke –, daß mir das gegeben sein muß und daß ich darüber keine Macht habe. Aber über dieses verhältnismäßig Einfache – und ja auch dem gesamten Empirismus Vertraute – von der Zufälligkeit der Gegebenheit, der Unableitbarkeit der sinnlichen Inhalte für die Erkenntnis, geht Kant in diesem höchst merkwürdigen Paragraphen am Ende noch hinaus und sagt folgendes – und das bitte ich Sie nun festzuhalten, damit Sie verstehen, wie wenig dieses Kantische Denken ein sogenanntes voraussetzungsloses Denken ist –: »Von der Eigentümlichkeit unsers Verstandes aber, nur vermittelst der Kategorien und nur gerade durch diese Art und Zahl derselben Einheit der Apperzeption a priori zu Stande zu bringen, läßt sich eben so wenig ferner ein Grund angeben, als warum wir gerade diese und keine andere Funktionen zu Urteilen haben, oder warum Zeit und Raum die einzigen Formen unserer möglichen Anschauung sind.«[21] Sie sehen also hier, daß das, was dem Begriff des Gegebenen entgegensteht: nämlich die Organisation des Geistes, dem etwas gegeben *ist*, – daß das bei Kant selber auch als eine Art Gegebenheit betrachtet wird, und daß es sogar, könnten Sie aus dieser sehr tiefen Stelle herauslesen, im Sinne dessen von Kant verstanden werden wollte, was Hermann Cohen – der für diese Dinge ein sehr feines Organ besessen hat – mit ›intelligibler Zufälligkeit‹ bezeichnet hat[22]. Das heißt: gemessen an einem absoluten Standpunkt, wenn wir uns gewissermaßen aus dem Gefängnis unseres eigenen Geistes, in dem wir uns befinden, herausversetzen würden, herausversetzen könnten, wäre diese Organisation unseres Geistes, wäre, könnte man beinahe sagen: die ganze Logik und jedenfalls die Art unserer Beziehung, unserer unausweichlichen Beziehung zu irgendwelchen Gegenständen, selber auch ein Zufälliges, das heißt: ein letzthin Gegebenes, über das wir nicht hinauskönnen.[23]

Ich möchte hier nur andeuten, daß es eine außerordentlich fesselnde Aufgabe wäre, einmal all diesen von Kant selbst gemachten impliziten sogenannten Voraussetzungen innerhalb der Vernunftkritik nachzugehen. Es wäre deshalb so wichtig, weil Sie an dieser Stelle – und das ist der Grund, warum ich auf diese Sache so großen Wert lege – etwas erkennen können, was für das Verständnis der Kantischen Philosophie von fundamentaler Bedeutung ist: nämlich die Differenz Kants von dem, was man so gewöhnlich mit Idealismus bezeichnet; eine Differenz, die ja auch mit gar keinem schlechten Instinkt von der üblichen trivialen Philosophiegeschichte damit bezeichnet worden ist, daß man die im engeren Sinne deutschen Idealisten – also Fichte, Schelling, Hegel und, wenn Sie wollen, auch Schopenhauer – Kant entgegenstellt. Das ist nämlich dieses Moment in Kant, daß (und das bitte ich Sie, energisch festzuhalten) Kant zwar die Einheit des Seienden und auch den Begriff des Seins, ins Bewußtsein selber hineinverlegt, aber gleichzeitig doch sich weigert, alles was ist nun aus dem Bewußtsein herauszuspinnen. Das Bewußtsein dessen, was man mit einem modernen Ausdruck ontologische Differenz nennen würde: also das Bewußtsein dessen, daß die Sache in ihrem Begriff nicht aufgeht, daß Objekt und Subjekt nicht zusammenfallen, – das ist bei Kant so außerordentlich stark, daß er lieber die Inkonsequenz in Kauf nimmt; daß er lieber alle möglichen unerhellten Momente, unerhellten Begriffe in seiner Philosophie dort stehen läßt, wo er glaubt, auf ein Gegebenes zu stoßen, als daß er nun in ›leerer fröhlicher Fahrt‹, wie es bei Kafka heißt,[24] alles wirklich auf die Einheit der Vernunft so reduzierte, wie es zuweilen scheinen kann. Und daraus entstehen erhebliche Schwierigkeiten, denn auf der anderen Seite macht ja Kant doch den Anspruch eines Systems. Er sagt schon in der Vorrede, daß die reine Vernunft anders denn als ein System, das heißt als eine in sich geschlossene deduktive Einheit, gar nicht gedacht werden könnte.[25] Und der Gedanke eines solchen Systems schließt ja eigentlich das Nichtidentische, also das, was nicht in diesem System Raum findet, aus. Aber auf der anderen Seite hat er doch immerzu das Bewußtsein – ich möchte es mit einem Ausdruck sagen, den Horkheimer und ich in unseren Diskussionen über diese Dinge in der letzten Zeit immer stärker brauchen, – er hat das Bewußtsein des *Blocks,* also das Bewußtsein, daß – trotzdem es keine andere Einheit ihm zufolge gäbe als die, die ich Ihnen bereits genannt habe: nämlich die, die im Begriff der Vernunft selber liegt – das eigentlich nicht das Ganze ist, und daß wir immerzu auf etwas stoßen, woran das seine Grenze hat.[26] Und man könnte sagen, daß in gewissem Sinn die ganze Kantische Philosophie ihren Lebensnerv daran hat, daß diese beiden Momente: das systematische, auf Einheit, auf Vernunft drängende, und das andere: dieses Moment vom Bewußtsein des Heterogenen, des Blocks, der Grenze, – daß diese beiden Momente sich aneinander abarbeiten; und daß er sich an diesem Block, man könnte fast sagen: gewissermaßen die Stirn einrennt. Und dazu ist eben nun gerade dieser Begriff der Gegebenheit der transzendentalen Bedingungen das Vehikel.

Ich habe Ihnen von diesen Schwierigkeiten der transzendentalen Momente gesprochen und habe Ihnen das letzte Mal vom Begriff der synthetischen Urteile a priori gesprochen; ich habe Ihnen aber bis jetzt noch gar nichts vom Begriff des *Transzendentalen* selber gesagt, der ja nun einmal der entscheidende Begriff der Kantischen Philosophie ist, die man mit Grund eine Transzendentalphilosophie genannt hat. Ich bin mir auch dessen bewußt, daß (immer wieder meine Fiktion wiederholend) dieser Begriff einen etwas formidablen Charakter hat: daß Sie sich unter dem Transzendentalen etwas so Erhabenes, Sublimes und Fernes vorstellen, daß das eigentlich das ist, was die Befassung mit diesen Dingen so prohibitiv macht, – ungefähr so, wie man sich als Gymnasiast die Schwierigkeiten der Integralrechnung als etwas schrecklich Prohibitives vorstellt; als etwas, was überhaupt nur für höhere Eingeweihte legitim sei. Das ist ein Schein, und ich glaube, ich kann Ihnen die Angst vor diesem Begriff des Transzendentalen sehr schnell vertreiben. Sie rührt natürlich zum Teil daher, daß er an den Begriff des Transzendenten gemahnt; die Begriffe stammen ja beide aus der mittelalterlichen Philosophie. Wie die beiden Begriffe sich zueinander verhalten: auf diese komplizierte Frage möchte ich zunächst nicht eingehen, wir werden dann noch reichlich Gelegenheit haben, darüber zu sprechen. Sondern ich will Ihnen zunächst einmal ganz einfach sagen, was das Transzendentale überhaupt in der »Kritik der reinen Vernunft« heißt, und Sie werden dabei wahrscheinlich mit einigem Staunen entdekken, daß – nach dem, was ich Ihnen bis jetzt gesagt habe und was ja wirklich noch nicht so schrecklich viel gewesen ist – Ihnen schon dieser angeblich schwierigste Begriff mehr oder minder in den Schoß fällt. Ich lese Ihnen also die Kantische Definition des Begriffs des Transzendentalen vor: »Ich nenne alle Erkenntnis *transzendental,* die sich nicht so wohl mit Gegenständen, sondern mit unserer Erkenntnisart von Gegenständen, so fern diese a priori möglich sein soll, überhaupt beschäftigt.«[27] Mit anderen Worten also, um es ganz schlicht zu sagen: transzendental heißen alle diejenigen Untersuchungen, die sich beziehen auf die Möglichkeit von synthetischen Urteilen a priori. Nicht nur aber auf die Möglichkeit von synthetischen Urteilen a priori; sondern darüber hinaus heißt transzendental bei Kant jede Untersuchung, die sich bezieht auf diejenigen Stammbegriffe oder, lassen Sie es mich exakter sagen: diejenigen Stammformen begrifflicher und anschaulicher Art, durch die unsere Vernunft, der Kantischen Theorie zufolge, befähigt sein soll, solche synthetischen Urteile a priori zu fällen. Also: eine transzendentale Untersuchung ist eine Untersuchung des Geistes oder des Bewußtseins unter dem Gesichtspunkt, wie weit diesem Geist es möglich ist, gültige synthetische Urteile a priori, also von der Erfahrung unabhängige Urteile, überhaupt aufzustellen. Und diese transzendentale Untersuchung gliedert sich nun in den positiven Teil der »Kritik der reinen Vernunft«: in die ›Transzendentale Ästhetik‹, also in die Lehre von den Anschauungsformen, die uns notwendig und konstitutiv gegeben sind, hinter die wir gewissermaßen nicht zurückgreifen können und durch die alle unsere Anschauungen gefiltert werden, um überhaupt ›unsere‹ Anschauungen zu werden, *und* die Kategorien, das heißt die Stamm*begriffe* – zum Beispiel: der Begriff der Kausalität oder der Begriff der Substanz oder der Begriff der Wechselwirkung –, unter die unser Verstand, Kant zufolge, notwendig die Gegebenheiten der Anschauung subsumieren muß. Und der ganze sogenannte positive Teil der »Kritik der reinen Vernunft«, nämlich die ›Transzendentale Ästhetik‹ und der analytische Teil der ›Transzendentalen Logik‹, beschäftigt sich nun also damit, diese Elemente auszukristallisieren. – Aber dabei ist folgendes noch zu sagen, damit Sie die Intention von Kant richtig verstehen: er begnügt sich nun nicht allein damit, diese Stammbegriffe, wie es etwa der Aristoteles versucht hat, herauszuschälen aus den sprachlichen Formen; bei Aristoteles ist ja im übrigen, wie Sie vielleicht wissen, zwischen den anschaulichen Formen und den Denkformen oft gar nicht unterschieden, sondern in seiner Kategorientafel gehen die wie Kraut und Rüben noch durcheinander. Sondern Kant wirft dem Aristoteles geradezu vor, daß er diese Stammformen des Geistes, wie es bei Kant heißt: ›rhapsodistisch‹, also auf gut Glück gewissermaßen, ohne einen Kanon oder Leitfaden, aufgeführt habe, nämlich als notwendige Momente der Sprache herausanalysiert habe,[28] – während Kant nun doch zwar die Anschauungsformen als etwas letztlich Gegebenes hinnehmen muß, weil sie nicht begrifflicher Art sind; aber von den Formen des Denkens glaubt er, daß sie schließlich doch, als Formen des Denkens, aus dem Denken selbst – das heißt: aus der Einheit des Denkens, also aus der Einheit der logischen Vernunft überhaupt – entwickelt werden müssen. Und dieser Versuch, aus der ursprünglichen Einheit unseres Denkens als einer Tätigkeit diese Formen herauszuentwickeln, das ist das, was in dem eigentlichen Hauptstück der »Kritik der reinen Vernunft« von Kant zu leisten unternommen worden ist: nämlich eben die sogenannte transzendentale Deduktion der reinen Verstandesbegriffe.

Lassen Sie mich nun nur noch mit einem Wort sagen, wie es sich nun mit ›transzendental‹ und ›transzendent‹ verhält. Wenn solche Begriffe etwas miteinander zu tun haben, wenn sie sehr nahe aneinander anklingen, dann ist im allgemeinen in solchen Anklängen doch mehr als bloß ein historischer Zufall am Werk; sie haben beide dann schon etwas Wesentliches miteinander zu tun. Transzendent heißt ›hinausgehend‹, – wobei der Begriff des Hinausgehenden ganz verschiedene Bedeutungen haben kann; im wesentlichen drei verschiedene Bedeutungen: Sie können von logischer Transzendenz reden, das heißt, Sie verhalten sich logisch transzendent, wenn Sie einen Satz nicht an seinen eigenen Voraussetzungen messen, sondern gewissermaßen ihn von außen her kritisieren. Eine transzendente Kritik würde zum Beispiel sein, wenn ein Kulturkonservativer von seinem kulturkonservativen Standpunkt aus ein Stück von Beckett kritisiert, – das wäre im logischen Sinn transzendent. Es gibt, zweitens, den im engeren Sinn erkenntnistheoretischen Begriff der Transzendenz, das heißt den Begriff eines Seins, das gegenüber dem Bewußtsein ein anderes, ein dem Bewußtsein Jenseitiges sei: also etwa das Ding an sich in seiner Unterschiedenheit von dem Bewußtsein, durch das es erkannt wird. Und es gibt schließlich den Begriff der metaphysischen Transzendenz. Das würde also diejenige Transzendenz sein, die sich darauf bezieht, daß wir überhaupt über die Grenzen der Möglichkeit von Erfahrung – wie es bei Kant heißen würde – hinausgehen, und daß wir irgendwelche Urteile fällen über absolute Gegenstände wie Gott, Freiheit, Unsterblichkeit, das Wesen des Seins oder was immer es sein möge. In der Kantischen Verwendung des Begriffs ›transzendental‹ werden Sie zunächst vielleicht sich auf diesen dritten Begriff von Transzendenz besinnen müssen, um die spezifische Differenz von transzendental und transzendent zu verstehen. Denn beide Begriffe: ›transzendental‹ und diese dritte Bedeutung von transzendent, stehen in der Tat in gewisser Weise gemeinsam dem Begriff der Erfahrung gegenüber; sie haben beide etwas mit dem zu tun, was unabhängig von der Erfahrung gelten soll. Aber der Begriff des Transzendentalen faßt das, was der Erfahrung selber vorausgeht, was Erfahrung überhaupt möglich macht, nun als eine Beschaffenheit der Vernunft, als eine Beschaffenheit des Geistes auf, – im Gegensatz zu dem metaphysischen Dogmatismus, der Kant zufolge eben jenes die Erfahrung Transzendierende als das Jenseitige im Sinn einer absoluten – auch dem Geist gegenüber absoluten – Substanz, nämlich der göttlichen Substanz selber faßt. Also: das Transzendentale ist bei Kant die Transzendenz unseres Geistes insofern, als sie die Bedingungen abgibt, die überhaupt erst so etwas wie Erfahrung möglich machen und dadurch über die Erfahrung, wenn Sie wollen, hinausgehen, die aber andererseits, und das ist nun eine der merkwürdigsten Schwierigkeiten der »Kritik der reinen Vernunft«, doch auch wiederum nur dann gelten sollen, wenn sie sich auf die Erfahrung beziehen. Sie sind zwar der Erfahrung gegenüber transzendente Bedingungen ihrer Möglichkeit, aber sie haben nicht absolut genommene, also nicht transzendente absolute Wahrheit, sondern sie haben ihre Wahrheit nur insofern, wie sie sich auf Erfahrung, auf mögliche Erfahrung und auf die Sättigung mit den Gegenständen von Erfahrung überhaupt beziehen. Es ist also gewissermaßen der Begriff des Transzendenten durch seine Übersetzung in das Transzendentale wesentlich eingeschränkt; und er ist zugleich wesentlich *verinnerlicht*, das heißt, er ist aus einem den Menschen gegenüber jenseitigen, dogmatisch postulierten Prinzip zu einem Prinzip des Geistes selber und der Beschaffenheit damit eben des menschlichen Bewußtseins überhaupt geworden.

Das also wäre zu sagen zu dem Begriff des Transzendentalen. Aber Sie werden, wann immer Sie in Schwierigkeiten geraten mit diesem Begriff, am besten tun, wenn Sie immer wieder sich darauf besinnen, daß transzendental nichts anderes heißt als zunächst einmal, literarisch, der Inbegriff der Untersuchungen, der sich auf die Möglichkeit synthetischer Urteile a priori bezieht; und dann, wenn man sich nicht zu engherzig an diese Kantische Definition dabei halten will, daß das Transzendentale eben tatsächlich jenes Bereich ist, durch das Erfahrung möglich wird, ohne daß es selber eigentlich aus der Erfahrung stammte, – so wie der erste Satz dann aus dem Haupttext der »Kritik der reinen Vernunft« selber ja sagt: »Daß alle unsere Erkenntnis mit der Erfahrung anfange, daran ist gar kein Zweifel; denn wodurch sollte das Erkenntnisvermögen sonst zu Ausübung erweckt werden [...]? Wenn aber gleich alle unsere Erkenntnis *mit* der Erfahrung anhebt, so entspringt sie darum doch nicht eben alle *aus* der Erfahrung.«[29] Transzendental sind also nun bei Kant in einem wesentlichen Sinn alle die Untersuchungen nicht nur, die diese erfahrungsunabhängigen Sätze, diese synthetischen Urteile a priori betreffen, sondern gleichzeitig auch alle Erwägungen, die sich auf die mögliche Beziehung des Geistes zur Erfahrung und damit zu den Gegenständen überhaupt erstrecken. Das wäre also eigentlich der Begriff des Transzendentalen. Und die, wenn ich es so nennen darf: Erschließung dieser Sphäre des Transzendentalen als einer Sphäre, die keine formallogische Sphäre ist – weil sie sich ja auf die Möglichkeit der Erkenntnis von Gegenständen bezieht –, die aber auch keine inhaltliche ist – weil sie eigentlich keine Inhalte voraussetzt, sondern nur die Möglichkeit betrifft, solche Inhalte zu haben –, dieses eigentümliche *Niemandsland* der Erkenntnis zwischen Psychologie und Logik (wenn ich es einmal abgekürzt zunächst so nennen darf),[30] – dieses eigentümliche Zwischenreich, das ist das Reich, in dem die »Kritik der reinen Vernunft« sich eigentlich abspielt, und jenes Reich, das ihr den Namen einer transzendentalen Untersuchung eingetragen hat. – Daß es natürlich dabei seine großen Schwierigkeiten hat, das heißt: daß zunächst einmal dahinsteht, ob es ein solches Reich tatsächlich gibt; ob also wirklich es einen Bereich gibt, der weder ein bloß logischer Bereich ist (weil er ja auch sachhaltig sein soll), noch irgendwie empirisch oder psychologisch (weil er ja sonst nicht a priori wäre), – das möchte ich Ihnen heute nur als eine der schwierigsten metakritischen Fragen zu der »Kritik der reinen Vernunft« noch eben anmerken. Aber auch hier würde ich Ihnen raten: seien Sie an dieser Stelle nicht mit der Kritik zu fix, sondern geben Sie dem Kant vor, daß er gerade durch die Konstruktion dieses höchst eigentümlichen Bereichs des Transzendentalen überhaupt versucht hat, die Möglichkeit dessen zu erschließen, was ihm nun einmal mit dem Ideal von Erkenntnis übereinzustimmen schien, nämlich eben das Bereich *apriorischer* Erkenntnis.

Woher nun das Interesse an dem Apriori eigentlich rührt, und was es damit für eine Bewandtnis hat, wollen wir in der nächsten Stunde eingehend behandeln.

3. Vorlesung
26. 5. 1959

Sie werden sich erinnern, daß wir in der letzten Stunde uns eingehender mit dem Begriff der synthetischen Urteile a priori beschäftigt hatten, deren Möglichkeit ja zunächst einmal die Hauptthematik der »Kritik der reinen Vernunft« ist. Was ich Ihnen schuldig bin, ist eine Erklärung, warum eigentlich diese synthetischen Urteile a priori, ganz gleich wie man sie im einzelnen faßt: also Urteile, die, wie man es ausdrücken mag, unabhängig von der Erfahrung oder für alle zukünftige Erfahrung gelten, – warum diese Urteile eine so ungeheure Bedeutung in der »Kritik der reinen Vernunft« einnehmen. Sie werden zunächst einmal sagen: wenn wir so urteilen, wenn wir uns so irgendwelcher Erkenntnisse versichern, dann ist uns dabei die Tatsache, ob diese Erkenntnisse schlechterdings und notwendig und absolut gelten, gar nicht so schrecklich wichtig; sondern wir interessieren uns im allgemeinen dafür – ja, zunächst einmal ganz ordinärerweise: ob diese Urteile in der Realität, zu unserer Orientierung ausreichen; und darüber hinaus: ob sie einen bestimmten Charakter der Plausibilität, der Kraft, der Eindringlichkeit haben, wie immer Sie es nennen wollen. Und ob sie nun schlechterdings und absolut gelten, ist uns gar nicht so wichtig. Ich glaube, daß ein gewisses Desinteressement an der Philosophie eigentlich damit zusammenhängt, daß die traditionelle Philosophie mit einem Anspruch an Wahrheit auftritt, der uns zunächst einmal so überspannt scheint, daß wir ihn gar nicht recht mit unserem eigenen geistigen Bedürfnis zusammenzustimmen vermögen. Und ich möchte sagen, daß das Mißtrauen gegen die Philosophie, das an dieser Stelle ansetzt, sicherlich auch seinen Rechtsgrund hat; das heißt, daß im allgemeinen die Philosophie sich wirklich so gebärdet, als ob dieser Begriff einer für alle zukünftige Erfahrung gültigen, zeitlosen Wahrheit eigentlich der einzig menschenwürdige wäre, – während uns das zunächst in dieser Weise gar nicht plausibel ist und, wie ich hinzufügen darf, von der philosophischen Kritik auch keineswegs so unbefragt unterstellt werden kann, wie es in der gesamten Tradition der Philosophie sich darstellt. Dann habe ich Sie darauf verwiesen, daß an dieser entscheidenden Stelle Kant in der Tat (wie ich Ihnen bereits allgemein andeutete) nichts absolut Neues darstellt, sondern innerhalb einer bestimmten Tradition der Philosophie, und ich möchte, ohne unfreundlich zu sein, sagen: innerhalb des allerbreitesten Stroms der Philosophie eigentlich sich befindet; und daß man zunächst einmal das Interesse an der »Kritik der reinen Vernunft« überhaupt nur dann recht finden kann, wenn man dieses Zusammenhangs von Kant mit der Tradition sich versichert hat. Daß es also eine Welt der Wahrheit gebe, die prinzipiell gegenüberstehe der Flucht der Erscheinungen; daß die Erscheinungen gegenüber dieser Wahrheit etwas Trügendes und damit etwas Minderwertiges seien: das ist ein Motiv, das jedenfalls in dem einen Strom der Philosophie, den ich den Hauptstrom nannte – nämlich jenen, der mit dem Eleatismus beginnt und über Platon und Aristoteles, über die große aristotelische Philosophie des Mittelalters, über Descartes und die Rationalisten bis zu Kant führt –, eigentlich eine Art von Selbstverständlichkeit ist. Daß es in Wirklichkeit keine Selbstverständlichkeit ist, das können Sie wahrnehmen, wenn Sie zum ersten Mal dieser Vorstellung von der Wahrheit in ihrer krassesten und gleichsam schamlosesten Form begegnen, so wie sie etwa im Platonischen Dialog »Menon« auftritt, der ja die Ideenlehre und damit die Theorie von dem ewig unveränderlichen Reich der Wahrheit eigentlich präludiert hat, um das es auch in der Kantischen Vernunftkritik noch geht, – wo nämlich als eine Art von Selbstverständlichkeit gesagt wird, daß man die menschlichen Dinge – etwa die moralischen Grundsätze, nach denen zu handeln sei: was gut, was gerecht sei –, daß man die ebenso zweifelsfrei gewiß haben müsse wie die Sätze der Geometrie; ohne daß es dabei schon den Platon offenbar im geringsten schockiert hat, was alles man weglassen, mit welcher Gewaltsamkeit der Abstraktion man verfahren muß, wenn man einen derartigen, von der Mathematik entlehnten Begriff der Wahrheit auch auf die menschlichen Dinge in ihrer Konkretion überhaupt anwenden will.[31] Ich habe damit bereits auf Elemente verwiesen, die in der Kantischen Philosophie genau wiederkehren; wie man denn überhaupt mit Recht immer wieder auf die sehr tiefe Beziehung Kants zu Platon hingewiesen hat, obwohl an einer entscheidenden Stelle – nämlich eben im Ansatz des absoluten Reiches der Ideen, das bei beiden eine Rolle spielt – sich ein entscheidender Unterschied findet, insofern als, kantisch gesprochen, bei Platon die Ideen konstitutive Bedeutung haben, also das allein Wesenhafte und Wirkliche sind, während Kant sie nur noch als regulative Prinzipien, also als ›unendliche Aufgaben‹, grob gesagt, gelten lassen will, auf die selber aber nicht etwa die Wirklichkeit zurückgeführt werden kann.

Sie haben also bei Kant, das habe ich Ihnen in der letzten Stunde auseinanderzusetzen versucht, ganz ähnlich das Modell der Mathematik wie bei Platon, und damit ganz ähnlich auch wie bei Platon jenes Verfahren, das man mit einem Ausdruck der modernen Erkenntnistheorie ein Verfahren der *Reduktion* nennen könnte. Das heißt: es soll gleichsam alles das weggelassen werden von der Erkenntnis, was ephemer, was vergänglich, trügerisch, scheinhaft ist, und es soll dann gewissermaßen als der Rest etwas Unverlierbares, etwas absolut Sicheres, etwas, was ich nun fest und dauernd in Händen halte, dabei herausspringen. Ich habe diese Auffassung von der Wahrheit, die, wie gesagt, fast der gesamten philosophischen Tradition und unmittelbar vor Kant vor allem auch Descartes und Leibniz gemeinsam ist, die Residualtheorie der Wahrheit genannt.[32] Das heißt also: die Wahrheit soll das sein, was unter Abzug des Sinnenhaften, Vergänglichen, deshalb Trügerischen, übrigbleibt, etwa so wie, wirtschaftlich gesprochen, der Profit übrigbleibt nach Abzug seiner sämtlichen Gestehungskosten. Denn ohne die sinnliche Erfahrung, das haben alle diese Philosophen und selbst der alte

Platon auf ihre Weise ja zugestanden, geht es nicht ab. Nur ist der Erkenntniswert der Erfahrung im Sinn dieser Tradition überhaupt ein außerordentlich problematischer; und man muß sie zwar als Ausgang ansehen, aber man darf sie nicht als die eigentliche Quelle der Erkenntnis betrachten, – so wie es in der Einleitung der »Kritik der reinen Vernunft«, im allerersten Satz, wörtlich heißt, ganz im Sinne dieser Stellung zur Erfahrung: »Daß alle unsere Erkenntnis mit der Erfahrung anfange, daran ist gar kein Zweifel [...]. Wenn aber gleich alle unsere Erkenntnis *mit* der Erfahrung anhebt, so entspringt sie darum doch nicht eben alle *aus* der Erfahrung.«[33] Und nun gewissermaßen das herauszuschälen aus der Erkenntnis, was nicht aus der Erfahrung entspringt und was darum auch nicht mit der Erfahrung als einem Innerzeitlichen und Wechselnden selber wechselt und vergeht: das ist also eigentlich, etwas weiter gesprochen, etwas weniger engherzig-erkenntnistheoretisch gesprochen, die Motivation, die zu der Befassung mit den synthetischen Urteilen a priori führt und die sich verschränkt mit dem Versuch, eine Begründung der exakten Naturwissenschaften durch die Reflexion ihrer Erkenntnisgrundlagen zu geben. Man müßte doch wohl einmal reflektieren, wieso es zu diesem Ideal eigentlich kommt. Das ist eine merkwürdige Sache: während Sie alle wahrscheinlich, wenn Sie sich real, in Ihrer eigenen Existenz, als Erkennende verhalten, um diese Vorstellung des ›bleibenden Gewinns‹, wie es an einer bestimmten Stelle des Thukydides heißt,[34] einen Teufel scheren, werden Sie umgekehrt, wenn Sie von Philosophie hören, wahrscheinlich automatisch alle diesen Wahrheitsbegriff unterstellen. Es ist ja überhaupt so, daß wir in einem unendlichen Maß mit philosophischen Vorstellungen durchsetzt sind, von denen wir uns gar keine Rechenschaft ablegen; und die Aufgabe der Philosophie ist nicht zuletzt, eben diese – von uns automatisch übernommenen, also nicht wirklich durchreflektierten – philosophischen Vorstellungen zum Bewußtsein zu bringen, kritisch zu reflektieren. Ich würde also sagen: man muß sich einmal überlegen, in allem Ernst – die größten Philosophen der nachkantischen Zeit, Hegel und Nietzsche, haben beide diese Frage mit ungeheurer Nachdrücklichkeit gestellt –, ob denn überhaupt diese Gleichsetzung der Wahrheit mit dem Bleibenden, Ewigen und Zeitlosen eigentlich eine zureichende Bestimmung der Wahrheit ist, oder ob dabei nicht die Wahrheit bereits zugerichtet ist im Sinn eines ganz bestimmten Modells: nämlich im Sinn der Handhabbarkeit von Methoden, von sicheren wissenschaftlichen Methoden für alle zukünftigen Fälle, – während diese Handhabbarkeit, diese Praktikabilität einer Methode, möglichst für alle zukünftigen Fälle, über das Wesen der Wahrheit selber, das von der Methode betroffen werden soll, noch gar nichts besagt.

Man müßte also schon sich einmal wirklich fragen, wieso es eigentlich zu dieser Gleichsetzung verbindlicher mit zeitloser oder ewiger Erkenntnis kommt.[35] Und da stößt man dann darauf, daß es sich hier um etwas Urbürgerliches handelt. Ich möchte hier gar nicht soziologistische Betrachtungen treiben und sagen, daß solche Kategorien wie die der zeitlosen Wahrheit gesellschaftlich abzuleiten wären, weil eine solche Ableitung selbst auch eines bestimmten Wahrheitsbegriffs immer wieder bedarf und man dann in einen Zirkel hineingerät, welches man lieber vermeiden sollte. Aber ich möchte Sie doch wenigstens – da es ja meine Aufgabe ist, oder da ich es als meine Aufgabe betrachte, den Kant für Sie zum Sprechen zu bringen – aufmerksam machen darauf, daß es zu dieser seltsamen Vorstellung von der Wahrheit als dem absolut Bleibenden und Dauernden irgendwie immer da kommt, wo es entfaltete städtische Tauschgesellschaften gibt. Das heißt: es steckt dahinter so eine Vorstellung wie die, daß eigentlich nichts Neues sein soll, daß das Neue eigentlich ein Moment der Unsicherheit, eine Gefährdung, etwas Beunruhigendes ist. Vielleicht steht dahinter sogar noch etwas sehr Archaisches, nämlich die Angst vor dem Ungleichen; die Angst vor dem, was nicht bereits von dem Netz unserer Begriffe übersponnen ist, wovor man dann, wenn es in irgendeiner Weise begegnet, erschrickt. Es steckt also gewissermaßen eine Art von Tabu über das Neue und Wechselnde dahinter, das sich darin ausprägt, daß das Recht der Wahrheit, den emphatischen Anspruch, wahr zu sein, eben nur das Bleibende erhält, während das Wechselnde, und damit das Neue, vorweg zu einem Scheinhaften, Vergänglichen, zu einem eigentlich Minderwertigen herabgesetzt wird. Aber es geht darüber hinaus doch wohl auch hier um eine Fortsetzung dieses archaischen Sicherheitsbedürfnisses bis in die Eigentumsvorstellungen herein. Sie werden ja bei Kant immerzu, und das ist sehr großartig bei Kant, weil er darin noch etwas von der Unbefangenheit dessen hat, der seiner Bürgerlichkeit sich nicht schämt, sondern sie selber ausdrückt, und damit auch etwas von ihrer eigenen Wahrheit ausdrückt, – Sie werden immer wieder bei Kant so etwas hausbackenen Vergleichen – etwa dem berühmten von den 300 eingebildeten und den 300 wirklichen Talern[36] – begegnen; Sie werden immer wieder von dem ›festen‹ oder ›unverlierbaren‹ Besitz an Sätzen hören, die wir haben, und ähnlichen Gleichnissen. Eine grundsätzliche Analyse des metaphorischen Gehalts der Kantischen Philosophie könnte sicher ganz außerordentlich fruchtbar werden, denn die in einem Text enthaltenen Gleichnisse und Bilder sind dem Text gegenüber ja nicht indifferent, sondern verraten etwas über dessen tiefste und dem Autor wohl selbst in den meisten Fällen verhängte Intentionen. Es steht jedenfalls schon hinter diesem ganzen Bestreben nach dem Bleibenden das Modell des festen Besitzes, der auch auf die Erkenntnis übertragen wird und der nicht vergänglich sein soll. Es steht aber noch etwas anderes dahinter, und das halte ich eigentlich für das Entscheidende: nämlich in diesem Moment, daß nichts Neues sein soll, steckt irgendwie das Tauschverhältnis. Diese Art Philosophie, und das ist nun, glaube ich, das Tiefste, was über ihre Bürgerlichkeit gesagt werden kann, – und ich meine jetzt ›bürgerlich‹ nicht in einem abwertenden, ästhetizistischen Sinn, sondern einfach phänomenologisch, um den spezifischen Charakter eines solchen Denkens in der Geschichte der Menschheit zu charakterisieren... Es steckt darin also so die Vorstellung, daß eigentlich auch die Erkenntnisakte eine Art von Tauschvorgang sind, bei dem Äquivalente, nämlich Resultate und Anstrengungen, getauscht werden in einer solchen Weise, daß Schuld beglichen wird, daß die Rechnung aufgeht und daß es eine Art von Äquivalenzverhältnis gibt, in dem prinzipiell nichts auftreten kann, was nicht in diese Äquivalenz eingeht; was nicht prinzipiell also durch das, was zuerst *gesetzt* ist, dann als *Entgelt* wieder abgegolten werden muß. Wobei dann nur eben dieses Tauschverhältnis der Erkenntnis: also die Anstrengung; der Tausch zwischen der Arbeit des Gedankens und dem Gegenstand, dessen er sich bemächtigt; und die Resultate dieses Prozesses selbst, eben: daß es *aufgeht,* – das wird dann seinerseits als das Unverlierbare und als das eigentlich bleibende Resultat dabei angesehen.[37]

Ich hatte bereits hingedeutet auf die Schwankung, die in dem Begriff des synthetischen Urteils a priori vorliegt; nämlich auf die Schwankung dazwischen, ob die synthetischen Urteile a priori gelten sollen, wie es bei Kant im allgemeinen heißt: *unabhängig* von der Erfahrung, oder ob es heißen soll, daß sie *für* jegliche Erfahrung gelten sollen. Es steckt in dieser scheinbar terminologischen Kleinigkeit etwas sehr Entscheidendes; und Sie mögen daran lernen – und das gehört zu den Zumutungen, die die Philosophie an den gesunden Menschenverstand richtet, denen er sich aber nicht entziehen kann, wenn er es mit der Philosophie einigermaßen ernst meint –, daß die entscheidenden Probleme sich in der Philosophie fast immer in derartigen Nuancen verstecken. Und das (wenn ich das hier gerade einmal sagen darf) ist auch der Grund dafür, warum im gesamten Bereich der Philosophie sogenannte Formulierungsfragen, sprachliche Fragen – also die Anstrengung, so genau die Dinge zu sagen, so präzis den Nagel auf den Kopf zu treffen, wie es nur geht – eine so ungeheure Bedeutung haben, weil das einzige Mittel eigentlich, der Nuance, in der diese Dinge sich verstecken, gerecht zu werden, die äußerste Anstrengung und Präzision des sprachlichen Ausdrucks ist. Wenn also diese Spaltung herrscht zwischen ›Unabhängig von Erfahrung‹ und ›Für alle zukünftige Erfahrung‹, dann steckt dahinter ein Problem, ein sehr ernstes Problem, ich glaube: ein Schlüsselproblem für die Kantische und für die Erkenntnistheorie überhaupt. Und ich will Ihnen dieses Problem wenigstens in aller Kürze entfalten, um Ihnen dabei ein Modell zu geben für die theoretische Auffassung, die dieser Vorlesung insgesamt zugrunde liegt: daß nämlich ein solches System, das nach außen mehr oder minder geschlossen und als eine Art einheitlicher deduktiver Zusammenhang sich präsentiert, in Wirklichkeit ein Kraftfeld ist, und daß man es nur dann richtig versteht, wenn man die Kräfte versteht, die in einer solchen Philosophie sich aneinander abarbeiten; wenn es einem also gelingt, in einem sehr strengen Sinn einen solchen Text zum Leben zu erwecken. Die Annahme von der Minderwertigkeit der Erfahrung, von der ich Ihnen gesprochen habe, die die gesamte Philosophie durchzieht und die schließlich in letzter Instanz wohl überhaupt mit der Trennung von geistiger und körperlicher Arbeit und der Verabsolutierung des Geistes unter festen logischen Formen zusammenhängt, die verlangt, daß die synthetischen Urteile a priori unabhängig von aller Erfahrung gelten sollen. Dem widerspricht aber, daß doch in diese synthetischen Urteile a priori immerzu alle möglichen Elemente eingehen, die aus der Erfahrung stammen und von denen ich ohne Erfahrung gar nichts weiß. In der berühmten Einleitung der »Kritik der reinen Vernunft«, aus der ich Ihnen eben den Schlüsselsatz noch einmal vorgelesen habe, findet sich das ja auch ausgedrückt in dem Satz, daß zwar alle unsere Erkenntnis mit der Erfahrung *anfange,* aber nicht in dieser Erfahrung *entspringe.* Aber, möchte ich sagen, diese krasse Entgegensetzung der beiden Momente, um die es sich dabei handelt, hat doch ein bißchen etwas Dogmatisches; das heißt: wenn etwas mit einer Sache anfängt, dann hat das mit dem

Ursprung doch auch etwas zu tun. Es ist schon ganz richtig – und das führt nun wirklich in die Kantische Problematik hinein –, daß man etwa Raum und Zeit oder unsere Denkformen nicht einfach aus der Erfahrung ableiten kann, und daß die logischen Sätze etwa nicht einfach so Erfahrungstatsachen sind wie irgendwelche Beobachtungen, die wir in der physikalischen Welt machen. Es ist aber auf der anderen Seite auch so wiederum, daß, wenn es so etwas wie Erfahrung überhaupt nicht gäbe und wenn uns nicht aus der Erfahrung die Elemente zukämen, die in diesen Sätzen formuliert werden, auch diese angeblich erfahrungsunabhängigen Sätze eigentlich gar nicht möglich wären, – und deshalb ist man dazu gekommen abzuändern: ›*für* alle zukünftige Erfahrung‹. Ich kann Ihnen hier – mein alter Lehrer Cornelius hat das mit Vorliebe getan[38] – mühelos Sätze anführen, die im Sinn der »Kritik der reinen Vernunft« als synthetische Urteile a priori anzusprechen wären, die aber trotzdem nicht als unabhängig von der Erfahrung gewonnene gelten können. Zum Beispiel der Satz »Orange liegt in der Ähnlichkeitsreihe zwischen Rot und Gelb«:[39] dieser Satz ist, soweit man mit Rot und Gelb überhaupt bestimmte Vorstellungen verbindet, wohl von einer zwingenden Wahrheit, er gilt für alle zukünftige Erfahrung. Er ist also insofern – in *dieser* Definition der synthetischen Urteile a priori – ein synthetisches Urteil a priori. Er stammt aber ohne Frage aus der Erfahrung und nicht aus reinem Denken. Denn aus reinem Denken wissen Sie ja von Farben überhaupt nichts; Farben sind sinnliche Gegebenheiten, und wenn Sie nicht Rot und Gelb *gesehen* haben, so wissen Sie nicht, was eine Ähnlichkeitsreihe ist, und wissen infolgedessen auch nicht, was Orange ist. Ich darf hier zur Verdeutlichung sagen, daß man ja überhaupt von der Quelle der Bestimmungen von Begriffen immer unterscheiden muß die Quelle des sogenannten Deiktischen: also des Hinweises auf irgendwelche sinnlichen Phänomene, die sich nicht definieren lassen; Sie können Rot nicht definieren, Sie können höchstens angeben, was sich dabei auf der Netzhaut abspielt, und Sie wissen trotzdem nicht, was Rot ist. Und eine andere Quelle der Erkenntnis ist zunächst die Bestimmung durch Begriffe, wie man sie jedenfalls in der traditionellen Logik unter dem Begriff der Definition zusammenfaßt. Nun, – es gibt eine Reihe deiktischer Bestimmungen, die das Wesen von Apriorität haben, aber die doch notwendig auf Erfahrung rekurrieren. Ich möchte aber doch sagen: das klingt alles wunderschön, und Sie kommen damit um eine Schwierigkeit der »Kritik der reinen Vernunft« herum: nämlich daß Sie die Erfahrung zu gering einschätzen und damit von dem Bereich der synthetischen Urteile a priori unendliche Gruppen von Sätzen ausschließen, die sicherlich den Charakter der Apriorität, wie Kant ihn meint, haben; aber – und da kommen Sie nun zu etwas für diese Philosophie überhaupt sehr Charakteristischem –, indem Sie das tun, führen Sie eben das nun doch als Quelle, als Ursprung in die Erkenntnis ein, was im Sinn der Vernunftkritik von ihr gerade ausgeschlossen werden soll: nämlich die Erfahrung selbst.

Man könnte ja immerhin dann fragen: ja, wenn also ein solches synthetisches Urteil a priori aus der Erfahrung stammt, warum soll dann überhaupt die Erfahrung gegenüber der absoluten Wahrheit eine so minderwertige Quelle sein, wie es seit Platon, lassen Sie mich es einmal sehr ordinär sagen, die idealistischen und rationalistischen Philosophen immer wieder behauptet haben? Wenn ich Kant dieser Tradition zurechne, dann muß ich dabei allerdings doch eine wesentliche Einschränkung machen, – und damit komme ich doch vielleicht auf das spezifisch Neue an Kant. Dieses spezifisch Neue liegt gar nicht so sehr in der, wenn man so sagen darf: These, als in der Blickrichtung, die auf diese These hin bei Kant gemacht wird. Das Neue an Kant ist also nicht etwa die Lehre von den synthetischen Urteilen a priori als der eigentlich verbindlichen Gestalt der Wahrheit; etwas derartiges finden Sie etwa in den Cartesianischen ›eingeborenen Ideen‹, die ja sozusagen die Ahnherren, die Urgroßväter dieser ganzen Kantischen Ideen sind, oder Sie finden es in den Leibnizschen ›vérités de raison‹, die man dann als Großeltern zu bezeichnen hätte, ganz genau so. Sondern das Eigentümliche bei Kant ist nun das – und ich glaube, das sagt Ihnen doch schon etwas viel Spezifischeres über das Kantische Beginnen –, daß diese Vernunftwahrheiten von ihm nicht einfach abgeleitet, von ihm nicht einfach gelehrt, und auch nicht, wie Fichte es genannt haben würde, von ihm ›gesetzt‹ werden, sondern daß auf sie *reflektiert* wird; das heißt: daß, damit sie bewiesen werden, damit sie gelten, sie einem Verfahren gewissermaßen der Überprüfung unterworfen werden. Sie können also sagen – und ich glaube, das ist wichtig für die Charakteristik der gesamten »Kritik der reinen Vernunft« –, daß die Thematik der »Kritik der reinen Vernunft« nicht sowohl die spekulative Entwicklung, Hervorbringung, Erzeugung dieser synthetischen Urteile a priori oder überhaupt irgendwelcher ihrer Wahrheiten sei, sondern vielmehr die Prüfung ihrer Gültigkeit. Es geht eigentlich in der »Kritik der reinen Vernunft« immer darum, die Gültigkeit von bereits als geltend vorausgesetzten Urteilen zu erproben. Das hängt nun wieder aufs engste zusammen mit etwas, was ich Ihnen bereits gesagt habe: nämlich damit, daß die mathematischen Naturwissenschaften in ihrer Existenz als gegeben vorausgesetzt sind; daß das Pathos der »Kritik der reinen Vernunft« in dem Überzeugtsein von der ungeheuren Gewalt und Dignität dieser Theorien eben besteht. Und was er nun macht, ist eigentlich eine Art von gigantischer Buchprüfung, die nun feststellen will, wieso diese Erkenntnisse, die zunächst einmal wirklich vorausgesetzt werden, die da sind, wieso die wirklich gültig sind, – ohne daß aber Kant den Versuch machen würde, sie nun selber aus reinem Denken oder aus der spekulativen Philosophie heraus zu entwickeln. Das ist der Unterschied der Kantischen Philosophie sowohl gegen die ihm vorhergehende Philosophie wie auch gegen die Philosophie, die sich an ihn angeschlossen und auf ihn berufen hat. Es geht darin eigentlich gar nicht so sehr darum, daß diese absoluten Wahrheiten selber aus der Philosophie hervorgehen sollen, als darum, daß eine Art von Reflexionsprozeß, eine Art von Prüfungsprozeß stattfindet, durch den die an sich schon auf Grund der Positivität der Wissenschaften angenommene Gültigkeit dieser ganzen Gebilde sich nun auch als tatsächlich, als schlechterdings geltend erhärtet. Und das eigentlich heißt bei ihm Kritik. Und der Weg, den dann seine Nachfolger über ihn hinausgegangen sind, der ist der gewesen, daß sie gesagt haben: indem ich diese Art Kritik übe, muß ich eigentlich immer auch zugleich sagen, daß ich vermöge der kritisierenden Vernunft das eigentlich erzeuge, das selber hervorbringe und produziere, was die kritisierte Vernunft als ihre jeweils endliche und beschränkte Wahrheit zu sagen vermag. Dieses Moment der Reflexion auf die Erkenntnis im Sinn der Überprüfung ihrer Gültigkeit, dieses kritische Moment, das ist eigentlich das Moment, das Kant mit dem Empirismus gemeinsam hat, vor allem mit Hume, von dem er ja, wie Sie alle wohl irgendwann einmal gehört oder gelesen haben, sagte, daß er ihn, Kant, aus seinem ›dogmatischen Schlummer‹ geweckt habe[40].

Es wird Ihnen allen aus Lehrbüchern und Vorlesungen mehr oder minder vertraut sein, daß man so im allgemeinen sagt, daß in Kant eine Art Vereinigung der Leibniz-Wolffschen Schule, aus der er herkam, und des Humeschen Empirismus stattgefunden habe. Und wenn Sie das Kraftfeld, von dem ich geredet habe, in ganz groben Worten bezeichnen wollen, dann trifft diese etwas biedere Formulierung ganz sicher zu. Aber ich meine, damit man etwas weniger bieder, etwas weniger primitiv der Kantischen Philosophie gegenübertritt, ist es doch wohl wichtig, daß man sich über den Stellenwert dieser Momente in der Kantischen Philosophie selbst klar wird. Und da würde ich nun sagen, daß der Braten – gewissermaßen der Leibnizsche oder Cartesianische Braten – die vérités de raison, die synthetischen Urteile a priori, kurz also: diese unbestreitbar wahren und gültigen und dabei doch über die bloße Logik hinausführenden Erkenntnisse sind, während der Hume und die englische Skepsis dabei das dialektische Salz abgeben, also gleichsam die Methode bezeichnen, durch welche diese Prüfung vorgenommen wird, aber daß dabei dieser empiristischen Intention selber im Ansatz des ganzen Systems gar kein so großes Gewicht zukommt. Das heißt: eigentlich ist durch den Ansatz des erwiesenen Daseins der Wissenschaften, das nun nur in seiner Gültigkeit überprüft werden soll, bereits die Skepsis ausgesprochen. Die Philosophie Kants bedient sich der Mittel des Zweifels, der Mittel der Prüfung, um das, was ihr als unbestreitbare Wahrheit vor Augen steht, gleichsam um so strahlender zu offenbaren, weil es auch durch die skeptische Prüfung hindurch sich enthüllte. Es gibt aber bei Kant niemals etwas, was man mit metaphysischer Skepsis bezeichnen dürfte; also niemals eine Skepsis, die sich etwa gegen den Charakter der Absolutheit dieser Wahrheiten selbst richten würde. Und dadurch ist, wenn Sie so wollen, die Differenz mit Hume, die gelegentlich so aussieht bei Kant, als ob es sich um einen minimalen Nuancenstreit handeln würde, in Wirklichkeit doch eine Differenz ums Ganze, – wie denn überhaupt in der Philosophie manchmal die gleichen, identischen Thesen vollkommen verschiedene Bedeutung innerhalb der Zielrichtung, innerhalb des Pathos, das eine Philosophie jeweils hat, annehmen können. Die Lösung, die Kant gibt – um sie einmal im allergröbsten zu charakterisieren –, die ist die, daß die Wahrheiten, um die es ihm zu tun ist und deren Gültigkeit er mit einer der skeptischen Analyse des Bewußtseins entlehnten Methode dartut, zwar zeitlos gelten sollen, aber nicht zeitlos an sich, also nicht als etwas gewissermaßen Freischwebendes, sondern nur mit Beziehung auf Erfahrung; nämlich als die obersten Grundsätze, die Erfahrung eigentlich möglich machen, und nicht von der Erfahrung abgelöst. Die Methode ist also die der Analyse des Erkenntnisvermögens insgesamt, insofern es Erfahrung überhaupt möglich machen soll, oder, wie Kant in seiner Sprache es nennt: er interessiert sich für die Momente oder für die Faktoren des Erkenntnisvermögens, welche die Erfahrung und die Erkenntnis überhaupt konstituieren. Sie werden hier schon bemerken, daß auch an dieser Stelle ein sehr schwieriges Problem vorliegt, das ich Ihnen nicht in dieser Stunde zu lösen mich anheischig mache, auf das ich Sie aber aufmerksam machen möchte, damit wir nicht gleichsam über die Schwierigkeiten hinweggleiten. Denn ich hatte Ihnen ja auf der einen Seite gesagt, daß es bei Kant ankommt auf die Konstitution von zeitlosen, schlechterdings geltenden Erkenntnissen; und nun hören Sie plötzlich von mir, daß es diese Erkenntnisse nur geben soll, soweit sie etwas wie Erfahrung konstituieren. Damit kommen Sie eben doch an den Punkt, an dem das Moment der Skepsis, dem er die Vernunftwahrheiten unterworfen hat, sozusagen seine Narben hinterlassen hat. Er will zwar auf der einen Seite die zeitlose, schlechterdings geltende Erfahrung unabhängiger Wahrheit[41] retten; und von der Intention der Rettung in der Kantischen Philosophie[42] werden wir eingehend zu sprechen haben. Die »Kritik der reinen Vernunft« ist überhaupt wohl der großartigste Versuch der Rettung der Ontologie auf subjektivistischer Basis, wenn ich das einmal so großsprecherisch ausdrücken darf. Aber auf der anderen Seite, trotz dieses Rettungsversuches, ist natürlich durch die Analyse, die schließlich in den Zusammenhang des konkreten Bewußtseins hineinreicht, doch auch wieder ein Erfahrungsmoment mitgesetzt. Und unabhängig von Erfahrung als einem Inhaltlichen kann er diese Sätze deshalb gar nicht behaupten, weil ihnen selber ja auch immer irgend inhaltliche Momente zukommen, – und daher kommt er zu dieser höchst merkwürdigen Theorie, daß sie die Erfahrung konstituierten.

Ich will Ihnen jetzt schon sagen, womit wir uns später dann zu befassen haben, – und das ist nun eine der wirklichen Schwierigkeiten der »Kritik der reinen Vernunft«; und ich glaube, Sie werden mit diesen Schwierigkeiten am besten fertig, wenn Sie nicht einfach sagen: Ha, da hat er sich geirrt!, da hat er einen Fehlschluß gemacht!, da war der olle Kant mal wieder ganz dumm!, sondern wenn Sie statt dessen versuchen zu verstehen, daß die Schwierigkeiten, vor die Sie die »Kritik der reinen Vernunft« stellen wird, herrühren von diesem Sichabarbeiten von einander entgegengesetzten Denkmotiven, die dann eben sich gegenseitig allerhand Böses antun. Die ganze »Kritik der reinen Vernunft« spielt in einem eigentümlichen Niemandsland sich ab: auf der einen Seite darf sie keine bloße formale Logik sein, denn sonst wären ja die Sätze, um die sie sich dreht, keine synthetischen Sätze; auf der anderen Seite aber dürfen sie auch keinen eigentlichen Inhalt haben, denn sonst wären sie ja empirische Sätze, und sie wären wieder keine synthetischen Sätze a priori. Und durch diese eigentümliche Schwierigkeit kommen Sie nun wirklich in das Bereich, in dem der Kantische Gedanke sich abspielt; in das Bereich, das man nun – in einem etwas weniger pedantischen Sinn, als ich ihn Ihnen wörtlich in der letzten Stunde auseinandergesetzt habe – das *transzendentale* Bereich nennen könnte: nämlich ein Bereich der Spekulation, wo die Not, zwei sonst unvereinbare Konzeptionen doch irgendwie miteinander zu vereinigen, dazu führt, daß man gedankliche Konstruktionen macht, die gar nicht unmittelbar auf irgend etwas Gegebenes, Positives sich beziehen können, die aber durch die fortschreitende Analyse motiviert werden. Und nur wenn Sie diese eigentümliche Struktur des Denkens dem Kant und noch viel mehr seinen Nachfolgern zunächst einmal vorgeben, können Sie diese ganze idealistische Philosophie überhaupt erst richtig verstehen. Was man bei Kant im allgemeinen die sogenannte Kopernikanische Wendung nennt, das ist nun nichts anderes, als daß jene schlechterdings geltenden und doch erfahrungsunabhängigen Wahrheiten, die das Thema der Kritik bilden und durch deren Bereich die Kritik mitten hindurch einen Graben zieht: manche verwirft sie, und manche läßt sie gelten, – daß also dieses ganze Bereich von ihm nicht mehr aufgesucht wird geradehin, indem über diese Dinge unmittelbar etwas gesagt und geurteilt wird, sondern – in der Reflexion. Wenn ich Ihnen vorhin gesagt habe, daß das Neue in der »Kritik der reinen Vernunft« die Reflexion der Vernunft auf sich selber sei, dann ist *das* eigentlich die Kopernikanische Wendung. Diese Wahrheiten, um die es in der »Kritik der reinen Vernunft« geht, die sollen nicht mehr gleichsam draußen – als etwas an sich Seiendes wie etwa in der Theorie des Platon – abgeleitet und dargetan oder behauptet werden, sondern sie sollen dadurch sich erweisen, daß die Vernunft sich auf sich selbst richtet und in sich selbst die konstitutiven Momente entdeckt, durch die so etwas wie eine allgemein gültige und objektive Erkenntnis überhaupt möglich ist. Und diese Wendung hat Kant für seine eigentümliche Leistung gehalten.[43] – Daß Sie mich richtig verstehen: es handelt sich dabei nicht um die bloße Wendung aufs Subjekt, die ist gerade in der skeptischen und empiristischen Philosophie, aber auch in dem großen Rationalismus schon längst vorher erfolgt; sondern das spezifisch Neue ist, daß hier Objektivität selber, das heißt die Gültigkeit der Erkenntnisse, durch Subjektivität hindurch – das heißt also durch die Reflexion auf den Mechanismus der Erkenntnis, auf seine Möglichkeiten und Grenzen – eigentlich hergestellt werden soll; daß das Subjekt selber eigentlich der Bürge – wenn nicht der Schöpfer, jedenfalls der Garant – von Objektivität sei. Das ist eigentlich, wenn Sie so wollen, die entscheidende These der »Kritik der reinen Vernunft«, und wenn Sie an dieser Absicht sich orientieren, dann wird Ihnen das vielleicht über die Schwierigkeiten des Werkes doch in vieler Hinsicht hinweghelfen.

4. Vorlesung
2. 6. 1959

Es sind vielleicht manche unter Ihnen, die mich schelten, warum ich in diesem ohnehin ja sehr verkürzten Semester bei der Behandlung eines Werkes vom Anspruch der »Kritik der reinen Vernunft« nun so viel Zeit mit den synthetischen Urteilen a priori, also einer doch zunächst sehr begrenzten erkenntnistheoretischen Begriffsbildung, zugebracht habe. Und Sie werden mich dessen gemahnen, daß ja schließlich in der Einleitung der »Kritik der reinen Vernunft« – die ich Sie nun, nach dem Ende der heutigen Vorlesung, allesamt zu lesen bitte – am Ende eine Frage von ganz anderer Dignität aufgeworfen sei: nämlich die Frage nach der Möglichkeit von Metaphysik; und daß es sich eigentlich um dieses Problem in der »Kritik der reinen Vernunft« überhaupt handle. Ich folge dabei meiner Gewohnheit, zunächst einmal die Begriffe, um die es sich hier handelt, nicht zu definieren, sondern zu versuchen, Ihnen eine konkrete Einsicht in diese Begriffe und in das Leben dieser Begriffe durch ihre Behandlung selbst zu verschaffen, – insbesondere deshalb, weil, wenn man sich hier auf Verbaldefinitionen festlegt, man, wie in sehr vielen Fällen bei Kant, in Schwierigkeiten gerät. Der Begriff der Metaphysik ist wie fast alle einzelnen Termini, die in der »Kritik der reinen Vernunft« vorkommen – obwohl diese Termini gelegentlich definiert werden, und das ist auch für den Begriff der Metaphysik der Fall –, äquivok oder gar in mehr als zwei Bedeutungen gebraucht. Und zwar heißt Metaphysik zunächst einmal dabei soviel, wie man ganz allgemein unter Philosophie versteht; im Gegensatz zu den beschränkten Fragen der Einzelwissenschaften. Es heißt dann aber – und das ist wohl das, was spezifisch in der »Kritik der reinen Vernunft« gemeint ist – Metaphysik: in einem ganz bestimmten Verhältnis zu der Erfahrung stehend: nämlich als der Inbegriff derjenigen Erkenntnisse, die über die Möglichkeit von Erfahrung schlechterdings hinausgehen; die, wie man das in der üblichen Sprache der Philosophie nennt, *transzendent* sind, – nämlich transzendieren eben die Grenzen des durch Erfahrung je zu Erfüllenden. Wenn ich Sie an die Thematik der Kantischen Ideenlehre, also an Fragen wie Gott, Freiheit, Unsterblichkeit, Seele, Sein, erinnere, dann können Sie sich zunächst einmal eine etwas konkretere Vorstellung von dem machen, was hier unter Metaphysik in diesem Buche überhaupt gemeint ist. Man hat in der Tat den Begriff der Metaphysik auch in einem *positiven* Sinn zum Angelpunkt des Verständnisses gemacht; so in der Interpretation von Martin Heidegger[44], die allerdings – dadurch, daß sie eigentlich als das Schlüsselproblem der »Kritik der reinen Vernunft« das Problem der Zeit auffaßt – dabei einen Begriff von Metaphysik, nämlich das Verhältnis von Sein und Zeit, von vornherein in den Gesichtskreis der »Kritik der reinen Vernunft« hineinverlegt,[45] von dem ich sagen möchte, daß er zum mindesten nicht unmittelbar in der »Kritik der reinen Vernunft« thematisch ist. Ich möchte daraus nun Heidegger keinen Vorwurf machen, denn die Betrachtungen, die ich recht bald mit Ihnen durchzuführen gedenke, beziehen sich ebenfalls auf eine Reihe von Fragen, die in dieser Gestalt nicht etwa selbst in der »Kritik der reinen Vernunft« aufgeworfen sind, sondern die gewissermaßen extrapoliert werden aus ihr. Aber wenn man in der bescheideneren Absicht, in die »Kritik der reinen Vernunft« einzuführen, über das Problem der Metaphysik redet, so, meine ich, sollte man jedenfalls methodischerweise zunächst einmal immanent verfahren: also sich an den Begriff oder die Begriffe von Metaphysik halten, wie sie in dem Werk selbst verwandt sind.

Was die Frage des Verhältnisses des Problems der Metaphysik zum Problem der synthetischen Urteile a priori (und meine scheinbare Vernachlässigung des ersteren) angeht, so habe ich darauf zweierlei Ihnen zu sagen, – und die zweite dieser Betrachtungen wird uns wohl in die Frage selber inhaltlich hineinführen. Zunächst einmal: erinnern Sie sich daran, daß ich Ihnen sagte, daß die »Kritik der reinen Vernunft« in ihrem Hauptteil in zwei große Gruppen zerfällt – die übrigens nicht ganz mit der ein wenig künstlichen Disposition sich decken, wie sie im Inhaltsverzeichnis steht –, nämlich, ganz grob geredet, in einen positiven und einen negativen Teil. Beides fällt in die sogenannte ›Transzendentale Elementarlehre‹, der gegenüber die ›Transzendentale Methodenlehre‹ mehr den Charakter wirklich eines Korollariums hat: sie ist ohne weiteres bei der Lektüre verständlich, ohne irgendwelche Schwierigkeiten zu bereiten; ist aber auf der anderen Seite kein integraler Bestandteil des Werkes selber, so, daß Sie also zu dessen Verständnis der Methodenlehre unbedingt bedürften. In der Elementarlehre ist deren erster Teil, die ›Transzendentale Ästhetik‹, und vom zweiten Teil, der ›Transzendentalen Logik‹, deren erste Abteilung, nämlich die ›Transzendentale Analytik‹, der sozusagen *positive* Teil der »Kritik der reinen Vernunft«. Und am Schluß des zweiten Buches der ersten Abteilung, nämlich der ›Analytik der Grundsätze‹, findet sich tatsächlich das, was man (wenn ich mich einmal ganz ordinär ausdrücken darf) als das positive Resultat der »Kritik der reinen Vernunft« ansprechen darf. Das ›System der Grundsätze‹, mit dem dieser Teil nämlich schließt, ist eigentlich nichts anderes als die systematische Anordnung der synthetischen Urteile a priori, wie sie gewissermaßen fix und fertig herausfallen aus dem Zusammenspiel der Elemente der Anschauung oder, richtiger gesagt, der Formen der Anschauung mit den in der Vernunftkritik deduzierten Formen des Verstandes, also den Kategorien. Was ich sage, ist nicht ganz wörtlich zu verstehen[46] insofern, als Kant sagen würde, daß ihrerseits diese Grundsätze, die hier entwickelt sind, nur die allgemeinsten Prinzipien abgeben, aus denen dann die eigentlichen synthetischen Urteile a priori, als die obersten Sätze der reinen Naturwissenschaft, erst abgeleitet werden müssen. Aber die wesentliche Arbeit dieser Ableitung ist in ihnen als geleistet zu betrachten; und Kant selber hat ja das Geschäft – um in seiner Sprache zu reden – einer *ausgeführten* Metaphysik der Natur, also einer Lehre der obersten synthetischen Sätze der Naturwissenschaften, selber eigentlich nicht gegeben. Demgegenüber ist dann die zweite Abteilung, die ›Transzendentale Dialektik‹, der *negative* Teil: der Teil der »Kritik der reinen Vernunft« also, der sich mit den Widersprüchen beschäftigt, in welche die Vernunft notwendig sich verwickelt; und gleichzeitig damit der Teil, der der Metaphysik in einem prägnanten Sinn gewidmet ist, denn die metaphysischen Probleme werden von Kant (wir werden darauf noch im Lauf der Stunde kommen) geradezu gleichgesetzt mit den Widersprüchen, in die sich die Vernunft zwangsweise, notwendigerweise verwickeln muß, die sie aufzulösen aber gleichzeitig selber mächtig sein soll: eine der merkwürdigsten Konstruktionen der »Kritik der reinen Vernunft«. – Wenn ich zunächst bei den synthetischen Urteilen a priori insistiert habe, so habe ich dazu immerhin das für mich, daß ich damit Betrachtungen angestellt habe, die dem gelten, was als das positive Resultat der »Kritik der reinen Vernunft« überhaupt einmal zu gelten hat. Ich möchte noch hinzufügen, daß das 3. Hauptstück aus dem zweiten Buch der ersten Abteilung, »Von dem Grunde der Unterscheidung aller Gegenstände überhaupt in Phaenomena und Noumena«, bereits den Übergang zur Dialektik darstellt; und daß der außerordentlich wichtige Anhang »Von der Amphibolie der Reflexionsbegriffe«, der hier sich findet, streng genommen bereits einen Teil der ›Transzendentalen Dialektik‹ bildet und eigentlich gar nicht mehr in die ›Transzendentale Logik‹ gehört. Ich möchte Sie auf dieses im allgemeinen ein bißchen vernachlässigte Kapitel, im Gegensatz zu der ›Transzendentalen Methodenlehre‹, mit ganz besonderem Nachdruck hinweisen, weil es die Antwort der Kantischen Philosophie auf das heute modische Problem der Metaphysik, nämlich auf das Problem des *Seins,* recht eigentlich darstellt. Aber das ist nun zunächst eine verhältnismäßig äußerliche Antwort auf die Frage nach dem Interesse an den synthetischen Urteilen a priori. Das, was viel wesentlicher ist, ist das, daß die Frage nach der Metaphysik ihrem Sinne nach von der

Frage nach den synthetischen Urteilen a priori gar nicht getrennt werden kann. Das heißt, daß also wirklich die Architektonik der »Kritik der reinen Vernunft« so ineinander verschränkt ist, so verklammert ist, daß die Disposition in einen positiven und einen negativen Teil, die ich Ihnen gegeben habe, so kindisch ist, wie Hegel zufolge jede gültige Scheidung von sogenanntem Positivem und sogenanntem Negativem überhaupt ist. Und ich habe Ihnen das auch nur deshalb gesagt, um denjenigen von Ihnen, die sich mit dem Aufbau des Werkes noch gar nicht vertraut gemacht haben, dafür wenigstens einen allerkrassesten Anhalt zu geben.

Aber lassen Sie mich zunächst eingehen auf die Frage nach der Metaphysik bei Kant selbst, so wie sie in der »Kritik der reinen Vernunft« gestellt ist; und lassen Sie mich im Anschluß daran dann versuchen, Ihnen den Zusammenhang dieser Problematik mit der der synthetischen Urteile a priori zu entwickeln. Wir bewegen uns dabei zunächst einmal im Zusammenhang der Einleitung, und zwar des Endes der Einleitung, wo diese Frage sehr nachdrücklich aufgeworfen ist, – wie ich denn überhaupt unter der Hand und, wie ich hoffe, ohne daß Sie allzuviel davon gemerkt haben, Ihnen in den bisherigen Stunden die Problematik der beiden Vorreden und der Einleitung der »Kritik der reinen Vernunft« im wesentlichen entwickelt, freilich bereits aus einiger Distanz interpretiert habe. Da werden Sie nun finden, daß die Frage nach der Metaphysik aufgespalten ist in zwei Fragen, nämlich in die Frage ›Wie ist Metaphysik als Naturanlage möglich?‹ und in die Frage ›Wie ist Metaphysik als Wissenschaft möglich?‹ Lassen Sie mich hier gerade einmal versuchen, Ihnen ein bißchen bei Ihrem Verständnis zu helfen, indem ich Ihnen die erste Frage im Lichte dessen interpretiere, was wir bisher uns erarbeitet haben. Denn Sie können ja sagen nach dem, was Sie bereits gehört haben über die prinzipiell nicht psychologische sondern transzendentale, also auf notwendige Denkbedingungen zielende Fragestellung der »Kritik der reinen Vernunft«: ja, was zum Teufel soll uns denn hier die Metaphysik als Naturanlage angehen? Das ist genau so, als wenn man über die Frage der Rückenwirbel oder irgendeine andere anthropologische Frage in der »Kritik der reinen Vernunft« reden wollte; und es ist völlig überflüssig, eine solche Frage, wie soll man sagen: der intellektuellen Anthropologie in einem derartig erkenntniskritisch-metaphysisch gerichteten Werk aufzuwerfen. Und wenn Sie unter diesem Gesichtspunkt an diese Frage herangehen, wie es durchaus Ihr Recht ist, dann werden Sie auf außerordentliche Schwierigkeiten stoßen. Aber es ist schon für Kant – und dann noch in einem viel höheren Maße für Hegel – notwendig, daß der Gedanke, der der Bewegung eines solchen Denkens sich stellt, dabei selbst eine doppelte Bewegung vollführt: nämlich auf der einen Seite in diese Denkgebilde sich versenkt, also in eine möglichst große Leitnähe zu dem Gedanken sich begibt; auf der anderen Seite aber doch so sehr seiner mächtig ist, daß er aus dieser Tuchfühlung sich auch wieder herausnehmen, sich zurücknehmen und das Ganze aus einer gewissen Distanz erblicken kann, – weil sehr viele der Schwierigkeiten, die gerade Kant und Hegel, aber auch Fichte und Schelling bereiten, daher rühren, daß man zu nah an den Texten ist; daß man dann die Intentionen nicht richtig erkennen kann, während man sie aus einiger Distanz viel klarer zu überblicken vermag. Was also mit dieser ersten Frage, mit der Metaphysik als *Naturanlage* gemeint ist, das ist etwas, was Sie jetzt – nach dem, was ich Ihnen an generellen Dingen gesagt habe – bereits verstehen können, ohne es mit Psychologischem zu konfundieren, während das an Ort und Stelle gar nicht ohne weiteres klar ist. Sie müssen das nämlich zusammendenken mit der Stelle, auf die ich wiederholt bereits hingewiesen habe und auf die wir nochmals zu sprechen kommen werden: daß die Vernunft ihrer eigenen Anlage nach notwendig auf gewisse Fragen gedrängt wird, aber auf der anderen Seite diese Fragen nicht zu lösen vermag.[47] Und darum: also gewissermaßen um die Logik, die dazu führt, daß metaphysische Fragen überhaupt gestellt werden, darum handelt es sich hier. Es handelt sich also nicht – wie Kant ironisch in solchen Fällen, wie bei Locke etwa, sagen würde – um eine Art von Physiologie des Geistes,[48] die nun sagt, wie man es in der Aufklärung wohl häufig betrieben hat, auf Grund welcher Triebkonstanten etwa man auf solche metaphysischen Fragen verfällt: etwa aus Angst, oder um Wunscherfüllung zu haben, – gar nicht um diese Dinge geht es. Sondern es geht dabei in der Tat um eine geistige Frage: nämlich um die Frage, wodurch eigentlich, durch welche immanenten Mechanismen die Vernunft zu jenen Problemen gedrängt wird, die man als die metaphysischen Probleme bezeichnet. Und da ist die Antwort – um sie Ihnen ganz einfach vorwegzunehmen – im Grunde die, daß die Metaphysik selbst eigentlich gar nichts anderes ist als die sich absolut setzende Vernunft; das heißt also: die Vernunft, die ihren eigenen Gebrauch, unabhängig von den ihr jeweils zukommenden Materialien, für die Bürgschaft der Wahrheit hält.

Ich darf hier vielleicht eine Perspektive eröffnen innerhalb der Geschichte der idealistischen Philosophie, in die Kant gehört: daß nämlich genau dieses Moment, das hier als ein *Negatives* erscheint, nämlich daß die Vernunft gewissermaßen dem Verhängnis unterliegt, einfach indem sie sich selbst und ihren Gesetzen folgt, ohne Rücksicht auf das, wodurch sie sich in Widersprüche verwickelt; daß dieses ihr Negatives von den Nachfolgern Kants – eben weil es notwendig, weil es unvermeidlich, weil es eine in der Logik selbst gelegene Zwanghaftigkeit ist – dann zum *Positiven,* zum Organon der Wahrheit umfunktioniert worden ist. Und diese Umfunktionierung dessen, was bei Kant Dialektik in einem bloß depretiativen Sinn heißt, in Dialektik als der Methode der Erkenntnis der Wahrheit und gleichzeitig als der sich entfaltenden Wahrheit selber: das ist eigentlich in der Nußschale der entscheidende Unterschied, der zwischen Kant und den an Kant anschließenden Denkern des deutschen Idealismus überhaupt besteht. Mit anderen Worten: wenn hier von Naturanlage die Rede ist, dann ist nichts anderes gemeint, als daß die Vernunft, indem sie ihrer eigenen Bestimmung folgt, immer weiter und weiter schreitet, immer weiter über ihre endlichen Bedingungen hinauskommt, und schließlich, damit sie sich nicht in einen unendlichen Progreß verwandelt, doch postulieren müsse, daß irgendwo in einer letzten Ursache, einem letzten Sein, einem letzten absoluten Wesen eine Grenze sei, an der alles seinen Haftpunkt habe; und – sagt Kant – das ist ein in sich völlig legitimes und unvermeidliches Bedürfnis, das einfach in dem Drang der Fundierung der Erkenntnisse in anderen Fundierungen, also in der logischen Struktur seinen Grund hat; einfach darin, daß wir zu keinem Urteil berechtigt sind als einem solchen, das einen Erkenntnisgrund hat. Aber indem wir diesem ganz legitimen und unvermeidlichen Zwang der Vernunft folgen, da geraten wir nun dabei in diese Schwierigkeiten herein. Die Frage also, die hier unter diesem ersten Titel als Frage der Metaphysik erscheint, die nach der Naturanlage: das ist nichts anderes als die Frage, wie wir zu den von Kant Metaphysik genannten Fragestellungen gedrängt werden.

Die zweite Frage ist nun die Frage, wie Metaphysik als *Wissenschaft* möglich ist; und auch diese Frage bitte ich Sie, im Lichte dessen zu sehen, was ich Ihnen bereits entwickelt habe, dann wird sie Ihnen nicht mehr so sonderbar klingen, wie sie Ihnen vielleicht jetzt klingt. Sie steht ja in der Tat am Ende der Einleitung[49] und bezeichnet somit – das muß man schon zugestehen – eigentlich doch das oberste Thema, zu dem die »Kritik der reinen Vernunft« überhaupt sich erheben will. Damit ist nun – im Gegensatz zu der Frage nach der *Notwendigkeit,* durch welche die Vernunft zu metaphysischen Überlegungen gedrängt wird – gemeint die Frage nach der *Gültigkeit* eben dieser metaphysischen Urteile; also die eigentlich kritische Frage: wieweit Aussagen über Gott, Freiheit, Unsterblichkeit, Seele, Sein und die Unendlichkeit und wie diese Begriffe lauten mögen, eigentlich gültig, wieweit sie eigentlich legitim sind. Nun, – ich glaube, es ist in diesem Zusammenhang, wo an einer so entscheidenden Stelle in der

Philosophie das Stichwort von der Wissenschaft fällt, doch notwendig, daß wir wenigstens in ganz kurzen Überlegungen uns klar machen, daß im Verhältnis von Philosophie und Wissenschaft selber ein Problem gelegen ist, das die gesamte Geschichte der Philosophie beherrscht und das in der »Kritik der reinen Vernunft« dann seinen obersten und konsequentesten Ausdruck, jedenfalls in der Geschichte der Philosophie bis zu Kant, gewonnen hat. Man kann sagen, daß – nun wieder etwas weiter gesehen, mit einer gewissen Largesse gesehen – die Frage, wie Metaphysik als Wissenschaft möglich sei, überhaupt den Impuls der gesamten neueren Philosophie bezeichnet. Die Stellung zwischen der Philosophie und der Wissenschaft hat von Anbeginn, von Urzeiten her, an jenem Widerspruch laboriert, kann man sagen, der dann in dieser Kantischen Frage eigentlich sich kristallisiert. Auf der einen Seite möchte Philosophie das Unbedingte aussagen; möchte also Philosophie wirklich über die entscheidenden Fragen, die es gibt, die jenseits der bloß arbeitsteiligen Verstandestätigkeit sich stellen, wie sie mit dem Betrieb der menschlichen Selbsterhaltung zusammenhängen, – sie möchte nun also doch etwas darüber aussagen, wie es nun eigentlich sei, was das *Wesen* sei, was hinter allen Dingen liege. Auf der anderen Seite aber wird der Philosophie von den Fragestellungen, die auf dieses Unbedingte zielen, von den positiven Einzelwissenschaften immer mehr entrissen. Wenn Sie sich etwa die alten ionischen Naturphilosophen ansehen, dann werden Sie finden, daß in ihrer Philosophie unzählige Momente enthalten sind, die nach gegenwärtiger Terminologie etwa der Physik, der Naturwissenschaft oder der Naturlehre angehören und die mit fortschreitender Naturwissenschaft dann der Philosophie entrissen worden sind. Und noch wenn Sie ein Buch von extremem metaphysischen Anspruch lesen wie das, das sich auf der Höhe der griechischen Philosophie befindet, nämlich den »Phaidon« von Platon, dann werden Sie finden, daß darin zwar von einem Problem zentral gehandelt wird, das auch eines der Probleme der »Kritik der reinen Vernunft« ist, nämlich von dem Problem der Unsterblichkeit, oder man kann ebenso auch sagen: von der Substantialität und Unteilbarkeit der Seele; daß aber gleichzeitig gerade dieses aufs äußerste metaphysisch angespannte Buch gelegentlich eine Reihe von Aussagen enthält, die nach heutigem Sprachgebrauch schlicht in die Geographie gehören, nämlich Aussagen über die Flüsse, die den Ozean begrenzen, die hinabführen in die Unterwelt, und derartige ganz und gar mythologische Dinge. Wissenschaftliches und spekulativ Metaphysisches sind hier ganz ungeschieden. Und Sie brauchen nur die zum Teil wirklich ganz phantastischen Erzählungen des Platon über diese Flüsse zu lesen, um sich ganz drastisch dessen bewußt zu werden, was die Wissenschaft der Philosophie – oder lassen Sie mich hier getrost sagen: der Metaphysik – eigentlich entrissen hat. Und Sie können, wenn Sie wollen (wenn Sie mir diese Aussage hier gestatten, auch wenn sie nicht unmittelbar zu Kant gehört), eigentlich bereits in dem gesamten Entwurf der Aristotelischen Philosophie einen großartigen, eigentlich den ersten Versuch großen Stils erblicken, das Ideal der Wissenschaftlichkeit mit dem Ideal der Metaphysik zu verbinden.

In der »Kritik der reinen Vernunft« geschieht das auf eine solche Weise, daß die Kriterien, die sich als Kriterien gültiger Wissenschaft nun einmal etabliert haben, nämlich die Kriterien der möglichen Prüfbarkeit und der logischen Widerspruchslosigkeit, ihrerseits angewandt werden auf die Philosophie. Das heißt: die Philosophie selber reflektiert sich im Geist von Wissenschaft, hält aber trotzdem an ihrem Anspruch der Philosophie fest. Insofern kann man sagen, daß die Kantische Philosophie sich auf der Scheitelhöhe zwischen der Philosophie und dem Positivismus befindet: sie ist selber *noch* Metaphysik und ist zugleich *schon* Philosophie als eine, man könnte sagen: Wissenschaftslehre. Oder anders ausgedrückt: bei Kant ist dieser Prozeß des Entreißens der spezifisch wissenschaftlichen und inhaltlichen Gehalte, die einmal der Philosophie, der spekulativen Metaphysik zukamen, bereits soweit gediehen, daß da nun wirklich in seinem Sinn nur noch eine gewisse Anzahl von Ideen übriggeblieben ist. Bei ihm ist bereits eigentlich die Metaphysik ein Rest: das was zurückgeblieben ist, nachdem alle möglichen bestimmten Einzelwissenschaften sich aus dem *κόσμος νοητικός* der alten Metaphysik gelöst haben, die ja ihrerseits hervorgegangen ist aus der magisch-mythologischen Vorstellung von der Allheit der Natur. Und das, was er nun eigentlich tut in der »Kritik der reinen Vernunft«, ist, daß er überprüft, was dieser Rest an Erkenntnissen oder an Behauptungen, an Thesen, an Sätzen, der nun seinerseits nicht auflöslich sein soll in Wissenschaften, was der bedeute nach Kriterien, die ihrerseits gewonnen sind an den nun einmal geltenden Wissenschaften, von denen es an einer Stelle heißt, daß reine Mathematik und reine Naturwissenschaft da seien, werde durch ihre Wirklichkeit bewiesen; und *wie* sie wirklich sein können, das ist Aufgabe der Vernunftkritik. Es findet sich das in demselben 6. Kapitel aus der Einleitung der »Kritik der reinen Vernunft«,[50] von dem ich eben überhaupt zu Ihnen spreche. Sie können hier sehen, daß das, was ich Ihnen gesagt habe von dem Residualcharakter der Wahrheit in Philosophien dieses gesamten Typs – also daß hier immer die Wahrheit gleichsam das ist, was als Rest übrigbleibt, wenn man das scheinbar Ephemere, Vergängliche, Geschichtliche abgestrichen hat –, daß diese Vorstellung vom Residualcharakter der Wahrheit ihrerseits einen höchst geschichtlichen Sinn hat; daß das nicht ein Rest in einem bloß logischen Verstande ist, sondern ein Rest auch in dem Sinn, daß es buchstäblich das ist, was der Philosophie, nachdem ihr ja von allen Ecken und Enden die Einzelwissenschaften immer mehr entreißen und in ihre Ressorts hereintun, was also dann der armen Philosophie übrigbleibt. Und dieses entsetzlich Dünne und Arme, das soll dann am Ende eigentlich der ganze Inhalt der Philosophie sein. Dadurch gehört Kant durchaus in diese Residualkonzeption der Philosophie herein. Und es hat nur ganz wenige Philosophen gegeben – in einem nachdrücklichen Sinn wohl nur Hegel und seine dialektischen Nachfolger auf der einen Seite und Nietzsche auf der anderen –, die im Ernst mit diesem Residualbegriff der Wahrheit aufgeräumt und ihn seiner eigenen Armseligkeit gründlich überführt haben; während Kant, bei dem diese Frage zum ersten Mal in dieser Weise zugespitzt sich stellt, dieser Armseligkeit offenbar noch gar nicht sich bewußt war.

Die Frage, um die es sich hier handelt, ist aber – und damit komme ich zu dem zurück, was ich Ihnen am Anfang der Stunde versprochen habe – mit der Frage nach den synthetischen Urteilen a priori unablösbar verwachsen. Denn zunächst einmal: wenn Metaphysik als Wissenschaft begriffen werden soll, dann verlangt sie, Kant zufolge, dieselbe Begründung wie die reinen Naturwissenschaften auch; das heißt, die obersten Sätze von Metaphysik müßten, ihm zufolge, synthetische Urteile a priori sein – oder sie müßten gar nicht sein. Denn daß die Sätze der Metaphysik nicht analytische Urteile sind, das ist selbst, kann man sagen, eine der entscheidendsten Voraussetzungen der »Kritik der reinen Vernunft«. Man sagt das so, – und Sie denken sich vielleicht, wenn Sie das hören, nicht so sehr viel dabei und meinen: nun ja, daß Sätze von der Art der Metaphysik synthetische Urteile sind, das wollen wir einmal schlucken. Aber ich möchte Sie darauf aufmerksam machen, daß gerade dieser Nachweis – also der Nachweis, daß nicht aus reinen Begriffen überhaupt etwas Inhaltliches gefolgert werden kann, sondern daß inhaltliche Aussagen wie die über Gott, Freiheit und Unsterblichkeit eben mehr als den bloßen Begriff, nämlich die Konfrontation des Begriffs mit seinem Material voraussetzen: das ist eigentlich eines der Hauptstücke, eines der geistigen Kernstücke der »Kritik der reinen Vernunft«. Denn der herkömmliche ontologische Gottesbeweis, der ja nun ganz gewiß zu dem gehört, was im Kantischen Sinn Metaphysik genannt werden kann, behauptet, daß zu der Idee eines absolut vollkommenen Wesens als eines der in der Vollkommenheit gelegenen Attribute auch die *Existenz* dieses vollkommenen Wesens mit dazugehört. Dann hat Kant in einer der eindringlichsten Analysen, die sich in der »Kritik der reinen Vernunft« befinden,[51] dargetan, daß die Vorstellung eines solchen absolut vollkommenen Wesens an sich über seine Existenz noch gar nichts bedeutet, und daß selbst die absolut adäquate und vollkommene Vorstellung etwa eines Vermögens von 300 Talern – das ist das Beispiel, das Kant dafür angibt – noch gar nichts darüber besagt, ob ich mir diese 300 Taler bloß vorstelle oder ob ich sie, er würde vermutlich gesagt haben: irgendwie in meinem Schreibtisch eingeschlossen habe.[52] Das ist also ein so zentrales Motiv für die »Kritik der reinen Vernunft«, daß ich Sie schon an dieser Stelle bitte, es als außerordentlich schwer anzumerken. Das heißt also, daß die Sätze der Metaphysik inhaltliche Sätze sind, daß sie synthetische Sätze sind und natürlich synthetische Sätze a priori, denn sie sollen ja absolut gültig sein: das ist, das ist sehr schwer zu sagen: eine Voraussetzung oder ein Resultat der »Kritik der reinen Vernunft«; das schließt sich an dieser Stelle zu einer Art Kreisfigur zusammen. Das heißt: aus dem reinen Begriff folgt die Gültigkeit dieser Sätze überhaupt nicht, weil in jedem Existentialurteil wie ›Es ist ein Gott‹ oder ›Die Seele ist unsterblich‹ bereits etwas beinhaltet ist, was in dem reinen Begriff der Seele oder Gottes eben noch nicht enthalten ist, – so daß es sich hier der Struktur nach eigentlich um synthetische Sätze handeln muß. Daß der spätere Idealismus das revidiert hat, das hat seinen Grund darin, daß in ihm nun die bei Kant als kritische Instanz fungierende Vernunft, die erkennende, prüfende Vernunft ihrerseits verabsolutiert und zu einer absoluten metaphysischen Entität gemacht worden ist; das muß hier außer Betracht bleiben. Aber ich glaube, daß die ganze Kantische Kritik der Metaphysik überhaupt nur verstanden werden kann, wenn Sie sich darüber klar sind, daß alle die metaphysischen Sätze, die bei Kant zur Kritik stehen, im Sinn der gesamten Konzeption der »Kritik der reinen Vernunft« eben als synthetische Urteile a priori angesehen werden müssen.

Darüber hinaus aber besteht zwischen den synthetischen Urteilen a priori und den Sätzen der Metaphysik ein sehr viel tieferer und ein innerlicher Zusammenhang. Und zwar ist das der: ich hatte Ihnen bereits gesagt – und das ist ja wirklich wohl die Charakteristik, die von der »Kritik der reinen Vernunft« überhaupt zu geben ist –, daß die Antwort auf die sämtlichen Fragen, die in der »Kritik der reinen Vernunft« gestellt werden, durch die Rückfrage auf das erkennende Subjekt selber gegeben wird; und eben das ist ja in dem Sinn, den ich versucht habe, Ihnen recht genau zu erläutern, das, was Kant mit dem Begriff der von ihm vollzogenen Kopernikanischen Wendung recht eigentlich meint. Wenn also so etwas wie reine Naturwissenschaft, wie synthetische Urteile a priori über die Natur überhaupt möglich ist, dann liegt die Garantie für diese Gültigkeit nicht in einem wie immer auch gearteten, zufällig dem Bewußtsein von außen Zukommenden, nicht in einem bloßen Material, sondern es liegt lediglich in den subjektiven Bedingungen, durch die ich erkenne und ohne die so etwas wie Erkenntnis überhaupt gar nicht möglich sein soll. Diese subjektiven Bedingungen aber, welche Naturwissenschaft möglich machen, sind als solche genau die gleichen Bedingungen wie die, welche die Metaphysik möglich machen. Es gibt also darin zwischen der Naturwissenschaft auf der einen Seite und dem, was *μετὰ τὰ φυσικά*, also ›nach‹ der Naturwissenschaft kommt, eigentlich gar keinen Unterschied. Mit anderen Worten: es liegt bei Kant hier – ganz und gar im Sinn des 18. Jahrhunderts und der Aufklärung – ein außerordentlich strenger, wenn Sie wollen: einfach identischer Begriff von der Einheit der Vernunft in den verschiedenen Bereichen vor. Daraus folgt nun aber, daß die Frage nach der Metaphysik eigentlich nichts anderes sein kann als die Frage nach der Beziehung dieser Vernunftbedingungen, dieser unabdingbar in der Vernunft gelegenen Bedingungen – also des Denkens und der notwendigen Anschauungsformen – auf verschiedene Arten von Materialien oder, radikaler ausgedrückt, auf die Frage, ob mir überhaupt so etwas wie ein Material zukommt; ob also diese Bedingungen ihrerseits überhaupt auf ein wie immer geartetes Sinnliches angewandt werden, oder ob sie, man könnte sagen: Amok laufen, ob sie leerlaufen, ob sie plötzlich sich aus sich selbst heraus perpetuieren und glauben, von sich aus das Entscheidende auszumachen. Die Einheit also, die zwischen der Frage nach den synthetischen Urteilen a priori und der Frage nach der Metaphysik bei Kant besteht, ist die Einheit der Vernunft selber und, genauer gesagt, derjenigen Aussagen, zu denen ich, wenn ich sie auf Erfahrung anwende, legitimiert bin. Und die Differenz von beiden liegt nur darin, ob diese Bedingungen der Vernunft ihrerseits sich mit einem anderen, mit einem Etwas erfüllen, das sie nicht selbst sind, mit einem Nichtidentischen, – oder ob sie in ihrer absoluten Identität verbleiben, ob sie gewissermaßen aus sich heraus das Absolute zu produzieren vermögen.

Ich habe Sie damit auf ein Problem, auf ein Begriffspaar geführt, das für das Verständnis der ganzen »Kritik der reinen Vernunft« fundamental ist und das Ihnen hier, so hoffe ich wenigstens, ohne allzu große Anstrengung zugefallen ist. Das ist nämlich das Begriffspaar der *Form* der Erkenntnis und des *Inhalts* der Erkenntnis. Der Inhalt der Erkenntnis bei Kant ist im Sinn dessen, was ich Ihnen gesagt habe, und im Sinn des Primats der Vernunft, der bei ihm herrscht, immer wirklich das, was mir zufällt: das Kontingente oder, wie es bei ihm auch zuweilen genannt wird: das Chaotische, die sinnliche Mannigfaltigkeit, über die ich nichts vermag, aber auf die sich nun meine Erkenntnis bezieht; und zwar nicht eigentlich in der Weise bezieht, daß wir das Sinnliche erkennen; wir erkennen das Sinnliche gar nicht, sondern wir *haben* das Sinnliche, es ist uns *gegeben;* aber es ist etwas Opakes, etwas Blindes, etwas Undurchdringliches. Sondern: was bei Kant in einem nachdrücklichen Sinn Erkenntnis heißt, das ist gar nichts anderes als – ja, man könnte beinahe sagen: eine Organisationsfrage; also: ob und wie es uns gelingt, die sinnlichen Momente, die uns gegeben sind, durch die Formen sowohl unserer Anschauung wie durch die Formen unseres Denkens zu vereinheitlichen, zu organisieren; das heißt: sowohl voneinander zu unterscheiden, zu differenzieren, wie unter einheitliche Gesichtspunkte zu bringen. Da aber nun dieser Inhalt seinerseits etwas Zufälliges und etwas Kontingentes, etwas Wechselndes ist, was gewissermaßen gar nicht in die Thematik der Philosophie, so wie sie bei Kant konzipiert ist, fällt, so muß die ganze Philosophie eigentlich nichts anderes sein als *Formanalyse*. Und dieses Moment der Formanalyse ist eigentlich das, was für die ganze Kantische Philosophie das Entscheidende ist, – und nebenbei bemerkt ist das der Punkt, an dem die Kantische Philosophie stets und von jeher ihre häßlichste Kritik gefunden hat. Wenn man Kant also Formalismus, etwa in der Ethik, vorgeworfen hat – so wie das bei Max Scheler geschehen ist[53] –, dann ist damit nichts anderes bezeichnet als der Preis, den Kant für die Befassung mit dem Transzendentalen, also mit der Möglichkeit synthetischer Urteile a priori, zu entrichten hatte: daß er nämlich, eben der wechselnden Inhalte nicht mächtig, sich auf die formalen Constituentien jeweils hat beschränken müssen. Aber an dieser Stelle liegt ein sehr subtiles Problem vor, auf das ich Sie hinweisen muß und das Sie vielleicht befähigt, nun doch das Spezifische der »Kritik der reinen Vernunft« besser zu verstehen. Nämlich: die Vernunft ist zwar Kant zufolge ihres Materials nicht mächtig; die Vernunftkritik hat ihrerseits nicht die Macht, über das Chaos der uns jeweils gegebenen sinnlichen Daten irgend etwas auszumachen. Wohl aber prätendiert sie – und darin liegt ein Anspruch, der, wenn Sie so wollen, von der »Kritik der reinen Vernunft« einfach dogmatisch erhoben wird –: etwas auszumachen darüber, ob Erkenntnisse auf ein Sinnliches überhaupt angewandt werden oder ob das nicht der Fall ist. Verstehen Sie mich recht: es kann zwar kein bestimmtes einzelnes Sinnliches zum Thema der Vernunftkritik werden, es fällt kein einzelnes bestimmtes Sinnliches in die Theorie, in die Erkenntniskritik herein; aber ob *überhaupt* so etwas wie absolut gültige Erkenntnis möglich ist, das hängt Kant zufolge davon ab, ob überhaupt unsere Erkenntnis auf sinnliche Daten sich bezieht oder ob das nicht der Fall ist. – Ich deute nur gerade noch an, daß natürlich in diesem ›Ob überhaupt‹ als dessen Voraussetzung ein ›Daß‹ bereits enthalten ist; daß also darin in Wahrheit Kant das sinnliche Material bereits gegen seinen Willen hat hereingelassen, das er vorher um der Apriorität willen so künstlich ausgeschlossen hat. Es liegt hier also eine Nahtstelle vor: eine Naht, die im Begriff ist, auseinanderzureißen, der man nicht allzuviel zutrauen darf. Aber jedenfalls das müssen Sie verstehen: die »Kritik der reinen Vernunft« – um das abschließend zu sagen – ist auf der einen Seite eine Formenlehre des Bewußtseins, soweit das Bewußtsein gültige Erkenntnis hat, zugleich aber auch eine Lehre von der Beziehung dieser Formen – nicht auf bestimmten Inhalt, aber darauf, daß es überhaupt Inhalt gibt; auf irgendwelche möglichen Inhalte überhaupt. Und insofern also ist die Frage der Metaphysik mit der der synthetischen Urteile a priori identisch: weil der Unterschied gültiger Urteile und bloß metaphysischer Spekulationen von Kant eben darin gesehen wird, ob diese sinnliche Erfüllung eintritt oder ob sie nicht eintritt.[54]

5. Vorlesung
4. 6. 1959

Wir hatten uns in der letzten Stunde hauptsächlich damit beschäftigt, die Einheit zwischen den beiden, nicht der äußeren Architektur aber dem Sinn nach auseinanderweisenden Teilen der »Kritik der reinen Vernunft« zu betrachten, und ich hatte dabei als Kanon gewählt den Begriff der synthetischen Urteile a priori, der ja in der Thematik der »Kritik der reinen Vernunft« obenan steht. Ich möchte dazu noch ein Letztes Ihnen sagen: nämlich daß die Sätze, die von Kant als solche der Metaphysik betrachtet werden, allesamt sogenannte Invarianten sind; also daß sie sich nicht auf irgendwelche wechselnden Inhalte beziehen, sondern daß von ihnen jedenfalls der Anspruch erhoben wird, daß sie schlechterdings und zu aller Zeit gelten sollen. Und diese Beschaffenheit ist den Sätzen der Metaphysik – in dem traditionellen Sinn jedenfalls, mit dem es Kant zu tun hat – mit den synthetischen Urteilen a priori gemeinsam. Der Gedanke also etwa, daß es ein metaphysischer oder spekulativer Satz selber sein könnte, daß etwa das Sein ein in sich Bewegtes sei oder daß der Widerspruch eigentlich das Constituens des Seins sei oder derartige Sätze, wie sie dann, wenn Sie wollen, als Invarianten oder besser: als variierende Varianten in der »Logik« von Hegel auftauchen, dieser Gedanke ist Kant durchaus fremd. Und darin liegt eine letzte und, wie mir dünkt, entscheidende Übereinstimmung zwischen der Frage nach der Metaphysik und der Frage nach der Möglichkeit der synthetischen Urteile a priori, – wobei man historisch wohl bemerken mag, daß die Sätze (und diese Bemerkung hat eine viel weiterreichende Konsequenz innerhalb des Gebrauchs der Wissenschaft, als ich sie Ihnen im Augenblick entwickeln möchte), die Kant als die synthetischen Urteile a priori zu begründen trachtet, gleichsam Säkularisierungen darstellen: also Einbeziehungen in die Erfahrung, Verwandlungen in die Erfahrung, Erfahrung konstituierende Sätze darstellen dessen, was die Sätze der Metaphysik unabhängig von einer solchen Reflexion, gleichsam in Naivetät oder in Unschuld behauptet haben. Ich muß Ihnen nicht eigens sagen, aber ich möchte Sie wenigstens daran erinnern, weil es für einige unserer kommenden Betrachtungen nicht unwichtig ist, daß die »Kritik der reinen Vernunft« nicht etwa eine unmittelbare Kritik der Metaphysik ist; wenn man sie so auffassen würde, würde man sie falsch verstehen; sondern daß die sogenannte Kopernikanische Wendung unter anderem auch ihren Gehalt daran hat, daß nicht die metaphysischen Sätze selbst kritisiert werden, sondern vielmehr die Möglichkeit unserer Vernunft, solche metaphysischen Sätze mit Grund auszusprechen, über sie bündig zu urteilen, ohne dabei sich gegen die Gesetze der diskursiven Logik zu vergehen. Diese Einschränkung in der Kantischen Kritik der Metaphysik, die ich Ihnen hier mache, ist deshalb, glaube ich, von größter Tragweite, weil hier sozusagen die Schwäche dessen deutlich wird, was in der Kopernikanischen Wendung, in der Wendung aufs Subjekt, zunächst einmal als Stärke einer radikalen Gesinnung erscheint, – nämlich daß eigentlich geradehin nun in der »Kritik der reinen Vernunft« über diese Themen, über Gott, Freiheit und Unsterblichkeit, gar nichts mehr gesagt wird. Also ganz schlicht gesagt: der geistig unschuldige Mensch, der die »Kritik der reinen Vernunft« zur Hand nimmt, weil er weiß, daß es sich darin um das sogenannte Problem der Metaphysik handelt, und der glaubt, daß er nun aus der »Kritik der reinen Vernunft« etwas darüber erfährt, ob es Gott, ob es Freiheit, ob es Unsterblichkeit gebe, der wird enttäuscht werden. Aussagen dieser unmittelbaren Art sind deshalb verwehrt in der »Kritik der reinen Vernunft«, weil die »Kritik der reinen Vernunft« sich ja gar nicht auf Gegenstände als solche, auch nicht auf die Gegenstände der Metaphysik, sondern lediglich, wie Kant sagt: auf unser Vermögen, solche Gegenstände zu erkennen, bezieht. Das bedeutet aber, daß nun nicht etwa irgendwelche positiven oder negativen Existentialurteile über jene Gegenstände gefällt werden, sondern das sogenannte negative Resultat der »Kritik der reinen Vernunft« ist eine Art von non liquet. Die Vernunft reicht nicht dazu aus, sagt Kant, über diese obersten Gegenstände etwas absolut Verbindliches zu sagen; sie bleiben also gewissermaßen in der Schwebe. Und diese merkwürdige Neutralität, die in dem Resultat der »Kritik der reinen Vernunft« durch die Wendung eben auf das Subjekt liegt, die hat dann die Konsequenz – und das müssen Sie verstehen, wenn Sie den größeren Zusammenhang begreifen wollen, in dem man dieses Werk überhaupt sehen muß –, daß es zwar auf der einen Seite eine Kritik der Metaphysik als Wissenschaft bedeutet, auf der anderen aber auch, in einer anderen Schicht sozusagen, in einer anderen Dimension, die Möglichkeit, die Metaphysik doch wieder aufrechtzuerhalten oder zu retten. Was ich sagen will ist, daß die Wendung zum Subjekt nicht nur eine Radikalisierung des Anspruchs bedeutet dadurch, daß, anstatt daß unmittelbar die Erkenntnisse geprüft werden, nun auf ihre Wurzel, nämlich das Erkenntnisvermögen, reflektiert wird; sondern daß nach der anderen Seite durch diese Reflexion selber die Entscheidung über die wesentlichen Fragen der Metaphysik eigentlich, soweit es sich um Fragen der Erkenntnis handelt, suspendiert wird. Sie können, wenn Sie wollen – wenn Sie mir gestatten, daß ich das in einen etwas weiteren geschichtlichen Zusammenhang stelle –, hier schon so etwas von der bürgerlichen Neutralisierung der metaphysischen und theologischen Gehalte erblicken: daß ihnen nämlich zwar auf der einen Seite die Verbindlichkeit entzogen wird, daß ihnen aber dann auf der anderen Seite, weil man ja doch nichts Gewisses über sie weiß, doch eine Art von Schattenexistenz zugebilligt wird; daß sie gleichsam im Haushalt des bürgerlichen Lebens auf den Sonntag vertagt und für diesen Sonntag übriggelassen werden. Das ist sehr unfair Kant gegenüber ausgedrückt, aber wenn Sie Kant vergleichen mit der eigentlichen Bewegung der Aufklärung, dann liegt an dieser Stelle ein wesentlicher Unterschied, – obwohl ich sagen möchte, daß auch innerhalb der Gesamtbewegung der

Aufklärung keineswegs die Kritik der Metaphysik so eindeutig war, wie man das im allgemeinen annimmt, sondern immer auch zugleich eine Intention auf Skepsis daneben herspielt, die der traditionellen Metaphysik Raum läßt. Das gilt insbesondere für Voltaire, der bekanntlich ursprünglich vom Theismus hergekommen ist und dann zwar in einer gewissen Weise darin erschüttert worden ist, aber der trotzdem gewisse traditionelle metaphysische Vorstellungen zum mindesten niemals explizit eigentlich kritisiert hat.

Ich glaube, daß wir nach den Betrachtungen, die wir durchgeführt haben, nun einigermaßen in der Lage sind, uns dessen zu versichern, was Kant unter Metaphysik versteht; und ich möchte dazu zunächst eine Stelle heranziehen aus der Vorrede zur zweiten Ausgabe der »Kritik der reinen Vernunft«, die folgendermaßen lautet: »Der *Metaphysik*, einer ganz isolierten spekulativen Vernunfterkenntnis, die sich gänzlich über Erfahrungsbelehrung erhebt, und zwar durch bloße Begriffe (nicht wie Mathematik durch Anwendung derselben auf Anschauung), wo also Vernunft selbst ihr eigener Schüler sein soll, ist das Schicksal bisher noch so günstig nicht gewesen, daß sie den sichern Gang einer Wissenschaft einzuschlagen vermocht hätte [...].«[55] Und dieser Zustand also, der ist eigentlich das, was Kant zur Kritik vermag, zur Kritik bewegt. Lassen Sie mich hier nur ein paar Worte Ihnen sagen über den Begriff des *Spekulativen,* wie er bei Kant vorkommt und wie er sich doch wesentlich unterscheidet von dem Begriff des Spekulativen in den an Kant anschließenden Philosophien, – obwohl der Wandel der Bedeutung, der sich innerhalb dieses Begriffes vollzieht, seinerseits selber Licht auf die Sache wirft und nicht etwa als eine zufällige, bloß terminologische Veränderung anzusehen ist. Also spekulative Erkenntnis, kann man sagen, ist bei Kant gleichbedeutend mit Metaphysik. Nach der subjektiven Seite gesehen, heißt Metaphysik also alle diejenige Erkenntnis, die sich der bloßen Spekulation verdankt. Und das Wort ›spekulativ‹ bitte ich Sie hier wirklich so schlicht zu verstehen, wie es denjenigen von Ihnen, die nicht durch die Hegelsche Philosophie berührt worden sind, vermutlich vor Augen steht: nämlich als eine Erkenntnis, die aus reiner Vernunft heraus eigentlich sich vollzieht, ohne daß sie an der Erfahrung gleichsam ihr Maß oder ihren Stoff oder ihr Nichtidentisches – das Moment hat, das ihr widerstreiten würde und an dem sie sich eigentlich reibt. Also spekulatives Denken ist soviel wie reines Denken; spekulative Erkenntnisse sind Erkenntnisse, die rein aus dem Denken herausgesponnen werden, ohne daß sie an einem dem Denken in irgendeiner Weise als Erfahrung zukommenden Stoff sich eigentlich messen würden. Wenn ich Ihnen sage, wie ich es Ihnen bereits angedeutet habe, daß in den an Kant anschließenden Philosophen der Begriff der Erfahrung nicht länger als ein Begriff des bloßen Materials, also als ein Problem des Materials, als ein dem Subjekt von außen Zukommendes gedacht wird; sondern daß diese Philosophen aus sehr gewichtigen Gründen geglaubt haben, den Inhalt der Erfahrung selbst auch aus dem Geist heraus entwickeln zu sollen, dann folgt daraus einigermaßen stringent, daß der Begriff des Spekulativen eine ganz andere Bedeutung gewinnt; das heißt, daß dann tatsächlich die Vernunft, welche ja dieser Philosophie zufolge *alles* ist, also auch das stoffliche Moment in sich selbst enthält, – daß die Vernunft dadurch, daß sie auf sich selbst reflektiert, eben fähig werden soll, die Wahrheit und schließlich das Absolute schlechterdings zu erkennen. Also daß der Begriff des Spekulativen, der bei Kant ein negativer Begriff ist, ein kritischer, dann zu einem positiven wird, das hängt selber unmittelbar ab von der Kritik, welche die nachkantischen Philosophen an der Kantischen Philosophie vollzogen haben. Sie dürfen sich aber – wenn ich das noch gerade sagen darf, damit Sie Kant hier auch in dem Zusammenhang sehen mit dem, was ihm folgt, und nicht nur im Zusammenhang mit dem, was ihm vorausgegangen ist –, Sie dürfen sich das nun nicht so vorstellen, als hätten mindestens die nachkantischen Philosophen, von Salomon Maimon an, nun etwa die kritische

Leistung, die Kant vollbracht hat, vergessen. Wenn Kant in dem negativen Teil der »Kritik der reinen Vernunft« den eingehenden Nachweis erbringt, daß transzendente Sätze – also Sätze, die über die Möglichkeit von Erfahrung hinausgehen – in Widersprüche führen, dann haben das die nachkantischen Philosophen, und insbesondere Hegel, nicht etwa bestritten, sondern sie haben nur dieser Kantischen Erkenntnis einen ganz anderen Stellenwert verliehen, als sie bei Kant hat, – indem sie nämlich gesagt haben, daß eben diese Widersprüche oder der Zusammenstoß, der Konflikt, in den immerwährend die endliche Erkenntnis und die unendliche Erkenntnis, Erfahrung und Absolutes geraten, daß dieser Widerspruch selbst eigentlich das Organ ist, das Medium ist, in dem sich so etwas wie die Erkenntnis überhaupt erst konstituiert. Und der Begriff der Spekulation, wie er dann bei Hegel vorliegt, ist ganz folgerecht der, daß ein spekulatives Denken ein solches Denken ist, das nicht die Widersprüche von außen her bestimmt und an ihnen sich abarbeitet und an ihnen scheitert; sondern ein Denken, das die Widersprüche in sich selbst aufnimmt und an den Widersprüchen, die in der Sache liegen, zugleich seine eigene Bewegung findet.[56]

Das ist also bei Kant ganz anders; und im Grunde ist durch die Definition der Metaphysik als eines bloß Spekulativen bei Kant der Begriff der Metaphysik vorweg bereits als ein problematischer Begriff gesetzt. Es ist dabei auch vorweg die Beziehung dieses Begriffs auf mögliche Erfahrung, auf mögliche Inhalte starr abgeschnitten. Die Scheidung von Form und Inhalt, von der ich Ihnen in der letzten Stunde gesprochen habe, bedeutet, daß bei Kant ganz rigoros – in einer Dualität, wie sie unmittelbar an die Cartesianische der beiden Substanzen gemahnt – nun auf der einen Seite die Sphäre des Bewußtseins, die Sphäre des Denkens als eine Sphäre der Formen, und auf der anderen die der Inhalte einander gegenüberstehen; während weder die Inhalte eigentlich die Formen von sich aus bestimmen, noch die Formen über die Inhalte etwas vermögen, sondern das Ganze ist in einem bestimmten

Sinn – ich sage das nicht herabsetzend, sondern nur um ein Verhältnis zu charakterisieren –, das Verhältnis zwischen Form und Inhalt bei Kant ist in einem gewissen Sinn ein Äußerliches. Nämlich derart, daß Sie sich die Formen wirklich vorstellen müssen als eine Art von Behälter, durch welche die uns von außen her zukommenden Materialien hindurchfiltriert werden; und nachdem diese Materialien durch diese Formen hindurchgegangen sind, fallen dann am anderen Ende gewissermaßen die gültigen Erkenntnisse, die synthetischen Urteile a priori heraus, – während die Beziehung der beiden Momente aufeinander, also die Art, in der diese beiden Momente wechselseitig sich gegenseitig voraussetzen und sich gegenseitig produzieren, in der »Kritik der reinen Vernunft« eigentlich noch gar nicht betrachtet ist. Sondern die »Kritik der reinen Vernunft« ist darin, wenn Sie wollen, ganz schlicht, daß Kant sich vorstellt, etwa auch wie die englischen Psychologen sich das vorgestellt haben: auf der einen Seite steht also die Vernunft, die Fähigkeit der Anschauung, der Mensch als gewissermaßen eine Art von tabula rasa, auf die die Sinneseindrücke – ohne daß man recht weiß: woher – hereinhageln; und auf der anderen Seite weiß man eigentlich gar nicht, was diese Sinnesqualitäten sind. Denn all ihre Bestimmungen empfangen sie ja denn doch wieder nur, soweit sie hindurchfiltriert sind, sonst sind sie etwas gänzlich Unbestimmtes. Aber er stellt sich das in dieser wirklich naiven Weise vor, wie man sich das im Alltag auch so denkt: man ist also ein geistiges Wesen, begabt mit Anschauung und Denken, und da kommen nun irgendwelche Reize (könnte man beinahe in der Sprache der Sinnesphysiologie, wenn auch nicht ganz Kantisch, sich ausdrücken), und der Zusammenstoß dieser beiden Momente, oder die Auseinandersetzung dieser beiden Momente, bedeutet eigentlich die Erkenntnis. Diese Grundvorstellung in der Beziehung zunächst einmal von Subjekt und Objekt – ehe die Analyse der Konstitution überhaupt erst angeht –, die müssen Sie dem Kant einmal vorgeben, wenn Sie ihn überhaupt verstehen wollen. Und, so sagte ich Ihnen, der entscheidende Gedanke in der Metaphysik ist der, daß Metaphysik eigentlich nichts anderes ist als Form, die sich selbst als Inhalt verkennt, – also daß die Sätze der Metaphysik nichts anderes sind, als daß irgendwelche Bestimmungen, die in Wirklichkeit bloße Denkbestimmungen sind, aber keinen Inhalt haben, sich so extrapolieren, sich so ins Unendliche über jede mögliche Erfüllung hinaus verlängern, als ob sie selber bereits gültige Erkenntnisse von irgend etwas wären. – Ich glaube, nach all dem werden Sie nun besser verstehen, wie eigentlich die »Kritik der reinen Vernunft« überhaupt einsetzt, denn der Begriff der Metaphysik ist bei Kant im Ansatz schon dialektisch entwickelt. Wenn ich Ihnen sagte, daß der Begriff des Spekulativen bei Kant ein negativer Begriff ist, so ist dem hinzuzufügen – und Sie können das gleichsam raten –, daß der Begriff der Dialektik bei Kant ebenfalls ein bloß negativer Begriff ist.[57] Das heißt: die Widerspruchslosigkeit wird bei ihm eben doch als das einzige Kriterium vorausgesetzt, – während erst ein Denken, das die gegenseitige Aufeinanderbezogenheit von Form und Inhalt zu seinem Ausgang genommen hat, eben dadurch dazu gekommen ist, auch der Bedeutung des Widerspruchs ein ganz anderes Gewicht zuzumessen.

Ich möchte Ihnen also jetzt im Licht dessen noch einiges über die ersten Sätze der Vorrede zur ersten Auflage sagen, – in der Hoffnung, daß hier zum ersten Mal das eintritt, was ich mir eigentlich überhaupt von der Vorlesung für Sie verspreche: nämlich daß diese Dinge in einer bestimmten Art zu sprechen anfangen, daß sie beredt werden. »Die menschliche Vernunft hat das besondere Schicksal in einer Gattung ihrer Erkenntnisse: daß sie durch Fragen belästigt wird, die sie nicht abweisen kann, denn sie sind ihr durch die Natur der Vernunft selbst aufgegeben, die sie aber auch nicht beantworten kann, denn sie übersteigen alles Vermögen der menschlichen Vernunft. In diese Verlegenheit gerät sie ohne ihre Schuld. Sie fängt von Grundsätzen an, deren Gebrauch im Laufe der Erfahrung unvermeidlich und zugleich durch diese hinreichend bewährt ist. Mit diesen steigt sie (wie es auch ihre Natur mit sich bringt) immer höher, zu entferneteren Bedingungen. Da sie aber gewahr wird, daß auf diese Art ihr Geschäfte jederzeit unvollendet bleiben müsse, weil die Fragen niemals aufhören, so sieht sie sich genötigt, zu Grundsätzen ihre Zuflucht zu nehmen, die allen möglichen Erfahrungsgebrauch überschreiten und gleichwohl so unverdächtig scheinen, daß auch die gemeine Menschenvernunft damit im Einverständnisse stehet. Dadurch aber stürzt sie sich in Dunkelheit und Widersprüche, aus welchen sie zwar abnehmen kann, daß irgendwo verborgene Irrtümer zum Grunde liegen müssen, die sie aber nicht entdecken kann, weil die Grundsätze, deren sie sich bedient, da sie über die Grenze aller Erfahrung hinausgehen, keinen Probierstein der Erfahrung mehr anerkennen. Der Kampfplatz dieser endlosen Streitigkeiten heißt nun *Metaphysik*.«[58] Ich möchte Sie hinweisen zunächst auf die wirkliche Genialität der letzten Definition von Metaphysik als eines ›Kampfplatzes‹. Sie können an dem Satz sehen, wieviel größer eine große Philosophie ist, als sie selber ist, als sie selber sich weiß. Denn eben diese Bestimmung, daß das Bereich, das er Metaphysik nennt, nun nicht ein statisches Bereich ist, also ein Agglomerat oder ein System fertiger Sätze, sondern ein Kraftfeld, in dem verschiedenartige Motive sich aneinander abarbeiten: das ist ja eigentlich bereits die positive Bestimmung der Dialektik, die Kant in der Aufstellung dieser ersten Sätze der »Kritik der reinen Vernunft« gerade geleugnet hat. Es hat also gewissermaßen seine Metapher, die Metapher von dem Kampfplatz, dieses Denken weit schon über das hinausgetrieben, was es von sich aus eigentlich zu sein beansprucht. – Ich möchte dazu Ihnen folgendes sagen: was konstruiert wird, ist ein Widerspruch, der dadurch zustandekommt, daß auf der einen Seite die Vernunft durch ihren Fortgang dazu getrieben wird, auf letzte Prinzipien zu kommen, daß sie aber auf der anderen Seite diesen Fortgang nicht bewältigen kann; und er sagt gleich weiter: dieser Widerstreit, dieser Kampf ist deshalb so fatal, lebt deshalb immer wieder auf, weil eigentlich eine Instanz zu seiner Schlichtung deshalb fehlt, weil die einzige Stelle, die angerufen werden könnte – nämlich die Erfahrung –, ex definitione ausgeschlossen wird; weil es sich ja gerade um Erkenntnisse handeln soll, die über die Erfahrung hinausgehen. Nun, – ganz abgesehen davon, daß man darüber streiten kann, ob der hier geltende Widerspruch in der Tat das ›Gericht‹ über die Metaphysik oder ihr erster Satz, ihr erster Grundsatz ist – darauf möchte ich nicht eingehen; das ist so von der nachkantischen Entwicklung ausgeführt worden, daß es nicht hierher gehört –, so möchte ich Ihnen doch wenigstens ein Problem andeuten, das hier steckt, und Sie gleichzeitig durch dieses Beispiel dazu ermutigen, das zu tun, was mir einem Text wie dem Kantischen gegenüber das allein Angemessene erscheint: nämlich ihn mit Röntgenaugen zu lesen; also gleichsam seinen verborgenen Gehalt und seine verborgene Problematik sich selber so durchsichtig zu machen, wie etwa die alten Kabbalisten die Thora gelesen haben mögen. Ein anderes Verhältnis zu den großen philosophischen Texten scheint mir, nebenbei bemerkt, überhaupt nicht möglich; und was ich als die ›Erkenntnistheorie‹ dieses Verfahrens betrachte, das werde ich Ihnen recht deutlich, hoffe ich, aussprechen können.

Wenn Kant sagt, daß wir durch unsere Natur dazu getrieben würden, immer weiter und weiter und weiter zu gehen, um zu irgendwelchen ersten und absoluten Erkenntnissen zu kommen, dann ist doch zum mindesten ein Zweifel an dieser angeblichen Naturanlage erlaubt; oder, wenn ich es weniger anthropologisch ausdrücke, es ist in Wirklichkeit von Kant ja auch gar nicht anthropologisch gemeint: er glaubt, daß der Zwang in der Sache steckt. Ich möchte Ihnen doch wenigstens die Frage vorlegen, ob nicht dieser Glaube trügt, man müsse alles, was überhaupt erkannt ist, damit man seiner Erkenntnis sicher sei, auf ein Letztes oder auf ein Erstes und absolut Gewisses zurückführen können. Das wirft die Frage auf, ob nicht genau das, was hier von Kant als das schlechthin

Selbstverständliche und Gegebene bestätigt wird, seinerseits in Wahrheit das Urpseudos, die eigentliche, ursprüngliche Täuschung ist, in der das metaphysische Denken sich überhaupt befunden hat; ob es sich nicht um das handelt, was ich einmal mit ›Fundierungswahn‹ bezeichnet habe[59]. Das heißt, daß keine Erkenntnis sozusagen im Rahmen dessen genommen werden kann, wo sie steht, sondern daß ich erst dann mit ihr zufrieden bin, wenn ich sie bis ins Unendliche zurückverfolge: daß mir aber auch schon gar nichts mehr geschehen, daß mir durch nichts mehr diese Erkenntnis entrissen werden kann. Machen Sie sich klar, daß in dieser Forderung – die allerdings als eine selbstverständliche Forderung von der gesamten Tradition des abendländischen Denkens gestützt wird – eigentlich doch das drinsteckt, daß von vornherein eine Adäquatheit zwischen dem erkennenden Geist und den Gegenständen möglicher Erkenntnis besteht, die es erlaubt, jede Erkenntnis auf ein solches Absolutes überhaupt zu reduzieren. Nur wenn ich im Grunde bereits ausgehe von der nun ihrerseits metaphysischen Annahme einer letzten abschlußhaften Identität zwischen dem Gegenstand der Erkenntnis und dem erkennenden Vermögen selber, kann ich mit einer Selbstverständlichkeit verlangen, daß alles, was ich überhaupt erkenne, in letzten ursprünglichen Prinzipien sich ausweise. Und darin sind wirklich all die Philosophen miteinander einig gewesen: ob das der Platon mit den Ideen ist, oder ob das der Kant ist mit den synthetischen Urteilen a priori oder vielmehr mit der ursprünglichen Apperzeption, die bei ihm ja eigentlich dieses Erste ist, oder ob es der Heidegger ist, bei dem der Begriff des Ursprungs selber verabsolutiert und zu einer metaphysischen Entität gemacht ist, – das ist dabei ganz gleich. Ich möchte Sie nur jedenfalls dazu veranlassen, daß Sie sehen, daß an dieser Stelle, an der gewissermaßen auch der selbstverständliche Ausgangspunkt der Kantischen Vernunftkritik liegt, auch ein außerordentlich schweres Problem liegt. Das heißt, daß wir gar keine Sicherheit darüber haben, ob nicht gerade dieser Drang der Reduktion auf ein

Letztes und nicht weiter Reduzibles, ob nicht dieser Drang selber eigentlich eine Täuschung ist, in der der absolute Herrschaftsdrang des Bewußtseins – also in letzter Instanz einfach die Gewalt, die wir über die Natur ausüben – sich verschanzt hat; so daß also selbst in einer scheinbar so selbstverständlichen Annahme wie der, von der ich Ihnen gesprochen habe, hier schon eine ganz weitreichende Problematik steckt. Ich möchte Ihnen nur, wie man so sagt: diesen Floh ins Ohr setzen und Sie im übrigen verweisen auf die Einleitung zu meinem Buch über die »Metakritik der Erkenntnistheorie«[60], wo ich versucht habe, gerade dieses Problem als das Ausgangsproblem aller Erkenntnistheorie sehr prinzipiell zu entfalten; und ich glaube, was dort mit Hinblick auf moderne Philosophie gesagt ist, gilt allerdings auch in bezug auf den Kantischen Ansatz, von dem wir eben reden.

Ich darf weiter Sie noch darauf aufmerksam machen, daß in der angezogenen Stelle von Kant die Trennung von Metaphysik und Erfahrung als eine Art Selbstverständlichkeit vorausgesetzt wird, und daß sogar die Unschlichtbarkeit des Problems der Metaphysik dadurch von ihm gerechtfertigt wird, daß sie ja eben jegliche Einlösung durch die Erfahrung und damit jegliche prüfende Instanz eigentlich vermeiden würde. Wogegen zunächst zu erinnern wäre, daß der Inhalt jeder überhaupt nur denkbaren und konkret vorliegenden Metaphysik ja denn doch immer wieder ein Erfahrungsinhalt ist, so daß – wenn ich mich einmal an die gegebenen Metaphysiken so halten würde, wie Kant in der »Kritik der reinen Vernunft« glaubt, sich an die nun einmal gegebene Naturwissenschaft halten zu können – wir dann allerdings darauf stoßen würden, daß diese Dichotomie von Erfahrung und Vernunft, wie sie bei ihm als eine starre Dichotomie gesetzt ist, eben gar nicht so vorliegt. Jedenfalls: aus dem, was ich eben gelesen habe, folgt nun eigentlich in einem strengen Sinn, worum es in der »Kritik der reinen Vernunft« geht; nämlich: es ist die Absicht, eben jenen Streit *doch* zu schlichten, obwohl Kant sagt, daß er sich eigentlich nicht schlichten lasse. Was übrigens auch ein gewisser Widerspruch ist: wenn einer auf der einen Seite der Metaphysik *vorwirft,* daß hier die Vernunft ihr eigener Schüler sein wolle, dann ist natürlich in einem Verfahren, in dem die Vernunft sich zum *Kritiker* der Vernunft aufwirft, die Vernunft ganz gewiß in einem nicht geringeren Maße ihr eigener Schüler. Jedenfalls ist also die Formulierung der »Kritik der reinen Vernunft« als eines Problems die Folge davon.

Die Gleichgültigkeit, welcher Kant zufolge in neueren, aufgeklärten Zeiten die Metaphysik verfallen soll, sei, heißt es da, »die Wirkung nicht des Leichtsinns, sondern der gereiften *Urteilskraft* des Zeitalters« – wir haben hier noch das Pathos eines jungen Bürgertums, das noch nicht unaufhörlich darüber gejammert hat, daß die Vernunft nichts vermag, sondern das sich noch zutraut, aus der Kraft seiner Vernunft heraus etwas zu leisten –, »welches sich nicht länger durch Scheinwissen hinhalten läßt, und [sie sei] eine Aufforderung an die Vernunft, das beschwerlichste aller ihrer Geschäfte, nämlich das der Selbsterkenntnis aufs neue zu übernehmen und einen Gerichtshof einzusetzen, der sie bei ihren gerechten Ansprüchen sichere, dagegen aber alle grundlose Anmaßungen, nicht durch Machtsprüche, sondern nach ihren ewigen und unwandelbaren Gesetzen, abfertigen könne, und dieser ist kein anderer als *die Kritik der reinen Vernunft* selbst.«[61] Sie werden, wenn Sie die Metaphorik durchdenken, die hier bei Kant vorliegt, bemerken, daß das ein etwas sonderbarer Gerichtshof ist: nämlich ein Gerichtshof, in dem eigentlich der Richter, der Kläger und der Angeklagte alle drei dieselbe Person sind. Es wäre aber, glaube ich, ein bißchen bequem, darüber zu spotten, und zwar deshalb, weil diese, wenn Sie wollen: paradoxale Komplexion eigentlich überhaupt die Mitte der Kantischen Konzeption ist; also das bezeichnet, was ihn viel mehr als ein Impuls motiviert, als daß es als eine bloße sogenannte Voraussetzung oder gar als ein logischer Irrtum ihm anzukreiden sei. Im Grunde steht dahinter – und man kann eigentlich überhaupt die theoretische Philosophie von Kant, also die Vernunftkritik, von der praktischen Philosophie, der »Kritik der praktischen Vernunft«, gar nicht trennen – die merkwürdige Konzeption von Kant, die eigentlich das Einheitsmoment überhaupt abgibt und über die man sich nicht mokieren, sondern die man lieber sich klarmachen soll: daß die Freiheit und Souveränität des Geistes, das was er *Autonomie* nennt und was hier also den Richter gewissermaßen darstellt, der über diese Dinge frei zu entscheiden hat; daß die gleichzeitig auch in sich selbst die Fähigkeit ist, Gesetz zu geben, einzuschränken und Grenzen zu bestimmen. Autonomie heißt ja wörtlich nichts anderes – und Autonomie ist der oberste Begriff der Kantischen Moralphilosophie und latent auch der oberste Begriff der Kantischen Erkenntnistheorie –, als daß man sich selbst das Gesetz gebe. Im Begriff der Autonomie ist eigentlich jene Paradoxie, jener Widerspruch enthalten, auf den ich Sie hingewiesen habe: daß nämlich Richter und Angeklagter derselbe sind; daß die Instanz, die frei und unabhängig ist, daß die gleichzeitig auch die ist, die das Gesetz darstellt. Das ist die Grundkonzeption überhaupt dieser ganzen Welt. Und in ihr steckt drin – ich glaube, Sie können sich das vergegenwärtigen nur, wenn Sie versuchen, das in eine Art von Erfahrung zu übersetzen –, in ihr steckt nämlich dieser Erfahrungsgehalt der bürgerlichen Gesellschaft darin, daß dadurch, daß die Gesellschaft frei wird, daß sie mündig wird, daß sie der Bevormundung entrinnt, – daß sie eben nur dadurch fähig ist, gleichzeitig sich selbst derartig zu ordnen, sich selbst derartig einzurichten, daß ihr eigenes Leben in einer sinnvollen und in einer richtigen Weise verläuft. Also: Gesetzmäßigkeit erscheint als eine Funktion der Freiheit – oder umgekehrt: die Freiheit erscheint als eine Funktion der Gesetzmäßigkeit; und dieses Motiv, daß Freiheit und Gesetzmäßigkeit dasselbe sind, das heißt: daß es zwar keinerlei Bevormundung mehr geben soll, aber daß dann das Freie seinerseits doch wieder nichts anderes sein soll als etwas durch Gesetze Bestimmtes: das ist der Kern der Kantischen Philosophie. Und es spricht ja in der Tat auch ein sehr dunkles Geheimnis der bürgerlichen Gesellschaft aus: daß nämlich die formale Freiheit aller Rechtssubjekte gleichzeitig eben doch die Abhängigkeit aller von allen, also den Zwangscharakter der Gesellschaft, ihre Gesetzmäßigkeit, wenn Sie wollen, eigentlich begründet. Das steht hinter dieser höchst sonderbaren Theorie, daß bei Kant die Vernunft selber als Gerichtshof über die Vernunft als dem Angeklagten Gericht zu halten hat.

Daran schließt sich also an die Definition einer Kritik der reinen Vernunft: »Ich verstehe aber hierunter nicht eine Kritik der Bücher und Systeme, sondern die des Vernunftvermögens überhaupt, in Ansehung aller Erkenntnisse, zu denen sie, *unabhängig von aller Erfahrung,* streben mag, mithin die Entscheidung der Möglichkeit oder Unmöglichkeit einer Metaphysik überhaupt und die Bestimmung so wohl der Quellen, als des Umfanges und der Grenzen derselben, alles aber aus Prinzipien.«[62] Das ist also das, worum es in der »Kritik der reinen Vernunft« geht; und ich hoffe, daß nach den Betrachtungen, die wir durchgeführt haben, Ihnen nun wirklich diese Problemstellung ganz deutlich geworden ist. Ich möchte Sie nur noch ausdrücklich daran erinnern, daß man so eine gewisse Schwierigkeit hat, wenn man, als ein der Philosophie Fremder, von »Kritik der reinen Vernunft« hört, weil man ja unter Kritik wirklich im allgemeinen (worauf er hier auch anspielt) Kritik an bestimmten Büchern, Thesen und etwas derartiges sich vorstellt; und daß man nicht recht weiß, was eine Kritik sein soll, die eigentlich gar nichts Kritisiertes sich gegenüber hat. Nun, – man kann sagen, daß bei ihm die Kritik an literarischen Texten, um die es sich zunächst einmal ja implizit auch bei ihm handelt, so radikalisiert wird, daß sie fortgesetzt wird zu einer Kritik des Erkenntnisvermögens selber. Aber eben diese Kritik führt zu der Paradoxie, von der ich Ihnen gesprochen habe: nämlich daß das Kritisierende und das Kritisierte eigentlich dasselbe ist. – Ich möchte Ihnen aber doch noch das eine dazu sagen, daß der dialektische Gang der Philosophiegeschichte darin auch sich bewährt, daß die gesamte Geschichte der Philosophie eigentlich wirklich eine Geschichte von Kritiken ist, und zwar von Kritiken in einem ganz handgreiflichen Sinn. Man kann ebenso sagen, daß die »Metaphysik« des Aristoteles eine große ausgeführte Kritik der Platonischen Ideenlehre sei, wie man etwa sagen kann, daß die »Kritik der reinen Vernunft« eine Kritik der Wolffischen Philosophie – also der Systematisierung der Leibnizschen Philosophie – einerseits und der Humeschen Philosophie andererseits darstelle. Mit anderen Worten also: die Bewegung des philosophischen Geistes ist, auch wo es so aussieht, als ob sie sogenannte radikale Fragen stellte und absolut von vorn anfängt, eigentlich doch immer die Kritik an vorliegenden philosophischen Texten, die sich aneinander abarbeiten; und das um so mehr, je mehr die Philosophen jene Beteuerung des radikalen Von-vorn-Anfangens erhoben haben. Und wenn man oft das Chaotische und Auseinanderweisende der Philosophie im Gegensatz zu der viel geschlosseneren Gestalt der positiven Wissenschaften beklagt, dann ist vielleicht das Einheitsmoment, das die Philosophie allenfalls für sich geltend machen kann, eben das Moment der Einheit einer solchen Kritik oder, wie ich es etwas pathetischer ausdrücken möchte: der Einheit des Problems. Die Einheit der Philosophie liegt nicht in ihren Lösungen; nicht etwa darin, daß die Lösungen der Philosophie einen einstimmigen Zusammenhang darstellen würden, sondern darin, daß die Philosophien in ihrer historischen Gestalt schon durcheinander vermittelt sind; daß zwischen ihnen ein Problemzusammenhang besteht, der doch, vor allem in der rückblickenden Reflexion, wesentlich als ein in sich einstimmiger und als ein in sich einhelliger verstanden wird.

Lassen Sie mich hier noch als Programm für das Folgende Ihnen sagen, daß dieses Programm, das hier Kant aufstellt, nun in der Tat ein Programm von *Aufklärung* ist. Wenn Sie nach einer Richtung hin die Kritik der Metaphysik als eine Kritik des Erkenntnisvermögens betrachten, dann steckt darin nichts anderes als eine zur äußersten Konsequenz getriebene Form der aufgeklärten Betrachtungsweise des Anthropomorphismus. Das heißt: die Metaphysik selber wird – das ist die Idee der »Kritik der reinen Vernunft«, soweit sie negativ ist – gewissermaßen als eine gigantische Art von Projektion aufgefaßt, als ein in sich selbst Hypostasieren des Geistes; und da, wo der Geist glaubt, daß er objektive Wesenheiten erkennen würde, ist es in Wirklichkeit *nur* der Geist; also nur, wenn Sie so wollen, der Mensch, auf den er stößt. Und insofern fällt zunächst einmal diese kritische Absicht der »Kritik der reinen Vernunft« in den Gesamtzusammenhang der Problematik der Aufklärung und der Thematik der Aufklärung. Aber in der nächsten Stunde werde ich versuchen, Ihnen prinzipiell die Stellung der Kantischen Philosophie zur Aufklärung zu entfalten.

6. Vorlesung
9. 6. 1959

Ich hatte in der letzten Stunde die Problemstellung der »Kritik der reinen Vernunft« mit Rücksicht auf das sogenannte Problem der Metaphysik mit Ihnen weiterverfolgt und war dabei dazu gekommen, Ihnen die Formulierungen von Kant selber zu verlesen und kurz zu interpretieren, die diese Problemstellung enthalten. Im Verlauf dieser Formulierungen, in denen Kant angibt, was er nun eigentlich vorhabe und was Vernunftkritik bedeute, gibt es nun eine Formulierung, die außerordentlich bezeichnend ist für das Problem, mit dem ich mich heute gerne beschäftigen möchte, – nämlich mit dem Verhältnis der »Kritik der reinen Vernunft« zur Aufklärung. Da sagt er, es sei in seinem Buch die Beantwortung der metaphysischen Fragen »gar nicht so ausgefallen, als dogmatischschwärmende Wißbegierde erwarten mochte; denn die könnte nicht anders als durch Zauberkünste, darauf ich mich nicht verstehe, befriedigt werden«[63]. Das ist eine Anspielung auf seine berühmte, gegen den Okkultismus gerichtete und in der Eindringlichkeit ihrer Beweisführung gegen allen Okkultismus bis heute noch unerreichte Schrift gegen Swedenborg: »Träume eines Geistersehers«[64]. »Allein, das war auch wohl nicht die Absicht der Naturbestimmung unserer Vernunft und die Pflicht der Philosophie war: das Blendwerk, das aus Mißdeutung entsprang, aufzuheben, sollte auch noch so viel gepriesener und beliebter Wahn dabei zu nichte gehen.«[65] Das ist eine offen und nachdrücklich aufklärerische Formulierung aus zwei Gründen: erstens dem, weil eine Naturbestimmung der Vernunft dabei vorausgesetzt wird; weil also, wenn ich so sagen darf, das metaphysische Pathos sich auf den Begriff der Vernunft selbst verlagert, von dem nun angenommen wird, daß in ihm eine bestimmte Art von Absicht (könnte man fast sagen), nämlich die geheime Absicht auf Freiheit oder auf Verwirklichung der Menschheit angelegt sei, – ein Gedanke, der Gesamtgut des 18. Jahrhunderts gewesen ist und der insbesondere eine große Rolle spielt in der Philosophie von Rousseau, die ja auf Kant, wie man aus einer ganzen Reihe von Detailstudien weiß und wie er es auch selber zugestanden hat, einen außerordentlich großen Einfluß ausgeübt hat. Zum anderen aber ist diese Formulierung deshalb eine spezifisch aufklärerische Formulierung, weil die Aufgabe dieser Vernunft, die als Naturbestimmung des Menschen vorweg einen positiven Akzent trägt, es sein soll, das Dogma, den Wahn, die bloße Überlieferung wegzuräumen, – so wie es die Gesamttendenz des jungen Bürgertums gegenüber der religiösen Bevormundung war, gegen die es mit den Mitteln der Aufklärung im späteren 17. und im 18. Jahrhundert gekämpft hat. Kant rechnet sich also hier der Bewegung der Aufklärung zu, aber ich glaube, es wäre doch allzu einfach, wenn man Kant ohne weiteres das abnehmen, wenn man ihn also ohne weiteres selbst als einen Aufklärer betrachten würde. – Das Verhältnis ist in der Tat außerordentlich komplex. Und ich glaube, daß es, gerade wenn man versuchen will, auch ein scheinbar fachmännisch-erkenntnistheoretisches Werk wie die Vernunftkritik von Kant nun wirklich in ihrem größeren Zug zu verstehen, – daß es dabei gefordert ist, die Komplexität dieses Verhältnisses zur Aufklärung selber ebenfalls zum Bewußtsein zu bringen. Die Komplexität ist auch der herkömmlichen Philosophiegeschichte nicht entgangen. Aber die herkömmliche Philosophiegeschichte hat dabei im allgemeinen einer Sonntagsphrase sich bedient, deren Demolierung ich mir neben anderem heute auch zur Aufgabe setze; das ist nämlich die Phrase, daß Kant zwar der Vollender der Aufklärung sei, aber daß in ihm zugleich auch die Aufklärung sich selbst überwunden habe. Was es mit diesem ›Überwinden‹ auf sich hat, darüber werden wir bald einiges hören. Es ist aber doch wohl zunächst einmal daran zu erinnern, daß überhaupt in der Tradition des deutschen Geistes und der deutschen Philosophie, der Kant zugehört, es zu einer vollen und eigentlichen Aufklärung nicht gekommen ist. Man hat einmal – sehr treffend, würde ich denken – bemerkt, es hätte eigentlich in Deutschland nie eine Aufklärung gegeben, sondern eigentlich immer nur aufgeklärte Theologie. Und gerade wenn man die berühmtesten Namen der deutschen Geistesgeschichte ansieht, die in irgendeiner Weise mit dem Begriff der Aufklärung verknüpft sind, so wird man dieses Diktum bestätigt finden; ganz gleich, ob man nun dabei sich auf Leibniz bezieht, in dem dieser Zug erstmals, soweit ich das übersehen kann, in Deutschland sehr ausgeprägt ist, oder ob man an Lessing denkt, bei dem ja dieser Charakter einer aufgeklärten Theologie unmittelbar greifbar ist, und ebenso auch Kant. Aber es ist nicht meine Intention, heute Ihnen diese historischen Verhältnisse klarzulegen; wie ich ja überhaupt Ihnen eigentlich nicht eine *historische* Einleitung in die »Kritik der reinen Vernunft« sondern eben doch eine *sachliche* – das heißt: an den philosophischen Problemen orientierte – zu geben für meine Aufgabe halte. Und im Sinn dieser Fragestellung also möchte ich nun versuchen auszuführen, in welcher Weise die Problematik der Aufklärung bei Kant sich darstellt.

Ich sagte Ihnen schon, daß Kant aufgeklärt gewesen sei im Sinn der Kritik des Dogmatismus; wobei der Begriff des Dogmatismus bei ihm vorweg eine eigentümliche Erweiterung erfährt, nämlich nicht etwa nur angewandt wird, wie es die ältere Aufklärung und die westliche Aufklärung wesentlich tat, auf die eigentliche Theologie sondern, wie ich Ihnen auseinandergesetzt habe, auch auf die Metaphysik. Auch das ist übrigens ein Zug, den Kant mit der reifen Aufklärung teilt. So werden ja alle diejenigen von Ihnen, die mit Romanistik sich beschäftigt haben, wissen, daß eines der Hauptwerke – jedenfalls das in Deutschland berühmteste Werk – von Voltaire, der »Candide«, gerade ein Versuch ist, den dogmatischen Charakter nicht so sehr der Theologie als der deutschen Metaphysik selber, nämlich der Leibnizschen Theodizee, aufzuweisen. Und insofern fällt auch diese Kritik an der Vernunft selber als einem Dogmatischen in die Thematik der »Kritik der reinen Vernunft«. Ich werde Ihnen allerdings später die eigentümliche Schwierigkeit, die in dem Begriff des dogmatischen Charakters der Vernunft liegt, doch etwas näher beleuchten müssen.[66] Daß aber jedenfalls nichts unbefragt hinzunehmen sei, weder die Theologie noch die Metaphysik und die angeblich ewigen Vernunftwahrheiten, noch auch (würde Kant wohl gesagt haben) die empiristischen Einwände, die gegen die rationalistische Metaphysik erhoben worden sind, – das charakterisiert einen, wenn Sie wollen: geschärften Charakter der Aufklärung bei Kant insofern, als hier die Vernunft ihr kritisches, antidogmatisches Geschäft eigentlich auf alles das ausdehnt, was ihr nicht selber nach ihrem eigenen Wesen und ihrer eigenen Bestimmung vollkommen durchsichtig und evident wird. Ich möchte sagen, daß dem Programm nach auch das natürlich der Gesamtbewegung des neueren abendländischen Denkens eigentümlich ist; und wenn Sie etwa die Forderungen lesen, zu denen der »Discours de la Méthode« von Descartes sich erhebt, dann werden Sie darin ja auch finden als eine der wesentlichsten Forderungen, daß man nichts hinnehmen soll, als was der Vernunft eindeutig klar und gegenwärtig ist[67]. Aber man kann wohl sagen, daß in einem bestimmten Sinn erst die Vernunftkritik nun diese alte programmatische Forderung wirklich ernst genommen und in die sogenannten Konstitutionsfragen – in die ›Grundlagenfragen‹, wenn Sie wollen – der Vernunft selber hereingetragen hat.

Kant hat nun selbst in einem Aufsatz »Beantwortung der Frage: Was ist Aufklärung?«, der gar nicht sehr bekannt, aber sehr instruktiv ist, sich über den Begriff der Aufklärung, so wie er ihn versteht, des näheren verbreitet. Sieht man sich nun die Äußerungen von Kant zunächst einmal ganz schlicht an, so stößt man dabei auf einige ganz merkwürdige und überraschende Tatbestände. Und ich möchte Ihnen doch ein paar dieser Äußerungen vorlegen, ebenso um ihrer selbst willen wie auch um eines methodischen Grundes willen, – weil ich nämlich glaube, daß Sie unter anderem auch, wenn Sie sich mit Philosophie und mit Kantischer Philosophie beschäftigen, so etwas wie den mikrologischen Blick, die mikrologische Methode in der Philosophie wenigstens exemplarisch, also wenigstens an gelegentlichen Modellen lernen könnten, damit Sie das selbst dann weiter übertragen können. Das heißt also, Sie sollten lernen, Äußerungen, über die man sonst unter Umständen hinwegliest, so nah und so genau anzusehen, bis diese Äußerungen selbst zu sprechen beginnen. Wenn ich Ihnen schon sagte, daß ich es für meine Aufgabe hielte, Philosophie überhaupt und die Kantische im besonderen Ihnen als eine Art von Kraftfeld zu zeigen,[68] dann verweist das geradezu auf diese mikrologische Methode. Denn oberflächlich, – aber ich will nicht einmal sagen ›oberflächlich‹, sondern ihrer expliziten Lehrmeinung nach stellt ja eine jede Philosophie, die mit nachdrücklicherem Anspruch auftritt, so etwas wie einen mehr oder minder geschlossenen Deduktionszusammenhang (oder meinetwegen auch: Induktionszusammenhang) in sich dar. Und man muß schon sehr bei ihren Einzelheiten verharren, um in dieser Geschlossenheit, in dieser Balance, in dieser logischen Einstimmigkeit der gegenseitig sich widerstreitenden Kräfte innezuwerden: eben jenes sich aneinander abarbeitenden inneren Lebens der Philosophie, das in einem erheblichen Maß in ihren latenten Widersprüchen besteht. Und die Möglichkeit eben, das Geronnene, Fixierte, Systemhafte einer Philosophie in diesem Sinn überhaupt zum Sprechen zu bringen, aufzulösen, ist eine bestimmte Art des Verweilens, eine bestimmte Art der Insistenz vor der einzelnen These, wie sie jeweils vor Augen steht. – In dem »Kant-Lexikon« von Rudolf Eisler – das übrigens ein heute noch außerordentlich verdienstliches Buch ist, wenn man über alle möglichen, zum Teil weit verstreuten Probleme der Kantischen Philosophie sich ein Bild verschaffen will – sind eine Reihe der wichtigsten Positionen von Kant selbst zur Aufklärung zusammengetragen. Da heißt es etwa – und das ist eine Stelle aus der Vernunftkritik selber, und zwar aus dem ersten Hauptstück der ›Transzendentalen Methodenlehre‹: »Die Freiheit in der Kritik der Vernunft ist dem Interesse derselben, dem theoretischen wie dem praktischen, nur dienlich. Die Vernunft muß daher in ihren Streitigkeiten sich selbst überlassen, nicht dem Zwange unterworfen werden. ›Denn es ist sehr was Ungereimtes, von der Vernunft Aufklärung zu erwarten und ihr doch vorher vorzuschreiben, auf welche Seite sie notwendig ausfallen müsse.‹«[69] In dieser Kritik – gewissermaßen: der prästabilierten Antwort in der Philosophie, bezeichnet Kant sehr scharfsinnig und sehr schön eine Gefahr, der in der Tat das Denken, soweit es apologetisch ist, immer wieder erliegt, und von der ich nicht einmal ganz sicher bin, ob Kant ihr immer und in allen Stücken entgangen ist, nämlich der Gefahr des thema probandum: daß also die Denkbewegung in Wirklichkeit vorweg determiniert ist, daß man vorweg weiß, wie es ausgeht, was herauskommt, und daß die Motivationen und Begründungszusammenhänge der Philosophie vorweg in dem Sinn angelegt sind, daß das dabei herauskommt, was herauskommen soll, – nämlich im allgemeinen irgendeine Rechtfertigung von Anerkanntem und jeweils Bestehendem. Ob es überhaupt möglich ist, ganz ohne dieses Moment zu denken; ob man also überhaupt denken kann, wenn man keine Intention hat, wenn man nicht irgend etwas dabei zeigen will, das möchte ich im Augenblick offenlassen. Es liegt hier jedenfalls ein Problem vor. Sicherlich aber ist es so, daß die unendliche Langeweile vieler Philosophie – und vielleicht auch etwas von dem Widerstand, den viele von Ihnen fühlen mögen, wenn Sie von außen her, und nicht aus innerer Bestimmung, genötigt sind, sich mit Philosophie zu beschäftigen – eben daher rührt, daß man gewissermaßen schon vorher weiß, wie es ausgeht; und daß das Ganze ein bißchen aussieht wie jener Dialog zwischen dem früheren verstorbenen amerikanischen Präsidenten Coolidge, der in der Kirche war und den seine Frau gefragt hat: worüber wurde denn gepredigt?, und er sagte in seiner lakonischen Weise: über Sünde; darauf sie: was hat er denn gesagt?; darauf sagte er: er war dagegen. Die Gefahr zu derartigen Äußerungen ist in der

Philosophie jedenfalls immer gegenwärtig. Und ich würde sagen: es gehört zu den Aufgaben, die man nicht bloß so allgemein als Lippenbekenntnis aufstellen soll, daß man versuchen soll, dem sich zu entziehen und dem entgegenzuarbeiten. Es ist eigentlich die Verpflichtung des philosophischen Gedankens überhaupt, sich rein der Sache zu überlassen, anstatt von vornherein durch ein solches *τέλος* die Bewegung des Gedankens bestimmen zu lassen. Und vielleicht ist es zu den Wirkungen gewisser moderner philosophischer Bewegungen, wie etwa der Phänomenologie, deshalb gekommen, weil es zu dieser Forderung des Der-Sache-rein-sich-Überlassens, des Absehens von einem thema probandum, darin wirklich gekommen ist. Aber, wie gesagt, die Schwierigkeit, das zu erreichen, ist eminent, und es ist fraglich, ob es überhaupt ganz möglich ist; ich würde nur sagen, daß ein wirkliches Denken auf dieses Problem reflektieren muß, – also das Verhältnis zwischen der Intention, dem was es darstellen will, und der Organisation eines Gedankengangs im Sinn einer bloß scheinhaften Argumentation zugunsten eines vorweg feststehenden thema probandum jedenfalls selber thematisch machen muß.

»Vernunft wird schon von selbst durch Vernunft gebändigt; auch bedarf sie sehr des Streits, der die Kritik hervorruft, durch welche die Streithändel von selbst wegfallen. Aufklärung, ›als ein großes Gut, welches das menschliche Geschlecht sogar von der selbstsüchtigen Vergrößerungsabsicht seiner Beherrscher ziehen muß, wenn sie nur ihren eigenen Vorteil verstehen. Diese Aufklärung aber, und mit ihr auch ein gewisser Herzensanteil, den der aufgeklärte Mensch am Guten, das er vollkommen begreift, zu nehmen nicht vermeiden kann, muß nach und nach bis zu den Thronen hinaufgehen und selbst auf ihre Regierungsgrundsätze Einfluß haben.‹«[70] Das ist also ein sehr kräftiges Bekenntnis zur Aufklärung, wie es in der Geschichtsphilosophie Kants, nämlich der »Idee zu einer Geschichte in weltbürgerlicher Absicht«, sich findet. Und schließlich wird gesagt, Aufklärung sei *»der Ausgang des Menschen aus seiner selbstverschuldeten Unmündigkeit. Unmündigkeit* ist das Unvermögen, sich seines Verstandes ohne Leitung eines anderen zu bedienen. *Selbstverschuldet* ist diese Unmündigkeit, wenn die Ursache derselben nicht am Mangel des Verstandes, sondern der Entschließung und des Mutes liegt, sich seiner ohne Leitung eines anderen zu bedienen. Sapere aude! Habe Mut, dich deines *eigenen* Verstandes zu bedienen! ist also der Wahlspruch der Aufklärung.«[71] Oder an einer anderen Stelle heißt es: *»Selbstdenken* heißt den obersten Probierstein der Wahrheit in sich selbst (d.i. in seiner eigenen Vernunft) suchen; und die Maxime, jederzeit selbst zu denken, ist die *Aufklärung.*«[72] Sie finden also, daß der Begriff der Aufklärung nach seiner positiven Seite, wie Sie ihn bei Kant entwickelt finden und wie er ja genau dem entspricht, was ich Ihnen als den Kern der Kantischen Methode in der »Kritik der reinen Vernunft« gezeigt habe, eben im wesentlichen in der Forderung des ungehemmten Gebrauches der Vernunft und der Installierung der Vernunft als höchster Instanz besteht, – wobei die Streitigkeiten, in welche die Vernunft dabei und, wir dürfen sagen: auch mit sich selbst gerät, als das Lebenselement der Vernunft selber eigentlich bezeichnet ist. Nach der negativen Seite aber fällt Ihnen doch vielleicht dabei schon zweierlei auf: nämlich einmal, daß Aufklärung bei Kant immer und ausschließlich aufs Denken bezogen ist. Aufklärung also heißt bei ihm immer Denken, das sich nicht bevormunden läßt; die Courage zu haben, selber so zu denken, wie es nach Autonomie, also nach den Gesetzen des Denkens selbst möglich ist. Aufklärung heißt aber eigentlich nicht so sehr, Kritik an Gestalten des objektiven Geistes üben; an dem üben, was nicht der Gedanke selber ist. Man kann also sagen, daß der Begriff der Aufklärung bei Kant vorweg in einer bestimmten Weise subjektiv eingeschränkt ist: eben auf die Art, wie der Einzelne rein für sich in seinen Gedanken sich verhält; daß aber die Frage der Objektivierung des Geistes, und damit der Institutionen und Einrichtungen der Welt, von diesem Begriff der Aufklärung eigentlich nicht erfaßt wird. Eng damit verwandt ist ein Zweites: daß nämlich zwischen dem Begriff der Praxis, des Handelns, der ja bei Kant eine sehr große Rolle spielt, und dem Begriff der Aufklärung eigentlich eine Verbindung gar nicht herrscht; sondern der Begriff der Aufklärung als einer reinen Verhaltensweise der Vernunft ist durchaus und ausschließlich nur theoretischer Art.

Das führt uns nun auf eine Formulierung, die, wie ich glaube, Sie bereits in einer fast parodistischen, fast karikaturistischen Weise in das Problem der Aufklärung bei Kant, nämlich in die eigentümliche Ambivalenz hineinführt, die der Begriff der Aufklärung in der Kantischen Philosophie bedeutet. »Zur Aufklärung gehört nichts als die Freiheit, ›von seiner Vernunft in allen Stücken *öffentlichen Gebrauch* zu machen‹, und zwar als Schriftsteller und Gelehrter, nicht etwa als Beamter, der als solcher nicht räsonnieren darf.«[73] Sie finden hier also in aller Unschuld den Begriff der Aufklärung eingeschränkt durch jenes fatale ›als‹, das in unserer Gegenwart ja auch eine so bedenkliche Rolle spielt, wenn etwa Menschen in Diskussionen sagen: ›ich *als Deutscher* kann das und das nicht akzeptieren‹, oder: ›ich *als Christ* muß mich in dieser Sache so und so verhalten‹. Dieses prädikative ›als‹ bedeutet vorweg eine Einschränkung der Vernunft im Sinn der arbeitsteiligen Position, in der die Menschen jeweils sich befinden; die Einschränkung der Aufklärung, um die es sich hier handelt, ist also in der Tat eine der Arbeitsteilung. Der rein theoretische Mensch – und das heißt hier ganz konkret: der freie Schriftsteller; also der Schriftsteller, der nicht dafür bezahlt wird, daß er bestimmte Dienste leistet und bestimmte, mehr oder minder apologetische Meinungen an den Mann bringt –, der darf in einem radikalen Sinn aufgeklärt sein. In dem Augenblick aber, wo er eine bestimmte Funktion, nämlich eben die Beamtenfunktion hat, da hört das Räsonieren auf, das heißt: da wird der ungehemmte Gebrauch der Vernunft zu genau dem, was in dem Doppelsinn des Wortes ›Räsonieren‹ selber steckt, nämlich zu einer Art von ungebührlichem Schimpfen und damit zu einer Art von praktischer Kritik gegenüber gegebenen Institutionen. Und da hebt er dann den Zeigefinger in die Höhe und sagt: ja, – so ist das mit der Aufklärung ja nicht gemeint; solange du rein, frei im Bereich der sich selbst genügenden Vernunft bleibst, ist es wunderbar; aber das ist nur *ein* Bereich, das Bereich reinen Geistes innerhalb der arbeitsteiligen Welt; sobald du daraus herausschreitest und nun unmittelbar und besonders auch in Wirkungszusammenhängen, die dir vorgezeichnet sind, dich aufgeklärt verhältst, da ist das eben doch möglicherweise eine ganz andere Sache ... Und ich würde denken, daß die eigentümliche Zweideutigkeit im Verhältnis von Kant zur Aufklärung hier gewissermaßen ausgeplaudert wird; daß es sich hier, wenn ich so sagen darf, um eine Art Freudischer Fehlleistung handelt, die in der eigentümlichen Doppelstellung der »Kritik der reinen Vernunft« hier vorliegt und die dann etwas aussagt über die allerhöchsten Erhebungen. Ich kann es mir nicht versagen, Sie darauf aufmerksam zu machen, daß wenn man gerade Hegel immer wieder den apologetischen, affirmativen Charakter vorwirft: also daß bei ihm die unermeßliche Anstrengung der Spekulation schließlich nur dazu dient, die bestehenden Einrichtungen zu verteidigen; und wenn man dabei findet, daß überall dort, wo Hegel die Vernunft als eine Kritik von bestehenden Verhältnissen einschränkt, er dabei auch das Wort ›Räsonieren‹ regelmäßig gebraucht, – daß gerade an dieser Stelle Hegel dem Kantischen Sprachgebrauch offensichtlich folgt. Daß also diese Tendenz, gleichzeitig die Vernunft als das Allerhöchste zu verklären und doch wieder als ein bloßes Räsonieren einzuschränken, – daß die bereits in dem angeblich radikalen Aufklärer Kant wurzelt; wie es denn überhaupt in der Tradition des gesamten bürgerlichen Rationalismus liegt, daß auf der einen Seite zwar die Vernunft als das Höchste und als die einzige Instanz gelten gelassen wird, nach der die menschlichen Beziehungen eingerichtet werden; daß aber das immer wieder dann begleitet wird von Denunziationen der Vernunft, die es ja nicht ›zu weit treiben‹ darf. Es drückt sich darin natürlich ein reales gesellschaftliches Verhältnis aus: daß nämlich auf der einen Seite die Welt in ihren sämtlichen Mitteln, im Produktionsprozeß, in der Gestaltung der menschlichen Beziehungen im einzelnen, in dieser bürgerlichen Gesellschaft stets anwachsend rationalisiert wird; daß sie in stets höherem Maß verwissenschaftlicht wird, wie man das wohl auch genannt hat; daß aber die Irrationalität des Ganzen, also die Blindheit des Kräftespiels, und damit die Unfähigkeit des Einzelnen, über sein Leben aus eigener Vernunft zu bestimmen, in dieser Gesellschaft erhalten bleibt. Und diese eigentümliche Ambivalenz zwischen Rationalität und Irrationalität, die der bürgerlichen Gesellschaft selbst bis in ihre tiefste Zusammensetzung hinein eignet, die wird widergespiegelt von dieser ambivalenten Stellung der Philosophie – und gerade der größten Philosophie – zur Vernunft. Und es scheint mir wichtig festzustellen, daß das nicht erst für Hegel gilt, bei dem das ja die Spatzen von den Dächern pfeifen, sondern daß das eben für die Kantische Philosophie selber auch gilt, in der das Pathos der Vernunft im Sinn des 18. Jahrhunderts noch ungebrochener ist als bei Hegel, wo gerade durch die Objektivität des Vernunftbegriffs dem jeweils Daseienden ein ganz anderes Gewicht zugesprochen ist, als das in der Kantischen Philosophie der Fall ist.

Sie mögen daran also bereits sehen, daß die Behauptung von der Überwindung der Aufklärung, der Vollendung und der gleichzeitigen Überwindung, so ein bißchen eine problematische Sache ist; sondern daß diese Sonntagsphrase (wie ich sie nannte) von vornherein eigentlich genau jene Position des Abstoppens der Aufklärung, des Stillstellens der Bewegung der Vernunft voraussetzt, auf deren Gründe ich bereits hingewiesen habe, und deren Gründe nun im Denken von Kant selbst ich Ihnen ausführlicher darstellen möchte. Mit anderen Worten also: das gehört selber in das Bereich der Apologie, wie ich denn überhaupt glaube, daß für die Geschichte des deutschen Geistes wenige Begriffe so verhängnisvoll geworden sind wie der Begriff der sogenannten ›flachen‹ oder ›platten‹ Aufklärung. Und es war vielleicht der größte Fluch dieser Entwicklung, daß unendlich vieles, was unter dem Gewicht der romantischen und ursprünglich theologischen Abwertung der Aufklärung dann an aufgeklärtem Denken in Deutschland gediehen ist, in einem sehr weiten Maß selber so ausgesehen hat, wie die Obskurantisten es sich vorgestellt haben. Ich möchte aber doch zunächst einmal sagen, um auf die spezifische Problematik der »Kritik der reinen Vernunft« zurückzulenken, daß die »Kritik der reinen Vernunft« noch in einem größeren und in einem nachdrücklicheren Sinn in den Gesamtzusammenhang der abendländischen Aufklärung hereingehört, als ich es Ihnen bis jetzt dargestellt habe, – wobei ich mir die Freiheit nehme, den Begriff der Aufklärung so umfassend zu nehmen, wie er etwa in unserer »Dialektik der Aufklärung« selber dargestellt ist[74]: nämlich eben wirklich als die Gesamtbewegung der abendländischen Entmythologisierung, wie sie also gewissermaßen mit den uns überlieferten Fragmenten des Xenophanes in der griechischen Philosophie eigentlich einsetzt. Der Gesamtzug dieser Bewegung der Entmythologisierung unter der Aufklärung ist ja, wie man immer wieder festgestellt hat, der Nachweis des Anthropomorphismus; also der Nachweis, daß irgendwelche wie auch immer gearteten Behauptungen, Lehren, Begriffe, Vorstellungen (was es auch sein mag), denen man Objektivität, Sein an sich, absolute Dignität zugeschrieben hat, – daß die zurückgeführt werden auf den Menschen; daß sie, wie man das in der Sprache der Psychologie auszudrücken pflegt, bloße Projektionen sind; daß es bloß der Mensch selber ist, der diese Begriffe aus sich heraus erzeugt, und daß ihnen eine absolute Dignität eigentlich nicht zukommt. Es ist nun die oberste Absicht der »Kritik der reinen Vernunft«, die Kritik an den überlieferten metaphysischen Ideen auch als ein Stück Aufklärung zu begreifen; und zwar in dem durchaus strengen Sinn – und darin steckt also, wenn Sie wollen, eine letzte und höchst subtile Sublimierung dieses Gesamtprozesses der Aufklärung –, daß diese obersten metaphysischen Begriffe eigentlich nichts anderes sind als ein Spiel der Vernunft mit sich selbst. Wenn die »Kritik der reinen Vernunft« in ihrem zweiten, negativen Hauptteil es unternimmt, den Nachweis zu erbringen, daß die Widersprüche, in die die Vernunft sich notwendig verwickelt, daher rühren, daß die Vernunft (wie ich es ausgedrückt habe[75]) leerläuft – oder man könnte auch sagen: Amok läuft; das heißt, daß sie aus ihren reinen Formen heraus inhaltliche Aussagen, synthetische Urteile a priori hervorspinnt, ohne daß die noch gemessen wären an etwas, was nicht selbst Vernunft ist, an etwas also, was nicht Mensch wäre, sondern was das Andere, das objectum in einem sehr nachdrücklichen Sinn: das uns Gegenüberstehende eigentlich wäre, – so liegt darin, könnte man sagen, insgeheim auch jenes gesamtaufklärerische Motiv der Kritik des Anthropomorphismus. Das heißt, man könnte sagen, wenn man es einmal frei und mit einer gewissen Distanz von Kant ausdrückt: die metaphysischen Ideen, deren absolute Gültigkeit er kritisiert, die sind eigentlich nichts anderes als Hypostasierungen des Menschen qua Vernunft; sie sind nichts anderes als der Versuch, die der Vernunft selbst innewohnenden Formen – ohne daß sie auf das ihnen nicht Identische, das ihnen nicht selber Innewohnende bezogen würden – in ein Absolutes eigentlich zu versetzen. Und in diesem Sinn also, kann man sagen, ist auch die höchste kritische Intention von Kant eine durchaus aufklärerische Intention.

Es liegt in dem, was ich Ihnen eben gesagt habe, nun etwas drin, eine Intention, die (wie ich glaube) etwas ganz Entscheidendes über die Problematik der »Kritik der reinen Vernunft« besagt; und ich möchte Sie für die paar Minuten, die uns noch bleiben, um Ihre geschärfte Aufmerksamkeit bitten, denn ich hoffe, daß es mir gelingt, Sie hier wirklich sozusagen in die Tiefe des Mechanismus dieses Buches hereinzubringen. Erinnern Sie sich bitte daran, daß ich Ihnen auseinandergesetzt habe, daß die »Kritik der reinen Vernunft« wesentlich

Formanalyse sei; daß sie subjektiv gerichtet ist; daß sie also darauf hinausläuft, anstelle geradehin naiv Urteile über irgendwelche Entitäten oder Dinge zu fällen, sich darauf richtet, mit den Mitteln der Vernunft selbst über die Zulänglichkeit der Vernunft ein Urteil abzugeben. Auf der anderen Seite aber denken Sie nun an jenes aufklärerische Moment, das ich Ihnen entwickelt habe, – nämlich daß das kritische Denken sich der Illusion entäußern will, daß Vernunft rein aus sich heraus Absolutes hervorbringt; das heißt also, daß der Mensch qua erkennender Mensch selber zugleich auch das Absolute eigentlich sei. Dann finden Sie folgende Problematik, die mir nun in der Tat für zentral innerhalb der »Kritik der reinen Vernunft« erscheint: auf der einen Seite ist die »Kritik der reinen Vernunft« – wenn Sie so wollen: ein Identitätsdenken; das heißt, sie will die synthetischen Urteile a priori und schließlich jede organisierte Erfahrung, jede objektiv gültige Erfahrung, auf die Analyse des Bewußtseins des Subjekts eigentlich zurückführen; deshalb nämlich, weil – wie die späteren Idealisten es genannt haben würden – überhaupt nichts in der Welt ist, was nicht vermittelt wäre; das heißt, weil es nichts gibt, wovon wir etwas wüßten, es sei denn durch unsere Vernunft hindurch, es sei denn eben als selber wissende Wesen. Auf der anderen Seite aber möchte dieses Denken ebenso der Mythologie sich entschlagen, die darin besteht, daß der Mensch selber irgendwelche Ideen, die ihm innewohnen, nun verabsolutiert und für die ganze Wahrheit hält. Insofern also ist das Kantische Denken auch ein Denken, das das Moment des *Nichtidentischen* aufs allernachdrücklichste zur Geltung bringen will. Es ist ein Denken, das sich nicht darin erschöpft, alles was ist auf sich zurückzuführen. Sondern zugleich möchte es auch diesen Aberglauben daran, das alles im Menschen aufgehe, wie jeden Aberglauben, aufgeklärt kritisieren und sagen, daß die Verabsolutierung eben dessen, was der Mensch sei, eigentlich von einer gar nicht so viel anderen Art ist wie irgendwelche Gewohnheiten der Schamanen, die ihre Riten für objektiv bedeutsam halten, während es sich in Wirklichkeit nur um ihr subjektives Abrakadabra handelt. Nun ist das Großartige an der »Kritik der reinen Vernunft«, daß diese beiden Intentionen in diesem Werk aufeinanderstoßen, daß sie zusammenprallen; daß es also, wenn ich es so extrem ausdrücken darf, gleichzeitig eine Identitätsphilosophie ist – das heißt: eine Philosophie, die den Versuch macht, schließlich das Sein im Subjekt zu begründen – und eine Nichtidentitätsphilosophie insofern, als in ihr der Versuch gemacht wird, durch das, woran das Subjekt stößt, durch den *Block*, dem es in seiner Erkenntnis begegnet, eben diesen Identitätsanspruch wiederum einzuschränken. Und diese Doppelheit mögen Sie in der Doppelorganisation der »Kritik der reinen Vernunft« erkennen.

Aber noch mehr. Man hat der »Kritik der reinen Vernunft« (wir werden darüber noch ausführlich sprechen) immer wieder eine bestimmte Art von Widersprüchen vorgerechnet. Und der bekannteste dieser Widersprüche ist der, daß Kant zwar auf der einen Seite nur von dem ausgehen will, was mir selbst unmittelbar gegenwärtig und ›gegeben‹ ist, und daß er alle transzendenten Voraussetzungen ausschalten will; daß er aber zu gleicher Zeit von den Affektionen redet, also davon, daß das mir unmittelbar Gegebene, meine Sinnesdaten, herrühre von einer Außenwelt, die mich affiziere. Und diese Differenz, diese Unstimmigkeit ist so einfach, daß sie im Grunde jedem Kind klarzumachen wäre. Ich glaube aber, viel interessanter ist, daß Sie nun vielleicht doch verstehen können, daß gerade dieser Widerspruch in Kant einen sehr guten Sinn hat. Das heißt, Kant hat zwar auf der einen Seite Formanalyse getrieben, zugleich aber auch gesehen, daß wenn alle Erkenntnis nichts anderes wäre als Form, wenn also alle Erkenntnis im Subjekt sich erschöpfen würde, – daß sie dann eigentlich nichts anderes wäre als eine einzige gigantische Tautologie; daß das Subjekt, indem es erkennt, immer wieder nur sich selber erkennen würde; und dieses bloße Sich-selbst-Erkennen des Subjekts, das wäre eben genau ein Rückfall in jenes mythologische Denken, dem der Aufklärer Kant entgegengearbeitet hat. Und um damit fertig zu werden, deshalb nimmt er lieber – und ich würde sagen: mit den tiefsten Gründen – die Ungereimtheit auf sich, auf der einen Seite zu sagen: von den Dingen an sich wissen wir überhaupt nichts; die Dinge sind etwas, was wir konstituieren, was wir durch unsere kategorialen Formen zustande bringen, – aber dann doch wieder zu sagen: unsere Affektionen rühren von Dingen an sich her, denn nur dadurch wird ja in dieser Erkenntnistheorie selber das Moment des Nichtidentischen – also das Moment, das nicht in dem sich erschöpft, was bloß Geist, was bloß Vernunft ist – hereingenommen; dadurch tritt es überhaupt erst in diesem Denken auf. Und man kann wohl sagen, daß in diesem Widerspruch, in diesem scheinbaren Denkfehler der »Kritik der reinen Vernunft«, objektiv bereits die ganze Frage der *Dialektik,* nämlich die des Verhältnisses von Identität und Nichtidentität, in der gesamten »Kritik der reinen Vernunft« eigentlich angelegt ist als die zwei Seiten der Aufklärung: nämlich auf der einen Seite die Beseitigung eines erkenntnistheoretischen Dogmatismus, der irgend etwas annimmt, was sich nicht in Vernunft ausgewiesen hat; auf der anderen Seite aber auch die Einschränkung des vom Menschen Gemachten, das nicht sich selbst als eine Objektivität verkennen darf, sondern das sich seiner selbst als eines bloß Innermenschlichen und als eines insofern Beschränkten eigentlich bewußt sein darf. Darin allerdings nun – in diesem zweiten Moment und in diesem Moment der Kritik, welche die Aufklärung an der Identität übt, also an dem Anspruch übt, daß in Vernunft alles, was überhaupt ist, sich erschöpft und aufgeht –, darin liegt nun allerdings objektiv bereits auch enthalten die Möglichkeit des Umschlags und die Wendung gegen die Vernunft und die Wendung gegen die Aufklärung. Wenn ich also gesagt habe, daß das Kantische Denken in seinem Verhältnis zur Aufklärung ambivalent sei, so bitte ich Sie, das nicht bloß äußerlich, nicht im Sinn einer bloßen Denkbestimmung, nicht im Sinn einer bloßen Gesinnung dieser Philosophie zu verstehen; sondern in der sachlichen Problematik, die ich versucht habe, Ihnen darzustellen, ist das eben zugleich auch notwendig enthalten. In dem Augenblick, in dem kritisch die Vernunft sich selbst aus jenen Gründen einschränkt und diese Einschränkung mit guten Motiven zu ihrem eigenen Geschäft macht, ist ihr zugleich auch das Potential notwendig beigegeben, notwendig gesellt, sich überhaupt gegen sich selber zu wenden, und überhaupt also die Frage der Vernunft in einem negativen Sinn zu präjudizieren. Und die Art, in der das geschieht, die ist nun allerdings auf die eigentümlichste Weise verknüpft mit jenem Antiintellektualismus, den die »Kritik der reinen Vernunft« mit der Tradition des *Protestantismus* teilt und auf die ich dann in der nächsten Stunde zu sprechen kommen werde.

7. Vorlesung
11. 6. 1959

Ich hatte in der letzten Stunde Ihnen einiges gesagt über die eigentümliche und, wie mir scheint, sehr tief motivierte Doppelstellung, die die »Kritik der reinen Vernunft« zu ihrem Gegenstande, nämlich zu der Vernunft selbst, einnimmt. Und ich hatte Ihnen dabei auseinandergesetzt, daß die »Kritik der reinen Vernunft« auf der einen Seite die Elemente einer Identitätsphilosophie insofern in sich enthält, als sie versucht, verbindliche allgemeingültige Erkenntnis aus der Analyse der Vernunft selbst zu gewinnen; daß sie aber auf der anderen Seite ebenso kräftig zur Geltung bringt das Motiv der Nichtidentität. Das heißt, daß Kant sich eines Problems bewußt gewesen ist, das dann in dieser Schärfe von seinen Nachfolgern, gerade um ihrer größeren Konsequenz willen, nicht mehr gesehen worden ist: nämlich des Problems der Erkenntnis als einer Tautologie; also des Problems, daß, wenn im Grunde alles, was überhaupt erkannt wird, nichts anderes als die erkennende Vernunft selber ist, daß es dann eigentlich gar keine Erkenntnis, sondern nur eine Art von Spiegelung der Vernunft selber gibt. Daß es sich tatsächlich hier um ein deutliches philosophisches Bewußtsein Kants gehandelt hat – und nicht, wie man ihm so gern unterstellt, einfach um einen Restbestand von nicht konsequent genug Durchdachtem –, das hat sich ja historisch gezeigt an seinem passionierten Widerstand gegen die Interpretation der Vernunftkritik durch seinen ersten großen Nachfolger, durch Fichte, der sich als den konsequenten Kantianer betrachtet hat, und mit einem gewissen Recht, und dem Kant gegenüber gerade auf den anscheinend dogmatischen Resten der Vernunftkritik, also auf dem außerhalb der Bewußtseinssphäre überhaupt anzusetzenden und uns affizierenden Ding an sich bestanden hat.[76] Daß dadurch die »Kritik der reinen Vernunft« auf der anderen Seite – also abgesehen von der Tiefe, die in diesem Bruch sich ankündigt – wirklich brüchig gerät, und daß sie dadurch in Widersprüche hineingedrängt wird, die sie selbst nicht bewältigt, das ist so oft hervorgehoben worden, ist so bekannt in der ganzen Kantdarstellung, daß ich dabei nicht verweilen will. Ich möchte nur sagen, daß man mit Rücksicht auf diese Widersprüche oder Brüche sagen darf, daß es eigentlich das Pointierte der konsequentesten Methode, die an Kant angeschlossen hat, nämlich der Hegelschen, ist, daß sie nun diese Widersprüche selber – wie es in Kant auch übrigens schon angelegt ist – als *notwendige* Widersprüche bestimmt hat; und daß sie versucht hat, nun durch die Analyse eben jener Widersprüche, wie sie in dem Ansatz der Vernunftkritik zwangsläufig enthalten sind, zu einer Lösung überhaupt des Erkenntnisproblems und schließlich der Fragestellung von Philosophie überhaupt zu gelangen. Dabei – wenn ich das auch noch gerade sagen darf – ist es so, daß jenes Moment der Tautologie, das ich als das der Identitätsphilosophie bezeichnet habe, schließlich von Hegel ja ausdrücklich aufgenommen wird, bei dem am Ende das Resultat der Philosophie, der ›absolute Geist‹, eigentlich dasselbe ist wie das Absolute, mit dem diese Philosophie anhebt, – nur daß eben hier alles in den Prozeß verlegt wird, der zu dieser Tautologie führt. Aber auch hier ist es so, daß die Elemente, die gleichsam gegen den Willen der Philosophie und naiv als ihre Aporien in der Kantischen Konzeption sich angesiedelt haben, – daß die zum Bewußtsein ihrer selbst gebracht und gleichsam zu Instrumenten der Erkenntnis umgeschmiedet worden sind. Aber ich möchte bei diesen Dingen jetzt nicht beharren, obwohl ich glaube, daß es immerhin unter den Aufgaben einer etwas breit gefaßten Einleitung in die »Kritik der reinen Vernunft« auch legitim ist, von vornherein sie Ihnen so darzustellen, daß Sie dabei etwas für die Geschichte der an Kant anschließenden Philosophie gewinnen: indem nämlich diese Geschichte als in Kant selbst inhärent aufgezeigt wird, anstatt daß nun monadologisch eine jede derartige philosophische Konzeption isoliert, bloß für sich abgehandelt würde.

Wichtiger aber als diese Perspektiven, die ich Ihnen immerhin andeuten möchte, ist mir in dem Zusammenhang, in dem wir jetzt stehen, nun die eigentümliche Doppelstellung, welche die »Kritik der reinen Vernunft« zu ihrem Objekt selber einnimmt, nämlich zu der Vernunft, und die eigentliche Ambivalenz der Aufklärung gegenüber, von der ich Ihnen gesprochen habe. Ich habe Ihnen in der letzten Stunde die positiven aufklärerischen Elemente – ›positiv‹ in dem Sinn einfach einer Identifizierung der Vernunftkritik mit der Aufklärung – auseinandergesetzt und habe Ihnen dabei gezeigt, daß das eigentlich aufklärerische Moment bei Kant das ist, daß eigentlich nichts für wahr soll gelten können, was sich nicht vor dem Denken und zwar vor dem subjektiven Denken ausweist. Diese Stellung zur Vernunft ist aber nun nicht die einzige Stellung, die es in der »Kritik der reinen Vernunft« gibt, sondern Sie werden in einer der allerberühmtesten Passagen der »Kritik der reinen Vernunft« einer Formulierung begegnen ...; ich möchte Ihnen diese Formulierung doch lesen, damit Sie sehr genau sehen, worum es sich handelt. Es geht hier um die positive Einführung der in der »Kritik der reinen Vernunft« nur negativ – nämlich als theoretisch nicht erkennbar – bekannten obersten Kategorien der Metaphysik: Gott, Freiheit und Unsterblichkeit. Und darüber heißt es im Vorwort zur 2. Auflage: »Ich kann also *Gott, Freiheit* und *Unsterblichkeit* zum Behuf des notwendigen praktischen Gebrauchs meiner Vernunft nicht einmal *annehmen,* wenn ich nicht der spekulativen Vernunft zugleich ihre Anmaßung überschwenglicher Einsichten *benehme,* weil sie sich, um zu diesen zu gelangen« – mit anderen Worten: um zu der These zu gelangen, aus reinem Denken ließe sich die Existenz von Gott, Freiheit und Unsterblichkeit beweisen – »solcher Grundsätze bedienen muß, die, indem sie in der Tat bloß auf Gegenstände möglicher Erfahrung reichen, wenn sie gleichwohl auf das angewandt werden, was nicht ein Gegenstand der Erfahrung sein kann, wirklich dieses jederzeit in Erscheinung verwandeln, und so alle *praktische Erweiterung* der reinen Vernunft für unmöglich erklären.«[77] In diesem ›jederzeit in Erscheinung verwandeln‹ liegt eigentlich – wenn Sie sich genau überlegen, was dahintersteckt – so etwas wie der Vorwurf der Blasphemie gegen die Vernunft, wenn sie glaubt, die höchsten Güter – wie man das in der älteren Sprache der Philosophie genannt hat – aus sich heraus beweisen zu können. Es soll dann gewissermaßen eine Anmaßung des bloßen ›natürlichen Lichtes‹[78] sein, das, was ihm gegeben ist, nämlich die Welt des Endlichen und des Phänomenalen, von sich aus überschreiten zu können und des Absoluten mächtig zu werden, das dabei aber in seiner Absolutheit eben doch vorausgesetzt bleibt. Und das wird nun ausgeführt ganz eindeutig in dem nächsten, berühmten Satz: »Ich mußte also das *Wissen* aufheben, um zum *Glauben* Platz zu bekommen, und der Dogmatism der Metaphysik, d.i. das Vorurteil, in ihr ohne Kritik der reinen Vernunft fortzukommen, ist die wahre Quelle alles der Moralität widerstreitenden Unglaubens, der jederzeit gar sehr dogmatisch ist.«[79] Sie finden also hier eine ganz andere Seite in Kant, – nämlich die Seite, die nun eigentlich der Vernunft überhaupt Schranken auferlegen will eben deshalb, weil die Vernunft, als eine durch ihre natürliche Beschaffenheit nur auf Natürliches geeichte, eben dadurch der Würde des Übernatürlichen Abtrag tun soll.[80]

Und dadurch fällt Kant allerdings in eine Tradition, die nun gerade für seine praktische Philosophie außerordentlich bezeichnend ist: nämlich in die Tradition des deutschen Protestantismus, in dem ja, wie Sie wissen, der Begriff der Vernunft außerordentlich eingeschränkt ist zugunsten des Glaubens; und der geradezu seinen Nachdruck auf dem Begriff des Glaubens, den er gegenüber dem Katholizismus sich zugetraut hat, dadurch gewonnen hat, daß er das Wissen und die natürliche Vernunft – ganz im Gegensatz zu der Auffassung der Hochscholastik, zu der Auffassung des Heiligen Thomas von Aquino – herabgesetzt hat. Sie alle werden ja etwas wissen von der Formulierung des Martin Luther von der ›Hure Vernunft‹[81]; und diese Formulierung klingt hier auch noch an. Es ist übrigens merkwürdig, wie in der Sprache der Philosophie immer, wenn es sich darum handelt, der Vernunft gewissermaßen Grenzen zu setzen, der Vernunft ihre Anmaßung zurechtzuweisen, – wie da solche Ausdrücke aus der erotischen Sphäre wiederkehren von der Art dieses Lutherischen Ausdrucks von der Hure Vernunft. In der »Kritik der reinen Vernunft« fällt ja dort, wo Kant davon redet, daß er die Vernunft in ihre Grenzen weise – also sie nur auf Erscheinungen und nicht auf Absolutes anwenden wolle –, der Ausdruck vom ›Ausschweifen in intelligible Welten‹.[82] Es ist gewissermaßen so, wie wenn die spekulative Neigung des Geistes, nun selber bis ins Absolute zu gehen, sich das Absolute nicht durch eine Wand versperren zu lassen, – wie wenn das gleichsam mit einer Art sexueller Neugierde von Anfang an zusammengebracht würde. Und die spätere Psychologie hat gerade an dieser Stelle ja in der Tat aufgezeigt, daß zwischen dem Drang zur Erkenntnis überhaupt und der im Grunde auf Sexuelles gerichteten Neugier ein tiefer Zusammenhang besteht; das heißt: ein Zusammenhang von der Art, daß, wenn diese Neugier da, wo sie zuerst sich regt, durch autoritäre Mächte abgeschnitten wird, wo sie eins aufs Dach bekommt, dann eben auch Schädigungen des Erkenntnisvermögens eintreten; nämlich das Phänomen der neurotischen Dummheit, auf deren Seite – ganz gewiß gegen seinen Willen – an einer solchen Stelle Kant eben sich stellt. Und im übrigen begegnet Ihnen dieselbe Metaphorik von dem gleichen Typus noch in Hegel wieder, wenn er Kant gegenüber von dem Problem redet; wenn die Philosophie nun, wie Hegel seinerseits es will, das Absolute *denke*, – daß sie da sich dorthin begebe, wie Hegel es ausdrückt: wo ›schlimme Häuser‹ stehen[83]. Es kehrt das also immer wieder; ich überlasse es Ihnen, sich darüber Ihre eigenen Gedanken zu machen.

Ich sagte schon, daß diese Diffamierung der Vernunft (ich glaube, ich habe Sie darauf bereits in der letzten Stunde hingewiesen)[84] wie ein Schatten die selbsterhaltende Vernunft begleitet. Das heißt: die Vernunft soll legitim sein; sie soll geduldet sein dort, wo sie dazu dient, die Natur zu beherrschen und eine Art Ordnung in der Welt herzustellen, aber sobald sie darüber hinausgeht, sobald sie also an den eigentlichen Grund rührt, in dem Augenblick wird ihr der Frevel und die Neugierde zugemessen; ganz ähnlich, wie man ja von alters her bereits der Gnosis den Vorwurf des Ausschweifenden und des Antinomistischen, also des Gesetzwidrigen, des Gesetze Verletzenden immer wieder gemacht hat. Man könnte sagen: je mehr Kant der Vernunft als einer *kritisierenden,* also der Vernunft, die die Instanz ist, die über die Möglichkeit der Urteile überhaupt etwas aussagen kann, – je mehr dieser Vernunft von ihm zugemessen wird, daß um so mehr der *kritisierten,* der subjektiven, der je einzelnen Vernunft von ihm entzogen wird. Und Sie finden bei ihm schon durchweg die Neigung, daß das Pathos der Vernunft eigentlich verlegt wird auf einen vollkommen abstrakten, von dem je individuell vernünftigen, realen Einzelmenschen abgespaltenen Vernunftbegriff, während der einzelne Mensch, der nun fessellos seine Vernunft gebraucht, ohne sich in einer solchen Weise zu verhalten, wie es nach dem Zitat der letzten Stunde[85] von einem Beamten zu verlangen ist, – daß dem etwa ›Vernünfteln‹[86] und derartige Dinge zugeschrieben werden. Es wiederholt sich hier eigentlich das alte Motiv der Diffamierung des konsequenten kritischen Gedankens als eines sophistischen in Kant selber. Es steckt an dieser Stelle ein Moment des Antiutopischen, das Moment: es soll nicht sein. Und in dem obersten Begriff, zu dem eigentlich die Kantische Metaphysik sich erhebt, nämlich in dem Begriff des Unendlichen können Sie die eigentümliche Zweideutigkeit der Stellung Kants selber zu der Utopie überhaupt sehr deutlich wahrnehmen. Auf der einen Seite ist Kant durchaus Aufklärer genug, um immer wieder zu fordern, daß die Bestimmungen der Vernunft erfüllt würden; und er gibt schließlich, obwohl diese Vernunft bei ihm als ein wesentlich formales Prinzip immer gekennzeichnet ist, doch zwangsläufig (möchte ich sagen) auch ganz konkrete und faßliche Bestimmungen dessen, was diese Vernunft nun eigentlich zu verwirklichen hätte, – etwa in der »Kritik der praktischen Vernunft« die Menschheit, oder in den geschichtsphilosophischen Schriften – etwa in dem Traktat »Zum ewigen Frieden« – eben die absolute Versöhnung, die absolute Befriedung zwischen den Völkern und zugleich auch der Individuen. Zugleich aber hat der Charakter der Idee als einer Aufgabe, die ins Unendliche verlegt wird – abgesehen davon, daß sie den Menschen eine unermüdliche, immerwährende Anstrengung zumutet, so ähnlich wie es Max Weber von der protestantischen Moral ausgesprochen hat –, daß man also dieser Idee zuliebe gleichsam bis ins Unendliche sich abzappeln muß, ohne daß das Subjekt je zur Ruhe kommt; ein Motiv, das dann in Fichte noch bis ins Extrem sich gesteigert findet. Zugleich liegt auf der anderen Seite in diesem Begriff der Unendlichkeit das Negative darin, daß eigentlich die Erfüllung dieser Utopie, die von uns verlangt ist, gleichzeitig eben doch sich niemals erfüllen soll, daß sie ein bloßer Traum bleibe und, könnte man beinahe sagen, daß sie eigentlich auch nur ein Traum bleiben *soll*. Und die außerordentliche Schwierigkeit, die gerade die praktischen Schriften Kants bieten, liegt nun eigentlich darin, daß in ihnen immerzu diese beiden Motive miteinander im Streit liegen, – nämlich auf der einen Seite das utopisch-aufklärerische Motiv, das nun auf die Verwirklichung der Vernunft trotz allem hindrängt; und auf der anderen Seite jenes mit dem kritischen – also einem auch aufklärerischen – Motiv verschränkte, im Sinne der protestantischen Theologie: theologische Motiv, das eigentlich die Verwirklichung alles dessen verhindert und in ganz protestantischem Sinn doch schließlich die Unterordnung unter gegebene Verhältnisse, unter Herrschaften, unter Regierungen – was immer es sein mag – nun eigentlich verlangt. Man könnte sagen, daß in diesem Sinn die Kantische Philosophie nicht so sehr (um die Thematik der letzten Stunde an dieser Stelle abzuschließen), wie man uns immer einredet, die Überwindung der Aufklärung und die Vollendung bringe; sondern daß vielmehr in ihr eine Zweideutigkeit des aufklärenden Denkens selber zum Äußersten sich vollendet und bis zu einer Antinomie kommt: daß nämlich das aufklärende und aufgeklärte Denken auf der einen Seite wirklich auf die Utopie abzielt, also auf die Verwirklichung der Vernunft; daß es aber auf der anderen Seite dabei auch kritisch gegen den Begriff der Vernunft wird und damit sich selbst in seiner Geltung einschränkt und so etwas wie die volle Herstellung der Utopie, das Absolute eigentlich sich verbietet. Es setzt bereits einen ganz bestimmt gearteten und sehr dogmatischen Begriff von *Tiefe* voraus, wenn man gerade in dieser eigentümlichen Zweideutigkeit, in diesem merkwürdigen Zurückbleiben der Philosophie vor dem, was dem Gedanken nun einmal aufgegeben ist, – wenn man darin auch noch sein besonderes Verdienst sehen will. (Und ich habe deshalb – gerade um Ihnen über den an dieser Stelle gewöhnlich lokalisierten Begriff der Tiefe auch einiges zu sagen – es mir vorgenommen, im Zusammenhang mit der Kantischen Philosophie, die ja als die ›tiefe‹ Philosophie par excellence gilt, Ihnen nun auch bei Gelegenheit einiges Prinzipielle über die innere Zusammensetzung des Begriffs der Tiefe, über sein Recht oder Unrecht, auch zugleich etwas zu sagen; aber wir sind dazu noch nicht weit genug.)[87]

Man pflegt ja nun im allgemeinen zu sagen – und das hat auch etwas Aufklärerisches an sich –, daß auch die Vernunft, wie alles andere, ein Dogma werden könne. Und Sie werden gerade in der theologischen Befassung mit der »Kritik der reinen Vernunft« immer wieder darauf stoßen, daß Ihnen gesagt wird: ja, – es gibt genauso einen Vernunftglauben, wie es einen religiösen Glauben gibt; und indem dieser Vernunftglaube auch als ein ›bloßer Glaube‹ eingeschränkt wird, wird dadurch dem wahren Glauben Tür und Tor geöffnet. Ich halte diese Meinung für falsch; und ich glaube in der Tat, daß hier bei dem Begriff Glauben selbst eine Art von Äquivokation, also von doppeldeutigem Gebrauch vorliegt, über den Sie in diesem Zusammenhang sich doch vielleicht Rechenschaft geben sollten. Wenn wir von Glauben in prägnantem Sinn reden, dann meinen wir ja dabei, daß etwas als wahr unterstellt wird, weil unsere Vernunft – oder obwohl unsere Vernunft – nicht daran heranreicht; weil es der Vernunft widerspricht; oder weil es, in einem weniger emphatischen, alltäglicheren Fall, die Vernunft noch nicht sich zugeeignet hat; weil sie mit seiner Wahrheit oder Unwahrheit noch gar nicht fertig werden kann. Im Sinn des Begriffs von Glauben selber also liegt, wenn Sie so wollen, der Gegensatz zu dem Wissen. Wenn man nun diesen sehr spezifisch gearteten Begriff des Glaubens so verwendet, als ob er schlechterdings die Annahme von allem, was es überhaupt gibt, für wahr in sich einschließt, dann versäumt man dabei die differentia specifica; nämlich das, daß Glauben eigentlich nur das heißt, was angenommen wird, *ohne* daß es in Vernunft sich begründet, während die Annahme des von der Vernunft Gegebenen einen ganz anderen Charakter, einen bestimmten Charakter der Durchsichtigkeit hat, der in dem Begriff des Glaubens selbst notwendig nicht darin gelegen ist. Es ist infolgedessen auch (wenn ich das zu der Aufnahme unserer vorherigen Thematik noch sagen darf) eigentlich nicht vereinbar mit der Intention der »Kritik der reinen Vernunft«, daß Kant sagt, er habe das Wissen eingeschränkt, um dem Glauben dadurch Raum zu verschaffen, denn die Forderung von ihm, daß man nichts anderes soll gelten lassen als das, was der Vernunft selber offenbar sei; also die Vorstellung der absoluten Mündigkeit, wie sie in der Schrift über die Aufklärung von Kant vertreten ist, von der ich Ihnen in der letzten Stunde einige Hauptsätze vorgelesen habe[88], – diese Auffassung ist natürlich in gar keiner Weise zu vereinigen mit einer Auffassung, die nun plötzlich eine Rechtsquelle der Erkenntnis – mag es auch der *praktischen* Erkenntnis sein – einführt, die ihrem eigenen Wesen nach antithetisch überhaupt zu dem Wissen steht. Die Philosophie kann in diesem nachdrücklichen Sinn so wenig die Einschränkung der Vernunft durch die Vernunft billigen, wie sie auf der anderen Seite einen Begriff des

Glaubens, als eine von dem Gedanken unabhängige und dem Gedanken gleichsam übergeordnete Kategorie, billigen kann: weil sie in dem Augenblick, in dem sie das tut, ein Moment setzt, das dem, was überhaupt das Medium der Philosophie ist, schlechterdings entzogen wäre.

Die Theologen, die infolgedessen schlechterdings auf die Philosophie verzichtet haben oder die zu Feinden der Philosophie geworden sind wie etwa Sören Kierkegaard, sind in diesem Betracht unendlich viel konsequenter und, wenn ich das so sagen darf, auch tiefer gewesen als die Vertreter jener Tradition der noch halb theologisierten Philosophie – zu der ja Schopenhauer auch Kant gerechnet hat[89] –, die gemeint haben, daß man doch auch im Rahmen der Philosophie als des spekulativen Gebrauchs der Vernunft irgendwie so eine Stelle für die Kategorie des Glaubens finden könnte. Das Vehikel dieser Zweideutigkeit, von der ich Ihnen gesprochen habe, ist das non liquet der kritischen Resultate der Vernunftkritik; also daß diese Resultate ihrerseits nicht absolut eindeutig sind, nicht absolut für oder gegen die Existenz Gottes sprechen, – was nun wieder damit zusammenhängt, daß sie ja methodologischer Art sind: sich also lediglich auf das *Vermögen,* diese Dinge zu *erkennen,* und nicht auf diese Dinge *selber,* diese Wesenheiten beziehen. Der Block, der der Methode, Kant zufolge, gesetzt wird: die Annahme eines nicht Aufgehenden, Nichtidentischen; die *negative* Seite der Aufklärung, die die Tiefe hat und das Großartige hat, daß sie den Hochmut der Vernunft, die sich selbst absolut setzt, gewissermaßen absolut bricht, – die hat auf der anderen Seite dann auch wieder jenes merkwürdig Schwache und Bedenkliche, daß sie der Superstition gegenüber, also dem Aberglauben gegenüber, eigentlich gar keine Instanz mehr ist. Wie es denn kein Zufall ist, daß etwa die Anhänger eines konsequenten Positivismus – und der Positivismus ist im Grunde der Rationalismus der absoluten Selbsteinschränkung –, daß die Vertreter des Positivismus gerade gegen den Aberglauben niemals gefeit sind und etwa okkulten Phänomenen gegenüber eine Lässigkeit zeigen, wie sie ein spekulativer Philosoph, sagen wir vom Schlag Hegels, niemals aufgewiesen haben würde und niemals würde gelten gelassen haben. Andererseits ist aber doch zu sagen – und diese Dinge sind außerordentlich komplex, und ich muß sie Ihnen so komplex darstellen, wie sie wirklich sind, damit ich Ihnen nicht ein vergröbertes und primitives Bild von einem wirklich unendlich komplizierten Kraftfeld gebe –, andererseits ist es doch so, daß durch die Kantische Konstruktion des Blocks und gerade sogar durch dieses theologische Moment, daß die Vernunft nicht absolut gesetzt werden *kann,* bei ihm auch eine Schranke dagegen ist, daß die Vernunft, der Geist, in letzter Instanz also das, was von der körperlichen Arbeit sich getrennt hat, – daß das absolut gesetzt *wird;* daß etwas, was selber in Natur verflochten ist, sich so gibt, als ob es eine der Natur gegenüber schlechterdings jenseitige, transzendente Kategorie wäre. Und man kann wohl sagen, daß gerade der Geist, der seine eigene Naturwüchsigkeit vergißt, der sich also wahrhaft und in einem nachdrücklichen Sinn als das Absolute setzt, – daß der eben dadurch, eben durch diese Hybris der Naturwüchsigkeit erst recht verfällt; das heißt, daß er nur noch dazu taugt, blinde naturwüchsige Verhältnisse zu perpetuieren.

Ich möchte Ihnen aber an dieser Stelle doch noch etwas sagen, was sich nun auf die Konstruktion der Kantischen Philosophie insgesamt bezieht. Sie würden einen Fehler machen, wenn Sie glauben würden, daß diese seltsame Ambivalenz gegenüber der Aufklärung und gegenüber der Vernunft nun einfach zusammenfiele mit der Zweiteilung des Kantischen Systems überhaupt; eine Annahme, zu der man ja relativ leicht verführt wird, – nämlich daß Sie denken: nun ja, der Aufklärer Kant, das ist halt der Kant der »Kritik der reinen Vernunft«; der war ein Agnostiker, der hat gesagt: wir können nur die Welt der Erscheinungen erkennen und eigentlich organisieren, und von Gott, Freiheit und Unsterblichkeit, da wissen wir eigentlich nichts Rechtes, und darüber dürfen wir nicht urteilen. Aber der Kant der praktischen Philosophie, der diese Ideen als *regulative* Ideen eingeführt hat, der hat sie dann gewissermaßen wieder eingeschmuggelt; und insofern war der Kant der praktischen Vernunft der antiaufklärerische. So einfach ist die Sache nicht. Und ich glaube, Sie tun gut daran, wenn Sie gerade jetzt, wo wir ja bis zu einem gewissen Grad auch über das Verhältnis der »Kritik der reinen Vernunft« innerhalb des Kantischen Gesamtsystems nachdenken, – wenn Sie sich darüber klar sind, daß der Bruch, von dem ich Ihnen gesprochen habe, quer durch das Kantische System hindurchläuft, und daß er nicht eins ist mit dem Bruch zwischen der theoretischen wissenschaftlichen Erkenntnis und der praktischen, also der moralischen Erkenntnis bei Kant. Es ist nämlich so, daß auf der einen Seite, das liegt ja auf der Hand, die theoretische Vernunft zwar – eben als antidogmatisch und indem sie es verwehrt, über die Schranken möglicher Erfahrung hinauszugehen – das aufklärerische Motiv festhält; auf der anderen Seite aber ist es auch gerade wieder die theoretische Vernunft, die eigentlich jenen Block setzt, durch den das Weitergehen der Vernunft verhindert wird. Es ist eigentlich die theoretische Vernunft, die der Vernunft selber bei Kant Einhalt gebietet: die der Vernunft es verwehrt, nun eigentlich das zu tun, was das ursprüngliche Geschäft der Vernunft ist, nämlich das Absolute zu denken; sondern die die Frage, wie das Denken des Absoluten als Wissenschaft möglich sei, nun wirklich bloß nach der Seite der Wissenschaft hin auflöst und im Grunde eine andere Wahrheit als die wissenschaftliche Wahrheit überhaupt nicht anerkennt. Insofern ist also das – wenn Sie wollen: antiaufklärerische, nämlich das die Vernunft lähmende und die Vernunft fesselnde, auf die organisierte Wissenschaft sie festlegende Moment gerade in der »Kritik der reinen Vernunft« außerordentlich stark enthalten. Auf der anderen Seite ist es so, daß zwar die in der »Kritik der reinen Vernunft« kritisierten theologischen Kategorien – also jene Kategorien, gegen die die gesamte Aufklärung angegangen ist – bei Kant in der »Kritik der praktischen Vernunft« nun wirklich wieder auftreten, aber daß gerade dadurch, daß sie in der »Kritik der praktischen Vernunft« wieder auftreten, auch in der praktischen Vernunft alle jene Momente wirklich wieder geduldet werden können, die man als die eigentlich utopischen bezeichnen kann, also: die Herstellung der Menschheit, die Solidarität der Menschen untereinander, – alles das, was Sie in den Schlußteilen der »Kritik der praktischen Vernunft« nun eigentlich formuliert finden und wofür in der »Kritik der reinen Vernunft« kein Platz wäre. Sie sehen also, wie diese Struktur, die ich Ihnen angedeutet habe, eine Struktur ist, die eigentlich als eine Grundstruktur der Kantischen Philosophie überhaupt und (möchte ich sagen) des bürgerlichen Denkens überhaupt anzusehen ist und die in der Spaltung der beiden großen Teile der Kantischen Vernunftkritik nur schief sich spiegelt.

Man könnte vielleicht, wenn man das Kantische Denken an den Anfang überhaupt der liberalen Epoche setzt, dem noch die Spekulation, die keine bloße Spekulation ist, hinzufügen, daß das bürgerliche Denken gerade in seiner Frühzeit – also um die Wende des 18. und 19. Jahrhunderts – zugleich bürgerliches Denken und mehr als bürgerliches Denken gewesen ist. Das Denken einer jeden Klasse ist in dem Augenblick, in dem sie eigentlich zum Subjekt der Geschichte wird, zwar das Denken dieser Klasse, aber immer auch zugleich ein Über-diese-Klasse-Hinausweisen. Das heißt: in diesem Augenblick, in dem sie die Schranken von veralteten gesellschaftlichen Produktionsverhältnissen durchbricht, fühlt diese Klasse sich eigentlich und mit Recht auch immer als Vollstrecker der *Menschheit*. Und diese Doppeldeutigkeit ist in der »Kritik der reinen Vernunft« außerordentlich stark: Sie fühlen auf der einen Seite zwar an allen Ecken und Enden eine gewisse hausbackene bürgerliche Rationalität, freilich auch ungezählte bürgerliche Tugenden wie Besonnenheit, Gerechtigkeit, Abwägen, eine bestimmte Art der Humanität, die für Kant im Gegensatz zu seinen Nachfolgern äußerst charakteristisch ist; Sie haben aber zugleich auch bei ihm durchaus den Eindruck, daß diese Klasse in dem Augenblick, in dem sie nun dazu übergeht, diese ihre Ideale selber zu bestimmen, selbstkritisch zu bestimmen, – daß sie über ihren gleichsam partikularen Horizont hinausreicht und daß sie gewissermaßen in diesem Augenblick als Sprecherin der Menschheit auftritt; eine Eigentümlichkeit von Kant, die er mit den größten Denkern auch auf dem Gebiet der sozialen Theorie seiner Zeit, etwa dem großen französischen Gesellschaftstheoretiker Saint-Simon, durchaus geteilt hat. Und ich glaube, daß diese merkwürdige Doppeldeutigkeit zwischen dem Antiutopischen und Repressiven, auf Pflicht, auf bestimmt gesetzte Aufgaben, auf all diese Momente Vereidigenden, und auf der anderen Seite dem Gedanken: es soll die Welt selber vernünftig werden, – daß die Spannung, die Sie zwischen diesen Momenten in der Kantischen Philosophie finden, eben in letzter Instanz auf diesen geschichtsphilosophischen Augenblick zurückgeht; daß das Partikulare in dem Augenblick, in dem seine geschichtliche Stunde nun wirklich geschlagen hat, für diesen einen Augenblick aufhört, bloß partikular zu sein und wirklich – mit Hegel zu reden: die Stimme des Weltgeistes ist; eine Eigenschaft, die sie dann freilich im allgemeinen sehr bald wieder verliert.

Mit diesen Betrachtungen, die ich heute und zum Teil auch schon in der letzten Stunde angestellt habe, bin ich natürlich weit hinausgegangen über das, was man so Kant-Interpretation im üblichen Sinn nennt. Ich habe Ihnen also nicht nur brav und bieder ausgelegt, was hier steht, und Ihnen die schwierigeren Ausdrücke von Kant in leichtere übersetzt – was ich überhaupt nicht für meine Aufgabe halten kann –, und ich habe auch nicht versucht, Ihnen etwas klarzumachen, was Kant sich nun bei seinem Denken selber gedacht hat – was ich überhaupt einer Philosophie gegenüber für ganz gleichgültig halte –, sondern ich habe mich in einen Horizont begeben, von dem ich einmal sagen möchte, daß er eigentlich die Fragestellung ist, was mit einer solchen Philosophie wie der Kantischen *objektiv,* und zwar geschichtsphilosophisch, ausgedrückt sei. Wobei ich Sie aber bitte, das Wort ›geschichtsphilosophisch‹ sehr nachdrücklich zu nehmen; das heißt nicht etwa: an welcher Stelle der Geschichte nun – sei es der Geschichte des Geistes oder der realen Geschichte – Kant steht (eine solche Fragestellung würde mir noch verhältnismäßig primitiv und eigentlich eine vorphilosophische scheinen); sondern: was von der Bewegung des Geistes selber, also wenn man so sagen darf: von der inneren Geschichte der Wahrheit, auf der Sonnenuhr der Wahrheit selber gleichsam in dieser Kantischen Philosophie sich ausgedrückt hat. Ich beziehe mich also ausdrücklich dabei auf das an der Kantischen Philosophie, was *mehr* ist als das, was von der Philosophie an Ort und Stelle gemeint ist, – so wie es an einer sehr großartigen Stelle von Hegel heißt, daß sich nämlich ergebe, daß bestimmte Sätze (bei Hegel sind es die der Identität oder des Widerspruchs) mehr, als mit ihnen gemeint wird, in sich selbst enthalten[90]. Das ist also eigentlich das, was ich mir hier vorgenommen habe, – nicht: Ihnen zu zeigen, was Philosophen bei ihrer Philosophie sich gedacht haben, und was wir ohnehin nicht rekonstruieren können; und ganz gewiß auch nicht die Trivialität: welche Stellung Kant in der Geschichte der Philosophie zwischen Leibniz und dem deutschen Idealismus einnimmt, und was Sie schlecht und recht in jedem Lehrbuch nachlesen können, – sondern das, was objektiv mit dieser Philosophie ausgedrückt ist, über ihre eigene Meinung hinaus: darauf kommt es an. Also das, was als Konstellation der Wahrheit – und diese Konstellation ist nichts anderes als das Kraftfeld, von dem ich Ihnen immer wieder gesprochen habe – in einer solchen Philosophie sich niedergeschlagen hat, das ist eigentlich das Entscheidende. Ich bin mir klar, daß ich damit an Sie doch eine recht erhebliche Zumutung stelle; das heißt, daß ich damit etwas tue, was abweicht von all den Gedanken an Interpretation, wie sie Ihnen etwa sowohl von der Philologie wie auch von der Jurisprudenz her bekannt sind, – etwa unter der Auslegung eines Gesetzes, bei der ja bekanntlich der nach meiner unmaßgeblichen Meinung überaus mysteriöse ›Wille des Gesetzgebers‹ eine so merkwürdige Rolle spielt.

Ich glaube also, daß ich Ihnen hier über eine methodologische Frage, nämlich über die Frage meiner eigenen Methode Rechenschaft geben muß; und zwar aus zwei Gründen: nämlich erstens, damit Sie überhaupt sozusagen wissen, auf welchem Boden Sie stehen, damit Sie also nicht schwimmen und nicht das Gefühl haben, über Abgründe hinweggerissen zu werden; dann aber auch, weil sich hier wirklich bestimmte Schwierigkeiten ergeben, über die man nicht einfach hinweggleiten soll, wenn man nun nicht seinerseits gegen die von Kant von der Philosophie geforderte Tugend der intellektuellen Redlichkeit sich vergehen will. Das methodologische Problem kann ich Ihnen, glaube ich, ganz scharf und ganz prägnant sagen. Auf der einen Seite ist es Ihnen wohl klar, wie gleichgültig es im allgemeinen ist, was einer beim Denken sich denkt; daß es also nur auf das ankommt, was objektiv in seinem Denken sich ausdrückt, was sein Wahrheitsgehalt ist, welche Bedeutung es über das an Ort und Stelle Gemeinte hinaus hat. Ich glaube: daß es *darauf* eigentlich bei einer Philosophie ankommt, und *nicht* auf die Erschließung der Meinung eines Philosophen, ist evident; denn diese bloße Erschließung der Meinung des Philosophen setzt ja im Grunde deren sachliche Bedeutung bereits voraus: die hat nur dann einen Sinn, wenn man vorher sich bereits dessen sicher weiß, daß das, was er meint, nun etwas objektiv Wichtiges ist. Und das wird dann im allgemeinen so der Philosophiegeschichte nachgebetet, die dann sogenannte große Philosophen wie den Großen Kurfürsten oder den Dante in einem Pantheon untergebracht hat. Aber gerade dieser Nachweis der Bedeutung selber ist ja das, was einer sachlichen Befassung eigentlich obliegen würde. Auf der anderen Seite aber können Sie sich mit großem Recht sagen: ja, – ist denn nun das, was du hier sagst, nicht vollkommene Willkür; ist es nicht einfach ein bloßes spekulatives Hineininterpretieren (wie man so sagt), oder ist es nicht eine Art von Wissenssoziologie, also eine Zuordnung dieses Denkens zu irgendwelchen gesellschaftlichen Strömungen, bei denen ganz unbewiesen und ganz fraglich bleibt, was das mit der Sache selber eigentlich zu tun hat. Ich möchte zunächst einmal darauf sagen, daß eine bestimmte Grenze gegenüber der Willkür hier gesetzt bleibt; und diese Grenze, die ein Text setzt, ganz gleich welcher Art er ist, – diese Grenze (und an dieser Stelle weiß ich mit der Philologie mich einig) ist die Grenze, die der *Text* setzt; das heißt: es gibt keine derartige Analyse, die nicht sich ausdrücklich und explizit berufen muß auf Sätze, die an Ort und Stelle stehen. Und wenn ich hier meine Methode der Kant-Interpretation von einer anderen, ebenfalls spekulativen – nämlich der der Schule von Martin Heidegger – absetzen darf (und ich halte mich für dazu verpflichtet), dann liegt das genau an der Stelle, daß *ich* es für unzulässig halte, einfach zu verdrehen und auf den Kopf zu stellen, was in einem Text wie dem der »Kritik der reinen Vernunft« *steht*. Aber gewichtiger ist die Frage nach dem Rechtsgrund dessen, daß eine solche Interpretation *mehr* sagt, als was an Ort und Stelle steht, – ich kann Ihnen das jetzt nur noch gerade andeuten. Dieser Rechtsgrund ist nämlich nichts anderes als der Nachweis eben der immanenten Spannung, die ein solches Denken hat; die Methode der Interpretation ist eine Methode der Extrapolation. Mit anderen Worten: sie besteht also darin, daß man zunächst einmal solcher Widersprüche wie des Motivs der Identität oder Nichtidentität sich versichert, wie sie in dem Text selber angelegt sind, wie sie den eigentümlichen Charakter eines solchen Textes eigentlich ausmachen. Und indem man dann diese Widersprüche nicht einfach als Unstimmigkeiten des Denkens hinnimmt, sondern indem man versucht zu zeigen, wie diese Widersprüche in der Schichtung eines solchen Denkens motiviert sind, kommt man allerdings dazu, ein solches Denken als mehr zu verstehen denn als das, als was es sich gibt: nämlich als den Niederschlag eben eines solchen Kraftfelds. Und wenn Sie ein solches Kraftfeld bestimmt haben und diese Kräfte identifiziert haben, die der Sache nach immanent sich in ihm abarbeiten, dann allerdings haben wir auch das Recht, diese Kräfte selber bei ihrem Namen zu benennen; und wenn wir das tun, über das hinauszugehen, was an Ort und Stelle hier jeweils nun steht. Es ist nicht die Aufgabe, die ich mir hier Ihnen gegenüber gestellt habe – und hier weiß ich mich nun im Gegensatz zu der jüngsten Methode der Kant-Auslegung, die in Deutschland eine gewisse Autorität erlangt hat, nämlich der Neo-Marburger Kant-Schule (wenn man so sagen darf), wie sie von Ebbinghaus[91] und vor allem von Klaus Reich vertreten wird – die Kantische Philosophie als ein möglichst in sich geschlossenes, widerspruchsloses Ganzes darzustellen, wie Sie es etwa in dem Buch über die Vollständigkeit der Urteilstafel von Klaus Reich mit großer Konsequenz durchgeführt finden[92]. Sondern, im Gegenteil, *mich* interessieren eigentlich an Kant viel mehr die Brüche, die Widersprüche. Ich halte diese Brüche und Widersprüche für viel großartiger als die Vereinheitlichung, denn in diesen Brüchen und Widersprüchen drückt eben wirklich das Leben der Wahrheit selber sich aus, während das Glätten von Widersprüchen, das oberflächliche Synthetisieren, das bringt bald einer zustande.

8. Vorlesung
16. 6. 1959

Ich fahre fort mit den methodologischen Betrachtungen, die wir das letzte Mal begonnen hatten. – Es ist Ihnen vielleicht einmal vorgekommen, daß Menschen, mit denen Sie über irgend etwas gesprochen haben, anstatt eigentlich auf die Sache einzugehen, Sie darauf festgenagelt haben, daß Sie in dem, was Sie gesagt haben, Widersprüche verwendet hätten; das heißt: einen Begriff nicht konsequent gehandhabt, sondern in verschiedenen Bedeutungen gehandhabt hätten; oder daß man überhaupt irgendeinen bestimmten Begriff – gewöhnlich einen solchen, an dem starke Affekte haften – erst einmal säuberlich definieren müsse, ehe man über ihn überhaupt sich unterhalten dürfe (zum Beispiel, wenn es um Fragen der Schuld geht, dann wird man regelmäßig hören: ja, Schuld, – davon kann man ja nicht reden, das muß man ja erst definieren, sonst ergeben sich logische Widersprüche[93]). Sie werden auch bemerkt haben, daß eine bestimmte Art subalterner philosophischer Kritik, wie sie sich zum Beispiel an die Schriften von Nietzsche, aber in neuerer Zeit auch an die von Spengler geheftet hat, mit besonderer Vorliebe den betreffenden Autoren irgendwelche sogenannten logischen Widersprüche nachweist und sich dann darin sehr wohlfühlt, ohne daß man dabei im mindesten das Gefühl hätte, daß zum Beispiel einem Schriftsteller wie Nietzsche gegenüber damit das Mindeste eigentlich ausgerichtet wäre. Ich will auf die Psychologie dieses Verfahrens jetzt gar nicht eingehen; es ist im Grunde eine Art von Schächtelchen-Denken, also das Denken – ich möchte sagen: des kleinen Mannes, das Denken des Kleinbürgers, bei dem alles hübsch säuberlich stimmen muß und der schon dann ganz beruhigt ist, wenn innerhalb seiner Apparatur keine Störungen entstehen, wenn die Gedankengänge möglichst reibungslos und glatt ablaufen. Es wird darüber aber das vergessen, worum die Philosophie eigentlich da ist, und was überhaupt die Rechtfertigung dessen darstellt, was wir in der Philosophie versuchen – wenn es eine solche Rechtfertigung überhaupt gibt –, nämlich daß wir versuchen, *nicht* in möglichster Sauberkeit, Glattheit mit unseren Begriffen wie mit Spielmarken herumzuwürfeln, sondern durch unsere Begriffe dem, was eigentlich der Fall ist, was die Sache selbst eigentlich ist – was immer das sei – zum Ausdruck, zum Leben zu verhelfen, – wobei die unendliche Schwierigkeit die ist, daß wir ja nicht in der Tasche haben, was nun die Dinge selbst sind und was dieses Leben sei. Aber immerhin: die Anstrengung der Philosophie gilt genau *dem* eigentlich, zu revidieren, was durch die begriffliche Aufbereitung, was durch die sogenannte widerspruchslose, glatte Darstellung irgendeiner Materie verlorengegangen ist. Und das scheint mir eigentlich der tiefste Grund dafür zu sein, die tiefste Rechtfertigung dafür zu sein, daß eine philosophische Interpretation eines Textes sich weniger auf dessen Widerspruchslosigkeit, also auf dessen systematische Konsistenz zu richten hat als, im Gegenteil, gerade auf die Widersprüche, – aber nicht, um an diesen Widersprüchen herumzunörgeln, sondern um in ihnen gleichsam die Schründe, die Spalte zu entdecken, die man – um ein Gleichnis aus der Hochtouristik zu gebrauchen – dazu benutzen kann, um sich darin festzumachen und auf die Weise zu dem zu kommen, was man nun in Gottes Namen mit dem Gipfel, also jedenfalls mit einer etwas freieren Aussicht über die wie immer auch problematische Landschaft dann vergleichen kann. Bitte, verstehen Sie das nicht falsch in dem Sinn, daß ich begriffliche Sauberkeit und Ordnung verachtete, – keineswegs! Es ist selbstverständlich, daß in den sogenannten positiven Wissenschaften ohne präzis gefaßte Begriffe und ohne die Logik der Widerspruchslosigkeit nicht auszukommen ist. Aber in der Philosophie, in der es sich ja nun wirklich um das ›Denken des Denkens‹ handelt, wie Aristoteles es definiert hat,[94] – in der also die Denkprozesse der Logik und der positiven Wissenschaft selber noch einmal kritisch nachzuvollziehen sind, da sollte man sich darauf nicht allzu fest verlassen. Ich möchte beinahe der Meinung Ausdruck verleihen, daß die Tiefe einer Philosophie – über deren Begriff ich Ihnen in einer der nächsten Stunden hoffe, etwas Grundsätzliches sagen zu können –, daß die Tiefe einer Philosophie nicht darin liegt, wie sehr diese Philosophie es vermag, die Widersprüche zu schlichten, sondern vielmehr darin, wie tief sie es vermag, Widersprüche, die in der Sache selbst liegen, erscheinen zu lassen; solche Widersprüche zum Bewußtsein zu erheben; und, indem sie sie zum Bewußtsein erhebt, zugleich sie in ihrer Notwendigkeit zu erkennen; das heißt: zu erkennen, was sie eigentlich bedeuten. Und die Betrachtung (die ich Ihnen neulich als eine Modellbetrachtung durchgeführt habe), die sich auf die Doppelstellung Kants gegenüber der Vernunft bezieht, die sollte eigentlich Ihnen zunächst einmal schon eine Vorstellung davon geben, wie ich mir das denke.

Um dieses Motiv doch noch etwas prinzipieller zu rechtfertigen, möchte ich Ihnen eine ganz einfache Überlegung sagen. Ich gehe auf diese Dinge deshalb so sehr ein, weil ich weiß, daß Sie alle – *wir* alle, möchte ich sagen – ja gewissermaßen conditioned, vorbedingt sind durch die Forderung der Widerspruchslosigkeit; und daß es eigentlich zunächst einmal überhaupt die härteste Zumutung ist, die die Philosophie an uns stellt, daß wir eben davon uns freimachen; und daß Sie infolgedessen mit Recht von mir verlangen, daß ich an dieser Stelle nun wirklich Ihnen erkläre, *warum* ich so vorgehe, *wie* ich vorgehe, – und nicht in irgendeiner anderen Weise. Der Grund, das Motiv, das mich im tiefsten dazu vermag, dieses Verfahren zu wählen, ist kein anderes als das, daß es uns ja keineswegs garantiert ist, daß die Sache selbst, die wir denken, widerspruchslos sei. Würden wir diese Voraussetzung machen, daß sie das ist, so hätten wir damit in der Tat bereits eine philosophische Vorentscheidung von unendlicher Tragweite getroffen, die nicht dadurch harmloser wird, daß sie im allgemeinen, wenn wir auf solche Widerspruchslosigkeit der Erkenntnis drängen, uns nicht bewußt ist. Wir hätten nämlich darin bereits stipuliert, wie eine Art von

Klausel in einem Testament aufgestellt, *gesetzt,* daß die Realität selber, daß das, worauf unsere Erkenntnis geht, mit unserer Erkenntnis selbst identisch ist; in letzter Instanz: daß sie in unserer Erkenntnis bruchlos aufgeht. Wir hätten damit gewissermaßen die Lösung eben des Erkenntnisproblems – wie es uns nämlich überhaupt möglich sei, ein Wirkliches zu erkennen – bereits präjudiziert, indem wir vorentschieden hätten: die Wirklichkeit ist mit *uns* identisch. Denn nur wenn das *zu Erkennende* und das *Erkennende* miteinander eins sind, dann können wir uns vorstellen, daß die Erkenntnis widerspruchslos gerät; daß alle Widersprüche in der Einheit unserer Vernunft deshalb sich schlichten, in der Einheit des logischen Gedankens deshalb versöhnt werden, weil das, was wir erkennen, vorweg selber dieser Einheit unseres eigenen Denkens gehorcht. Und eben diese Klausel können wir, will es mir scheinen, *nicht* voraussetzen; im Gegenteil: unsere gesamte Erfahrung – die lebendige, die sogenannte vorwissenschaftliche sicher noch mehr als die in gewisser Weise bereits zugerichtete wissenschaftliche – nötigt uns dazu, gerade an dieser Voraussetzung, an dieser Präsupposition zu zweifeln.

Und das bringt mich eigentlich dazu, in einem Denken vielmehr der Interpretation seiner Widersprüche die Aufmerksamkeit zuzuwenden, als zu versuchen, nun alles unter einen Hut zu bringen, alles miteinander zu vereinigen. Eine Philosophie so zu glätten, daß schließlich doch alles zueinander paßt, das ist nicht schwer; das ist, mit Hegel zu reden, ein ›Tritt, der sich bald erlernt‹. Nicht so leicht aber ist es, erstens, überhaupt zu merken, wie unter der Oberfläche der Geschlossenheit eines Denkens eben doch die einander widerstreitenden Motive, die der Philosoph zu versöhnen getrachtet hat, als unterschiedene am Leben bleiben; und dann: was ihre spezifische Konstellation nun wirklich bedeutet. – Ich tue es nicht, um mich auf eine Autorität zu berufen, sondern nur eigentlich um Ihnen zu zeigen, daß ich an dieser sehr zentralen methodologischen Stelle mich nicht mit fremden Federn schmücke, wenn ich Ihnen hier schließlich zur Rechtfertigung dessen, was ich tue, gerade zwei Sätze aus der »Logik« von Hegel – und zwar aus der »Logik des Wesens« – vorlese, an denen Sie sehen mögen, daß gerade die Selbstreflexion des Denkens, also das Denken, das in sich selbst geht, um auf sein Wesen zu stoßen, eben mit diesen Fragen denn doch schon befaßt war; und daß das, was ich hier tue, eigentlich nichts anderes ist, als eine Einsicht der fortgeschrittenen dialektischen Logik nun gleichsam rückläufig auf die Philosophie selber anzuwenden. Da heißt es im ersten Abschnitt des zweiten Buches der »Logik« von Hegel: »Die Mannigfaltigen« – die mannigfaltigen Momente, müssen Sie ergänzen, die mannigfaltigen Gegenstände – »werden erst auf die Spitze des Widerspruchs getrieben regsam und lebendig gegeneinander und erhalten in ihm« – im Widerspruch – »die Negativität, welche die innewohnende Pulsation der Selbstbewegung und Lebendigkeit ist.«[95] Und etwas weiter sagt er: »Es ist überhaupt aus der Betrachtung der Natur des Widerspruchs hervorgegangen, daß es für sich noch sozusagen kein Schaden, Mangel oder Fehler einer Sache ist, wenn an ihr ein Widerspruch aufgezeigt werden kann.«[96] Und in diesem Sinne bitte ich Sie also das zu verstehen, was ich Ihnen über die Widersprüchlichkeit von Kant entwickeln werde. Vorhin habe ich Ihnen gesagt, daß etwa Nietzsche gegenüber das Herummäkeln an den Widersprüchen geübt wird, – der bekannteste ist der, daß Nietzsche sich ja mit Recht als der extreme Vollender der Aufklärung gefühlt hat, aber gleichzeitig die ratio in einem gewissen Sinn verworfen und in einem gewissen Sinn als ›lebensfeindlich‹ bekämpft hat; oder der, daß er gleichzeitig sich selbst als einen décadent bezeichnet hat und die décadence und den Nihilismus bekämpft hat. Wenn ich gesagt habe, daß diese Art von Kritik an Nietzsche eigentlich subaltern sei, so kann ich mich dabei darauf beziehen, daß Nietzsche selber eben auch diese Widersprüche, die sich bei ihm finden, nicht naiv aus Schlamperei oder aus Unachtsamkeit so hingesetzt hat; im Gegenteil: das Denken von Nietzsche ist in einem höheren Sinn eminent stimmig, eminent konsistent und konsequent in sich aufgebaut. Sondern diese sogenannten Widersprüche, die er sicherlich so gut gewahrt hat wie die braven Philosophieprofessoren vom Schlage Rickerts, die sie ihm angekreidet haben,[97] die rühren bei ihm daher, daß es eine seiner von ihm sehr wohl begründeten Grundthesen überhaupt gewesen ist, daß eigentlich nichts, was wir erkennen, in Wahrheit der Logik gehorcht, sondern daß wir durch die Logik die Gegenstände alle in einer bestimmten Art zurichten. Und sein Denken stellt ja nun demgegenüber ganz offen und ganz bewußt den Versuch dar, die Erkenntnis von dieser Zurichtung, von dem Schein ihrer eigenen Logizität, aber mit den Mitteln der Logik zu heilen. Nebenbei gesagt herrscht an dieser Stelle zwischen Hegel und Nietzsche – und Nietzsche hat von Hegel verteufelt wenig gewußt – eine außerordentlich tiefe Übereinstimmung und eine außerordentlich tiefe Beziehung, die mir darauf hinzudeuten scheint, daß eben jene Heilung des Denkens von den Wunden, die es seinen eigenen Gegenständen schlägt, eigentlich die Aufgabe der philosophischen Besinnung überhaupt sei.

Dieses vorausgeschickt, möchte ich dazu übergehen, nun Ihnen wenigstens einiges von dem zu entfalten, was ich als das bezeichnet habe, was die Kantische Philosophie *ausdrückt,* – was mehr ist (wie ich es Ihnen in der letzten Stunde gesagt habe) als sie bloß *meint;* und was allerdings dabei von vornherein meist in sich selbst eines solchen widersprüchlichen Charakters ist; ja, dessen Ausdruckswert, dessen Ausdruckskraft an solcher Widersprüchlichkeit ja wohl überhaupt erst kann abgelesen werden.[98] Dazu möchte ich an die Spitze etwas stellen, was heute vielleicht nicht mehr so schockierend ist, wie es sicherlich zur Zeit Kants und dann auch noch sehr lange später geklungen hätte. Ich sage Ihnen nach dem bisherigen Verlauf der Vorlesung damit sicherlich nichts prinzipiell Neues, aber ich sage es Ihnen *thematisch;* ich weise Sie auf dieses besondere Moment hin, weil ich glaube, daß man doch – indem man das sich zunächst einmal einfach klarmacht –

damit den Schlüssel überhaupt zu der ganzen »Kritik der reinen Vernunft« eigentlich besitzt. Die Vernunftkritik von Kant ist ja gerade in der deutschen Tradition der Philosophie – die viel länger als in den westlichen Ländern einen dogmatischen Charakter sich bewahrt hat –, wie Sie alle wissen, wesentlich als eine *negative,* später würde man gesagt haben: als eine zersetzende oder als eine destruktive Leistung wahrgenommen worden. Denken Sie nur an die berühmte Äußerung von Kleist,[99] oder denken Sie an das Epitheton des Alleszerschmetterers, das man[100] Kant hat zukommen lassen. Ich glaube, daß unterdessen durch die Geschichte aus dem Werk Kants eigentlich das genaue Gegenteil hervorgetreten ist, daß sich an dem Werk Kants das genaue Gegenteil ablesen läßt. Die Intention der gesamten Kantischen Philosophie – und das will sagen: auch der eigentlich kritischen Schrift, nämlich der »Kritik der reinen Vernunft« – ist eine Intention auf *Rettung,* und zwar eine Intention auf Rettung von *Ontologie* in einem ganz bestimmten Sinn; also eine Intention auf Rettung bestimmter geistiger Grundsachverhalte, Grundtatbestände, die als ein für allemal geltend sowohl von den Wechselfällen der Geschichte wie von der Kritik einer – ja, auch Kant würde gesagt haben: ›raisonnierenden‹ Vernunft schlechterdings sichergestellt sein sollen. – Ich glaube, daß diese zunächst einmal vielleicht doch etwas frappante Bestimmung der Absicht der Vernunftkritik doch auch auf gewisse Passagen in der »Kritik der reinen Vernunft« sich stützen kann, die aber nun allerdings ihrerseits in einem gewissen Widerspruch zu anderen bei ihm stehen. Etwa die Formulierung aus der Vorrede zur 2. Auflage, daß »die Kritik die notwendige vorläufige Veranstaltung zur Beförderung einer gründlichen Metaphysik als Wissenschaft«[101] sei: eine solche Aussage kann keinen anderen Sinn haben (wenn man sich an die Worte hält und sie nicht verbiegt), als daß die ›Vorbereitung‹ einer solchen Metaphysik als Wissenschaft schließlich doch auch in einem positiven Sinn von Kant gemeint worden ist, – trotz der gegenläufigen Intention, die behauptet, Metaphysik sei als Wissenschaft nicht möglich, sondern lediglich als Inbegriff der regulativen Ideen, und damit als eine bloß praktische Disziplin. – Ich glaube, daß man die darüber hinausgehende Formulierung einer Art ›Rettung‹ der Ontologie, die ich vorher gebraucht habe, ebenfalls mit dem Kantischen Wortlaut ohne Gewaltsamkeit in Anspruch nehmen kann; man muß sich nur dabei die Fassung des Begriffs Ontologie bei Kant ansehen. Und ich glaube, daß dann das Moment der Widersprüchlichkeit, um das es sich hier handelt – also daß auf der einen Seite die »Kritik der reinen Vernunft« auf Rettung, auf Rettung von Ontologie abzielt, daß sie aber auf der anderen Seite eben doch deren positive Möglichkeit in einer gewissen Weise in Frage stellt –, daß darin eigentlich das Spezifische des Kantischen Entwurfs steckt; das heißt, daß die Kantische Metaphysik – ich möchte sagen: die Konstellation zwischen diesen beiden, gar nicht ohne weiteres unter einen Hut zu bringenden, Momenten abgibt.[102]

Nun hören Sie jene Definition von Ontologie in den »Fortschritten der Metaphysik«: »Die Ontologie ist diejenige Wissenschaft (als Teil der Metaphysik), welche ein System aller Verstandesbegriffe und Grundsätze, aber nur, so fern sie auf Gegenstände gehen, welche den Sinnen gegeben, und also durch Erfahrung belegt werden können, ausmacht. Sie berührt nicht das Übersinnliche, welches doch der Endzweck der Metaphysik ist, gehört also zu dieser nur als Propädeutik, als die Halle, oder der Vorhof der eigentlichen Metaphysik« – die hier wiederum also offensichtlich positiv unterstellt ist – »und wird Transzendental-Philosophie genannt, weil sie die Bedingungen und ersten Elemente aller unsrer *Erkenntnis* a priori enthält.«[103] Sie können hier sehr deutlich sehen, daß der Kantische Begriff des Apriori als der Bedingung der Möglichkeit von Erkenntnis überhaupt nicht nur funktionell zu verstehen ist, also nicht nur mit Rücksicht auf die Konstitution der Erkenntnisse, auf die Begründung der Erfahrung; sondern daß darüber hinaus doch bei Kant diesen Grundbegriffen, den Kategorien und Anschauungsformen, auch eine

Art ontologischer Bedeutung, also auch eine Art ideelles Sein an sich zugeschrieben wird, das Kant zu retten unternimmt, – zu retten in dem Sinn, daß er es als unabhängig von jeder Erfahrung seiend, das heißt als nicht von dem Wechsel der Erfahrung abhängig denkt. Zugleich aber ist es doch wieder nicht ein reines An-sich, sondern hat sein An-sich-Sein bloß darin, daß es ein Für-anderes ist, das heißt: es gilt überhaupt nur soweit, wie es ein anderes konstituiert, wie es sich durch Erfahrung erfüllt, aber nicht jenseits der Erfahrung. Hier sind Sie also sozusagen bei der Pointe, Nietzsche würde gesagt haben: bei Kants ›Witz‹. Und Sie haben hier recht genau eigentlich die sehr eigentümliche – wenn Sie wollen: sehr paradoxale Konstellation der Ontologie bei Kant. Sie müssen sich diese Rettung, von der ich Ihnen spreche, wirklich wie eine Rettung in höchster Not vorstellen; es geht also wirklich in diesem Stadium der Aufklärung nur noch sozusagen um Haaresbreite: das zu Rettende ist schon beinahe ertrunken und wird nur mit einem minimalen bißchen gerade so aus dem Wasser herausgehalten. Ich meine damit folgendes: auf der einen Seite soll es also derartige der Erfahrung entzogene, der Relativierung enthobene, schlechterdings gültige Begriffe und was immer das sein mag *geben;* aber auf der anderen Seite hat doch dieses An-sich-Sein von ihnen *nicht* die Bedeutung einer Hypostase, sondern die ontologische Dignität dieser reinen Ideen wird von Kant ihrerseits bestimmt als gebunden daran, daß sie sich auf Seiendes beziehen.

Wenn ich also in der heute allzu geläufigen Redeweise es ausdrücken sollte, die von der ›ontologischen Differenz‹ spricht – also von der Differenz zwischen dem reinen Sein und dem Seienden –, dann würde Kant gesagt haben (in einem ihm allerdings ganz fremden Sprachgebrauch, da er den Begriff Sein ja kritisiert hat), daß es zwar auch bei ihm so etwas wie ein Sein gebe, aber daß dieses Sein doch nur insoweit sei, wie es auf Seiendes sich bezieht; und daß es in dem Augenblick, in dem es davon losgelöst wird, in dem es seine Beziehung auf Raum-Zeitliches, auf Individuiertes, auf Daseiendes verliert, eben zu einem bloßen Vorurteil wird. Das heißt also, die ontologische Differenz wird von ihm in dem Sinn bestimmt, daß *τὰ ὄντα* zwar konstituiert werden durch das *ὄν*, durch das reine Sein, daß aber umgekehrt dem reinen Sein auch wiederum nur soweit Wahrheit zukommt, wie es sich auf *τὰ ὄντα* bezieht. Wenn sich später aus Kant die dialektische Philosophie entwickelt hat, dann können Sie hier sehr deutlich erkennen, wie diese beiden Momente miteinander zusammenhängen. Das heißt: dem innersten Sinn nach sind die obersten Begriffe, zu denen die Philosophie hier überhaupt sich erhebt, nämlich der Begriff der reinen Form und der Begriff des Daseins, auch schon durcheinander vermittelt, – nur daß diese Vermittlung selbst von Kant nicht reflektiert wird; aber sie steckt der Sache nach darin. Denn auf der einen Seite kann es nichts Daseiendes, nichts Faktisches geben, was nicht konstituiert wäre durch unsere Formen; das Faktische ist durch die Formen vermittelt; das Faktische, losgelöst von den Formen, wäre ein ganz und gar Unbestimmtes, – man könnte Hegelisch sagen: es wäre ein Nichts. Umgekehrt aber sind auch die Formen durch das Seiende ihrerseits wiederum vermittelt; das heißt: die Formen gelten auch nicht an sich – es gibt keinen logischen oder kategorialen Absolutismus[104] –, sie können nicht absolut gesetzt, sie können nicht gleichsam verdinglicht werden; sondern sie haben ihr eigenes Wesen nur insoweit, wie sie sich auf das beziehen, was unter ihnen gedacht wird, wie sie sich eigentlich auf Erfahrung beziehen. – Insofern also kann man sagen, daß das Motiv der Dialektik tatsächlich objektiv, einfach dem Sinn der Kantischen Theorie nach, *in* der Kantischen Theorie selber bereits enthalten ist, obwohl er selber dieses – in Wahrheit dialektische – Moment im Sinn eines krassen Dualismus von Form und Inhalt belassen hat. Aber die Bestimmungen, die er selber den Formen zuerkennt, die nur dann wahr sein sollen, nur dann eigentlich Sein haben sollen, wenn sie sich auf Inhalt beziehen; und des Inhalts auf der anderen Seite, der ganz unbestimmt ist, der nicht gedacht werden kann, sofern er nicht durch diese Formen hindurchgegangen ist, – das drückt eben tatsächlich bereits aus, daß diese beiden obersten Begriffe Form und Inhalt durcheinander vermittelt sind. Sie können hier also wirklich sehen, daß das mit der Dialektik keine Hexerei ist, sondern daß, der objektiven Gestalt der Kantischen Philosophie selber nach, der Übergang zur Dialektik eigentlich erzwungen wird; und daß der Widerspruch (von dem ich Ihnen hier handle) in seiner Gestalt der Rettung eben nicht ein bloßer Denkwiderspruch, sondern ein dialektischer Widerspruch ist. Das heißt: nur in Gestalt dieses dialektischen Widerspruchs, nur in Gestalt dieses Aufeinander-wechselfältig-Verwiesenseins von Sein und Seiendem ist es ihm möglich, Ontologie zu retten, – und nicht etwa Ontologie in abstracto als ein reines Sein, das dem Seienden schlechterdings gegenübergestellt werden kann.[105]

Was ich Ihnen bis jetzt auseinandergesetzt habe, würde aber doch noch nicht genügen, meinen Anspruch zu rechtfertigen, daß es in der Tat objektiv in der »Kritik der reinen Vernunft« um so etwas wie einen Versuch zur Rettung der Ontologie sich handle, denn Sie könnten selbstverständlich – und ich bin der letzte, der das vertuschen möchte – den positiven Stellen über Metaphysik und Ontologie, von denen ich Ihnen ein paar vorgelesen habe, genauso viele oder noch mehr gegenüberstellen, in denen nun wirklich das Gegenteil behauptet ist, und solange man bei einem großen philosophischen Schriftsteller nach derartig simplen Belegen dessen sucht, was er selber so gemeint hat, da ist ja des Argumentierens und Gegenargumentierens kein Ende. Es kommt ja überhaupt – wie ich Ihnen wohl schon einmal gesagt habe – bei einem Denken am wenigsten auf das an, was das Denken über sich selbst denkt; genauso wenig wie es etwa bei einem Kunstwerk auf die Gesinnung ankommt, aus der heraus es geschrieben worden ist und aus der heraus es etwas unmittelbar auszudrücken sich vornimmt. Wenn ich also sage, daß es in der »Kritik der reinen Vernunft« um Rettung der Ontologie gehe, so muß ich da schon ein bißchen handfestere Antworten Ihnen geben; vor allem objektivere, in der Sache selbst begründetere, als die bloße ›Meinung‹ von Kant. – Ich glaube, ich kann das auf ganz einfache Weise tun, indem ich Sie nun konkret an die Stellung der »Kritik der reinen Vernunft« gegenüber der Philosophie von David Hume erinnere. David Hume hatte – wie Sie wissen, oder wie Sie wissen sollten, wenn Sie eine Kant-Vorlesung mit Verständnis hören wollen – durch seine empiristische Kritik, also durch seine Zergliederung des Zusammenhangs der Formen unserer Erfahrung, drei Grundbegriffe, drei Kategorien im wesentlichen *aufgelöst,* – also von ihnen gesagt, daß sie eigentlich nichts anderes seien als bloße Konventionen, denen irgend etwas Substantielles, wir würden sagen in dieser Sprache: irgend etwas Ontologisches überhaupt nicht zukommt. Diese drei Begriffe sind bei ihm der Begriff des Dinges, der Begriff der Kausalität und der Begriff des Ichs. Sie müssen es nun festhalten als eine der positiven Intentionen der »Kritik der reinen Vernunft« und zugleich eigentlich als die Stelle, wo – man könnte beinahe sagen: ihre ontologischen Thesen herausschauen, daß zwar diese Humesche Kritik von ihm aufgenommen und durchgeführt, aber gegen die Humesche Argumentation selbst gewandt wird, – so daß also von ihm diese drei Begriffe des Ichs, der Kausalität und des Dinges an sich *gerettet* werden.[106]

Zunächst: zum Begriff des Ichs ist zu sagen, daß er Hume gegenüber eine sehr stringente, eine sehr starke Argumentation hat – und ich glaube, es ist wichtig, daß Sie sich diese Argumentation, die an sich an einer viel späteren Stelle der Vernunftkritik steht[107], in diesem Zusammenhang klarmachen –, daß nämlich so etwas wie Gesetze der Assoziation oder der Übung, oder überhaupt alle die Momente, durch die die wechselnden Bewußtseinsinhalte zueinander in Beziehung treten, überhaupt gar nicht vorgestellt werden können, es sei denn in der Einheit eines Bewußtseins. Sie kommen damit eigentlich auf den wirklich zentralen Begriff für die »Kritik der reinen Vernunft« selber, von dem wir bis jetzt noch nicht gehandelt haben und der nun wirklich der Schlüssel für die gesamte Kantische Lösung ist, – eben den Begriff der Einheit des Bewußtseins. Sie können – würde Kant gegen die psychologische Kritik von Hume sagen – alle die psychologischen Tatbestände, die Hume aufdeckt und durch die so etwas wie die Voraussetzung des Ichs erschüttert wird, sich überhaupt gar nicht vorstellen, es sei denn, daß sie unter die ›synthetische Einheit der Apperzeption‹ oder unter das ›Ich denke, das alle meine Vorstellungen begleitet‹ fallen.[108]

Die Begriffe der synthetischen Einheit der Apperzeption und des Ich denke, das alle meine Vorstellungen begleitet, können wir an dieser Stelle noch nicht voll entfalten, aber ich möchte Ihnen statt dessen wenigstens einen allereinfachsten Hinweis geben, der Ihnen zunächst einmal zeigt, in welche Richtung hier die Argumentation von Kant überhaupt zielt. Denken Sie einmal zunächst – ehe Sie an jenes ›Ich denke‹ in einem metaphysischen oder spekulativen Sinn denken – wirklich an gar nichts anderes als an das, was Sie aus der allerschlichtesten Erfahrung unter dem Titel der Einheit Ihres eigenen persönlichen Bewußtseins kennen. Sie können zum Beispiel von irgendwelchen Assoziationsgesetzen – also von irgendwelchen Gesetzen, daß Sie Vorstellungen zusammenbringen, weil sie einander ähnlich sind oder weil sie einander unmittelbar berühren (um zwei der von Hume genannten Assoziationsgesetze hier anzuführen)[109] – überhaupt gar nicht reden, wenn Sie dabei die in Rede stehenden Erlebnisse nicht als Ihre *eigenen* Erlebnisse denken. Das heißt: wenn Sie heute Zahnschmerzen haben und gestern jemand anders Zahnschmerzen gehabt hat und es Ihnen nicht gesagt hat, dann können Sie nicht Ihre gegenwärtigen Zahnschmerzen mit den Zahnschmerzen des anderen von gestern assoziieren, – sondern nur, wenn Sie selber auch gestern die Zahnschmerzen gehabt haben, können Sie die Ähnlichkeit oder die Differenz der Stärkegrade (oder was immer das sei) zwischen diesen Zahnschmerzen feststellen. Das ist entsetzlich primitiv und elementar, aber diese allerelementarste Sache: daß es überhaupt so etwas wie Erkenntnis, wie einen Zusammenhang von Erkenntnis nur soweit geben kann, wie es einen Zusammenhang der individuellen Person gibt, – das ist zunächst einmal wirklich der Schlüssel überhaupt des gesamten Verständnisses von Kant. Und wenn er sagt: das Ich denke begleitet alle meine Vorstellungen, dann steckt darin allerdings noch etwas mehr, nämlich die Vorstellung der Spontaneität oder der Aktivität, von der wir in den nächsten Stunden hören werden. Aber es steckt dabei zunächst einmal in dem ›Was alle meine Vorstellungen begleitet‹ gar nichts anderes, als daß alle meine Vorstellungen – ganz gleich, welcher Art sie auch sind –, indem *ich* sie habe, jedenfalls etwas miteinander gemeinsam haben, nämlich daß sie *meine* Vorstellungen und nicht die von irgend jemand anderem sind. Und diese zunächst aus der Psychologie stammende ganz simple Einheit hat für Kant, möchte ich sagen, eine Art ontologischer Bedeutung. Wenn es diese Einheit des persönlichen Bewußtseins, durch die alle Momente gewissermaßen zusammengefaßt werden, nicht gäbe, dann würde es überhaupt keine Erkenntnis geben, sondern dann würde es überhaupt nur etwas Chaotisches geben; aber es gibt dieses Moment ja tatsächlich, und infolgedessen ist also das Ich hier tatsächlich eine Art von ontologischer Grundbestand der Erkenntnis selbst. – Ich füge nur hinzu, daß dabei allerdings das Problem, welches Subjekt das nun sei, in gar keiner Weise gelöst ist, denn die Vernunftkritik hat es sich ja zur Aufgabe gestellt, ihrerseits die empirischen Sachverhalte zu begründen und nicht vorauszusetzen. Es kann also hier tatsächlich das empirische Ich, die Einzelperson, die jeder einzelne in diesem Saal nun einmal ist, eigentlich gar nicht vorausgesetzt werden. Andererseits ist aber die Voraussetzung eines individuierten, spezifischen Bewußtseins, in dem alles miteinander zusammenhängt, doch zum Sinn der Kantischen Vernunftkritik unabdingbar notwendig. Und Kant hat an dem Widerspruch, der hier nun liegt (und ich glaube, nach dem was ich gesagt habe, betrachten Sie das nicht als einen unverschämten

Tadel Kants, sondern gerade im Gegenteil): daß nämlich einerseits der Begriff der Subjektivität ohne das persönliche Subjekt, von dem er abgezogen ist, nicht gedacht werden kann; daß aber andererseits das persönliche Subjekt selber ja ein erst konstituiertes ist, das nicht vorausgesetzt werden soll, – Kant hat, sage ich, an diesem Widerspruch sich halb zu Tode gedacht, und er hat in immer neuen Formulierungen in seinen verschiedenen Werken, auch in der abweichenden Terminologie der »Prolegomena« gegenüber der »Kritik der reinen Vernunft«, versucht, diesem Widerspruch gerecht zu werden. – Also das wäre zunächst einmal die sozusagen ontologische Bedeutung des Subjektbegriffs bei Kant. Und die eigentliche Konsequenz, die nun daraus zu ziehen ist für die Gesamtanlage des Werkes, das ist die, daß aus dieser Einheit des Bewußtseins, aus diesem Ich denke, das alle meine Vorstellungen begleitet, nun alles andere, nämlich alle spezifischen Formen, unter denen ich überhaupt irgend etwas erkenne, erst folgen soll; daß aus dieser Einheit, die die oberste Form ist, der alles Gedachte überhaupt untersteht, nun eigentlich der Reichtum der einzelnen Formen – der Anschauungsformen und der Kategorien – überhaupt erst entspringen soll. Und was das berühmte Zentralstück der »Kritik der reinen Vernunft«, die ›Deduktion der reinen Verstandesbegriffe‹ betrifft, – da können Sie nun ganz leicht verstehen, worum es sich hier handelt: nämlich darum, daß die Kategorien, also die einzelnen wichtigen Stammbegriffe, durch die ich meine Erfahrung organisiere, ihrerseits abgeleitet werden sollen aus eben dieser Einheit des persönlichen Bewußtseins und aus nichts anderem. Das ist sozusagen in großen Zügen die Strategie, die der Konstruktion der »Kritik der reinen Vernunft« zugrunde liegt.

Über Kausalität möchte ich jetzt nicht lange reden. Kausalität ist bei Kant eine Kategorie, die nun ihrerseits folgt eben aus dieser Einheit des persönlichen Bewußtseins, – wobei aber Kausalität bei ihm nichts anderes ist als die Form einer allerallgemeinsten Gesetzmäßigkeit, unter der ich gezwungen bin, Phänomene des gleichen Dinges, die in der Zeit aufeinander folgen, zu synthetisieren, zusammenzudenken. Er ist mit Hume darin einig, daß auch er, wie Hume, die Kausalität nicht etwa den Dingen an sich zuschreibt, sie nicht etwa naturalistisch denkt; er ist aber, im Gegensatz zu Hume, nun der Ansicht, daß anders als unter dieser Form eine Gesetzmäßigkeit des Sukzessiven, so etwas wie geordnete Erkenntnis gar nicht möglich sei. Sondern, – während Hume sagen würde: die Kausalität, das ist ja bloß *subjektiv*, würde Kant darauf sagen: ja, allerdings, sie ist bloß subjektiv, aber genau dieses vermeintlich ›bloß‹ Subjektive ist die notwendige Bedingung, unter der *Objektivität* allein und zuallererst überhaupt zustandekommen kann. Und in diesem Sinn hat bei ihm also, wenn Sie wollen, auch die Kategorie der Kausalität, gegenüber der Humeschen Kritik, eine ontologische Bedeutung.[110]

Und schließlich müßten wir nun kommen zu dem Ding-Begriff, bei dem die Dinge am allerschwierigsten liegen. Hier möchte ich Ihnen zunächst noch eine kleine Hilfe für Ihre eigene Arbeit an Kant zuteil werden lassen. Der Begriff des Dinges oder des Gegenstandes bei Kant ist nämlich, wie sehr zahlreiche Kantische Begriffe, zweideutig; und wenn man auch sich dessen versichert hält, wie wir es in dieser Vorlesung tun, daß Äquivokationen oder Zweideutigkeiten von Begriffen nicht zufällig sind, sondern etwas mit dem Leben der Sache zu tun haben, so dispensiert eine solche schmeichelhafte Überzeugung uns ja nicht davon, zunächst einmal der verschiedenen Bedeutungen eines solchen Terminus innezuwerden. Also bitte halten Sie fest: in der »Kritik der reinen Vernunft« heißt ›Ding an sich‹ zunächst einmal soviel wie: die uns gänzlich unbekannte und unbestimmte Ursache unserer Erscheinungen, die Ursache der Affektionen, die Ursache der sinnlichen Daten, – von denen ich Ihnen gesagt habe, daß sie selber auch noch als ein ganz Unbestimmtes gefaßt würden, die aber bei Kant als durch ein solches unbekanntes Ding verursacht aufgefaßt werden. Wie Kant dazu kommt, überhaupt ein solches unbekanntes Ding zu postulieren und gar zwischen ihm und unseren Erlebnissen Kausalität zu postulieren, während die Kausalität bei ihm doch lediglich eine immanente Kategorie, also eine Kategorie der Ordnung unserer Phänomene ist und nicht etwa eine Kategorie, die sich auf Transzendentes, der Erfahrung Unzugängliches bezieht, – das möchte ich Ihnen jetzt nicht noch einmal sagen. Ich glaube, ich habe Ihnen darüber bereits genug gesagt, indem ich Ihnen gezeigt habe, daß die scheinbar dogmatische Voraussetzung des Dinges bei Kant keinen anderen Grund hat als den, daß er gewissermaßen der Reduplikation der Erkenntnis mit sich selbst entgehen wollte; daß er festhalten wollte an einem Begriff von Wirklichkeit, der nicht identisch ist: der also nicht einfach mit dem Bewußtsein selber zusammenfällt. Es gibt aber nun bei Kant gegenüber diesem Begriff des *transzendenten* Dinges an sich – den die Neukantianer dann versucht haben, als einen Grenzbegriff im mathematischen Sinn zu interpretieren – noch einen zweiten Begriff des Gegenstandes oder des Dinges: nämlich jenen Ding-Begriff, den man als den *immanenten* Ding-Begriff bezeichnen kann; nämlich: das Ding ist diesem Begriff zufolge nichts anderes als die Gesetzmäßigkeit, der die einzelnen Phänomene, die einzelnen Gegebenheiten meines Bewußtseins unterliegen. Und indem Kant gesagt hat, daß anders als unter einem solchen Gesetz die Phänomene von mir überhaupt nicht zusammengebracht werden können – insofern also als ein Zwang, eine Notwendigkeit vorliegt, in dieser Weise überhaupt die Phänomene aufeinander zu beziehen –, hat er zwar auf der einen Seite den Ding-Begriff kritisch abgewiesen oder zu einem ganz Unbestimmten gemacht und vor die Tore der Transzendentalphilosophie verbannt; er hat aber dann einen zweiten Ding-Begriff in die Transzendentalphilosophie als Positives aufgenommen, – im Gegensatz eben zu David Hume, bei dem dieser Ding-Begriff ganz und gar verworfen ist.

9. Vorlesung
18. 6. 1959

Ich möchte Ihnen nur kurz den großen Gedankenzug in Erinnerung bringen, damit Sie den detaillierteren Analysen, die ich Ihnen heute gebe, den richtigen Stellenwert anweisen. Ich hatte Ihnen gesagt – und das gehört unter die metaphysischen Erfahrungen, welche die »Kritik der reinen Vernunft« ausdrückt –, daß Sie inmitten der Kritik, ihr zum Trotz und gerade durch sie hindurch, in der »Kritik der reinen Vernunft« eine Anstrengung zu einer Rettung der Ontologie in einem gewissen Sinn zu erblicken haben. Ich hatte Ihnen dabei den Begriff der Ontologie seinerseits erläutert. Und ich hatte Ihnen gesagt, daß diese Rettung sich handgreiflich darstellen läßt daran, daß diejenigen zentralen Begriffe, die als sogenannte naturalistische Begriffe[111] der Kritik von Hume zum Opfer gefallen sind; das heißt, die in ihrer Behandlung durch Hume jeden Anspruch auf Objektivität verloren haben, die zu nichts als bloßen Konventionalismen geworden sind, – daß die von Kant in einem gewissen Sinn in ihrer Objektivität wiederhergestellt werden, aber eben in ihrer Objektivität *durch das Subjekt hindurch*. Ich hatte Ihnen das zunächst an dem Begriff des Ichs, an dem Begriff des Subjekts gezeigt, über den wir ja dann später noch sehr viel eingehender zu sprechen haben werden; und ich habe Ihnen das weiter in einiger Kürze gezeigt an dem Begriff der Kausalität und an dem Begriff des Dinges. Von diesen drei sogenannten naturalistischen Begriffen, die bei Kant als kategorial konstituierte Objektivitäten – also als *subjektive* Objektivitäten, wenn Sie so wollen – gerettet werden sollen, spielt nun aber der dritte dieser Begriffe, nämlich der des Dinges, eine hervorragende Rolle. Und zwar können Sie sich diese zentrale Rolle damit klarmachen, daß ja, wie Sie sich erinnern werden, die Gesamtintention der »Kritik der reinen Vernunft« objektiv ist in dem Sinn, als er nicht so sehr die objektiven Erkenntnismechanismen um ihrer selbst willen analysieren, zergliedern will; also keine bloße Physiologie des Denkens oder des Erkennens geben, sondern vielmehr diese Erkenntnismechanismen nur deshalb analysieren will, um dadurch dessen inne zu werden, was wir an objektiv gültigen Erkenntnissen ergreifen können. Das bezieht sich nun der Sache nach auf die Erkenntnis der Natur, denn Sie werden sich weiter daran erinnern, daß die »Kritik der reinen Vernunft« es sich zur Aufgabe gesetzt hat, die in ihrer Gültigkeit vorausgesetzte mathematische Naturwissenschaft nun in dieser Gültigkeit durch die Reflexion auf das erkennende Subjekt in der Tat zu erhärten. Es erhellt aber ohne weiteres, daß der Inbegriff der Natur – als welche ein Gegenstand von Erkenntnis im Kantischen Sinne darbieten kann – oder auch der Welt ein Ding-Begriff ist: die oberste Synthesis, die oberste Zusammenfassung alles dinglichen Seins überhaupt; so daß man ohne viel Umstände sagen kann, daß das Gelingen des Wahrheitsbeweises, den Kant anzutreten vorhat, des objektiven Wahrheitsbeweises, eigentlich abhängt von dem Gelingen seiner Analyse einer subjektiv konstituierten Objektivität des Dinges, des Einzeldinges, – die dann weiter aufsteigen kann zu dem Zusammenhang der Dinge und schließlich zu dem objektiv gültigen Begriff einer Welt. – Sie können dem eine zweite Betrachtung hinzufügen, die Ihnen erst später ganz deutlich werden wird, die ich Ihnen aber heute wenigstens anzeigen will: daß nämlich die Begriffe einer konstituierenden Subjektivität, also die Begriffe, durch die nun die Einheit des Bewußtseins eigentlich zustandekommt, von der ich Ihnen das letzte Mal zuerst etwas eingehender gesprochen habe, also der eigentliche Kern der Kantischen Konzeption, – daß diese Einheit des Bewußtseins eigentlich in Korrelation gedacht wird zu der Einheit des Dinges, zu der Einheit des Gegenstandes. Das heißt: die Mechanismen, die Kant als die eigentlich transzendentalen, als die subjektive Einheit begründenden Mechanismen darstellt, das sind in Wirklichkeit gar keine anderen als die, durch die wir eines Dinges, eines dinghaften Seins als eines Identischen überhaupt innewerden können; so daß Sie also in der gesamten »Kritik der reinen Vernunft« immer die beiden Begriffe Objekt der Erkenntnis und Subjekt der Erkenntnis korrelativ denken müssen. Die Möglichkeit objektiv dinglicher Erkenntnis führt eigentlich zur Einsicht in die konstitutive Subjektivität, und umgekehrt kommt es zu etwas wie objektivem dinglichen Sein nur durch diese subjektiven Faktoren hindurch; darüber einiges dann noch später.

Ich glaube aber, daß ich – da ich es schon übernommen habe, hier Ihnen vor Augen zu führen, in welchem besonderen Sinn bei Kant Ontologie oder, lassen Sie mich sagen: die Möglichkeit absolut gültiger objektiver Erkenntnis gerettet wird – Ihnen nun doch schon die Ding-Theorie von Kant ein wenig plausibler zu machen, ein wenig deutlicher zu machen habe. Ich hatte Ihnen bereits das letzte Mal gesagt[112], daß die Antwort, die Kant auf das Ding-Problem gibt, sich zusammenfassen läßt in dem Satz, daß das Ding das Gesetz seiner möglichen Erscheinungen sei. Wie immer in den entscheidenden Fragen der Philosophie sind die Differenzen von den Gegenpositionen eigentlich minimale Differenzen. Sie müssen hier wirklich den Ausdruck ›Gesetz‹ bei Kant außerordentlich nachdrücklich verstehen – nämlich eben als die Form, unter der etwas als notwendig miteinander verknüpft gedacht wird –, wenn Sie die differentia specifica der Kantischen Konzeption von der Humeschen deutlich erkennen wollen. Und, wie gesagt, es geht ja hier, bei dieser Frage der sogenannten naturalistischen Begriffe und ihrer transzendentalen Rettung, eigentlich um nichts anderes, als um die reflektierende Polemik der »Kritik der reinen Vernunft« mit dem »Treatise«[113] von David Hume. Sie können nun sagen: so nah kommen sich die Konzeptionen der beiden an dieser Stelle einander extrem entgegengesetzten Denker, daß in einem losen Sinn auch bei Hume – und in einem gar nicht so losen, sondern dem Kantischen eigentlich sehr nahestehenden Sinn auch bereits bei John Locke – von Gesetzmäßigkeiten die Rede ist, durch die etwas wie Objektivität des Dinges sich konstituiert. Und wenn Hume unsere Gewohnheit, von bleibenden Dingen, von bleibendem Sein überhaupt zu reden, auf psychologische Tatbestände wie die Assoziation oder die Berührung oder ähnliche Dinge zurückführt, wie ich Ihnen das letzte Mal gesagt habe, dann handelt es sich ja dabei offensichtlich auch um gewisse Regelhaftigkeiten, die wir bei der Analyse des menschlichen Bewußtseinslebens vorfinden können sollen; der Unterschied reduziert sich hier tatsächlich auf die Nuance zwischen den beiden Ausdrücken ›Regel‹ und ›Gesetz‹. Das will sagen: diese Regelhaftigkeiten gelten bei Hume ihrerseits als bloß empirische: sie können sein, sie könnten auch ebensogut nicht sein. Und deshalb hat die Objektivität, zu der diese psychologischen Gesetzmäßigkeiten bei ihm führen, einen gewissen Charakter der Zufälligkeit; sie ist, könnte man ebensogut sagen, bloß subjektiv, sie hängt ab von der mehr oder minder zufälligen Beschaffenheit der Einrichtung des psychologischen Zusammenhangs, – während Kant zufolge diese Gesetzmäßigkeiten von einer solchen Art sind, daß ohne sie ein Zusammenhang unseres Bewußtseins zu einer Einheit, und damit etwas wie eine einheitliche Erfahrung von der Wirklichkeit überhaupt, gar nicht vorgestellt werden kann.

Was Ihnen hier vielleicht als eine außerordentliche Subtilität, als ein beinahe talmudischer Streit der Erkenntnistheoretiker um ein Minimum wie die Differenz von empirischer Regel und im Grunde logischer Gesetzmäßigkeit erscheint, das ist aber seiner Konsequenz nach wirklich der Unterschied ums Ganze. Das heißt: nur deshalb, weil diese Gesetzmäßigkeit als notwendige Bedingung eines einheitlichen Bewußtseins und damit einer einheitlichen Gegenständlichkeit überhaupt von Kant verstanden wird, nur deshalb soll es so etwas wie objektive Gültigkeit von Naturerkenntnis, wie objektive Gültigkeit dinglicher Erkenntnis, wie objektive Gültigkeit der Realität oder – wie Kant das in einer berühmten Formel nennt: von ›empirischem Realismus‹ geben. Denn die Kantische Formel für diese Zusammenhänge, die ich Ihnen jetzt immerhin nennen möchte, ist ja die, die Sie alle vielleicht einmal gehört haben werden: transzendentaler Idealismus/empirischer Realismus[114]. Das heißt: im transzendentalen Sinne, im Sinne also der Bedingungen der Möglichkeit synthetischer Urteile a priori, handelt es sich um Idealität, – also um etwas rein aus dem Geist Herrührendes; diese Objektivität wurzelt im Geiste. Andererseits aber ist es empirischer Realismus insofern, als das Zusammenspiel dieser transzendentalen Bedingungen mit unseren Gegebenheiten nun tatsächlich dazu führt, die ganze Welt zu konstituieren, in der wir uns als in unserer Erfahrungswelt bewegen. Man würde also den Kantischen Idealismus ganz falsch verstehen, wenn man ihn als einen Akosmismus auffassen wollte, als ein Leugnen der empirischen Realität, der Wirklichkeit; oder wenn man gar ihm imputieren wollte, daß er auch nur die Möglichkeit unterstellt – wie es bekanntlich Descartes in seiner »Meditation«[115] getan hat –, daß die Welt ein Traum sei. Gerade diese Möglichkeit hat Kant in einer berühmt gewordenen Polemik gegen den empirischen Idealismus oder Spiritismus von Berkeley unter dem Namen des ›träumerischen Idealismus‹ aufs heftigste verspottet.[116]

Sie müssen, um den Objektivitätsanspruch der Subjektivität bei Kant zu verstehen, diesen Begriff des gesetzmäßigen Zusammenhangs äußerst streng nehmen, – nämlich so, daß anders als unter einer solchen Gesetzmäßigkeit etwas wie organisiertes Bewußtsein, in sich logisch einstimmiges, zusammenhängendes Bewußtsein und damit auch so etwas wie in sich zusammenhängende, logisch einstimmige Gegenständlichkeit überhaupt nicht möglich sei. Der allgemeinste Satz in der »Kritik der reinen Vernunft«, der hier gilt, ist der, das Gesetz der Erscheinungen sei das Gesetz, das eigentlich die Verbindung meiner Vorstellungen regelt. Ich möchte Ihnen hier die kritische Stelle aus der ›Transzendentalen Deduktion‹ in der zweiten Fassung vorlegen, die sich auf dieses Problem bezieht und die Sie verstehen können, auch ohne daß Sie hier bereits die Konzeption dieser Deduktion selber – also wie die Kategorien nun mit der Bewußtseinseinheit zusammenhängen – schon in allen Einzelheiten wissen. »Kategorien sind Begriffe, welche den Erscheinungen, mithin der Natur, als dem Inbegriffe aller Erscheinungen (natura materialiter spectata)« – also die Natur, die inhaltlich in einem bestimmten Material wahrgenommen wird, – »Gesetze a priori vorschreiben, und nun frägt sich,« – das ist eigentlich die zentrale Frage der »Kritik der reinen Vernunft« – »da sie nicht von der Natur abgeleitet werden und sich nach ihr als ihrem Muster richten (weil sie sonst bloß empirisch sein würden), wie es zu begreifen sei, daß die Natur sich nach ihnen richten müsse« – das ist das zentrale Paradoxon der »Kritik der reinen Vernunft«: daß der Geist der Natur ihre Gesetze vorschreibt; das heißt, daß der Geist in einem prägnanten Sinn Dinglichkeit als regelhaften, gesetzmäßigen Zusammenhang der Erscheinung konstituiert, – »d.i. wie sie die Verbindung des Mannigfaltigen der Natur, ohne sie von dieser« – also dem Inhalt, dem Material der Erkenntnis – »abzunehmen, a priori bestimmen können. Hier ist die Auflösung dieses Rätsels. Es ist nun nichts befremdlicher, wie die Gesetze der Erscheinungen in der Natur mit dem Verstande und seiner Form a priori, d.i. seinem Vermögen, das Mannigfaltige überhaupt zu *verbinden,* als wie die Erscheinungen selbst mit der Form der sinnlichen Anschauung a priori übereinstimmen müssen.«[117] Er sagt also: es liegt gar nichts Befremdendes darin, daß wir die Gegebenheiten, die wir haben, unter diese Verstandesbegriffe bringen, sie mit diesen Verstandesbegriffen verbinden können; genauso wenig wie etwas Befremdliches darin liegt, daß unsere einzelnen sinnlichen Daten uns unter den Formen der Sinnlichkeit überhaupt, nämlich Raum und Zeit, gegeben sind.

Man könnte an dieser Stelle natürlich sehr triftig einwenden:[118] eigentlich ist das ja doch etwas äußerst Merkwürdiges; wie kommt es eigentlich zustande, daß dieses Gegebene, über das wir keine Macht haben, sich dann doch gewissermaßen so verhält, daß es widerspruchslos mit unseren subjektiven Formen sich zusammenfindet, – und daß durch dieses

Sichzusammenfinden in der Tat etwas wie objektiv gültige Erkenntnis gerät. Lassen Sie mich Ihnen hier gleich sagen, daß Kant selber dieses Problem nicht so aus dem Handgelenk erledigt hat, wie es in dem Satz scheint, den ich Ihnen eben verlesen habe, und daß Kant dieses Problems sich sehr wohl bewußt war. Es ist das nichts anderes als das sehr tiefliegende und schwierige Problem des ›Schematismus‹, von dem ich Ihnen in einer der nächsten Stunden ebenfalls berichten werde[119]. Aber zunächst möchte ich Sie noch nicht in diese Abgründe hinuntergeleiten, sondern möchte Ihnen auf eine viel schlichtere Weise das erläutern, was hier Kant behauptet: nämlich daß darin, daß wir unsere sinnlichen Gegebenheiten durch die Formen des Verstandes zu verknüpfen vermöchten und daß dadurch Objektivität zustandekomme, – daß darin eigentlich gar nichts Erstaunliches liege. Die Antwort, die darauf zu geben ist, ist, wenn Sie wollen, keine eigentliche Antwort im Sinn eines synthetischen Urteils, also einer neu hinzuzufügenden Erkenntnis, sondern sie bezieht sich im Grunde auf die gesamte Voraussetzung der »Kritik der reinen Vernunft«, die ich Ihnen expliziert habe – und Sie werden jetzt sehen, warum ich sie Ihnen so eingehend expliziert habe –, nämlich auf die Voraussetzung einer Differenz von Form und Inhalt. Ich hatte Ihnen gesagt daß diese Differenz bei Kant außerordentlich radikal ist, und zwar radikal in dem Sinn, daß eigentlich alle Bestimmungen – alles wodurch ein Gegebenes überhaupt zu dem wird, was es ist – von ihm auf die Seite der Form, auf die Seite des Subjekts genommen werden. Unter Abzug dieser vom Subjekt herrührenden Bestimmungen ist dieses Gegebene, das subsumiert werden soll unter die Formen der Anschauung und nun verknüpft durch die Formen der Bewußtseinseinheit, eigentlich ein gänzlich Unbestimmtes, das genauso unbestimmt ist (könnte man fast sagen) wie das Ding an sich, von dem diese Gegebenheiten herrühren sollen. Sie sind völlig chaotisch, völlig ungeordnet, es kann eigentlich von ihnen nicht einmal recht prädiziert werden, daß sie da sind. In ihrem Dasein, in der Behauptung ihres Daseins steckt bereits ihre Beziehung auf ein Subjekt, dem sie gegeben sind; Kant nennt das ›Apprehension in der Anschauung‹[120]. Und dadurch ist sogar bereits ihr Dasein vermittelt, – so daß es eigentlich nur eines minimalen Schrittes über Kant hinaus bedurfte, wenn Hegel schließlich gesagt hat, daß dieses reine Sein gleichsam, als welches da die letzten Gegebenheiten der Erkenntnis sein sollen, ein Nichts sei; daß es genausogut Nichts wie Sein eben sein soll[121]. Lassen Sie die Frage von Etwas und Nichts hier einmal außer Betracht, dann können wir jedenfalls soviel sagen, daß die vollkommene Unbestimmtheit dieses Materials der Erkenntnis einen negativen Aspekt hat, der genau hier nun in das Kantische System paßt, – wie es denn überhaupt eine Tatsache ist, die vielleicht in der Betrachtung der Philosophie gewöhnlich zu kurz kommt, daß sehr oft der Anspruch auf Objektivität, der Anspruch auf Gültigkeit von Erkenntnissen nicht sowohl von einem positiv in den Materialien oder Formen Gegebenen als vielmehr von einer *στέρησις*, einem Negativen, von etwas herrührt was fehlt. Daß dieses Material so absolut unbestimmt sein soll auf Grund der in Wahrheit Cartesianischen Spaltung in Form und Inhalt, das paßt nun an dieser Stelle, wenn Sie so wollen, der »Kritik der reinen Vernunft« nur allzugut in ihren Kram. Denn das bedeutet, daß dieser Subsumtion – also dieser Verknüpfung meiner Vorstellungen durch den Verstand, durch die Formen meiner Bewußtseinseinheit – von dem, was da verknüpft wird, eigentlich gar kein Widerstand entgegengesetzt wird, weil das, worauf sich diese Verknüpfungen beziehen, eigentlich in sich selber so absolut qualitätslos ist, daß es ja unbeschränkt nun von den Formen modelliert werden kann. Die Qualitätslosigkeit, die Unbestimmtheit des Materials der Erkenntnis verleiht ihm Kant zufolge – unausdrücklich; das steht nicht in der »Kritik der reinen Vernunft«, sondern wir müssen uns diese Dinge vorstellen – eine Art von Plastizität, die es nun in der Tat erlaubt, diese Gegebenheiten miteinander zu verknüpfen, ohne daß sie von sich aus uns dabei irgendwelche Schwierigkeiten bereiten. Und das ist eigentlich das, daß durch diese Unbestimmtheit des Materials der Geist gewissermaßen souverän mit ihnen verfahren kann, – vorausgesetzt, daß er nur überhaupt irgendwas zu beißen hat, es braucht nach gar nichts zu schmecken, er muß bloß zu beißen haben, das genügt eigentlich schon. Und nur an diesem ganz abstrakten Etwas haftet der Anspruch, daß ich so etwas wie Erfahrung bearbeite. Wenn ich aber da irgendwas zwischen den Zähnen habe, dann kann ich sozusagen in vollster Souveränität das damit machen, was ich will. Und darin steckt dann im Grunde schon der ungeheure Anspruch des souverän verfügenden, schöpferischen Geistes, der dann von Fichte und von Schelling angemeldet worden ist.

Ich fahre fort, Ihnen die betreffende Stelle aus Kant zu verlesen: »Denn Gesetze existieren eben so wenig in den Erscheinungen, sondern nur relativ auf das Subjekt, dem die Erscheinungen inhärieren, so fern es Verstand hat, als Erscheinungen nicht an sich existieren, sondern nur relativ auf dasselbe Wesen, so fern es Sinne hat.«[122] Also er sagt mit anderen Worten: es liegt hier an dieser Stelle zwischen dem Begriff der Gesetzlichkeit und dem Begriff der Gegebenheit, die an den entgegengesetzten Polen der Erkenntnis liegen, ontologisch gesprochen – also ihrem absoluten Wesen nach – gar kein so schrecklich großer Unterschied vor. Denn ganz genauso, wie ich von einem Gegebenen nicht reden kann, ohne daß ich dabei ein Subjekt setze, dem etwas gegeben ist – ohne ein solches Subjekt ist die Rede von Gegebenheit sinnlos –, genausowenig kann ich von Gesetz an der entgegengesetzten, an der Verstandesseite reden, ohne daß ich dabei voraussetze ein Denken, das dieses Gesetz denken würde. Denn Gesetzmäßigkeit ist ja überhaupt nichts anderes als die Denkbestimmung schlechterdings, also die Logizität (können Sie sagen) an sich, die notwendig auf Denken und damit auf ein Subjekt zurückverweist. Und insofern also ist darin, daß man die Objektivität der Dinge dem Subjekt zuschreibt, Kant zufolge, deshalb keine Paradoxie, weil die Garantie jener Objektivität gar nichts anderes ist als die Gesetzmäßigkeit, und weil wir von Gesetzmäßigkeit gar nicht anders reden können, es sei denn im Sinn einer Gesetzmäßigkeit eben unseres Denkens. Das ist die zentrale Antwort auf die Frage, wieso der Geist der Natur die Gesetze vorschreiben könne. – »Dingen an sich«, das heißt also transzendenten Dingen, nicht den Dingen unserer Erfahrung, mit denen wir tatsächlich umgehen, sondern den berühmten unbekannten Ursachen der Erscheinungen, die so wie der große Unbekannte im Gerichtsbericht auftreten und dem alles mögliche zugeschoben wird, den aber nie jemand gesehen hat, – »Dingen an sich selbst würde ihre Gesetzmäßigkeit notwendig, auch außer einem Verstande, der sie erkennt, zukommen. Allein Erscheinungen sind nur Vorstellungen von Dingen, die, nach dem, was sie an sich sein mögen, unerkannt da sind. Als bloße Vorstellungen aber stehen sie unter gar keinem Gesetze der Verknüpfung, als demjenigen, welches das verknüpfende Vermögen vorschreibt. Nun ist das, was das Mannigfaltige der sinnlichen Anschauung verknüpft, Einbildungskraft« – also, mit anderen Worten, die Fähigkeit, Nichtgegenwärtiges als Gegenwärtiges zu denken –, »die vom Verstande der Einheit ihrer intellektuellen Synthesis, und von der Sinnlichkeit der Mannigfaltigkeit der Apprehension nach abhängt. Da nun von der Synthesis der Apprehension alle mögliche Wahrnehmung, sie selbst aber, diese empirische Synthesis, von der transzendentalen, mithin den Kategorien abhängt, so müssen alle mögliche Wahrnehmungen, mithin auch alles, was zum empirischen Bewußtsein immer gelangen kann, d. i. alle Erscheinungen der Natur, ihrer Verbindung nach, unter den Kategorien stehen, von welchen die Natur [...], als dem ursprünglichen Grunde ihrer notwendigen Gesetzmäßigkeit [...], abhängt.«[123] Das wäre also diese Stelle von Kant.

Synthesis heißt nun in diesem Sinn nichts anderes, als daß das Chaotische der Gegebenheit unter der Bedingung einer Einheit steht, die keine andere Einheit ist als – wie ich Ihnen das letzte Mal bereits gesagt habe – die Einheit unseres Bewußtseins. Und zwar ist das in einem doppelten Sinn zu verstehen: nämlich sukzessiv und simultan. Sie müssen dabei ganz handfest sich das Bewußtsein vorstellen als das, als was Ihnen Ihr eigenes Bewußtsein vertraut ist, eben als Bewußtseinsstrom – beinahe hätte ich modern gesagt: als ein monologue intérieur; also jedenfalls als der fortlaufende Strom Ihrer sämtlichen Vorstellungen, Wünsche, Erlebnisse, – was immer da in jedem einzelnen von uns vorgeht. Nun also sagt Kant: die Synthesis dieser Mannigfaltigkeit geschieht entweder sukzessiv oder simultan. *Simultan* heißt das, was ich Ihnen vorher bereits mit einem Stichwort angegeben habe, nämlich in Gestalt der ›Apprehension der Anschauung‹; das heißt, daß ich die zerstreuten, chaotischen Elemente, die mir gegeben sind, als ein einheitliches Phänomen eben wahrnehme; daß ich zu so etwas wie einer einheitlichen Wahrnehmung überhaupt komme. – Ich möchte mich hier nicht auf die psychologische Kontroverse einlassen – die allerdings an dieser Stelle von der erkenntnistheoretischen Kontroverse nicht getrennt werden kann –, ob diese Lehre von der Apprehension mit der modernen Gestalttheorie vereinbar ist. Die moderne Gestalttheorie würde ja den Charakter der Zerstreutheit, des Chaotischen der einzelnen sinnlichen Gegebenheiten gerade bestreiten – und würde sagen, daß ich von vornherein diese zerstreuten Elemente eben als eine Einheit wahrnehme – und steht insofern scheinbar in einem Gegensatz zur »Kritik der reinen Vernunft«. Ich glaube aber (wenn ich das für die spezifisch an Erkenntnispsychologie Interessierten unter Ihnen sagen darf), daß diese Differenz eine bloß scheinbare ist, wie ich es Ihnen bereits der Behauptung nach angedeutet habe, und zwar deshalb, weil Sie sich diese simultane Synthesis – also daß Sie die sinnlichen Gegebenheiten als eine Bewußtseinseinheit, als ein Einheitliches auffassen – ja Kant zufolge nicht als ein Nachträgliches vorstellen dürfen; sondern wir können, sofern wir nicht geistesgestört sind, Kant zufolge überhaupt anders nicht gleichzeitig eine Mannigfaltigkeit wahrnehmen, als indem wir sie in gewisser Weise unter eine solche Einheit bringen und durch diese Einheit organisieren. Diese Einheit ist nichts erst Hinzugefügtes, sondern sie ist die Bedingung, unter der eine jegliche Wahrnehmung a priori steht, – würde er sagen; das heißt also: er würde hier praktisch mit der Gestalttheorie (so kommt es mir jedenfalls vor) übereinstimmen. Er würde nur dabei eines im Gegensatz zur Gestalttheorie sagen – worin er mir der erkenntnistheoretischen Reflexion nach nun allerdings recht zu haben scheint –, nämlich daß auch jene Figuren, jene Gestalten, jene Strukturen der unmittelbaren Gegebenheit, von denen die Gestalttheorie handelt, einer Vermittlung bedürfen, – nämlich der Vermittlung des Subjekts; daß es sie überhaupt nur insoweit gibt, wie es auffassende Subjektivität gibt. Diese Bedingung wird von der Gestalttheorie unterschlagen, und zwar geht das zusammen mit der wissenschaftlichen Arbeitsteilung: nämlich damit, daß ja die Psychologie als auf ihren Gegenstand selbstverständlich auf die Subjektivität gerichtet ist, und daß dadurch für sie die Subjektivität nicht ausdrücklich thematisch wird, weil alles, was sie überhaupt behandelt, vorweg in der Subjektivität sich abspielt. Die Philosophie ist aber darin anders (wie ich Ihnen immer wieder sagen muß), daß sie gerade auf das Verhältnis von Subjektivität und Objektivität reflektiert; und dadurch wird diese Beziehung auch der Gestalt auf ein mögliches sinngebendes Subjekt für die Philosophie eben zentral wichtig.[124] Und die Philosophie fügt der modernen Psychologie an dieser Stelle nur gewissermaßen noch etwas, nämlich das Moment der subjektiven Vermittlung oder, wie Kant gesagt haben würde, der subjektiven Bedingungen hinzu; ohne daß man aber mit Grund sagen könnte, daß Kant etwa (wie man es den Engländern mit Recht vorgeworfen hat) einer atomistischen Psychologie verhaftet gewesen wäre, weil bei ihm bereits die elementarste Stufe der Erkenntnis – nämlich die unmittelbare Wahrnehmung als Apprehension des Zerstreuten in der Anschauung – eine Synthesis, eine Einheit ist; und zwar eine unbewußte Synthesis: also eine Synthesis, die wir nicht etwa denken, reflektieren, an diesem Chaotischen vollbringen. Sondern: indem wir es überhaupt zu *unserem* machen, indem wir es zueignen, indem wir es *als etwas* denken, bringen wir es zugleich bereits unter diese Einheit; wir können von dieser Einheit genausowenig absehen, wie man der Gestalttheorie zufolge von der strukturellen Einheit der Phänomene absehen kann. – Soviel zu der simultanen Einheit, wie sie in der Erfahrung vorliegt.[125] Was die *sukzessive* anlangt, so besteht sie einfach darin, daß wir die Phänomene miteinander vereinheitlichen, indem wir sie nicht einfach als ein Jetzt-und-hier wahrnehmen, sondern indem wir sie in Beziehung setzen zu dem, was wir gesehen haben oder gehört haben, und zu dem, was wir sehen werden oder was wir hören werden; das also, daß die Gegebenheit selber innerhalb des Horizonts der Zeit sich abspielt.

Von diesem letzteren hängt nun, abgesehen von jener primären Einheit der Apprehension, die gesamte Dingtheorie in einer ganz drastischen Weise in der Tat ab. Die Argumentation, die Kant dazu bringt zu sagen, daß wir in einer empirischen Realität leben, daß es also die Dinge als Gegenstände unserer Erfahrung wirklich gibt, aber daß diese Wirklichkeit in den Formen unserer Subjektivität gründet, – die ist etwa folgende, und ich will versuchen, Ihnen das ganz grob und klotzig darzustellen, damit Sie diesen sozusagen harten Kern der »Kritik der reinen Vernunft« allesamt getrost nach Hause tragen können: stellen Sie sich einfach vor, Sie sehen also jetzt diesen Hörsaal vor sich, dann haben Sie dabei nur eine momentane Auffassung; und es wäre zum Beispiel möglich, daß der Hörsaal hinten keine Wand hat, weil er zerbombt ist, oder daß er keine Decke hat, wenn Sie nicht in die Höhe gukken; nun können Sie sich umdrehen und können in einer zweiten Wahrnehmung finden, daß er, Gott sei Dank, einstweilen ja eine Hinterwand und eine Decke hat, und daß er also in einer bestimmten Weise ›zusammenhängt‹. Sie können schließlich der Tatsache, daß es ein Hörsaal hier in dieser

Universität ist, sich versichern, indem Sie, sobald diese Stunde geschlossen ist, heraustreten, sich die Verhältnisse klarmachen, die zwischen diesem Hörsaal und dem Gang oder anderen baulichen Teilen dieses schönen Gebäudes herrschen. Sie haben dabei nun immer, in jedem Augenblick nur eine – wenn Sie so wollen: partielle Wahrnehmung, oder (wie man das in der Sprache der modernen Erkenntnistheorie ausgedrückt hat): der Gegenstand, das Ding, dieser Hörsaal ist Ihnen jeweils nur in einer bestimmten *Abschattung*[126] gegeben. Das Gesetz aber, das Ihnen angibt, daß, wenn Sie sich umdrehen, Sie erwarten dürfen, hier eine Wand zu finden etc.; daß, wenn Sie all diese Operationen vornehmen, daß Sie dann den einheitlichen Zusammenhang dieser Phänomene finden, – der Inbegriff also dieser, man könnte sagen: Verhältnisse, dieser Relationen zwischen einzelnen momentanen Wahrnehmungen, die Sie aber zusammenbringen durch Ihre Erinnerung und Erwartung mit Vergangenem und mit Zukünftigem, das ist das Ding. Also: das Ding ist nichts anderes als das Gesetz, das Ihnen angibt, daß, indem Sie ein gegenwärtig Wahrgenommenes verbinden, gesetzmäßig verknüpfen mit vergangenen und zukünftigen Wahrnehmungen und mit Erwartungen, die Sie hegen; das Gesetz, das also angibt, was dann passieren wird und was schon einmal gewesen ist, dieses Gesetz eigentlich ist das Ding, mit dem Sie es hier überhaupt zu tun haben. Und das ist eigentlich der Kantische und das ist überhaupt schlechterdings der idealistische oder – man könnte beinahe sagen: der in einem engeren Sinn erkenntnistheoretische Dingbegriff. – Zur Kritik dieses Dingbegriffs ist sehr viel zu sagen, aber ich halte es nicht für meine Aufgabe, nun an allen Stellen Ihnen sogleich die Kritik zu geben; sondern Sie müssen zunächst einmal diesen Dingbegriff sich vergegenwärtigen, ehe Sie darüber reflektieren, wie es nun mit seiner Wahrheit bestellt ist. Lassen Sie mich nur hinzufügen, daß man, indem man diesen Dingbegriff – und zwar sowohl mit Rücksicht auf Hume wie mit Rücksicht auf Kant – geschliffen und verfeinert hat, dann diesen Begriff des

Dings als der funktionellen Einheit der Phänomene, die unter diesem Begriff befaßt werden, – daß man dann schließlich diesen Dingbegriff selber mathematisch als einen Funktionsbegriff, nämlich als die Funktionsgleichung für die betreffenden Phänomene aufgefaßt hat. Diese in einem strengen Sinn funktionelle Theorie des Dingbegriffs ist bereits von Kant eigentlich durchgeführt worden. Ich werde Ihnen dann zeigen, daß dieser funktionelle Charakter des Dingbegriffes als Begriff eines – wie Kant das nennt: bloßen Verhältnisses auch von Kant als solcher in der Tat bereits gesehen worden ist. Das heißt: er hat hier die eigentliche Schwierigkeit überhaupt gesehen: daß wir Dinge als Verhältnisse und nicht als ein schlechterdings Seiendes uns vorstellen.

Aber lassen Sie mich zunächst einmal Ihnen eine sehr charakteristische Stelle über die Dingtheorie lesen und interpretieren, die an einer etwas späteren Stelle sich findet, – nämlich in dem Kapitel über die ›Amphibolie der Reflexionsbegriffe‹, das ist eigentlich die Überleitung zur ›Transzendentalen Dialektik‹, kann man sagen; das heißt: es ist das Kapitel, das handelt von der Verwechslung des reinen Verstandesobjekts mit der Erscheinung. An dieser Stelle werden Sie nun ebenso die Bestimmung des Dinges als Funktionszusammenhang wie auch die Erörterung der Schwierigkeit finden, auf die ich Sie zuletzt hingewiesen habe. Die Stelle steht in einem Zusammenhang, in den sie eigentlich nicht ganz hineingehört und auf den ich jetzt nicht eingehen mag, greift aber dann zurück auf die Dingtheorie und ist für die Dingtheorie deshalb außerordentlich erhellend. »Was wir auch nur an der Materie kennen, sind lauter Verhältnisse (das, was wir innre Bestimmungen derselben nennen, ist nur komparativ innerlich) ...« Also: ›lauter Verhältnisse‹ ist äußerlich insofern (sagt Kant), als wir unsere einzelnen Erscheinungen, unsere einzelnen Erlebnisse qua Subjekte in Beziehungen zueinander rücken und durch diese Beziehungen erst zum Bewußtsein von Dinglichkeit kommen, während die Tatsache, ob sie an sich Dinge sind, also in sich, unabhängig von uns, so als Dinge bestimmt sind, – das ist etwas, wovon wir zunächst nichts wissen, weil sie, wie Kant hier sagt, nicht Dinge an sich selbst, sondern lediglich Erscheinungen sind. »... aber es sind darunter selbständige und beharrliche, dadurch uns ein bestimmter Gegenstand gegeben wird.«[127] Und diese Verhältnisse also, diese Funktionsbegriffe, die sich auf ein relativ Selbständiges und Beharrliches, nämlich durch diesen Funktionsbegriff Ausgedrücktes beziehen, – das sind eben die Dinge. Zwischen den Dingen und den Dingbegriffen ist in diesem Sinn überhaupt gar nicht zu unterscheiden, sondern die Dinge qua Gesetze für den Zusammenhang der Erscheinungen sind selber eben Begriffe. »Daß ich, wenn ich von diesen Verhältnissen abstrahiere, gar nichts weiter zu denken habe, hebt den Begriff von einem Dinge, als Erscheinung, nicht auf, auch nicht den Begriff von einem Gegenstande in abstracto, wohl aber alle Möglichkeit eines solchen, der nach bloßen Begriffen bestimmbar ist, d. i. eines Noumenon.«[128] Das heißt also: im Augenblick, wo ich von diesem Verhältnis abstrahiere, wo ich also versuche, etwas über das reine Sein dieses Saals hier zu sagen, ohne mich dabei zu beziehen auf die Verhältnisse zwischen seinen verschiedenen Phänomenen, also zwischen den Momenten dieses Saals, die mir in der Erfahrung gegeben sind, – da bleibt mir überhaupt gar nichts zurück; und das beweist, daß das Ding, von dem ich empirisch rede, in der Tat auf die Seite der Erscheinung gehört, nämlich daß es ein Zusammenhang von Erscheinungen und daß es nicht etwa ein Ding an sich ist. »Freilich macht es stutzig, zu hören ...« – und da finden Sie die Schwierigkeit von Kant bereits formuliert, auf die ich Sie aufmerksam gemacht habe – »... daß ein Ding ganz und gar aus Verhältnissen bestehen solle, aber ein solches Ding ist auch bloße Erscheinung, und kann gar nicht durch reine Kategorien gedacht werden; es besteht selbst in dem bloßen Verhältnisse von etwas überhaupt zu den Sinnen.«[129]

Ich möchte die Stunde schließen mit einer terminologischen Bemerkung. Das Wort Erscheinung kommt nämlich ebenfalls bei Kant in verschiedenen Bedeutungen vor; und ich glaube, Sie können sich die Lektüre der »Kritik der reinen Vernunft« dadurch auch einfacher machen, daß Sie diese beiden Bedeutungen, die engere und die weitere, sich vergegenwärtigen. Die engere ist die der Erscheinung im Sinne der Wahrnehmung: das Bild, wenn ich einmal roh und naturalistisch so sagen darf, das Sie im Augenblick von diesem Saale haben; das Sehfeld, das Sie jetzt vor sich haben, – das ist Erscheinung in einem wörtlichen, unmittelbaren Sinn: das, was Ihnen gleichsam unabhängig von der Zutat Ihres Denkens erscheint. Darüber hinaus aber heißt bei Kant Erscheinung nun auch das Objekt, das Ding, insoweit Sie unter diesem Objekt oder Ding sich nicht irgendein transzendentes ›Ding an sich‹ vorstellen, sondern eben dieses durch meinen Verstand gesetzmäßig gefaßte Verhältnis zwischen diesen einzelnen Wahrnehmungen, zwischen den einzelnen unmittelbaren Gegebenheiten: also das Ding, sofern es der Möglichkeit nach ganz und gar in meiner Erfahrung selbst, *von* der Erfahrung verifiziert und falsifiziert werden kann. Insofern ist die ganze empirische Welt, die ganze Welt, in der wir leben, Kant zufolge auch Erscheinung fast in einem ähnlichen Sinne, in dem dann Schopenhauer den Satz vertreten hat, daß die Welt ›meine Vorstellung‹ ist. Dieser Schopenhauersche Begriff der Vorstellung entspricht ziemlich genau diesem erweiterten Sinn von Erscheinung. Und in diesem weiteren Sinn sind also auch die Dinge, nämlich die empirischen Dinge oder die empirischen Objekte, Kant zufolge tatsächlich Erscheinungen. Und wenn er von dem Ding als Erscheinung redet, ist das im allgemeinen eine etwas laxe Ausdrucksweise, die bedeutet, daß hier gemeint ist das Ding eben als das durch den Verstand vorgezeichnete, geregelte, konstituierte Verhältnis zwischen den einzelnen unmittelbaren Gegebenheiten, – oder: daß das Ding nichts anderes ist als eine Synthesis seiner einzelnen Erscheinungen.

10. Vorlesung
23. 6. 1959

Was die Schwierigkeiten der Kantischen »Kritik der reinen Vernunft« anlangt, so kann man sie etwa in zwei Klassen aufteilen: nämlich erstens in die Klasse der Schwierigkeiten, die sozusagen an der Oberfläche liegen und die man bewältigen kann durch gute Hinweise, und, zweitens, in die Schwierigkeiten, die in der Sache und im Gedanken selber liegen. Was die letzteren anlangt, kann ich es als die Aufgabe meiner Vorlesung nur ansehen, sie zu verstärken, nicht etwa sie geringer zu machen; das heißt, Ihnen *Probleme* zu zeigen an den Stellen, wo es scheinbar *Lösungen* gibt. Von der ersten Klasse aber der vermeidbaren Schwierigkeiten würde ich nun wirklich sagen, daß es die Pflicht einer Einführungsvorlesung ist, sie so sehr wie nur möglich herabzusetzen; und das besteht nun wesentlich darin, daß man Äquivokationen auflöst; also daß man den Gebrauch des gleichen Wortes für verschiedene Sachen so erläutert, daß man jeweils, wenn man überhaupt mit Verständnis liest, an der betreffenden Stelle unterscheiden kann, was gemeint ist. Ich muß Sie dabei allerdings an das erinnern, was ich schon verschiedentlich Gelegenheit hatte, in dieser Vorlesung ebenso wie in anderen, zu betonen: daß nämlich etwa das Verfahren der logischen Positivisten, der Semantiker, mit derartigen Schwierigkeiten auf die Weise fertig zu werden, daß man die Äquivokationen beseitigt und dann sagt: That is that – also daß man glaubt, daß damit die Probleme aus der Welt geschafft werden –, daß das nicht genügt; sondern daß im allgemeinen dort, wo Äquivokationen vorliegen, also wo der gleiche Terminus verschiedene Sachen bedenkt, im allgemeinen zwischen den durch den gleichen Terminus bedachten Sachen doch auch eine wirkliche Beziehung vorliegt. – Ich hatte das letzte Mal, glaube ich, Ihnen etwas gesagt über die Mehrdeutigkeit des Wortes Erscheinung bei Kant, und zwar hatte ich damit angefangen und ich möchte damit jetzt fortfahren, eben im Sinn dieser Hilfe. Wobei ich aber vorausschicken darf, daß die beiden Bedeutungen von Erscheinung, die ich nun unterscheide, wirklich insofern auch ihr Gemeinsames haben, als sie *immanent* sind; das heißt, als sie beide sich beziehen auf die Sphäre, welche durch die Einheit des Bewußtseins gebildet wird, – und nicht auf irgendein Sein, das vorgestellt wird als von dieser Sphäre des Bewußtseins schlechthin Unabhängiges. Die erste dieser Bedeutungen von Erscheinung, das wäre die strengere und engere: die momentane Wahrnehmung, oder vielleicht etwas allgemeiner gefaßt: das unmittelbar Gegebene schlechterdings, – gleichgültig, ob Sie das nun, wie es Kant an manchen Stellen andeutet, als vollkommen qualitätslos, chaotisch, wenn Sie wollen: abstrakt, oder ob Sie, wie es in der Lehre von der Apprehension drinsteckt, es sich als bereits Strukturiertes vorstellen mögen. Auf der anderen Seite aber heißt bei Kant nun – und das ist die Schwierigkeit, die ich beseitigen möchte – Erscheinung wirklich oft das Objekt, also das immanent konstituierte Ding, von dem ich Ihnen in der letzten Stunde ja ausführlich gesprochen habe, – nämlich insofern, als dieses Ding kein Ding an sich, keine unbekannte Ursache meiner Erscheinungen sein soll, sondern, wie wir gehört haben, selber nichts anderes als ein Gesetz, nämlich das Gesetz für den Zusammenhang von bestimmten Gegebenheiten sein soll.

Das nennt er also auch Erscheinung, etwa an der folgenden Stelle, die ich Ihnen lesen möchte, damit Sie auf einen solchen Gebrauch aufmerksam werden; ich möchte beinahe annehmen, daß je weiter der Text der »Kritik der reinen Vernunft« fortschreitet, je weiter er sich also von der bloßen Sphäre der Rezeptivität der Sinnlichkeit entfernt, dann dieser zweite Begriff Erscheinung eine um so größere Bedeutung gewinnt. Hier heißt es im § 17 der ›Transzendentalen Deduktion‹ über den ›Grundsatz der synthetischen Einheit der Apperzeption‹ als dem ›obersten Prinzip alles Verstandesgebrauchs‹: »*Verstand* ist, allgemein zu reden, das Vermögen der *Erkenntnisse*. Diese bestehen in der bestimmten Beziehung gegebener Vorstellungen auf ein Objekt.« Objekt heißt hier nichts anderes als das Einheitsmoment, auf das die verschiedenen Vorstellungen bezogen, zu dem sie zusammengefaßt werden; nicht aber ein Ding an sich in dem transzendenten Sinn, von dem wir als der einen Bedeutung des Dingbegriffs bei Kant ja geredet haben. »*Objekt* aber ist das, in dessen Begriff das Mannigfaltige einer gegebenen Anschauung *vereinigt* ist. Nun erfordert aber alle Vereinigung der Vorstellungen Einheit des Bewußtseins in der Synthesis derselben.« Das heißt, daß wir das Verschiedene eben doch als ein Eines, als ein Identisches denken. »Folglich ist die Einheit des Bewußtseins dasjenige, was allein die Beziehung der Vorstellungen auf einen Gegenstand, mithin ihre objektive Gültigkeit, folglich, daß sie Erkenntnisse werden, ausmacht, und worauf folglich selbst die Möglichkeit des Verstandes beruht.«[130] Hier haben Sie also den zweiten Begriff von Ding qua Objekt sehr deutlich. Ich möchte Sie, sozusagen ein wenig außer der Reihe, hier bereits auf etwas aufmerksam machen, was an dieser – übrigens für die »Kritik der reinen Vernunft« zentralen – Stelle schon ganz schön hervortritt: nämlich die eigentümliche Wechselwirkung, die besteht zwischen dem Begriff der Bewußtseinseinheit auf der einen Seite und der Einheit des Objekts auf der anderen Seite. Selbstverständlich ist es so, daß eben deshalb, weil diese Einheit ja eine durch unser Denken, also in letzter Instanz durch die *logische* Einheit hervorgebrachte sein soll, im *genetischen* Sinn – im Sinn der Konstitution – das Subjekt die Priorität hat in der Herstellung eben dieses Objekts. Aber wenn Sie diese Stelle sich genau ansehen, dann können Sie sehen, daß es hier bereits doch so ist, daß die Einheit des Bewußtseins selber eigentlich vorgestellt wird nach dem Modell der Einheit des Dinges. Also die beiden Momente: auf der einen Seite das in sich einstimmige, einheitliche Bewußtsein und auf der anderen Seite das in sich einstimmige, mit sich identische Ding, – die sind in gewisser Weise korrelativ. Das Ding wird zwar durch die Einheit des Bewußtseins konstituiert, aber andererseits erfordert, daß es so etwas wie eine

Einheit des Dinges überhaupt geben soll, seinerseits die Einheit des Bewußtseins, die Einheit der Synthesis. Man könnte also sagen, daß, wenn Kant – wiederum wie in den Naturwissenschaften – von der Erfahrung, also von der Gegebenheit identischer Dinge gegenüber der Mannigfaltigkeit der Erscheinungen ausgeht, so wie es ja die Physik immerzu, jedenfalls in ihrer traditionellen Gestalt mußte, – daß er dann genauso von dorther zur Annahme einer solchen Einheit des Bewußtseins genötigt wird, wie, umgekehrt, dann der Mechanismus der Bewußtseinseinheit so etwas wie die Einheit des Dinges hervorbringt. Deshalb ist die Formulierung so charakteristisch: »Nun erfordert aber alle Vereinigung der Vorstellungen Einheit des Bewußtseins in der Synthesis derselben«; das heißt: wenn einmal die Vorstellungen so vereinigt sind, wie wir es in unserer Erfahrung im Bewußtsein von Dingen haben, dann, folgert Kant, muß es so etwas wie eine Einheit des Bewußtseins in dem Sinne eben geben, den ich Ihnen vor ein paar Stunden erläutert habe,[131] – nämlich eine Einheit des persönlichen Bewußtseins, dessen jeweilige Gegebenheiten nicht durch die Gegebenheiten irgendeines anderen Bewußtseins zu ersetzen wären, weil nämlich sonst eben die Synthesis nicht erfolgen könnte. Das heißt: es ist unmöglich, etwa aus den Bewußtseinstatsachen des Herrn, der hier unmittelbar vor mir sitzt, von gestern und aus Bewußtseinstatsachen von mir von heute, die er nicht kennt, eine solche Synthesis herbeizuführen, die zu etwas wie einer Einheit des Gegenstandes führt. Das ist der ganz einfache Gedanke dabei.

Dieses Objekt nun also, das von Kant in die Erscheinungswelt hereingenommen wird; das heißt, das von Kant so gedacht wird, daß es nichts anderes als das Gesetz der Erscheinungen ist, zeichnet sich nun dadurch auch in einem prägnanten Sinn als *Phaenomenon*, als selber eigentlich, man könnte beinahe sagen: nur eine Abbreviatur für Erscheinungen aus, daß es jene Eigenschaft hat, die man im allgemeinen der Flucht der Erscheinungen zuzuschreiben geneigt ist, –

daß es nämlich nicht den Charakter der apodiktischen Gewißheit besitzt, sondern daß es der Täuschung und der Enttäuschung jeweils ausgesetzt ist, und ebenso, daß es der Veränderung ausgesetzt ist. Und eben dieser Zusammenhang zwischen einem einerseits als Gesetz identisch Konstituierten und, auf der anderen Seite, der Möglichkeit der Enttäuschung der damit verbundenen Erwartungen, also der Veränderungen, denen es unterliegt, – der nötigt Kant dazu, die Kategorie der *Kausalität* einzuführen: das heißt zu verlangen, daß, damit ein derart Gesetzmäßiges als geändert verstanden werden könnte, es ebenfalls unter ein *Gesetz* dieser Veränderung gebracht werden müsse. Und Kausalität bei Kant heißt überhaupt nichts anderes als dieses allerallgemeinste Gesetz, nach dem eine jede Veränderung am dinglichen Sein, die nicht als zufällig kann gedacht werden, sich vollziehen muß. Sie hätten also demnach erkennbare Dinge, die von der Flucht ihrer Erscheinungen verschieden sind, die aber andererseits selber doch auch in die Erscheinungswelt hereingehören, die Gegenstand der Erfahrung sind und die sich auch verändern können; und das sind eben die nun von Kant im allgemeinen als die Objekte oder als die Gegenstände bezeichneten. – Ich glaube, ich habe Ihnen einige Stellen, wo das der Fall ist, schon vorgelesen. Es gibt noch mehr; zum Beispiel diese aus der ›Auflösung der kosmologischen Dialektik‹: »Das sinnliche Anschauungsvermögen ist eigentlich nur eine Rezeptivität, auf gewisse Weise mit Vorstellungen affiziert zu werden, deren Verhältnis zu einander eine reine Anschauung des Raumes und der Zeit ist (lauter Formen unserer Sinnlichkeit), und welche, so fern sie in diesem Verhältnisse (dem Raume und der Zeit) nach Gesetzen der Einheit der Erfahrung verknüpft und bestimmbar sind, *Gegenstände* heißen. Die nichtsinnliche Ursache dieser Vorstellungen« – also das eigentliche Ding an sich – »ist uns gänzlich unbekannt [...].«[132] Sie haben also bei Kant zu rechnen mit diesem Dualismus von Dingen qua Gegenständen oder qua Objekten als regelhaften Zusammenhängen der Phänomene unserer Erscheinungen, der Gegebenheiten unseres Bewußtseins *und* den absoluten Dingen, die sie angeblich hervorbringen sollen.

Es ist wohl ohne weiteres ersichtlich, daß dadurch – durch diese Doppelheit des Dingbegriffs – gewisse Schwierigkeiten, und zwar außerordentliche Schwierigkeiten, für die Erkenntnistheorie hervorgebracht werden. Das heißt: die Welt wird auf diese Weise gewissermaßen selber verdoppelt, und zwar auf die, wenn Sie wollen: paradoxe Weise, daß das wahre Sein dabei zu dem gemacht wird, was gleichzeitig als das gänzlich Unbestimmte, Abstrakte, Nichtige gedacht werden muß, während umgekehrt das, was wir wissen: das Bestimmte, das positive Sein, in gewisser Weise bloßer Trug der Erscheinung sein soll, bloß der Zusammenhang der Phänomene, die wir haben, – und uns sind über das wahre Sein eigentlich entscheidende Schlüsse überhaupt gar nicht erlaubt. Das ist genau die Ursache jener merkwürdigen Doppelstruktur der Kantischen Philosophie, über die die Philosophen immer wieder hergefallen sind und die Nietzsche bezeichnet hat mit dem Witz, den er im Anschluß an den amerikanischen Ausdruck Hinterwäldler, die in den backwoods leben, gemacht hat, indem er nämlich Kant einen ›Hinterweltler‹ genannt hat,[133] – das heißt also einen, der hinter der Welt unserer Erfahrungen noch eine andere Welt supponiert, ohne daß wir von dieser zweiten, von dieser Hinterwelt überhaupt das Geringste wüßten. Es ist ziemlich ersichtlich, daß diese Verdopplung des Dinges – und damit in Konsequenz die Verdopplung der Welt, denn Welt ist ja eigentlich nichts anderes als die oberste umfassende Einheit alles dinghaften Seins –, daß diese Verdopplung der Welt zu großen erkenntnistheoretischen Schwierigkeiten führt, – nämlich entweder zu der Schwierigkeit, daß sie wirklich zu einer Art von Agnostizismus führt, das heißt, daß alles das, was wir wissen, gleichzeitig ungewiß sein soll; oder aber daß das, was wir wissen, ein bloßer Spiegel der realen Welt oder ein bloßes Abbild der realen Welt, der eigentlichen Welt sein soll, ohne daß wir doch über diese Beziehung selbst etwas Bündiges ausmachen könnten. Und diese Vorstellung von zwei Welten: daß wir also Abbilder wahrnehmen und nicht die Welt selber, führt an allen Ecken und Enden zu Ungereimtheiten, die ich Ihnen hier nicht auszuführen brauche. Wenn Sie über die Bilder- und Zeichentheorie in der Erkenntnistheorie in den »Ideen« von Husserl und auch in den »Logischen Untersuchungen« von Husserl nachlesen,[134] dann werden Sie über diese Ungereimtheit alles Erdenkliche finden, was dazu zu sagen ist. Nun, – diese Schwierigkeit einer Doppelheit der Welt, die liegt nur allzusehr auf der Hand in der »Kritik der reinen Vernunft«, und es gibt im übrigen (muß ich Ihnen sagen) auch bei Kant selber Formulierungen, wo von dieser Doppelheit bei ihm ausdrücklich die Rede ist, wo er von dieser Doppelheit des objektiven Seins selber spricht.

Es ist merkwürdig, daß diese Rede von der Doppelheit bei ihm nun aber nicht nur vorkommt in bezug auf den Dingbegriff, der als ein gedoppelter erscheinen soll, sondern daß er wiederkehrt auch in der »Kritik der praktischen Vernunft«. Ich halte diese Tatsache der Verdopplung für so zentral in der ganzen Konstruktion der Kantischen Philosophie, daß ich hier ausnahmsweise auch die »Kritik der praktischen Vernunft« heranziehe, – wo nämlich in der Theorie des Gewissens (die in einem späten Teil der »Kritik der praktischen Vernunft« sich befindet) gesagt wird, daß das Gewissen eine Art Gericht sei, welches das Subjekt über sich selbst abhält, wobei das Subjekt, also der Mensch, ebenfalls als ein gedoppelter, nämlich gleichzeitig als Richter und Angeklagter vorzustellen sei: auf der einen Seite der intelligible Charakter, der dem Ding an sich, dem Absoluten also entspricht, und auf der anderen der empirische Charakter, der also dem empirischen, tatsächlichen Ding entspricht.[135] Ich mache Sie darauf aufmerksam, weil ich glaube, daß dieser Sprachgebrauch – und im übrigen auch die von Kant selbst mehrfach unterstrichene Verdopplung des Dingbegriffs – nun in der Tat hinweist auf das, was ich Ihnen nun eigentlich explizieren möchte und um dessentwillen ich Ihnen diese sehr detaillierte Exposition der Kantischen Dingtheorie überhaupt gegeben habe, – nämlich um der metaphysischen Erfahrung willen, die, wenn Sie so wollen, eigentlich dahinter steht, denn diese metaphysische Erfahrung ist eigentlich eins mit der Verdopplung selber. Es steht also hinter der Verdopplung zunächst einmal das, daß unsere Welt, die Welt der Erfahrungen, nun tatsächlich zu einer uns vertrauten geworden ist; daß die Welt, in der wir als Erfahrende leben, nicht länger von Rätselhaftem, Unerklärtem durchherrscht ist, sondern daß wir sie eigentlich ganz und gar als *unsere* Welt in dem Sinn erfahren, daß uns in ihr nichts begegnet, was nicht eigentlich von vornherein unserer eigenen Rationalität angemessen wäre. Diese Erfahrung, daß man sozusagen mit beiden Beinen fest auf der Erde steht und sich in der eigenen Welt nun ohne Dämonenfurcht, ohne magische und mythische Ängste auskennt, das ist auf der einen Seite also durch den immanenten Dingbegriff ausgedrückt, den Kant gehabt hat. Die Welt ist nicht mehr durchsetzt gleichsam von Trümmern, von Fetzen eines metaphysischen Sinnes, der, wenn er eben nur diese Gestalt des Bruchstückhaften und Umgeisternden hat, den Charakter des Dämonischen und Beängstigenden so annimmt, wie er etwa in der Philosophie und der Kunst des Barock, mit dem man es hier ja zu tun hat, wesentlich erschienen ist. Die Entzauberung der Welt, wenn Sie wollen, nimmt der Welt ihre Unheimlichkeit. Und dieses Bürgerliche, was dann von Schiller ausgedrückt wird mit einem bürgerlichen Kernspruch: »Ich steh' hier auf dem Meinigen«, wie der reiche Herr Stauffacher im »Tell« sagt,[136] – das ist also zunächst einmal in dem ausgedrückt, daß die Welt der Erfahrung, der Dinge unserer Erfahrung mein eigenes Produkt, daß sie meine eigene Welt sein soll. Aber, – und das ist nun wohl das entscheidende Motiv, ich meine: objektive Motiv, das Motiv metaphysischer Erfahrung, das Motiv des Stands der welthistorischen Sonnenuhr, das Kant, der über die logischen Schwierigkeiten dieser Verdopplung ganz gewiß sich nicht getäuscht hat, trotzdem dazu bewogen hat, die Konzeption der Verdopplung vorzunehmen: indem die erfahrene Welt, die Immanenz, das Diesda uns kommensurabel wird, indem sie *unsere* Welt gewissermaßen wird, wird dadurch gleichzeitig etwas wie radikale metaphysische Entfremdung bewirkt. Oder: der Ausdruck ›bewirkt‹ ist dabei vielleicht schon um eine Nuance zu idealistisch; er beschreibt einen objektiven Sachverhalt vielleicht schon allzusehr so, als ob er lediglich das Produkt der reflektierenden Philosophie wäre. Je mehr die Welt eines objektiven Sinnes entäußert wird und ganz und gar aufgeht in unseren Kategorien, also ganz und gar *unsere* Welt wird, um so mehr wird zugleich der Sinn überhaupt aus der Welt getilgt; um so mehr werden wir gewissermaßen – um es einmal modern auszudrücken: in etwas wie die kosmische Nacht eigentlich hineingehalten. Die Entmagisierung oder die Entzauberung der Welt, von der ich Ihnen mit dem Ausdruck Max Webers hier gesprochen habe, ist sozusagen eins mit dem Bewußtsein des Versperrtseins, des Dunkels, in dem wir uns überhaupt bewegen. Und wenn ich in einer der nächsten Stunden Ihnen eine Theorie des Kantischen ›Blocks‹ und der Bedeutung dieses Blocks geben werde, dann liegt im Grunde der Sinn dieses Blocks eben bereits darin, daß, je mehr die Welt, in der wir leben, die Welt der Erfahrung, kommensurabel wird, um so inkommensurabler, um so dunkler und um so drohender wird demgegenüber das Absolute, von dem wir wissen, daß es nur ein Ausschnitt ist. Es ist wirklich gewissermaßen so, wie wenn die Erkenntnis zu einer Art Idylle des homo sapiens würde, die sich dann abspielt innerhalb eines Trauerspiels des Seienden selber, innerhalb eines kosmischen Trauerspiels, demgegenüber wir gänzlich verlassen sind, – etwa so (und ich glaube, das ist ein Zusammenhang, an den hier gar nicht unfüglich zu erinnern ist), wie das idyllische Glück in »Hermann und Dorothea«, also einem Werk aus derselben Periode, gleichsam erkauft wird um das Dunkel des großen welthistorischen

Schicksals, aus dem es gewissermaßen herausgeschnitten ist. Und dieses Dunkel nun also, dieses Bewußtsein, daß, je sicherer wir uns in unserer Welt ergehen, je sicherer wir in unserer Welt uns eingerichtet haben, daß wir gleichzeitig um so ungewisser im Absoluten werden; daß gleichsam mit der Vertrautheit mit unserer Welt die metaphysische Verzweiflung zunimmt, – das ist eben ausgedrückt von Kant in jener Verdopplung der Welt; das heißt darin, daß eine ganz unbestimmte dunkle, wenn Sie wollen: dämonische Welt als Hinterwelt eben angenommen wird, bei der wir im Grunde nicht einmal etwas von ihrer Beziehung wissen zu der Welt, in der wir als Erfahrende leben.

Nun ist es aber wichtig, glaube ich, daß Sie sich dabei darüber klar werden, daß auch die Welt der Erfahrung, in der wir uns befinden, dagegen nicht neutral ist, sondern daß eben dadurch, daß sie von uns als *nur* ›Erscheinung‹, als *nur* phänomenal, als *ungewiß* eigentlich selber herabgesetzt wird, sie in Gefahr steht, einen eigentümlichen Charakter des Schattenhaften, des bloßen Als ob anzunehmen. Sie wissen vielleicht, daß einer der bedeutendsten Kant-Interpreten und Kant-Ausleger, Vaihinger, sein eigenes philosophisches Werk »Die Philosophie des Als ob«[137] genannt hat; und vom Standpunkt des orthodoxen Kantianismus hat man denn auch gegen diese relativistische Mißdeutung der »Kritik der reinen Vernunft«, die ja nun doch an den ›absoluten Werten‹ festhält, sich weidlich mokiert. Aber ich möchte in bezug auf diesen eigentümlichen Schattencharakter, den auch die immanente Welt durch das Bewußtsein bekommt, sagen, daß es eigentlich gar nicht die wahre Welt ist; diese metaphysische Erfahrung, die ich versuche, Ihnen als die objektiv – nicht im Bewußtsein Kants, aber als die *objektiv* inspirierende Kraft hinter Kant darzustellen, die scheint mir in jener, wie immer auch platten und nach 19. Jahrhundert schmeckenden Formulierung von Vaihinger gar nicht so übel wiedergegeben zu sein. Die Welt wird dann tatsächlich zu einer Art von Verbergen eines Unbekannten, zu einer Art von bloßem

Doppelgänger eben wirklich, zum Schein oder zum Gespenst. Man kann sagen – und man darf das vielleicht deshalb sagen, weil überhaupt zwischen den Bewußtseinsformen der Geisteskranken und der Geschichte die tiefsten Beziehungen bestehen –, daß die Schicht, die objektiv in der Kantischen Philosophie hier ausgedrückt ist, eine gewisse Ähnlichkeit hat mit dem Bewußtsein der Schizophrenen oder auch von Menschen, die in extremer seelischer Spannung, in extremen psychologischen Situationen stehen, in denen man plötzlich das Gefühl hat, daß alle Dinge, alles was es überhaupt gibt, – daß das gewissermaßen nur Zeichen wären, Signa wären, Allegorien wären, so wie Baudelaire formuliert hat[138]; daß sie also eigentlich alle etwas anderes sagen als das, was sie sind, ohne daß wir doch das sagen könnten, was sie sind. Sie hören heute in der Existentialphilosophie viel von der Theorie des Absurden; Sie alle wissen, daß man Kafka in weitem Maß auf diese Theorie des Absurden bezogen hat; und Sie wissen auch, daß in der Philosophie eines der bekannten französischen Existentialphilosophen – der von Albert Camus – eben dieser Begriff des Absurden schlechterdings zum Medium, zur metaphysischen Wahrheit erhoben wird. Nur scheint es viel großartiger zu sein, daß in einer Philosophie, die gar nicht darauf ausgeht, philosophische ›Stimmungen‹ darzustellen, sondern die sich ganz nüchtern an die Analyse der Mechanismen der Erkenntnis hält, aus diesen heraus eine solche Erfahrung wie die des Absurden aufgeht – oder vielmehr: daß sie ihr in objektiven Termini zur Sprache verhilft –, als wenn man dann eine solche Kategorie wie dieses Absurde herausisoliert und sie zu einem abstrakten Prinzip macht, das nun gewissermaßen alles erklären soll, – wodurch dann schließlich doch wiederum gar nichts erklärt worden ist. Wie ich denn überhaupt glaube, daß an Erfahrungsgehalten in den Philosophien, die nicht sich selber so sehr auf ihre Erfahrungen berufen, die gar nicht sich stark machen, der Niederschlag von Erfahrung zu sein, sondern die sich auf den Gedanken und die Kraft des Gedankens verlassen, eigentlich mehr (wie man heute sagen würde) an existentiellem, an Erfahrungs-Gehalt erscheint als überall dort, wo die Erfahrung thematisch wird, – und damit freilich auch einen gewissen Charakter der Zufälligkeit des jetzt und hier Erfahrenen annimmt, den sie eben bei Kant in derselben Weise nicht besitzt.

Gegenüber diesem Erfahrungsstand, wie er objektiv in der »Kritik der reinen Vernunft« sich ausdrückt, kann man wohl sagen, daß die »Kritik der reinen Vernunft« – von der ich Ihnen zu Anfang der Betrachtung, auf deren Höhepunkt wir nun in diesem Augenblick stehen, gesagt habe, daß sie *Rettung* sei – in einem sehr prägnanten Sinn als Rettung zu verstehen ist: nämlich als Rettung in dem Sinn, daß gleichsam durch die Versenkung in das Innerliche, durch die Versenkung in das Subjekt eben, etwas von jenem Licht könnte gefunden werden, das dann doch durch diese metaphysische Nacht hindurchleuchtet. Sie alle kennen den längst zum Gemeinplatz erniedrigten Satz, daß es zwei Dinge gebe, die uns Ehrfurcht abnötigten (er steht in der »Kritik der praktischen Vernunft«): der bestirnte Himmel über uns und das Sittengesetz in uns.[139] Nun, – mit dem bestirnten Himmel über uns ist es bereits den Ergebnissen der »Kritik der reinen Vernunft« zufolge, soweit es sich um die Ehrfurcht handelt, nicht gar so weit her, denn wir können ja den teleologischen Gottesbeweis – also den Gottesbeweis, der auf Grund der Zweckmäßigkeit der Welt auf einen Schöpfer schließt – Kant zufolge als einen bündigen Beweis, als eine Sache der Erkenntnis eigentlich gar nicht gelten lassen.[140] Und es ist dann in dieser Richtung der Kantischen Kritik wie in allen anderen Dingen konsequent von Hegel weiter fortgeschritten worden, indem er das ›quantitativ Erhabene‹ abgeschnitten hat und als ›schlechte Unendlichkeit‹ bezeichnet hat, und diese Ehrfurcht vor dem Großen, soweit es nicht in uns selber ist, von vornherein eigentlich als etwas sehr Schwaches angesehen hat.[141] Auch Kant selber dürfte die Rede von dem bestirnten Himmel über uns nicht so ernst genommen haben wie die vom Sittengesetz in uns. Er hat an der bedeutendsten Stelle (würde ich sagen) der dritten der großen Kritiken, der »Kritik der Urteilskraft«, dort, wo sozusagen der systematische Ort für den bestirnten Himmel über uns ist – nämlich in der ›Ästhetik des Erhabenen‹, die sich ja eben auf das natürlich Erhabene ausschließlich beziehen soll –, einmal gesagt, daß in Wirklichkeit das Gefühl des Erhabenen gar nicht so sehr von der bloßen blinden, quantitativen Macht und Größe der Natur herrühren würde, der wir uns gegenüber befinden, sondern daß in Wahrheit dieses Gefühl des Erhabenen wurzelt in unserer eigenen Fähigkeit; nämlich kraft des Sittengesetzes, also kraft des inwendigen Lichtes, wie ich es etwas theologisierend genannt habe, demgegenüber doch uns zu behaupten.[142] Und dieses Moment ist doch wohl das stärkere. Wenn man also von Rettung bei Kant reden will, wie ich es getan habe, dann bedeutet das im Grunde, daß bei ihm das Vertrauen vorliegt, daß der, im Sinn einer Ordnung der Welt nach objektiven Wesenheiten, objektiv verlassene, metaphysisch obdachlos gewordene Mensch gleichsam sich einrichten kann, wenn er (und ich rede nun sehr Kantisch) sich nach seiner Decke streckt; das heißt, wenn er in dem haushält und in dem sich zurechtfindet, worin er nun einmal sich findet und womit er fertig werden kann, – und wenn er im übrigen die Garantie des Absoluten, die Bürgschaft der eigentlichen Wahrheit nicht als ihm fremde, als eine außerhalb von ihm gesetzte Objektivität sieht, sondern wenn er sie in sich selber aufsucht. – Das eigentlich scheint mir der Sinn dieser Verdopplungstheorie zu sein. Und wenn man sagt, die Verdopplungstheorie sei logisch ungereimt – wie man das in der Tat mit sehr viel Grund sagen kann –, so wäre darauf zu erwidern: ja, gewiß ist sie ungereimt; aber gerade diese Ungereimtheit selber entspricht, wie man heutzutage gern sagen würde: einer condition humaine. Das heißt: diese Ungereimtheit selber ist eben der Ausdruck dafür, daß wir zwar vernünftige und rationale Wesen sind, daß wir aber, um so vernünftiger und rationaler wir werden, gleichzeitig der objektiven Unvernunft, der Entfremdung der Welt eigentlich in einem immer fortschreitenden Maß uns versichern müssen.

Nun aber, und damit lenke ich zurück zu den eigentlich erkenntnistheoretischen Betrachtungen, ist die Fremdheit der Welt, die Entfremdung der Welt, die ich hier als den Kern dieser Verdopplungstheorie von Kant versucht habe Ihnen zu bezeichnen, selber etwas, was von der spezifisch Kantischen Gestalt der Erkenntnistheorie nicht unabhängig ist. Sondern man kann den Entfremdungsmechanismus gleichsam analysieren, man kann ihn, wenn man so sagen will, dingfest machen in der Kantischen Erkenntnistheorie selber; und zwar in dem Sinn, daß die zunehmende Entfremdung, die auf der einen Seite in dem Wissen, daß da irgend etwas ist, was wir nicht wissen, und andererseits doch dem *Nicht*wissen eben davon steckt, – diese Entfremdung ihrerseits ist nur ein Aspekt – ich will nicht sagen: eine Folge: man muß mit Worten wie Ursache und Folge in der Sphäre solcher spekulativer Gedanken außerordentlich vorsichtig sein –, aber jedenfalls: sie ist unabtrennbar verbunden mit der Verdinglichung selber. Und nun würde ich sagen – und damit mute ich Ihnen vielleicht einiges zu; aber ich glaube, daß ich Ihnen damit etwas von dem Geheimnis der »Kritik der reinen Vernunft« doch selber enthülle –: man sollte ja zunächst meinen, daß die Subjektivierung, wie sie die Kantische Philosophie vollzieht, gegenüber dem naiven Realismus, also dem naiven Glauben an die Wirklichkeit von Dingen an sich, denen ich dann als ein Denkender und Empfangender gegenüberstehe, – daß demgegenüber also die idealistische Philosophie, wie Kant und Fichte sie vertreten haben, ein geringeres Maß an Verdinglichung bedeutet; daß sie die Welt gleichsam viel mehr als einen Prozeß, viel weniger als ein Geronnenes und Dinghaftes versteht. Und gerade die Interpretation Kants, die Fichte sich hat angelegen sein lassen, ist geradezu in diesem Sinn zu verstehen, daß er gesagt hat, daß die Auffassung, die nicht idealistisch ist, die also nicht eigentlich die Welt als ein vom Subjekt Gesetztes versteht (wie es bei Fichte heißen würde), – daß diese Auffassung eine starre und dinghafte und daß die eigentlich lebendige oder, wenn Sie wollen, die eigentlich metaphysische, menschenwürdige Auffassung eben die idealistische sei. Ich glaube aber – so überzeugend, so stringent die Analysen sind, die gerade an dieser Stelle Fichte durchgeführt hat –, daß er sich dabei doch eigentlich getäuscht hat.

Wenn ich Ihnen vorher gesagt habe, daß zwischen der Bestimmung des Dinges als des Einheitspunkts, durch den überhaupt so etwas wie Einheit des Bewußtseins möglich wird, und andererseits des Bewußtseins, das durch seine Einheit Dinge möglich macht, – wenn ich Ihnen das vorhin an ein paar Formulierungen von Kant versucht habe hervorzuheben, dann glaube ich, daß man das in einem radikalen Sinn so interpretieren darf, daß nicht etwa bloß kein Gegensatz besteht zwischen Subjektivierung der Philosophie und Verdinglichung, sondern daß die Verdinglichung eine Funktion der Subjektivierung ist; daß es eigentlich um so mehr Verdinglichung gibt, wie es Subjektivierung in der Philosophie auch gibt. Schon der Versuch, alles überhaupt Erscheinende, alles Begegnende auf einen einheitlichen Bezugspunkt zu beziehen, also einer mit sich identischen, starren Einheit zu unterwerfen und eben dadurch aus seiner Bewegtheit eigentlich herauszunehmen; ja, die Tendenz überhaupt, bleibendes Sein darauf zu gründen, daß die Regeln des Denkens, also im Grunde die Konstituentien von Subjektivität selber, etwas Unveränderliches seien, hat ja einen solchen verdinglichenden Zug. Darüber hinaus würde ich aber sagen: zunächst liegt einmal dadurch ein Anwachsen der Verdinglichung mit der anwachsenden Subjektivierung vor, daß durch diese Subjektivierung die Pole der Erkenntnis – das Ich und das Nicht-Ich – immer stärker auseinandergerissen werden. Also: je mehr in das Subjekt selber verlegt wird, je mehr das Subjekt eigentlich die Erkenntnis überhaupt erst konstituiert, um so mehr wird zugleich auch, wenn Sie so wollen, an

Bestimmungen den Objekten entzogen und um so mehr klaffen dadurch eigentlich die beiden auseinander. Sie können das natürlich noch viel besser als an Kant in seiner authentischen Form an der Cartesianischen Philosophie als der Ursprungsphilosophie des modernen rationalistischen Idealismus studieren, in der wirklich die beiden Substanzen – die denkende und die ausgedehnte – einfach auseinanderklaffen und nur, wie es uns heute dünken will, nachträglich durch einen ziemlich kindischen Gewaltstreich, die Lehre vom influxus physicus,[143] überhaupt miteinander in eine Relation gesetzt werden können. Und Kant hat ganz gewiß sich bemüht – wie alle Philosophen nach Descartes eigentlich, die überhaupt ernsthaft gedacht haben –, diese mit dem Idealismus an seinem Ursprungspunkt gesetzte krasse, krude Form der Verdinglichung zu überwinden. Aber ich möchte doch sagen: dem Gespenst der Verdinglichung kann auch die großartige Erkenntnistheorie von Kant nicht ausweichen; und zwar deshalb, weil in der Kantischen Philosophie eigentlich die Welt, die gesamte Realität zu einem Produkt gemacht wird, zu einem Produkt von *Arbeit,* von Anstrengung. Das Denken als Spontaneität: das ist ja das, was wir tun; ist eigentlich gar nichts anderes als Arbeit. Es unterscheidet sich Denken von Rezeptivität, von Sinnlichkeit eben gerade dadurch, daß wir dabei etwas tun, daß wir dabei etwas machen. Und die Welt selber wird dadurch, daß nun die Analyse das eigentlich ganze Gewicht der Dynamik, die dynamischen Charaktere ganz und gar auf die Seite des Subjekts verlegt, immer mehr zu einem bloßen Resultat der Arbeit, man könnte sagen: zu geronnener Arbeit wird; und sie wird – dadurch, daß das Lebendige nur beim Subjekt steht –, je lebendiger das Subjekt wird, eigentlich immer mehr zu etwas Totem. Man könnte sagen: der ›Warencharakter‹ der Welt, ihre Erstarrung wächst eben dadurch immerzu an. Es will mir scheinen – und das hängt mit dem Phänomen der Verfremdung aufs tiefste zusammen –, daß die beiden Begriffe, die Subjektivierung, die Auflösung der Welt in Tun des Subjekts auf der einen Seite, und auf der anderen Seite die Verdinglichung und Vergegenständlichung der Welt selber als ein diesem Subjekt Gegenüberstehendes, – daß die gleichermaßen und unaufhaltsam angewachsen sind, und daß in diesem Anwachsen von Subjektivismus und Verdinglichung eigentlich selber so etwas wie die bürgerliche Antinomie, die Antinomie der bürgerlichen Gesellschaft überhaupt sich ausspricht: daß auf der einen Seite zwar die Rationalität der Menschen immer mehr fortgeschritten ist, die Menschen die Welt also immer mehr zu ihrem Bilde gemacht haben, die Welt immer mehr als ihre eigene eingerichtet haben; daß aber gleichzeitig dabei die Welt immer mehr zu einer geworden ist, die ihnen gegenüber herrscht, der gegenüber sie selber heteronom sind, mit der sie schließlich gar nicht mehr fertig werden können; und der sie dann schließlich so ohnmächtig gegenüberstehen, wie wir Denkenden heute gegenüberstehen der Welt, die eine Übermacht hat nicht nur über uns sondern auch über all unser Denken, das wir ihr gegenüber vermögen.[144]

Das also zur Interpretation der Kantischen *Dingtheorie*. Ehe ich nun auf die anderen Grunderfahrungen, die objektiven Erfahrungen eingehe, die in der Kantischen Philosophie sich niedergeschlagen haben, möchte ich aber doch in der nächsten Stunde Ihnen noch einen Aspekt dieser spezifischen ›Rettung‹, von der ich Ihnen heute gesprochen habe, entwikkeln, damit Sie nicht glauben, es handle sich hier einfach um ein Apologetisches und – wenn Sie wollen: Reaktionäres.

11. Vorlesung
25. 6. 1959

Ich hatte Ihnen das letzte Mal angezeigt, daß ich heute Ihnen noch ein paar Worte sagen möchte über das, was man etwa den Kantischen Rettungsversuch insgesamt nennen könnte. Es liegt ja nahe zu glauben, daß überall dort, wo so etwas wie Rettungsversuche gemacht werden – sei es nun Rettung der Ontologie oder sei es, in einem handfesteren Sinn, Rettung eines ursächlich wirkenden Dinges an sich jenseits der Erscheinungen –, daß es sich da einfach um ein theologisches oder dogmatisches Residuum handelte; sozusagen also um ein reaktionäres Motiv gegenüber der gesamten fortschreitenden Bewegung des Bewußtseins. Und die radikal aufklärerische Kritik, allen voran Nietzsche, hat in der Tat diesen Einwand gegen Kant erhoben. Aber ich möchte an dieser Stelle doch Sie davor warnen, diese Alternativen wie ›apologetisch = reaktionär‹ und ›kritisch-aufklärerisch = progressiv‹ sich zu einfach zu denken und dabei irgendwelchen fertigen Parolen zu verfallen. Ich glaube, dieser Punkt ist kein schlechter Anlaß, Sie auf einen etwas grundsätzlicheren Sachverhalt der geistigen Situation überhaupt aufmerksam zu machen.

Im 19. Jahrhundert ist es ja so gewesen – und das entspricht einer deutschen Tradition, und weiß Gott nicht der besten und nicht der edelsten deutschen Tradition –, daß man von vornherein alles, was in einem weitesten Sinn unter der Marke Idealismus gesegelt hat, als positiv, als bejahenswert angesehen hat. Es gab damals ein Buch, das hieß »Hinauf zum Idealismus«; ich will nicht schwören, ob der Autor davon Dietrich Mahnke hieß, ich halte es aber für möglich.[145] Und auf der anderen Seite also gab es dann die Böcke: das waren dann alle die Richtungen, die man als materialistisch, skeptisch, positivistisch, empiristisch usw. bezeichnet hat. Und es ging also wirklich so wie in dem Witz von der Frage nach den alten Germanen unter dem Dritten Reich: Was weißt du von den alten Germanen zu sagen? Nur das Beste, Herr Lehrer! Wenn es sich um den Idealismus gehandelt hat, dann war also alles glorreich und herrlich, und der kritische Gedanke ist von vornherein als zersetzend in einem weiten Sinn verfemt worden; und die Legende, von der ich Ihnen bereits einmal gesprochen habe – nämlich daß Kant die Aufklärung zwar vollendet, aber gleichzeitig auch überwunden habe –, und all dieser Unsinn schließt daran an. Ich glaube übrigens, daß die Parole für diese sehr verhängnisvolle Tradition des deutschen Denkens doch eigentlich von *Fichte* ausgegeben worden ist, der ja einmal geschrieben hat, daß, was einer für eine Philosophie hat, davon abhängt, was für ein Mensch er sei, und der das in unmittelbaren Zusammenhang damit gebracht hat, daß eben die Idealisten die Guten, die Edlen, die Erhabenen, und die Nichtidealisten – also die, die an die Existenz der Dinge unabhängig vom Bewußtsein glauben –, daß die böse und verworfen seien[146]. – Ihr Lachen hat mir gezeigt, daß diese Tradition heute vollkommen vergangen ist, obwohl ich Ihnen sagen muß, daß, etwa wenn man gewisse Fragen im Staatsexamen stellt und wenn man gewisse Staatsexamensarbeiten liest, in denen den Philosophen viel strengere Noten erteilt werden, als ich es als Leser einer Staatsexamensarbeit mit dieser Arbeit je wagen würde, – dann kann man doch auf den Argwohn kommen, daß das Erbe dieser Dinge immer noch nicht so gänzlich liquidiert ist, als man zunächst denken könnte. Aber das, wovor ich Sie nun warnen möchte (und damit bezeichne ich ein gesamtdeutsches Phänomen), ist der unvermittelte Umschlag ins Gegenteil: also der Glaube, daß alles, was in einem weitesten Sinn positivistisch ist, sich an die Tatsachen hält, sich der Illusionen des Idealismus entschlägt, – daß das nun eigentlich das Reich der Wahrheit, und daß das das Fortschrittliche und daß alles andere einfach reaktionär sei. Es ist wohl überhaupt eine Eigenschaft, die in der Geschichte des deutschen Geistes ihre sehr tiefen Gründe hat, die ich heute freilich nicht verfolgen kann; und das hängt andererseits auch sicherlich mit den großartigsten, nämlich mit den dialektischen Tugenden des deutschen Geistes zusammen, – daß er dazu tendiert, von einem Extrem ins andere zu gehen. Und ich möchte beinahe sagen, daß die Statistik heutzutage im Begriffe ist, die Erbschaft dessen anzutreten, was einmal ›Hinauf zum Idealismus‹ genannt worden ist. Und das scheint mir allerdings genauso bedenklich wie das andere auch zu sein. – Ich möchte Ihnen das nun doch auf Kant anwenden.

Die Intention auf Rettung oder auf Bewahrung, die ich versucht habe, in Kant Ihnen zu bezeichnen, ist nicht nur die Apologie – in letzter Instanz: der überkommenen theologischen Vorstellungen; sondern sie bedeutet eigentlich – und zwar um so mehr, je genauer Sie sich den Kant nun ansehen – eine Rettung der Vernunft selber. Es liegt tief in dem Schicksal der bürgerlichen Gesellschaft, und ich hätte beinahe gesagt: es herrscht an dieser Stelle eine prästabilierte Harmonie zwischen der Entwicklung der Gesellschaft und der autonomen Entwicklung des Geistes, daß je mehr sie auf der einen Seite die Vernunft und ihre Herrschaft herausarbeitet, sie auf der anderen Seite auch diese Herrschaft untergräbt; daß je mehr also die Vernunft als einzige Instanz installiert wird, gleichzeitig auch in gewisser Weise die Verachtung der Vernunft mit anwächst. Ich habe Ihnen in einer früheren Vorlesung gerade an Kant selber diese Intention ziemlich eingehend gezeigt.[147] Auch die Dinge, die ich Ihnen auseinandergesetzt habe an Kant: über die schlechthinnige Unerkennbarkeit des Dinges an sich und alles, was damit zusammenhängt, haben ebenfalls dieses der Vernunft entgegengesetzte Element in sich. Man kann das zusammenbringen – ich glaube, nicht nur im Sinn einer Analogie; aber es würde den Rahmen dieser Vorlesung sprengen, wenn ich das nun im Ernst ausführen wollte – mit der Tendenz der Gesellschaft, die in der Tat auf der einen Seite das Prinzip der Vernunft als eines der formalen Gleichheit der Subjekte immer mehr durchgesetzt hat, die aber andererseits real die Vernunft doch noch nicht realisiert hat, sondern in der in einem weiten Maß irrationale Verhältnisse zwischen den Menschen bestehen geblieben sind. Die Kritik an der Vernunft, die Gesamtbewegung dessen, was wir Dialektik der Aufklärung genannt haben, bleibt von diesen Dingen nicht unberührt; mit anderen Worten: auch die scheinbar progressiven, kritischen, antiautoritären, auflösenden Bewegungen sind in das Schicksal, in die Entwicklungsgeschichte der Menschheit insgesamt verstrickt, und darüber hinaus nehmen sie eine wechselnde, eine verschiedene Funktion an. Wenn Montaigne im 16. Jahrhundert eine bestimmte Art von Skepsis vertreten hat, die bei ihm auf Toleranz, Humanität und auf die Abschaffung der Grausamkeit herausläuft,[148] dann bedeutet eine solche Skepsis ihrer Substanz nach etwas vollkommen anderes, als wenn, sagen wir, an der Schwelle unserer eigenen Zeit ein Denker wie Pareto so etwas wie die Möglichkeit objektiver Wahrheit überhaupt bestritten, jeden Gedanken als puren Ausdruck von Interessenlagen erklärt und damit schließlich der blinden und vernunftlosen Herrschaft der Interessen, nämlich dem blinden Kräftespiel der Macht, unmittelbar den Weg bereitet hat[149]. Also auch der Begriff der Skepsis, der Begriff der Auflösung der Wahrheit oder der Begriff der Auflösung des Rationalismus in dem alten und überlieferten Sinn, ist nicht ohne weiteres als Fortschritt der Wahrheit selber anzusetzen; sondern es liegt hier das Teuflische vor, und Nietzsche hat das einerseits durchgeführt, andererseits aber auch sehr offen und sehr scharf benannt, daß, indem im Namen der Wahrheit auch die Kategorien der Vernunft selber (und wie immer Sie das nennen mögen) in Mitleidenschaft gezogen und kritisiert werden, schließlich dabei die Begriffe, kraft deren das geschieht: also der Begriff, der *objektive* Begriff der Wahrheit und der *objektive* Begriff der Vernunft, immer mehr in Mitleidenschaft gezogen werden.

Wenn nun Kant jenen Rettungsversuch unternommen hat, so hat dieser Rettungsversuch nicht nur den apologetischen Sinn, sondern er hat zugleich auch den Sinn – ja, ich möchte sagen: dem Defaitismus der Vernunft zu widerstehen; also doch das auch in seiner Veränderung, in seiner Bedingtheit festzuhalten, was zugleich allein und in Wahrheit die Instanz ist, von der aus alle Kritik geschieht. Wenn Sie wollen, können Sie diese Doppelheit bei Kant sehr deutlich in der Spaltung zwischen der zu kritisierenden und der kritisierenden Vernunft erkennen: auf der einen Seite wird ganz im Sinne der Aufklärung die Vernunft kritisiert, und es werden von Kant eine ganze Menge, eigentlich der ganze Vorrat der skeptischen Argumente gegen die dogmatische Verabsolutierung der Vernunft zugeeignet; es wird aber zugleich – dadurch, daß Vernunft selbst an sich diese Kritik übt – die *Idee* der Vernunft, und damit die Idee einer objektiven Wahrheit, von ihm auch festgehalten. Und ich würde sagen, daß gerade in diesem Zögern, in dieser Inkonsequenz, wenn Sie wollen; in diesem nicht glatt und ungebrochen Auf-die-Bahn-des-Fortschritts-Sichbegeben, das Sie hier bei Kant finden, – daß gerade darin eine bestimmte Art der Bedächtigkeit und Gewissenhaftigkeit in einem höchst emphatischen Sinn (wie ich sie etwa auch an seinem Widerspruch mit Rücksicht auf das Ding-Problem versucht habe, Ihnen auseinanderzusetzen), daß in der ein außerordentlicher Ernst liegt. Das heißt, daß überhaupt nur, wenn es gelingt, inmitten der fortschreitenden Bewegung der Aufklärung deren eigenen Sinn, nämlich die Idee der Wahrheit festzuhalten; wenn also inmitten der dialektischen Bewegung, der diese Begriffe unterliegen, diese Begriffe, wie wir es heute ausdrücken, zugleich festgehalten werden, – daß nur dann eigentlich diese Bewegung selbst zu ihrer Ehre kommt. Und dieses sehr großartige Motiv steckt in Kant drin. Und ich glaube, Sie können – wenn Sie einmal nicht zu nah sich an die Texte halten, sondern aus einer gewissen Distanz sich das betrachten – den Kant nur richtig verstehen, wenn Sie diese beiden sich ineinander verschränkenden Momente in ihm wirklich spüren: auf der einen Seite also dieses Apologetische oder Dogmatische, eben dieses Moment der aufgeklärten Theologie, wie man es genannt hat, den säkularisierten Protestantismus; auf der anderen Seite aber ebenso auch dieses Moment einer Selbstbesinnung der Aufklärung, einer Selbstkritik der Aufklärung, durch das sie allein ihrem eigenen Begriff genügen kann. Wenn also von Kant phrasenhaft gesagt wird, er habe die Aufklärung überwunden, dann ist das im Sinn eben der unseligen Formulierung, daß er das Wissen eingeschränkt habe, um dem Glauben Raum zu schaffen, ganz gewiß falsch. Es ist aber sogar daran auch noch ein Moment der Wahrheit: nämlich das, daß er der Aufklärung eine Art Selbstbewußtsein verschafft hat durch ihre Selbstreflexion, durch das es ihr möglich wird, an ihrem eigenen Begriff, dem der Vernunft und dem der Wahrheit, festzuhalten, anstatt daß wirklich das allein herrscht, was Hegel dann die ›Furie des Verschwindens‹ genannt hat[150]; daß also wirklich überhaupt jeder Begriff von Wahrheit sich auflöst und daß dann am Ende nichts anderes übrigbleibt als die blinde Herrschaft des bloß Seienden. Denn Sie dürfen nicht vergessen: so berechtigt der Widerstand gegen die Ideologie ist, und so berechtigt das Bewußtsein ist, das der Ideologie mißtraut und das in der Ideologie, in der Phrase, in dem idealistischen Schein nur eine Veranstaltung von Herrschaftsverhältnissen wittert, um sich dahinter zu kaschieren, – so sehr ist doch auf der anderen Seite die unverhüllte, scheinbar ideologiefreie Herrschaft der bloßen Fakten, denen die Menschen sich unterordnen, ohne daß sie ihnen den Begriff in einem nachdrücklichen Sinn oder die Wahrheit entgegenhalten, ebenso ein feindliches Moment. Und Kant steht bereits an der Schwelle, an der geschichtlichen Schwelle, an der, möchte ich sagen, das zerstörende Potential, das Potential nämlich der Heteronomie, der Unterordnung unter das, was bloß der Fall ist, schon genauso drohend am Horizont erscheint, wie an der anderen Seite des Horizonts die Schatten des alten Dogmatismus eben gerade bereit sind, sich zu verflüchtigen und sich zu verziehen. Und ich glaube, der Augenblick, in dem diese beiden einander widerstreitenden geschichtsphilosophischen Motive zu einer Art von Einstand gelangen, sich gegenseitig ausbalancieren und in eine höchst komplexe Konstellation innerhalb dieses Denkens treten, – das ist eigentlich überhaupt das dialektische Bild, die geschichtliche Konstellation,[151] aus der heraus Kant zu verstehen ist. Und ich meine das nicht im Sinn einer bloßen geistesgeschichtlichen Reflexion, sondern ich meine das mit Hinsicht auf die in dieser Philosophie sich selbst kristallisierende und freilich in sich selbst auch geschichtlich bestimmte Wahrheit.

Lassen Sie mich weiter fortschreiten in dem Versuch, Ihnen etwas zu sagen über die Erfahrungen, die in der »Kritik der reinen Vernunft« wesentlich ausgedrückt sind. Da ist denn zu erinnern – *nach* dem ›Rettungsversuch‹ – zunächst einmal die entscheidende Erfahrung, daß es keine Wahrheit, kein Sein, nichts Geltendes, schlechterdings nichts auf der Welt mehr gibt, was nicht durch Subjektivität hindurchgegangen, was nicht – wie Hegel sagen würde: vermittelt ist. Diese Wendung zum Subjekt hat bei Kant ihre ungeheure Kraft, ihre ungeheure Gewalt deshalb, weil sie ja von ihm nicht verstanden wird im Sinn einer Negation der Verbindlichkeit von Wahrheit, sondern weil die Substantialität der Wahrheit und die Substantialität der Dinge selbst gleichsam in das Subjekt hineinverlegt werden. Sie können mir dabei zunächst einmal entgegenhalten, daß ich über Kant hinausginge und in einer unerlaubten Weise vielleicht seine Nachfolger schon in die Betrachtung hereinziehen würde, wenn ich dieses Moment der universalen Vermittlung durchs Subjekt; also dieses Moment, daß das Bewußtsein nichts als wahr, nichts als seiend dulden kann, was es nicht zugleich als sein ›einheimisches Reich‹ erfährt, wie es bei Hegel heißt,[152] – daß ich das in Kant willkürlich hineintrüge. Das ist aber nicht der Fall; und ich möchte Sie nur mit einer kurzen Erinnerung instand setzen einzusehen, daß das nicht der Fall ist und *warum*. Ich möchte dabei mich an das halten, wo gewissermaßen das nicht Subjekteigene am allermeisten in die »Kritik der reinen Vernunft« hineinreicht, nämlich an die Sphäre, die Kant die

Sphäre der Sinnlichkeit oder die der Rezeptivität nennt. Ich darf vielleicht die Gelegenheit benutzen, diese beiden Begriffe: Rezeptivität oder Sinnlichkeit und Spontaneität oder Verstand, Ihnen kurz zu erläutern, damit Sie ganz klar und eindeutig wissen, was damit gemeint ist. Denken Sie etwa daran, daß Sie daliegen und einschlafen wollen und an einer nicht zu leisen Straße wohnen und der Straßenlärm zu Ihnen dringt: dann ist dieser Lärm etwas, dessen Sie sich nicht erwehren können. Es kommt also damit dann ein Stück Außenwelt an Sie heran, es überwältigen Sie bestimmte Eindrücke, – nicht nur, ohne daß es Ihrer eigenen Anstrengung dabei bedürfte, sondern geradezu gegen Ihren Willen; Sie verhalten sich dabei lediglich rezeptiv. Ähnlich ist es mit den Gefühlseindrücken; und bis zu einem gewissen Grad ist es mit den optischen Eindrücken ebenso, – obwohl hier und, wie ich Ihnen verraten darf, etwa auch bei intensivem musikalischen Hören die Grenze nicht immer so einfach gezogen ist, wie ich Ihnen sage; man kann ja attentional auf etwas hinblicken, also mit einer bestimmten Art von Intensität sehen, und man kann auch mit dem Ohr intensiv arbeiten, also mit dem Ohr denken, Kierkegaard spricht vom ›spekulativen Ohr‹[153]. Aber nehmen Sie einmal den normalen Fall[154], dann können Sie sich dabei vorstellen, was Sinnlichkeit qua Rezeptivität heißt: nämlich daß die Momente, die Gegebenheiten, die mir durch die Sinne zukommen, jedenfalls zunächst einmal sich mir präsentieren als etwas sich mir bloß Darbietendes, dem ich relativ passiv gegenüberstehe. Auf der anderen Seite können Sie sich genauso klarmachen, daß dort, wo es sich um die spezifisch geistigen Funktionen handelt, also um das Nachdenken, – daß Sie da etwas ›tun‹ müssen. Wenn Ihnen irgendeine Aufgabe gestellt wird oder auch nur, wenn Sie sich an irgend etwas erinnern wollen, dann müssen Sie sich konzentrieren; Sie müssen sich irgendwie abarbeiten; Sie ›tun‹ dann etwas dabei. In dem Augenblick, wo es sich um spezifisch geistige Funktionen handelt, ist unsere Aktivität dabei in einem ganz anderen Maß im Spiel. – Wenn ich an dieser Stelle, um Ihnen das ganz klar zu machen, scheinbar unkritisch rede, nämlich von uns als leibhaftigen empirischen Menschen, die Ohren haben und einen individuellen Verstand, und nicht von dem bloßen transzendentalen Subjekt, dann kann ich Ihnen nichts anderes sagen, als daß das bei Kant ebenso ist; daß Kant auch sagt: *wir* werden affiziert; *unsere* Sinnlichkeit hat die und die Eindrücke; *wir* sehen, *wir* hören usw. Wenn ich also an dieser Stelle einen Fehler in diesem höheren Sinn begehe, dann begeht zum mindesten Kant diesen Fehler auch; und ich werde Ihnen in der nächsten Stunde zeigen, daß dieser Fehler deshalb jedenfalls nicht einfach ein Fehler ist, weil es außerordentlich zwingende Motive gibt, warum man in der Erkenntnistheorie diese naturalistischen Redeweisen gar nicht ganz vermeiden kann.

Die Kantische Lehre ist also die, daß unsere Sinnlichkeit affiziert wird; daß unsere Sinnlichkeit Formen hat, nämlich Raum und Zeit – ich werde Ihnen dann diese Theorie auch im einzelnen auseinandersetzen[155] –; und daß dann die Eindrücke, die Gegebenheiten, die wir durch diese Formen empfangen, vom Denken in einer bestimmten Weise verarbeitet werden. Diese Theorie setzt natürlich scheinbar doch noch an ihrem äußersten Rand so etwas wie ein Objektives voraus. Ich spreche jetzt gar nicht von der Voraussetzung des transzendenten Dinges an sich, sondern von etwas im Sinn der Immanenzphilosophie viel weniger Problematischem: nämlich von der Tatsache irgendwelcher unmittelbarer Daten unseres Bewußtseins; also irgendwelcher unmittelbarer Gegebenheiten, die uns überhaupt gegeben sind. Nun erinnern Sie sich an die These, die ich Ihnen entfalten wollte: daß nämlich auch das Unmittelbare bereits bei Kant vermittelt ist, obwohl diese These in der Form, wie ich sie eben formuliere, in Wirklichkeit erst von Hegel stammt, – dann erhellt es ohne weiteres im Sinn einer systematischen Logik, daß man diesen Nachweis dort wird zu führen haben, wo das Ich gleichsam am wenigsten hinreicht, wo es also tatsächlich nur mit so etwas wie bloßen Gegebenheiten zu tun hat. Sie kommen dann aber zu einer sehr merkwürdigen Sache. Vergessen Sie nicht, daß – und das müssen Sie jetzt eine Sekunde schon antezipieren, obwohl ich glaube annehmen zu dürfen, daß gerade diese Theorie in groben Zügen ja mehr oder minder bereits bekannt ist – die Gegebenheiten, diese unmittelbaren Daten unseres Bewußtseins, unsere Affektionen, wie Kant es nennt, seiner eigenen Lehre zufolge filtriert sind durch die Anschauungsformen Raum und Zeit. Sie müßten also, wenn Sie nun von etwas Unvermitteltem, von einer reinen Unmittelbarkeit reden wollten; mit anderen Worten: wenn Sie von etwas reden wollten, wo nicht Subjektivität auch bereits darin steckt, durch einen Mechanismus der Subtraktion – ich sage mit Absicht Subtraktion, und nicht Abstraktion – von diesen Gegebenheiten abziehen können, was subjektive Zutat ist, – nämlich eben Raum und Zeit und die Bestimmungen, die wir durch unsere Kategorien geben; und dann müßte als eine Art von objektivem oder transsubjektivem Minimum, von ›heterogenem Kontinuum‹, wie es Rickert später genannt hat,[156] irgend so etwas übrigbleiben, was dann die reine Unmittelbarkeit wäre. Wenn Sie nun aber – und das ist der Beweis, den ich für meine These, daß es bei Kant eigentlich auch keine reine Unmittelbarkeit gibt, führen möchte – den Versuch machen, irgend etwas Gegebenes in dieser Weise von seinen subjektiven Momenten zu reinigen, dann bleibt davon ein völlig Unbestimmtes übrig. Zunächst also: daß etwas überhaupt in Raum und Zeit ist, das ist der Kantischen Lehre zufolge ja eben dadurch ermöglicht, daß wir anders als unter den Formen Raum und Zeit, die Formen unseres ›Gemütes‹ sind, überhaupt gar nichts wahrnehmen können. Nun könnte man denken, und dieses Moment klingt manchmal in Kant an, daß es demgegenüber doch so etwas gibt – es ist furchtbar schwer, das auch nur auszudrükken –, was man vielleicht bezeichnen könnte mit dem Wort *qualitativ;* also irgend etwas, was unter diesen verallgemeinernden subsumierenden, teils abstrakten, teils einfangenden Mechanismus nicht fällt, was sozusagen das Naturwüchsige, das nicht bereits Geformte repräsentieren soll, und was dann also die reine Gegebenheit sei. Ich möchte Ihnen auch diese Sache nicht einfacher machen, nicht durch Schliche Ihnen sie einfacher darstellen und konklusiver darstellen, als sie bei Kant selber dargestellt wird; aber irgend etwas von diesem Moment, daß etwas Qualitatives uns gegeben sei, schwingt auch in der »Kritik der reinen Vernunft« mit. Aber wenn Sie, abgesehen von Raum und Zeit, nun nach irgendwelchen Bestimmungen fragen, die diesem reinen Gegebenen, dem, was in unserem Bewußtsein ganz ohne unsere Zutat da ist, zukommen, dann werden Sie doch immer wieder darauf stoßen, daß alle diese Bestimmungen von Kant selber eigentlich als *kategoriale* Bestimmungen gedacht werden. Also – zum Beispiel: der Begriff des Qualitativen, von dem ich Ihnen eben geredet habe, ist eine Kategorie; ›Qualität‹ erscheint im ›System der Grundsätze‹,[157] und daß alles, was überhaupt ist, Qualität habe, ist geradezu einer der Grundsätze der reinen Vernunft, ein synthetisches Urteil a priori; mit anderen Worten: etwas, was selber im Sinne von Kant eigentlich durch den subjektiven Mechanismus überhaupt gezeitigt wird. So daß also das am Ende übrig bleibt, wenn ich es einmal sehr zugespitzt sagen soll: der Konkretionspol der Kantischen Philosophie, also der Punkt, in den der Verarbeitungsmechanismus, der begriffliche Mechanismus, der Abstraktionsmechanismus des Subjekts am allerwenigsten hineinreicht; das was gleichsam auf der Rinde dieses Subjekts liegt, was dem absoluten Ding an sich am nächsten sein müßte, – dieses ens concretissimum ist seinerseits vollkommen abstrakt; so abstrakt, auf seine Weise, wie nur der allerabstrakteste, allerallgemeinste Begriff, das reine Ich denke.

Genausowenig wie Sie von dem reinen Ich denke, der reinen Funktion ohne jeden Inhalt irgendeine Bestimmung angeben können außer eben, daß sie Zusammenhang sei, – genausowenig können Sie von diesem ›Worauf sich alles bezieht‹[158] irgendeine Bestimmung angeben. Dieser Gegenpol, das ›Worauf sich alles bezieht‹, ist auf seine Weise genauso unbestimmt, so qualitätslos, so sehr Abstraktion, wie es der Begriff auf der anderen Seite auch ist, – so daß, wenn Hegel es dann als das schlechterdings Nichtige, als das Nichtseiende bezeichnet hat,[159] das eigentlich nur noch – ich möchte beinahe sagen: eine sprachliche Variation von einem Sachverhalt ist, der in der Kantischen Philosophie an dieser Stelle selber bereits angelegt ist. Wenn das aber der Fall ist, dann besagt das eben wirklich, daß wir von nichts, wovon wir überhaupt sinnvoll reden können; von nichts, was in irgendeinem positiven Sinn Gegenstand eines Urteils sein kann, worauf die Frage nach der Wahrheit sinnvoll angewandt werden kann, sprechen können als von einem Nichtvermittelten. Das heißt: wo immer wir mit Anspruch von Wahrheit reden können, ist Subjekt auch bereits drin. Der Versuch der Subtraktion, von dem ich Ihnen gesprochen habe, also der Versuch, ein Nichtvermitteltes, eine reine Unmittelbarkeit durch die Analyse des Bewußtseins herauszukristallisieren, ist zum Scheitern verurteilt. Und zwar ist er zum Scheitern verurteilt im Sinn des Gedankengangs der »Kritik der reinen Vernunft« selber, in dem zwar eine solche Vorstellung von reiner Unmittelbarkeit noch herumgeistert, aber gleichzeitig durch die kritischen Überlegungen, die Kant selber angestellt hat, eigentlich bereits nivelliert, eigentlich bereits aufgelöst, bereits aufgehoben ist.

Ich glaube, ich nähere mich damit einem Problem, das in bezug auf die Konstruktion der Kantischen Philosophie von sehr großer Bedeutung ist, nämlich dem Problem des Verhältnisses von *Nominalismus und Realismus* in der Kantischen Philosophie, – also dem Problem, ob die Begriffe bloße Zutat des Denkens seien oder ob den Begriffen etwas in den Sachen selbst entspricht, ob die Begriffe ein fundamentum in re haben. Ich glaube, Sie tun gut daran, sich zunächst einmal dessen zu versichern, daß die Ausgangssituation des Kantischen Denkens nach wie vor die nominalistische Ausgangssituation ist, wie sie sich seit dem Ende der mittelalterlichen Philosophie gegen die begriffsrealistische Situation durchgesetzt hat. (Ich brauche im folgenden den Ausdruck Realismus immer im Sinn des Begriffsrealismus und nicht etwa im Sinn, wie man von Realismus im Gegensatz zu Idealismus redet.) Das heißt also: bei Kant sind die Begriffe selber Produkte des Denkens, – das müssen Sie zunächst einmal festhalten. Der für die gesamte »Kritik der reinen Vernunft« grundlegende Begriff der Synthesis, also des Zusammenfassens des Verstreuten unter eine Einheit, der Verknüpfung von Zerstreutem zu einer Einheit, der ja bei Kant eigentlich überhaupt das Zustandekommen von Erfahrung legitimieren soll, – dieser Begriff der Synthesis ist nichts anderes als die, wenn Sie wollen, auf ihre oberste Abstraktion gebrachte Theorie des Nominalismus, der schließlich nicht nur die Begriffe, sondern überhaupt alles, wovon sinnvoll die Rede sein kann, als Resultat der Tätigkeit des Denkens bezeichnet. Und in der Kritik, die Kant an der Metaphysik und an der absoluten Geltung der obersten metaphysischen Begriffe übt, lebt gewissermaßen noch fort die alte Kritik des Nominalismus an den Universalien. Wenn die alte nominalistische Kritik von den Universalien gesagt hat, daß sie nichts anderes als ein bloßer ›Hauch der Stimme‹ seien, dann wird das eben von Kant in dem Sinn nach Hause gebracht, daß gesagt wird, daß wir von nichts sinnvoll reden können, als was wir aus uns in der Erfahrung gegebenen Elementen durch Synthesis dann eigentlich erst zusammenbringen. – Soweit also, glaube ich, ist die Basis der Kantischen Philosophie durchaus die nominalistische. Aber Kant steht auf der Schwelle jener Entwicklung, in der, wenn man so sagen darf, die Besinnungen, die zu einem radikalen Nominalismus führen, beginnen, sich gegen sich selbst zu wenden. Oder lassen Sie es mich so ausdrücken: die Bedeutung Kants mit Rücksicht auf das Universalienproblem ist die, daß er das Verhältnis des Allgemeinbegriffs und des darunter befaßten Besonderen zum ersten Mal als ein *dialektisches* Verhältnis gefaßt hat. Ich möchte sagen: er hat es objektiv als ein dialektisches gefaßt; das heißt: der Inhalt seiner Theorie läuft auf eine solche Dialektik hinaus, es ist aber nicht dialektisch für ihn, das heißt: seinem Bewußtsein ist eine solche Dialektik noch durchaus fremd; sie setzt sich gewissermaßen gegen seinen Willen oder über seinen Kopf hinweg in der »Kritik der reinen Vernunft« durch. Das Moment liegt nun darin, daß Kant zwar auf der einen Seite die Objektivität der Welt, die begriffliche Objektivität der Welt, die Konstitution von Erfahrung als eine Sache der Synthesis und damit als eine subjektive Leistung ansieht; daß aber andererseits diese subjetive Synthesis gar nicht anders geschehen kann als vermöge einer bestimmten Art von Begriffen, die uns, wie er einmal sagt, schlechterdings ›natürlich‹ sind. Die Ideen, sagt er – damit meint er die transzendenten Ideen, also den Gegenstand der alten Ontologie – sind uns genauso natürlich, wie uns die Kategorien auch natürlich sind; und er interpretiert diesen Satz an einer anderen Stelle sehr zwingend und einfach so – und das gibt Ihnen hier die systematische Einheit –, daß eigentlich die Ideen, also: die Idee der Welt, die Idee der Seele, der Unsterblichkeit, gar nichts anderes sind als die transzendent gewordene Kategorie; das heißt, daß die Ideen überhaupt nichts anderes sind als die Kategorien, soweit sie jenseits einer Möglichkeit von Erfahrung angewandt werden, – wozu sie uns deshalb nötigen, weil unser eigenes Bewußtsein ohne diese Kategorien gar nicht auskommt. Sie haben also hier – und damit berühre ich, glaube ich, die innerste Struktur der »Kritik der reinen Vernunft« – diese sehr eigentümliche Doppelheit, die ich als die Paßhöhe zwischen Nominalismus und Realismus in der Kantischen Philosophie bezeichnen möchte: daß Sie auf der einen Seite im Begriff der Synthesis zwar die vollkommene Reduktion aller an sich seiender Begriffe auf das Denken haben, das diese Begriffe zeitigt, hervorbringt, – daß also diese Begriffe nicht im Platonischen Sinn an sich seiende Ideen sind, sondern etwas sind, was von uns gemacht wird. Auf der anderen Seite aber ist nun unser Denken so organisiert, daß es anders als vermöge einer bestimmten Anordnung von Begriffen, die ihm gleichsam innewohnen, überhaupt gar kein Denken wäre. Und insofern steckt also inmitten dieser Subjektivität zugleich etwas Ontologisches drin. Das heißt: die Subjektivität selber, die transzendentale Einheit selber besteht in Zusammenhang mit, in einer Konstellation von an sich seienden Begriffen, – die nämlich deshalb als an sich seiende zu gelten haben, weil ohne sie so etwas wie unser Denken, also wie unsere Aktivität überhaupt gar nicht vorgestellt werden kann.[160]

Von hier aus werden Sie, glaube ich, auch das zentrale Thema der »Kritik der reinen Vernunft« wirklich verstehen können. Das zentrale Thema der »Kritik der reinen Vernunft« im Sinn dieser, wieder sehr weiträumig angesetzten, Interpretation ist nämlich nun das: wie das Moment des Nominalismus und des Realismus, also das Moment des Denkens qua Subjektivität und das Moment der Kategorien oder der Begriffe als objektiv geltender oder schlechterdings notwendiger, eigentlich zu verstehen ist. Und die Klarlegung dieses Verhältnisses, also die Klarlegung der in Subjektivität, der im innersten Kern, im Atominnern der Subjektivität verkappten Objektivität: das ist das, was Kant sich anheischig gemacht hat zu lösen in jenem Kapitel, von dem er so schön sagt, es sei ›etwas tief angelegt‹[161], und das wohl wirklich das Tiefste ist, was jemals in dieser Zone überhaupt gedacht worden ist, – nämlich das Kapitel über die Deduktion der reinen Verstandesbegriffe, wo nämlich eigentlich ein Doppeltes geschieht, wo nämlich gezeigt wird, auf der einen Seite, daß aus der Einheit des Bewußtseins – also mit anderen Worten: aus dem reinen Ich denke – alle diese Bestimmungen notwendig folgen, die dann als Kategorien den Grundsätzen zugrundeliegen und die dann schließlich zu Ideen werden, die also sozusagen das Reservatbereich sind, die Zone sind, in der Ontologie überlebt; daß aber umgekehrt nun, und das muß man wohl dazufügen, auch das Denken selber eigentlich gar nicht gedacht werden kann, es sei denn vermittelt durch diese Begriffe, in die es sich selber gliedert; daß also eigentlich in der Subjektivität selber als deren Bedingung bereits notwendig

Begrifflichkeit, nämlich die Notwendigkeit von Verknüpfungen, vorausgesetzt wird, und daß es ohne diese Art von Begrifflichkeit so etwas wie Subjektivität überhaupt gar nicht geben kann. In dem Versuch der Gleichsetzung dieser beiden Momente, also der erzeugenden Subjektivität auf der einen Seite und der Stammbegriffe der Vernunft als der jenseits aller Kritik liegenden letzten Gegebenheiten auf der anderen Seite, – darin eigentlich kulminiert nun der Kantische Versuch, Objektivität in Subjektivität zu begründen; und zwar, und ich erinnere noch einmal an die objektive Grundintention der »Kritik der reinen Vernunft«, nicht in dem Sinn, daß Objektivität (wie Sie es so in Philosophievorlesungen im allgemeinen lernen) nun einfach auf Subjektivität zurückgeführt würde, sondern gerade im entgegengesetzten Sinn: daß eigentlich enthüllt wird als das Innerste, als das Geheimnis von Subjektivität, selber ein Objektives, die Macht der Objektivität selber. Und wenn ich Ihnen gesagt habe, daß mit einem ungeheuren Pathos der Anspruch in der Kantischen Philosophie darin sei, daß nichts sei, was nicht vermittelt ist; daß nichts sein soll, was nicht durch Subjektivität hindurchgegangen ist, dann hat dieses Pathos seinen eigentümlichen Charakter nun gerade darin, daß der Objektivitätsbegriff an der Stelle, an der er am allerhöchsten auftritt, an der er am nachdrücklichsten angesehen wird, als ein subjektiver betrachtet wird. Das hängt sehr zusammen mit dem, was ich Ihnen zu Anfang der Stunde über die rettende Intention gesagt habe. Denn wenn bei Kant mit einem ungeheuren Nachdruck der Begriff der objektiven Wahrheit und der objektiven Vernunft festgehalten wird, dann geschieht das eigentlich nur vermöge jenes Realismus, der als der innerste Kern des Nominalismus bei ihm nun eigentlich aufgezeigt werden soll. Das heißt also: die Objektivität ist das Geheimnis der Subjektivität, – beinahe in einem noch höheren Sinn, als Subjektivität das Geheimnis von Objektivität ist. Und wenn ich Ihnen einmal gesagt habe, daß der Unterschied zwischen Hume und Kant der einer Nuance ist, dann wird er an der Stelle allerdings ein radikaler. Denn das, was ihn nun wirklich von Hume, von der Skepsis entscheidend abgrenzt, das ist genau dieser Versuch, nicht nur zu zeigen, daß, was man so Objektivität nennt, durch subjektive Mechanismen gezeitigt wird, die man dann verschieden einschätzen mag, wie sie bei Hume und bei ihm eingeschätzt worden sind; sondern vielmehr so, daß eine ganz bestimmt geartete Objektivität ihrerseits die Voraussetzung von Subjektivität überhaupt ist. Und das Modell dieser Art Objektivität ist nun allerdings die *logische* Objektivität; das heißt: es spielt hier im Grunde herein die Doppelansicht von der Logik als von den Gesetzen der Wahrheit und als von den Gesetzen des Denkens, denen wir dabei unterliegen. – Das also zunächst einmal zur Erhärtung oder zur Analyse dessen, was ich Ihnen gesagt habe über die Vermittlung alles Objektiven durch Subjektives, und gleichzeitig als Erklärung des eigentlichen Ansatzes der ›Deduktion der reinen Verstandesbegriffe‹.

12. Vorlesung
30. 6. 1959

Der Sinn der Betrachtungen, die wir während der letzten Stunde durchgeführt haben, ist es gewesen, Ihnen zu zeigen, wie sehr weit bei Kant bereits die subjektive Vermittlung aller Erkenntnis getrieben ist; wie radikalisiert also bei ihm objektiv bereits der Gedanke von der Subjektivität des Objektiven fortgeschritten ist. Das hat seine prägnante Bedeutung daran, daß der Unterschied von Form und Materie und damit der Unterschied von subjektiven und objektiven Elementen, der Dualismus also, der ja in der Topographie des Kantischen Denkens sehr eindeutig verzeichnet ist, dann in der Dynamik des Kantischen Denkens – wenn ich diese einmal der Topographie, der Geographie beinahe, gegenüberstellen darf – weitgehend relativiert und weitgehend aufgehoben ist. Man könnte sagen, daß, seiner eigenen Absicht oder seiner eigenen These entgegen, der Begriff des Gegebenen selbst bei ihm eigentlich bereits vernichtet ist. – Es ist fraglos, daß damit die »Kritik der reinen Vernunft« in einige sehr schwere Probleme gerät. Das eine davon habe ich Ihnen bereits bezeichnet: nämlich daß durch die tatsächliche Ausführung der »Kritik der reinen Vernunft« es sich erweist, daß das, was überhaupt von dem vom Subjekt Unabhängigen, von dem, was dem Subjekt zufällt, übrigbleibt, eigentlich nur etwas vollkommen Leeres und Nichtiges ist, – so daß also an dieser Stelle die »Kritik der reinen Vernunft« mit ihrer eigenen Unterscheidung von Dingen an sich und Erscheinungen deshalb nicht so ernst macht, weil die Dinge an sich ja ›ein schöner Zug‹ bleiben, wie es in der »Dreigroschenoper« heißt; das heißt also: so irgendwie angesetzt werden als ein Memento daran, daß in dieser subjektiven Erkenntnis nicht alles sich erschöpft, daß sie aber konsequenzlos bleiben. – Es kommt zu dieser Schwierigkeit noch eine zweite Schwierigkeit hinzu, nämlich jene, die ich Ihnen, wenn ich mich recht entsinne, zu Beginn der Vorlesung einmal angedeutet habe[162]:

daß nämlich der Begriff der Erkenntnis selbst dadurch, daß nicht nur die Formen, sondern durch die Radikalisierung des Formbegriffs in Wahrheit doch eigentlich auch der Inbegriff des Erkannten selber ins Subjekt fällt, – daß dadurch der Begriff des Erkannten problematisch wird. Was heißt es eigentlich noch, könnte man fragen, etwas zu erkennen, wenn dieses Etwas als solches ein völlig Unbestimmtes und wenn die Erkenntnis nichts anderes ist als der Inbegriff von Subjektivität, diesen Ausdruck jetzt einmal ein wenig nachdrücklich gefaßt? Dieser Widerspruch bleibt bei Kant in jener Verlegung der Objektivität in Subjektivität eigentlich stehen; es wird dieses Problem bei ihm eigentlich auch gar nicht ausgesprochen. Und das gute alte Ding an sich mag Kant darüber getröstet haben. Es mag eben dann doch fungiert haben als jenes *andere,* auf das Erkenntnis schließlich sich bezieht, – nur daß dieser Trost etwa so trostreich ist wie der, den man im allgemeinen bei Beerdigungen erfährt; nämlich von der Art, daß zwar gesagt wird: ja, also alle unsere Erkenntnis bezieht sich schließlich auf das Ding an sich, denn die Erscheinungen, die ich konstituiere, die ich ordne, werden ja in letzter Instanz verursacht von dem Ding an sich; aber da auf der anderen Seite der Erkenntnisprozeß und der Inhalt der Erkenntnis von diesem schlechthin unerkennbaren Ding an sich radikal durch einen *χωρισμός* im Platonischen Sinn getrennt ist, so nutzt mir für meine tatsächliche Erkenntnis dieser Gedanke an das Ding an sich überhaupt nichts. Das heißt: das, was ich als Objekt erkenne, ist eben doch nur Gegenstand, ist doch nur Objekt in dem ausführlich besprochenen Sinn und gerade *nicht* Ding an sich und bleibt damit eben immer subjektiv Konstituiertes. Es bleibt also damit bestehen das Problem der Erkenntnis als einer einzigen Tautologie: das Problem, daß das Subjekt, wenn ich es einmal sehr vergröbert sagen soll, eigentlich nur sich selbst zu erkennen vermag.[163]

Ich sagte Ihnen, daß diese Schwierigkeit in der »Kritik der reinen Vernunft« nicht thematisch wird und daß das mit der Verdopplung des Dingbegriffs, von der wir gehandelt haben, ganz sicherlich zusammenhängt. Aber es hieße doch wiederum – wie so oft, wenn man Kant auf irgendwelchen Inkonsequenzen ertappt –, die Gewalt dieses Denkens unendlich unterschätzen, wenn man nicht dem nachgehen wollte, daß die Schwierigkeit, von der ich Ihnen eben hier gesprochen habe, in der konkreten Gestalt der Kantischen Überlegungen, in der konkreten Gestalt des Kantischen Denkens schließlich eben doch sich anmeldet und sich durchsetzt. Ich hatte Ihnen gesagt,[164] daß zunächst einmal, zur groben Orientierung, man den Aufbau der »Kritik der reinen Vernunft« sich so vorzustellen hat, daß irgendwelche Materialien in einen Mechanismus hereinfallen und von diesem Mechanismus dann verarbeitet werden; und daß das, was dann als Resultat dieser Verarbeitung herauskommt, meine sogenannten Erkenntnisse sein sollen, – nämlich in Wirklichkeit bloß eine Ordnung dieser Materialien (in einem allerweitesten Sinn verstanden), eine Art von begrifflicher Organisation, eigentlich nur ein Netz, zum Teil auch eine Abbreviatur dessen, was mir gegeben ist, die aber dem eigentlich zu Erkennenden äußerlich ist, die mit dem eigentlich zu Erkennenden nichts zu tun hat. Ich hatte nicht umsonst Ihnen damals gesagt, daß Sie zwar diese Vorstellung zunächst einmal festhalten sollen, um überhaupt sich im allergröbsten die Architektur der »Kritik der reinen Vernunft« klarzumachen. Und Sie tun gut daran, auch jetzt noch diese etwas krude Unterscheidung, die ja eben auf die von Form und Inhalt herausläuft, festzuhalten; Sie müssen aber trotzdem, um Kant gerecht zu werden, sehen, daß es bei ihm damit nicht sein Bewenden hat. Es gibt nämlich in der »Kritik der reinen Vernunft« eben doch ein ganz anders geartetes Motiv: nämlich das, daß Erkenntnis, damit sie wirklich verbindlich sein soll, ihrerseits eigentlich ihrem Material sich anmessen muß. Jene Art der Äußerlichkeit, des bloß klassifizierenden Denkens ...; ich spreche jetzt von Äußerlichkeit ohne jeden depravierenden Unterton; etwa so, wie die Bestimmungen der Naturwissenschaft sich daran gewöhnt haben, vom sogenannten inneren Wesen der Dinge, das ja zu Bacon'schen Zeiten die Naturwissenschaft beherrscht hat, sich frei zu machen und statt dessen die beobachteten Phänomene unter diesen äußerliche Begriffe zusammenzufassen... Also verstehen Sie das ja nicht falsch und ja nicht im Sinn eines billigen deutschen Hochmuts der Innerlichkeit, wenn ich von Äußerlichkeit spreche; diese Seite der Kantischen Äußerlichkeit hat sozusagen auf ihrer Seite das gesamte Pathos überhaupt der Geschichte der modernen Naturwissenschaften und alle Triumphe, die die Naturwissenschaft errungen hat, – dies nur nebenbei. Aber jedenfalls: Kant hat doch als Erkenntnistheoretiker mit dieser Äußerlichkeit sich nicht beschieden, sondern es ist ihm das Problem begegnet, wie nun in dem Zusammenspiel von Materie und Formen – also in der Immanenz des erkennenden Bewußtseins – doch der Stoff oder die Materie und die Formen miteinander etwas zu tun haben sollen; wie doch die Erkenntnis sich dem anmessen soll, was sie erkennt. Und darin, in diesem Problem, überlebt gleichsam innerhalb der Sphäre der Bewußtseinsimmanenz, die von Kant abgesteckt worden ist, eben doch der Gedanke des Synthetischen, des Nichttautologischen: also der Gedanke, daß die Erkenntnis mehr erkennen soll als eigentlich bloß sich selbst; als eigentlich bloß widerzuspiegeln die Formen von Erkenntnis überhaupt.

Dieses eigentümliche Problem erscheint in einem der schwierigsten Kapitel der »Kritik der reinen Vernunft«. Ich will Ihnen jetzt nicht etwa den Inhalt dieses Kapitels erzählen; ich hoffe, daß wir dazu noch gelangen.[165] Ich will statt dessen Sie befähigen, dieses besonders schwierige und dunkle Kapitel *seiner Funktion nach* zu verstehen; also zu verstehen, was das eigentlich soll, – was nämlich im allgemeinen in den üblichen Erläuterungen gar nicht recht klar wird. Denn wenn es wirklich so einfach wäre – daß also Material kommt und dann dieses Material ›übersponnen‹ wird –, dann brauchte sich ja Kant über die Vermittlung dieser Momente eigentlich gar keine Gedanken zu machen. Aber er hat sich diese Gedanken doch gemacht. Und der Ausdruck dieser Gedanken, also: der Ausdruck des Problems, in welcher Weise nun eigentlich Material und Form zusammenkommen: das ist die Thematik des Kapitels über den *Schematismus* der reinen Vernunft. An dieser Stelle haben Sie das Schematismus-Problem also zu begreifen eben als die Frage, wie es möglich ist, daß unsere Erkenntnis nicht nur ein ihrem Material Äußerliches ist, sondern daß sie zugleich deshalb Wahrheit ist, weil sie eigentlich der Beschaffenheit dessen, was sie ordnet, der Beschaffenheit des unmittelbar Gegebenen, sich, wenn Sie so wollen, anpaßt. Also mit anderen Worten: es handelt sich dabei um die Frage der Verbindung zwischen den beiden Hauptstämmen der Erkenntnis, von denen ich Ihnen gesprochen habe, nämlich der Rezeptivität und der Spontaneität: wie ist es überhaupt möglich, daß die zusammenkommen? Daß ich also nicht einfach, wenn ich etwas Angeschautes denke, wenn ich es unter Begriffen zusammenfasse, es dann in einer diesem Angeschauten selber äußerlichen Weise ordne und unter Begriffe subsumiere, – sondern: wie kommt es, daß diese Begriffe der Sache selber entsprechen? Im übrigen ein Problem, das so alt ist wie die Philosophie selber und das wohl seinen ersten großen theoretischen Ausdruck gefunden hat in der Lehre des Platon von der richtigen Einteilung der Begriffe: wo er gefordert hat, daß diese Begriffe nicht einfach im Sinn der logischen Organisation erfolgen sollen (würden wir heute sagen); also nicht einfach klassifikatorisch erfolgen sollen, sondern so, daß sie sich dem Wesen dessen, was dabei begrifflich gefaßt wird, anschmiegen; daß sie, wie Platon es ausdrückt, dem Wesen der Dinge natürlich sein sollen.[166] Die Frage also, um die es sich hier im Grunde handelt und der Kant im Schematismus-Kapitel zu Leibe gerückt ist, ist die Frage der Unangemessenheit der Kategorie an den Gegenstand. Und er hat diese Frage dadurch zu lösen versucht, daß er geglaubt hat, daß es, gewissermaßen als eine Mittelstufe zwischen der Anschauung und dem Begriff, eine Art von Bildern, von Modellen gebe; von Modellen nämlich des je

Anzuschauenden, durch die wir das Anzuschauende erkennen können. Nun, – was es um diese Bilder ist, diese Schemata, die er auf einen verborgenen Mechanismus ›in den Tiefen der Seele‹ zurückführt[167]; also eigentlich ein aporetischer Begriff, ein Begriff, der von vornherein schon der Ausdruck einer Not, einer Schwierigkeit ist, darauf möchte ich jetzt nicht eingehen.[168] Dagegen möchte ich Ihnen doch wenigstens ein paar Gedanken von Kant sagen und erläutern, die zu diesem Problem bei ihm überhaupt führen, – nämlich zu diesem Problem, wie nun innerhalb des ganz und gar von Subjektivität definierten Raums gleichwohl nun das *Nicht*subjektive, das Gegebene irgend doch zur Geltung kommt.

Da sagt nun Kant: »In allen Subsumtionen eines Gegenstandes unter einen Begriff muß die Vorstellung des ersteren mit der letztern *gleichartig* sein, d. i. der Begriff muß dasjenige enthalten, was in dem darunter zu subsumierenden Gegenstande vorgestellt wird [...].«[169] Bitte, beachten Sie das: der Begriff muß das enthalten, was in dem Gegenstand selbst vorgestellt wird; das heißt: der Begriff muß in gewisser Weise nach dem Anschauungsmaterial sich richten. Er darf es nicht zurichten; er darf nicht willkürlich damit verfahren, sondern er muß selber so beschaffen sein, daß er in einem gewissen Sinn dem entspricht; oder, wie man analog in der antiken Philosophie diese Dinge ausgesprochen hat: der Begriff muß der Anschauung in einem gewissen Sinn *ähnlich* sein[170]. Und in dieser Forderung der Gleichartigkeit von Anschauung und Begriff, also: der Ähnlichkeit von Anschauung und Begriff, steckt eben bei Kant doch das Bewußtsein drin, daß diese Trennung der beiden Quellen Rezeptivität und Spontaneität eigentlich eine willkürliche Trennung ist. Sie können sich das zunächst einmal einfach daran klarmachen, daß, auf der einen Seite, wir ja immer gesehen haben bei Kant, daß schon das unmittelbar Gegebene selber, also das scheinbar bloß Rezeptive, nicht nur Anschauungsformen sondern in gewisser Weise sogar Denken – nämlich Synthesis: die Vereinigung zu einer bestimmten Anschauung – in sich enthält; daß aber auf der anderen Seite auch (müßte man hinzufügen) der Begriff, damit er ein wahrer und nicht ein willkürlicher Begriff ist, in sich selbst notwendig auch sich nach den Beschaffenheiten dessen richten muß, worauf er sich bezieht. Durch die absolute Trennung von Spontaneität und Rezeptivität in der Architektur des Werkes ist dieses Moment einer Beziehung zwischen diesen beiden ›Stämmen der Erkenntnis‹, wie Kant sie nennt, vollkommen unter den Tisch gefallen, – und Kant versucht das eben doch nachzuholen. – »So hat der empirische Begriff eines *Tellers* mit dem reinen geometrischen eines *Zirkels* Gleichartigkeit, indem die Rundung, die in dem ersteren gedacht wird, sich im letzteren anschauen läßt.«[171] Der Satz ist schon ein bißchen schwierig, denn was es eigentlich heißt, ›Rundung‹ zu *denken,* wenn Rundung nicht zugleich *angeschaut* wird, ist eine schwierige Frage. Rundung denken, – das heißt: Sie können die Gleichung des Kreises nach der analytischen Geometrie aufstellen: also den geometrischen Ort aller Punkte, die von einem gegebenen Punkt, nämlich dem Mittelpunkt, gleich weit entfernt sind; aber der Begriff der Rundung oder die Vorstellung von der Rundung ist in einer solchen Gleichung, wie sie die analytische Geometrie für die geometrischen Vorstellungen uns anbietet, eben doch nicht enthalten. Kant läßt das für die empirischen Begriffe in der Schwebe, dafür aber erkennt er es um so nachdrücklicher an für die Kategorien, also für die obersten und allgemeinsten Begriffe: denn diese Begriffe, müssen Sie sich erinnern, sollen ja Begriffe sein, die von allem Anschaulichen gerade ganz rein sind. Sie verdanken ja die Tatsache, daß sie konstitutiv sind; also daß durch sie synthetische Urteile a priori möglich sein sollen; daß sie schlechthin notwendige Erkenntnis liefern sollen, eben genau dieser Reinheit, dieser Freiheit von dem anschaulichen Moment. Und infolgedessen ist es nun schlechterdings unmöglich – wie Kant messerscharf schließt –, ihnen auf der anderen Seite wieder selbst auch sinnliche Qualitäten zuzuschreiben. Mit anderen Worten: sie sind also dem, was sie unter sich befassen, schlechterdings *unähnlich.* Ist das aber einmal so – und Kant hat die ungeheure Lauterkeit, sozusagen seinem eigenen Interesse, dem Interesse seines Systems entgegen, das auszusprechen –, ist das aber nun einmal notwendig so; also sind wirklich die reinen Verstandesbegriffe ganz rein von Anschauung und sind die Anschauungen ganz rein von Begriffen (und diese Reinheit sogar der reinen Anschauungen von Begriffen hat er in der transzendentalen Ästhetik sehr ingeniös nachgewiesen)[172], dann kann man mit allem Recht fragen: wie kommen denn die beiden überhaupt zusammen? Das heißt: wie ist überhaupt die Möglichkeit zu denken, daß es eine Erkenntnis gibt, die im Begriff zugleich auch ihrer Sache sich anmißt, die im Begriff der Gegebenheit sich anmißt – und nicht bloß über das Gegebene brutal verfügt und es nicht zur Geltung bringt. Und das eigentlich ist der tiefste Punkt, in dem dann doch, trotz der subjektiven Vermittlung und durch die subjektive Vermittlung hindurch, das nicht Subjekteigene in der »Kritik der reinen Vernunft« sich geltend macht. Und in diesem Sinn müssen Sie also den ganzen Ansatz des Schematismus-Kapitels verstehen, – das im übrigen als das entscheidende Einheitsmoment von Anschauung und Begriff die *Zeit* ansieht.

Ich will Ihnen aber, ehe ich darauf eingehe, doch die Sätze lesen, die nach meiner Ansicht dem Selbstbewußtsein der Kantischen Philosophie von diesem Problem am allernächsten kommen: »Nun sind aber reine Verstandesbegriffe, in Vergleichung mit empirischen [...] Anschauungen, ganz ungleichartig, und können niemals in irgend einer Anschauung angetroffen werden. Wie ist nun die *Subsumtion* der letzteren unter die erste, mithin die *Anwendung* der Kategorie auf Erscheinungen möglich, da doch niemand sagen wird: diese, z. B. die Kausalität, könne auch durch Sinne angeschauet werden und sei in der Erscheinung enthalten? Diese so natürliche und erhebliche Frage ist nun eigentlich die Ursache, welche eine transzendentale Doktrin der Urteilskraft notwendig macht, um nämlich die Möglichkeit zu zeigen, wie *reine Verstandesbegriffe* auf Erscheinungen überhaupt angewandt werden können.«[173] Wohlverstanden: man könnte sie, wenn es sich um nichts handelte als um Ordnung, ohne weiteres anwenden; aber dann ließe sich ja eben sagen, daß diese Anwendung willkürlich sei, weil sie nicht – wenn ich es einmal mit einem nicht ganz hierher passenden Ausdruck aus der alten Philosophie sagen darf: ein fundamentum in re haben; weil ihnen also nicht auch etwas in der Sache selbst entspricht. Die Antwort, die Kant darauf gibt, ist die (abgesehen von der Frage jener Modelle oder jener Bilder), daß die Schematisierung unserer Gegebenheiten, die Schematisierung unseres Verstandes in Ansehung der Erscheinungen und ihrer bloßen Form eigentlich die Zeit ist, – und zwar deshalb, weil eigentlich die Zeit das Moment ist, das dem Denken und der Anschauung gemeinsam ist. Das heißt: auf der einen Seite ist die Zeit eine Form der Anschauung, so wie uns eben unsere eigenen Erlebnisse gegeben werden in der Form eines eindimensionalen Kontinuums von Gegenwart, Vergangenheit und Zukunft, unabhängig von all unserem Denken; auf der anderen Seite aber ist unser Denken selbst, insoweit es Synthesis ist, gar nicht anders vorstellbar als selbst ein Zeiträume Durchlaufendes, ein auf Zeit sich Beziehendes, – und dem Denken selbst ist Zeit als ein für sein eigenes Wesen, nämlich für seinen Ablauf, Konstitutives inhärent. Und in dieser Gemeinsamkeit, in dieser Gemeinsamkeit der Zeit erblickt Kant den Schlüssel dafür, daß wir überhaupt mit unseren Verstandesbegriffen Erscheinungen subsumieren können, ohne, müßte man hinzufügen, dabei eine *μετάβασις εἰς ἄλλο γένος* zu begehen; also ohne dabei in eine andere Gattung zu verfallen, ohne dabei Schreibmaschinen und Apfelsinen miteinander zu addieren, wie es sonst eben doch der Fall wäre. – Das ist also der Punkt, auf den ich Sie hier aufmerksam machen wollte, in dem Kant eben doch versucht hat, das Problem von Anschauung und Kategorie – und damit das Problem des Sich-geltend-Machens des nichtidentischen, des nicht subjekteigenen Moments inmitten der Subjektivität –

zu lösen. Und wenn man bei Kant nun mit Grund von *Tiefe* spricht, dann sind die eigentlich tiefen Stellen bei Kant immer die, wo er nun weiterbohrt; wo er sich nicht zufrieden gibt mit der Generalthese; wo er sozusagen nicht der Kant ist, nach dem Sie im Examen gefragt werden. Sondern die Tiefe besteht – und das gilt nicht nur für Kant sondern für jegliches Denken – darin, daß man sich ohne Rücksicht auf das, was man eigentlich denken will, ohne Rücksicht auf das Denkziel, an den Gegenstand verliert; sich entäußert; sich der Sache überläßt und gewissermaßen gegen den Strich denkt. Die Größe oder die Bedeutung eines Denkens ist geradezu daran zu messen, ob sie das vermag; und die unermeßliche Qualität des Kantischen Denkens scheint mir genau an dieser Stelle zu liegen. Und gerade daß man solche Momente an ihm lernen kann, das scheint mir zu rechtfertigen, in Kant etwas ganz anderes zu sehen denn bloß eine Art von historischer Denkwürdigkeit.

Ich möchte aber auch hier nicht von dem abgehen, was ich mir zur Aufgabe gesetzt habe, – nämlich ich möchte auch hier wiederum fragen, was hinter dieser universalen subjektiven Vermittlung bei Kant eigentlich als motivierende Erfahrung steht. Darauf würde ich zweierlei angeben. Zunächst einmal steckt darin doch die philosophische Spiegelung, das philosophische Heraufkommen der Erfahrung der Naturwissenschaften, die es vermocht haben, durch Anordnung, durch Experiment, durch subjektive Veranstaltung ein unendliches Maß an Erkenntnis zu gewinnen, das eigentlich zum Kriterium nur hat, daß es sich bewährt, – und das gerade darum so sich bewähren kann, weil es darauf verzichtet, über das Wesen der Dinge selbst, über das, was die Sache selbst ist, etwas auszumachen. Wenn die Naturwissenschaften miteinander verbinden eine eigentümliche Resignation dem gegenüber, was eigentlich ihr Erkenntnisziel ist, mit einem Triumph dem gegenüber, was sie erkennen können, sobald sie, wenn ich es überspitzt sagen soll: einmal aufgehört haben, etwas erkennen zu wollen, – dann können Sie in der Philosophie genau diese Situation der Naturwissenschaften, die ja bis heute noch nicht sich geändert hat, widergespiegelt finden in der Kantischen Philosophie, deren Objektivitätsanspruch eigentlich den Triumph widerspiegelt, daß die Naturbeherrschung eben wirklich es fertiggebracht hat, ein unendliches Maß an Gegebenem, an nicht Subjekteigenem doch dem Subjekt zu unterwerfen, als Seinesgleichen eigentlich darzutun; daß aber das zugleich nur möglich ist, wenn dabei, wie auf ein störendes Vorurteil, verzichtet wird auf die Einsicht in die Wesenheiten selbst. Man könnte beinahe sagen, daß in einem gewissen Sinn die Subjektivierung des Erkenntnisbegriffs bei Kant das Fazit aus der realen Geschichte der Wissenschaft, der Naturwissenschaften nämlich, zieht, die erst in dem Augenblick wirklich vermocht haben, die Welt zu beherrschen – sich also in der Menschenwelt, sich in der den Menschen zugänglichen Welt zurechtzufinden und ein immer größeres Maß an Gegebenheiten dem Menschlichen zu unterwerfen –, in dem sie darauf verzichtet haben, irgend etwas anderes erkennen zu wollen als das, was nun durch menschliche Veranstaltung, durch menschliche Formung zugänglich ist. Sie können also sagen, daß der doppelte Prozeß der Resignation und der Steigerung der Produktivkraft, der eigentlich das Wesen überhaupt der gesamten neueren Naturwissenschaft ausmacht, in der Kantischen Philosophie zu seinem Selbstbewußtsein gefunden hat. Das heißt, daß die Welt des Experiments eigentlich die positive Welt der »Kritik der reinen Vernunft« ist, und daß die Aristotelische Welt der Formen, die die Naturwissenschaften abgeschüttelt haben, genau jene Welt ist, die dann in der philosophischen Reflexion noch einmal, beinahe hätte ich gesagt: den Eselstritt bekommt, nachdem sie von der positiven Wissenschaft längst erledigt war, – die nämlich dann von der eigentlichen wissenschaftlichen Bearbeitung ausgeschlossen werden soll.

Aber ich glaube nun, daß in einer solchen Interpretation trotzdem auch der Kantische Subjektivismus sich nicht erschöpft. Um das richtig einzusehen, müßten Sie allerdings in weiterem Maße auch reflektieren auf die praktische Philosophie von Kant. Es steht – abgesehen von diesem Moment; also abgesehen von der philosophischen Reflexion des historischen Gangs der Naturwissenschaften nämlich – doch auch dahinter die Idee der *Freiheit* oder die Idee der *Mündigkeit*. Es meldet in dieser Kantischen Erkenntnistheorie, in der gesagt wird, daß die Welt in ihrer Objektivität eigentlich das Produkt meiner Subjektivität sei, sich eben doch auch das an, daß die Welt nicht hinzunehmen sei als etwas, dem bloß zu gehorchen ist, sondern daß sie etwas bilde, was von mir gemeistert werden kann; daß also die Menschen selber die Subjekte ihrer Welt sind, und nicht bloß die Objekte. Ohne diesen Gedanken der gesellschaftlichen und politischen Emanzipation des Subjekts, das nicht mehr einfach hörig gegenüber der Welt ist, sondern das in seiner Freiheit, in seiner Autonomie eben schließlich auch das Prinzip findet, nach dem ihm die Welt einzig erkennbar ist, und das damit in seiner Autonomie überhaupt das Prinzip der Welt findet, – ohne diese Erfahrung wäre die Kantische Vernunftkritik nicht möglich. – Es ist seit sehr vielen Jahren in Deutschland üblich, auf dem Idealismus herumzuhacken und ihn als einen toten Hund zu behandeln. Das ist eine Tendenz, die etwa angefangen hat mit den Schriften, in denen Scheler zur materialen Phänomenologie übergegangen ist, und es hat seither mit der Datierung des Idealismus als eines Anachronistischen kein Ende. Ich glaube nicht, daß ich Ihnen hier eigens beteuern muß, daß mir die Kritik des Idealismus gegenwärtig ist, und ich glaube, zu dieser Kritik einiges Verbindliche beigetragen zu haben. Aber ich meine doch, man sollte auch mit dieser Kritik insofern es sich nicht zu leicht machen, als man die – unterdessen ja erkannte und hundertmal bewiesene – Unwahrheit des Idealismus doch auch wieder im Geiste von Dialektik als eine partikulare Wahrheit erkennen soll, – das heißt, daß man erkennen soll, daß in diesem Kantischen Subjektivismus, der sich in seiner Reinheit, wie ich Ihnen unumwunden sage, nicht durchführen läßt, eben doch so zentrale Erfahrungen sich anmelden wie die von der Doppelstellung der Naturwissenschaften zu ihrem Gegenstand, den sie gleichzeitig beherrschen und von dem sie zurückfallen; und auf der anderen Seite der Gedanke der Freiheit, der als ein Potential darin sich anmeldet. Ich möchte beinahe sagen: der Idealismus mag falsch sein als ein abstrakt verstandenes, sich ein für allemal setzendes und behauptendes System oder Schema der Erkenntnis; er ist aber ganz sicher wahr insofern, als er einen bestimmten Stand des Selbstbewußtseins des Geistes anzeigt und zugleich eine Stufe des sich in sich vermittelnden, also nicht naiv der Realität gegenüberstehenden Denkens, die es vorher nicht gegeben hat. Und ich möchte allerdings sagen, daß eine jede Philosophie, die diese Motive der Vermittlung nicht in sich hat – ganz gleich, ob ein solches vom Idealismus geheiltes Denken sich nun Ontologie oder ›Diamat‹ nennt –, daß ein jegliches derartiges Denken nicht etwa über die Kantische Fragestellung und den Idealismus hinausgelangt ist, sondern einzig hinter ihn zurückfällt. Es kommt nicht darauf an, um das Wort von Feuerbach aufzunehmen,[174] *gegen* den Idealismus zu sein, sondern *über* ihm zu sein; das heißt, die Motive des Idealismus selber als Motive in die Theorie aufzunehmen, ohne sie im übrigen absolut zu setzen.

Aber auf der anderen Seite müssen wir, wenn wir von diesen Erfahrungen reden und dabei gleichzeitig daran festhalten, daß die These des Idealismus sich nicht durchführen läßt, daß sie an allen Ecken und Enden auf aporetische Begriffe führt, uns doch die Frage vorlegen, wieso das nun eigentlich möglich ist; wieso ein Bewußtsein, das – wie ich es versuchte Ihnen darzustellen – in so vieler Hinsicht ein richtiges Bewußtsein ist, gleichwohl eben doch ein falsches hat sein müssen. Darauf würde ich sagen, daß in gewissem Sinn die Kantische Erkenntnistheorie eigentlich ein bestimmtes Ziel antezipiert, und zwar antezipiert eben in einem falschen Sinn. Kant hat ja die Ideen der Freiheit und der Autonomie selber ausdrücklich als Postulate, als regulative Ideen bezeichnet und hat sie nicht zu den Konstituentien der Erkenntnis gerechnet. Auf der anderen Seite ist es offenbar – und das liegt auch durchaus im Aufbau der »Kritik der reinen Vernunft« –, daß sie doch an allen Ecken und Enden in die Kantische Systematik selber, in die Kantische Konzeption hineinwirken; daß sie von diesen Motiven also schlechterdings nicht abgetrennt werden können. Das besagt aber nichts anderes, als daß die Kantische Philosophie eigentlich die Welt so wie sie ist in gewissem Sinn doch zu bestimmen trachtet als die Welt, wie sie sein soll, – also wie, einem antiken *τόπος* nach, man einmal gesagt hat,[175] daß bei Sophokles die Menschen so seien, wie sie sein sollten, und bei Euripides so, wie sie wirklich seien. Und man könnte wohl sagen, daß das ideologische Moment in der Kantischen Philosophie eigentlich darin steckt, daß die Welt als eine bereits menschliche, wirklich als *unsere* Welt, qua Gegenstand der Erkenntnis auf einer Stufe erscheint, auf der sie das in Wahrheit gerade nicht ist. Gerade weil sie das in Wahrheit noch nicht ist (könnte man sagen), weil wir noch heteronom sind, weil wir in der Unfreiheit leben, ereignet sich nun in der »Kritik der reinen Vernunft« eine höchst eigentümliche Spiegelung; liegt eine Art von komplementärer Ideologie vor. Das heißt: die Welt, von der wir in gewissem Sinn abhängen, die spiegelt sich nun – und ich kann Ihnen die Mechanismen im einzelnen jetzt nicht auseinandersetzen – gerade deshalb, weil wir von ihr abhängig sind, in unseren Köpfen so, als ob wir gleichsam ihre Meister wären. Wenn wir in Wahrheit in dieser Welt gefangen sind, von dieser Welt blind abhängig sind und nur überaus wenig darüber vermögen, dann erscheint das in der Reflexion der theoretischen Philosophie so, als ob wir Gefangene in uns selber wären. Sie können von hier aus sogar jenes Moment, von dem ich eingangs gesprochen habe: das Moment des Tautologischen in der Kantischen Philosophie auch noch verstehen. Denn diese Tautologie ist ja eigentlich gar nichts anderes als ein Ausdruck von Gefangenschaft: daß wir als Erkennende immer nur uns selber erkennen, das bedeutet gewissermaßen, daß wir über uns eigentlich gar nicht herauskommen; daß wir in uns selber gefangen sind. Und auch das hat noch in der Kantischen Philosophie seine tiefe Wahrheit, weil nämlich die Welt, in der wir gefangen sind, in der Tat eine selbstgemachte Welt ist: die Welt des Tausches, die Welt der Waren, die Welt der uns verdinglicht gegenüberstehenden menschlichen Beziehungen, die aber uns gegenüber den Charakter der zweiten Natur und der Objektivität angenommen haben. Auch das wird also noch von jener eigentümlich tautologischen Konzeption der »Kritik der reinen Vernunft« sozusagen wiedergegeben, aber auf der anderen Seite nicht mit seinem eigenen Namen genannt. Denn um mit seinem eigenen Namen genannt zu werden, müßte diese Philosophie aufhören, das zu sein, was sie ihrem Ansatz nach eben doch ist, – nämlich eine idealistische Philosophie. Die Welt ist um so fremder – könnte man sagen –, je mehr sie uns auf den Leib rückt: dieses Verhältnis, das wir täglich am eigenen Leib registrieren können, ist in dem Dualismus und in dem Idealismus der Kantischen Philosophie zugleich aufs allergenaueste registriert. Und ich glaube, nur wenn Sie diesen Idealismus mit all diesen Implikationen und mit all diesen Verzweigungen sehen, dann können Sie sich der törichten Alternative entziehen, entweder zu einer Philosophie sich bekennen zu müssen, die Ihnen in dieser Form inakzeptabel ist, oder wieder einmal über sie triumphieren zu dürfen, – sondern statt dessen ihren Wahrheitsgehalt zugleich als einen ihrer eigenen Unwahrheit in sich aufzunehmen.

13. Vorlesung
2. 7. 1959

Wir haben uns in den letzten Stunden mit dem Problem von Subjekt und Objekt, und zwar spezifisch mit dem Problem der subjektiven Vermittlung von Objektivität, in der Kantischen Philosophie beschäftigt. Nun werden Sie fragen: was sind bei Kant nun eigentlich – nachdem der Begriff eines zu erkennenden Objekts im eigentlichen Sinn weggefallen ist und er auf der anderen Seite doch der bloßen Verdopplung des Subjekts in dem von ihm Erkannten entgehen möchte – die Kriterien, nach denen sich sein Objektivitätsbegriff richtet? Ich habe Ihnen gelegentlich (ich glaube: schon am Anfang, als ich Ihnen zuerst etwas über den Begriff der synthetischen Urteile a priori entfaltet habe) bereits einiges über diese Kriterien gesagt, – das heißt: sie wenigstens angegeben in der Form, in der sie bei Kant angegeben sind.[176] Aber ich glaube, daß wir nun doch an einen Punkt gelangt sind, an dem wir uns über diese Kriterien etwas näher besinnen müssen, zumal das uns, wenn ich recht sehe, in eines der zentralsten Probleme der Vernunftkritik hereinführt, die wir bis jetzt noch nicht so grundsätzlich behandelt haben, wie es ihnen gebührt, – nämlich in das Problem von *Constituens* und *Constitutum*. Um Ihnen das Stichwort zu geben: die Kriterien für synthetische Urteile a priori und damit überhaupt für eine sachhaltige, aber wirklich, im emphatischen Sinn, gültige Erkenntnis, die Kant gibt, sind die Begriffe der Allgemeinheit und der Notwendigkeit, der Notwendigkeit und der Allgemeinheit. Wenn Sie nun nachsehen in der »Kritik der reinen Vernunft«, wie diese Begriffe bei Kant selbst eigentlich erläutert sind, dann werden Sie enttäuscht werden. Sie werden nämlich da eigentlich nicht so sehr viel finden; es gibt da eigentlich nicht so sehr viel, was unter Notwendigkeit und Allgemeinheit zu verstehen sei. Lassen Sie mich nur vorweg, als Generalthese zunächst einmal dessen, was ich Ihnen über die Begriffe zu entwickeln habe, sagen, daß an ihnen ein Moment exemplarisch zum Vorschein kommt, das ich Ihnen bereits entwickelt habe: nämlich das Moment, das ich mit einem Ausdruck, den ich wirklich nicht falsch zu verstehen bitte, die ›Äußerlichkeit‹ des Kantischen Erkenntnisbegriffs genannt habe; also das, daß im Grunde Erkennen bei Kant nur Ordnen, Klassifizieren, unter Gesetze, unter Regeln bringen von etwas heißt, ohne daß dies Etwas selbst seinem Wesen nach dabei aufgeschlossen würde.

Was nun den Begriff der *Notwendigkeit* anlangt, der zunächst das eine Kriterium ist, dem die schlechthin gültige Erkenntnis bei Kant unterliegt, so erfahren wir in der »Kritik der reinen Vernunft« – und zwar in dem Kapitel über die ›Systematische Vorstellung aller synthetischen Grundsätze‹, also an dem Punkt, wo die synthetischen Urteile selber abgeleitet werden aus der ›Deduktion der reinen Verstandesbegriffe‹, und zwar im Anschluß an die ›Postulate des empirischen Denkens‹ –, daß dieser Begriff der Notwendigkeit bei ihm ausschließlich gefaßt wird als das, was unter dem Kausalgesetz stehend angesehen wird. Jeder andere Begriff – also zum Beispiel der Begriff der Denknotwendigkeit oder der Begriff der Notwendigkeit im Sinn einer Motivation von innen her oder der Begriff der Notwendigkeit, der aus dem Wesen einer Sache selber folgen könnte –, jeder andere Begriff ist von Kant, ist von seiner Idee der Notwendigkeit, wie sie die Garantie der Erkenntnis darstellen soll, eigentlich ausgeschlossen. – Die betreffende Stelle lautet: »Die Notwendigkeit betrifft also nur die Verhältnisse der Erscheinungen nach dem dynamischen Gesetze der Kausalität, und die darauf sich gründende Möglichkeit, aus irgend einem gegebenen Dasein (einer Ursache) a priori auf ein anderes Dasein (der Wirkung) zu schließen.«[177] Mit anderen Worten also: jene Äußerlichkeit, von der ich Ihnen gesprochen habe, gilt auch für den Begriff, der gerade im allgemeinen in der philosophischen Tradition dieser Äußerlichkeit am stärksten entgegengesetzt ist, nämlich für die Notwendigkeit. Denn wenn wir etwas als notwendig betrachten, dann denken wir zwar dabei sicherlich *auch* an Kausalität, aber doch, wenn wir genau die Meinung des Gedachten analysieren, eigentlich immer an *mehr*. Wenn wir also etwa sagen, daß zum kapitalistischen System Krisen notwendig dazu gehören, dann meinen wir nicht etwa, daß eine bestimmte Kausalreihe an bestimmten Stellen notwendig krisenhafte Erscheinungen ergibt; sondern daß im Begriff dieses Systems als solchem, mit dem wechselseitigen Anwachsen von Armut und Reichtum, so etwas wie die Wiederkehr von Krisen *dem Begriff nach* angelegt ist. – Daß es sich nun wirklich um diese Art von Äußerlichkeit handelt, das geht dann noch stärker hervor aus einer Stelle der ersten Fassung der ›Deduktion der reinen Verstandesbegriffe‹, die so lautet: »So ist der Begriff einer Ursache nichts anders, als eine Synthesis (dessen, was in der Zeitreihe folgt, mit andern Erscheinungen) *nach Begriffen*, und ohne dergleichen Einheit, die ihre Regel a priori hat, und die Erscheinungen sich unterwirft, würde durchgängige und allgemeine, mithin notwendige Einheit des Bewußtseins, in dem Mannigfaltigen der Wahrnehmungen, nicht angetroffen werden.«[178] Ich mache Sie darauf aufmerksam, daß hier wiederum der Begriff der Einheit des Bewußtseins – von dem ich Ihnen gesagt habe, daß er eine eigentümliche Doppeldeutigkeit hat[179] – in dem objektiven, gegenständlichen Sinn gefaßt ist; das heißt, daß von Einheit des Bewußtseins in den Erscheinungen, in dem ›Mannigfaltigen der Wahrnehmung‹ gesprochen wird; also daß die Einheit des Bewußtseins nicht nur etwas in mir ist, sondern immer gleichzeitig auch etwas in den Erlebnissen, weil die Erlebnisse, die Erscheinungen ja eben in Wahrheit doch allemal immer nur *meine*, weil sie also durch mich selber vermittelt sind. Das nur nebenbei, weil die Stelle jene Doppeldeutigkeit des Zentralbegriffs der Einheit in der Mannigfaltigkeit bei Kant noch einmal sehr schlagend erläutert und ich auf diesen Punkt der Subjektivität und Objektivität in eins bei Kant den allergrößten Wert lege. Aber das, was hier an diese Stelle unserer Betrachtung gehört, ist eigentlich etwas anderes: nämlich daß wir auf Grund der Beschaffenheit unseres Denkens nicht anders können, als sukzessive Ereignisse einer solchen Regel zu unterwerfen; daß sie aber etwas über einen, wenn ich so reden darf: innerlichen Zusammenhang dieser in der Zeitreihe aufeinander folgenden Ereignisse, abgesehen von dieser Form unserer Subsumtion, dabei eigentlich gar nicht besagen können. Sie erkennen also hier sehr deutlich, in welchem Sinn diese von Kant gemeinte, subjektiv konstituierte Objektivität wirklich bloß, fast könnte man sagen: ein Epiphänomen, ein Aufgelegtes, ein den Sachen selber Äußerliches ist (wie ich es Ihnen generell schon gesagt habe).

Und ganz in diesem Sinn sind denn auch die klassischen Bestimmungen der Kausalität zu verstehen, die ja dann in der ganzen Wissenschaftsdiskussion eine sehr große Rolle gespielt haben und die ich Ihnen nur, damit Sie diesen Kantischen Kausalitätsbegriff sich ganz klar machen, hier auch noch einmal angebe: »Ich nehme z. B. den Begriff der Ursache, welcher eine besondere Art der Synthesis bedeutet, da auf etwas A was ganz verschiedenes B nach einer Regel gesetzt wird. Es ist a priori nicht klar, warum Erscheinungen etwas dergleichen enthalten sollten [...].« Mit anderen Worten also: es wird nicht in den durch Kausalität miteinander verbundenen Momenten selber aufgesucht, – in diesem strengen Sinn müssen wir von *Äußerlichkeit* der Kausalität reden. »[...] denn Erfahrungen kann man nicht zum Beweise anführen, weil die objektive Gültigkeit dieses Begriffs a priori muß dargetan werden können [...].« Er macht hier einmal wieder sozusagen aus der Not eine Tugend; das heißt: die Tatsache, daß eine solche innere Motivation in den Erscheinungen nicht aufgefunden werden kann, die wird dann auch noch der Objektivität des Kausalitätsbegriffs gewissermaßen gutgeschrieben, – wie das bei ihm dauernd der Fall ist, indem er sagt: ja, wenn sie nur aus den Erscheinungen käme, aus dem wechselnden Gegebenen, diese Notwendigkeit, dann könnt' es ja auch genausogut anders sein; aber weil es in den apriorischen Bedingungen unserer Erkenntnis liegt, deshalb kann es schlechterdings nicht anders sein, ist absolut notwendig. Also gerade die Äußerlichkeit, gerade das, was eigentlich dieser klassische idealistische Kausalitätsbegriff der Sache gegenüber zu wenig gibt: daraus macht er dann auch noch seinen besonderen, seinen nachdrücklichen Anspruch auf Objektivität. Das ist ein Beleg für meine These, daß bei Kant der Objektivitätsbegriff selbst eigentlich an das Überwiegen von Subjektivität gekettet wird. – Es ist a priori also nicht klar, »warum Erscheinungen etwas dergleichen enthalten sollten [...], und es ist daher a priori zweifelhaft, ob ein solcher Begriff nicht etwa gar leer sei und überall unter den Erscheinungen keinen Gegenstand antreffe«[180]. Dieser Einwand, den er hier macht, ist genau der Einwand, den gegen die traditionelle Fassung des Kausalitätsbegriffs *Hume* erhoben hat[181] und den er hier in einer geradezu erstaunlichen Weise sich zu eigen macht. Es gibt wenige Stellen in der »Kritik der reinen Vernunft«, die so Hume'ianisch klingen wie gerade diese. Aber er zieht sich dann am Kopf selbst aus dem Sumpf, indem er daraus, daß das Denken so strukturiert sei, daß es eben unter diese Regel bringen müsse, nun eben gerade ihre objektive Gültigkeit ableitet. Da heißt es an einer anderen Stelle über den Begriff der Kausalität, und das ist die eigentliche Definition der Kausalität bei Kant: »Denn dieser Begriff [der Kausalität] erfordert durchaus, daß etwas A von der Art sei, daß ein anderes B daraus *notwendig* und *nach einer schlechthin allgemeinen Regel* folge.«[182] Wenn Sie sich das genau ansehen, dann haben Sie hier zunächst einmal einen gewissen Zirkel; denn Sie erinnern sich an die andere Formulierung, die ich Ihnen vorgelesen habe, derzufolge der Begriff der Notwendigkeit überhaupt einen Sinn ergibt nur, soweit er auf die Kausalität sich bezieht, – und nun wird die Kausalität ihrerseits wieder definiert durch Notwendigkeit! Ich mag darauf nicht herumreiten; um so weniger als die beiden Formulierungen aus verschiedenen Fassungen der Vernunftkritik stammen[183], und man doch wohl annehmen darf, daß die zweite Formulierung als die von Kant selber als die verbindlich angesehene zu betrachten ist. Aber jedenfalls darf man wohl soviel sagen, daß, nachdem einmal Notwendigkeit durch Kausalität und nichts anderes bestimmt ist, und die Kausalität nichts anderes ist als eine Regelhaftigkeit, nämlich eine Gesetzmäßigkeit im Wesen des Bewußtseins, die die aufeinander folgenden Erscheinungen zusammenfaßt, also eine Form der Synthesis, – daß in der Tat durch diese Form der Synthesis, nicht durch ein irgend den Sachen selbst Innewohnendes, Kausalität bei Kant verstanden werden soll.[184]

Man könnte also beinahe sagen, daß diese beiden Begriffe: der Begriff der Notwendigkeit und der der Allgemeinheit (auf den ich jetzt sogleich eingehen werde), diesen eigentümlichen Charakter einer Art Subsumtion von außen her in zwei Dimensionen haben: die Kausalität gewissermaßen in der Vertikale, also in der Dimension der zeitlichen Sukzession, indem sie einfach das, was in der Zeit aufeinander folgt, unter den Begriff bringt; während der Begriff der Allgemeinheit nun das nicht in dem zeitlichen Verstande, sondern im Sinn der Simultaneität, tut, nämlich eine Sache auf ihren allgemeinen Begriff bringt. – Wenn Sie sich in der »Kritik der reinen Vernunft« nun aber gar darüber orientieren wollen, was die *Allgemeinheit* bei ihm sei, dann werden Sie eigentlich noch weniger finden; nämlich Sie finden den Begriff der Allgemeinheit, als des zweiten Kriteriums der schlechterdings gültigen Erkenntnis, bei Kant eigentlich nur erläutert durch die These des Apriorismus, – also nur dadurch erläutert, daß gesagt wird, daß eine Allgemeinheit, um wirklich *schlechterdings* allgemein sein zu können, nicht aus der Erfahrung stammen dürfe, weil ja sonst jeweils irgendeine Erfahrung eintreten könnte, durch die das als allgemein Behauptete widerlegt wird. Es handelt sich dabei im Grunde einfach um die traditionelle Kritik an der Induktion, an dem induktiven Urteil, dem vorgeworfen wird, daß die Allgemeinheit, die es aus der Erfahrung ableitet, nur gilt für die jeweils unter diesem Urteil bereits befaßten Phänomene oder Beobachtungen, während wir nicht wissen können, ob dieses Urteil nicht durch irgendeine daran sich anschließende Beobachtung enttäuscht oder widerlegt werde. Aber da nun Kant auf der anderen Seite an diesem Begriff der Allgemeinheit doch absolut festhält, so verlegt er auch ihn einfach in das Wesen der Erkenntnis herein, ohne ihn näher zu erläutern. – Diese Erläuterung ist an sich nicht schwer zu geben; das heißt: das Modell, dem der Kantische Begriff der Allgemeinheit offenbar folgt, ist der Mechanismus der Begriffsbildung überhaupt. Was mit Allgemeinheit also bei Kant gemeint ist, ist gar nichts anderes, als daß als begriffliche Einheiten alle einzelnen Elemente, die die im Begriff definierten Merkmale enthalten, eben unter diesen Begriff fallen.

Ich glaube, es bedarf nur eines kurzen Blicks auf diesen, im allgemeinen ja der formalen Logik zugerechneten Sachverhalt der Begriffsbildung, um dabei die Äußerlichkeit einer Begriffsbildung zu verstehen, die gerade an der Allgemeinheit sich orientiert. Denn dieser Begriff, der, wie wir das nennen: umfangslogisch konstituiert ist, also der den Umfang der unter ihm befaßten einzelnen Elemente definiert, – der kommt ja nur dadurch zustande, daß man, willkürlich klassifizierend, von den jeweils gegebenen *ein* Merkmal isoliert und danach die Definition bildet, die dann eben den Begriff ausmachen soll. Aber in diesem Moment der Willkür, des willkürlichen Herausgreifens dieses einen Moments, anstatt daß man auf die Sache selbst eingeht, – darin steckt ja eben schon bereits jenes Moment der Äußerlichkeit, das im Grunde nicht das leistet, was wir meinen, wenn wir sagen, daß wir den ›Begriff einer Sache‹ hätten. Diese Vorstellung ist bei ihm also überhaupt schon gar nicht mehr verstanden; es tritt eigentlich bei ihm bereits generell in der Erkenntnistheorie die Subsumtion unter Regeln auf der einen Seite oder unter umfangslogische Begriffe auf der anderen Seite anstelle des Begreifens der Sache selbst. Und wenn Sie den Ansatzpunkt verstehen wollen, der den eigentlichen Erfahrungskern dafür abgibt, warum die an Kant anschließenden und durch ihn hindurchgegangenen Philosophen nicht bei ihm stehenbleiben wollten, dann haben Sie den Grund dafür eigentlich hier an dieser Stelle gefunden. Es ist eigentlich nichts anderes – wenn man es ganz schlicht sagen will –, als daß der philosophische Begriff, wie er bei Kant herausschaut, gar nicht im Ernst der Begriff der Sache selbst sei, sondern nur ein durchs Subjekt dieser Sache verhältnismäßig äußerlich Aufgeprägtes. – Ich glaube, Ihnen das, was ich über das Moment der Äußerlichkeit im Kantischen Erkenntnisbegriff Ihnen gesagt habe – und was ich dann allerdings berichtigt habe durch den Hinweis auf Probleme, für die uns das des Schematismus exemplarisch war –, damit eingelöst zu haben, daß ich Ihnen gezeigt habe, wie sich das nun in der »Kritik der reinen Vernunft« tatsächlich in der Bestimmung ihres eigentlichen Gegenstandes, nämlich der synthetischen Urteile a priori, ausweist; das heißt, daß die Kriterien der Wahrheit – nämlich Notwendigkeit und Allgemeinheit – eben gar keine Kriterien der Wahrheit des Begreifens der Sache selbst sind, sondern nur der *Richtigkeit;* also dessen, daß man korrekt diesen Gegenständen gegenüber in der Art, wie man sie traktiert hat, wie man sie bearbeitet hat, verfahren ist.

Dieser Allgemeinheitscharakter, von dem ich Ihnen gesprochen habe, läßt sich charakterisieren als ein Allgemeinheitsbegriff der *subjektiven Vernunft:* also es ist eine Allgemeinheit, die hervorgebracht wird lediglich durch die Verfassung, durch die Konstitution des nun einmal die Dinge so und nicht anders begreifenden Subjekts; und sie steht in äußerstem Gegensatz zu dem objektiven Vernunftbegriff, wie er in der Tradition der Philosophie exemplarisch von Platon vertreten wird, der also eine Vernunft den Sachen selbst zuschreibt, einen *λόγος* den Sachen selber, den zu erkennenden Gegenständen zuschreibt und der demgemäß es dann als die Aufgabe der Erkenntnis faßt, diesen in den Sachen selber liegenden *λόγος* zu begreifen, – und nicht etwa die Sache oder die Sachen unter ihre Regeln, unter ihre Begriffe zu subsumieren. Wenn Sie nun sich fragen, was es mit dieser Allgemeinheit auf sich hat, dann stoßen Sie aber auf eine interessante

Zweideutigkeit, die in der »Kritik der reinen Vernunft« nicht eigentlich thematisch ist, die aber doch im Sinn des Begriffs der Allgemeinheit liegt. Auf der einen Seite müssen nämlich die allgemeingültigen Urteile in dem Sinn allgemeingültig sein, daß sie für alle zukünftige Erfahrung schlechterdings gelten. Und Kant begründet das ja damit, daß eben der Geist selber so strukturiert ist, daß er anders als in dieser Allgemeinheit nicht zu denken vermag, – im übrigen etwas, was ihm durchaus zu konzedieren ist, denn ohne Begriffsbildung, ohne Abstraktion, also ohne jene Mechanismen, denen er hier eigentlich die Allgemeinheit zuschreibt, ist ja ein Denken überhaupt nicht möglich, ist, das hat er ganz richtig erkannt, etwas wie Synthesis überhaupt nicht möglich; sondern es bliebe dann wirklich bei der ›blinden Anschauung‹, wie er es nennt,[185] also bei der begriffslosen Gegebenheit, in der eigentlich etwas wie der Begriff nicht wäre, in der einem überhaupt kein Licht aufginge. Aber abgesehen von dieser Bedeutung der Allgemeinheit – die Sie ebenfalls nach dem, was ich Ihnen gezeigt habe, nicht unterschätzen werden – liegt im Begriff der Allgemeinheit doch auch noch etwas anderes; nämlich etwas, was dem Begriff des Consensus, also der Übereinstimmung aller Menschen, recht nahekommt. Wenn ich das so ausspreche, dann würde Kant sich bekreuzigen; und es ist selbstverständlich, daß in der Form, in der ich es Ihnen jetzt gesagt habe, das an keiner Stelle der »Kritik der reinen Vernunft« steht. Wenn wir ein Seminar wären, dann hätte ich gute Lust, Sie zu fragen, warum an dieser Stelle Kant ein solcher Horror ergreifen würde; ich glaube, Sie alle könnten nach dem, was Sie hier erfahren haben, die Antwort darauf geben, – nämlich: wenn in der Tat diese Allgemeinheit vom Consensus sämtlicher Subjekte abhängig gemacht würde, dann wäre diese Allgemeinheit ja ihrerseits eine empirische Tatsache; sie hinge also ab bloß von der Beschaffenheit dieser empirischen Individuen, die darin zusammenstimmen; und etwas bloß Empirisches und vom Zufall Abhängiges kann ja nicht dann selber, wie der Begriff der Allgemeinheit es doch bei Kant verlangt, seinerseits gültige objektive Erkenntnis konstituieren. Sie merken hier bereits, daß der Punkt, auf den ich Sie gern hinführen möchte, mit dem Begriff von Constituens und Constitutum außerordentlich eng zusammenhängt. Aber trotzdem hat doch wohl dieser Begriff der Objektivität nur dann einen Sinn, wenn er in der Tat auch diesen Consensus einschließt. Das heißt: wenn nicht alle überhaupt mit Vernunft begabten Subjekte, *alle Menschen* – würde mit einem gewissen Nachdruck Kant an der Stelle sagen – so denken müßten; also wenn ein Zusammenhang zwischen der empirischen Beschaffenheit ihres Geistes und jenem Mechanismus der Allgemeinheit, wie er in der Vernunft selber begründet sein soll, nicht bestünde, – dann hätte gewissermaßen dieser ganze Begriff der Allgemeinheit, und der ihrer Notwendigkeit zugleich, eigentlich gar keine richtige Substanz. Nur wenn alle Menschen so denken müssen, dann ist ein Satz wirklich allgemein; es liegt also darin auch dieses, wenn Sie so wollen: anthropologische Element noch mit drin.

Die großen Schwierigkeiten, denen wir uns hier gegenübersehen, sind evident; und auf diese Schwierigkeiten möchte ich nun eingehen. Unterstellen Sie einmal eine Sekunde, daß in der Tat zum Sinn des Begriffs der Allgemeinheit mit dazugehört, daß diese Allgemeinheit eine Allgemeinheit auch für alle Menschen ist. Dann steckt darin latent auch so etwas wie: daß in einem gewissen Sinn, den ich Sie richtig zu verstehen bitte, das Subjekt, das dahintersteht, eigentlich überhaupt ein *gesellschaftliches* und nicht bloß ein empirisches Subjekt ist; das heißt, daß die Formen, um die es sich hier handelt, nicht die Formen sind, die bei der Analyse eines je einzelnen, gegebenen Bewußtseins sich vorfinden, sondern daß diese Formen selber ihre Allgemeinheit eben darin haben, daß sie die Formen aller Bewußtseine (wenn ich so sagen darf) sind, und daß denen gegenüber das einzelne Bewußtsein nur das Sekundäre ist. Also steht, wenn Sie so wollen, das einzelne Bewußtsein gegenüber dem gesellschaftlichen Bewußtsein, dem Sinn dieser Philosophie nach, in demselben Verhältnis, in dem das relativ Zufällige, Besondere gegenüber dem gesetzmäßig notwendigen, nach Regeln verlaufenden Allgemeinen bei Kant steht. Wenn Kant in der »Kritik der reinen Vernunft« versucht hat, sehr nachdrücklich das Subjekt, das er analysiert, von dem empirischen Subjekt zu unterscheiden und dabei ein viel abstrakteres Subjekt annimmt als das je einzelne Subjekt, dann ist dieses abstraktere Subjekt wie jeder Begriff gewonnen durch eine Abstraktion von einer Vielheit von einzelnen Subjekten. Man könnte also genetisch zunächst einmal sagen: von so etwas wie dem transzendentalen Subjekt oder dem, was er in den »Prolegomena« das ›Bewußtsein überhaupt‹ nennt, kann ich sinnvollerweise gar nicht reden, wenn ich mich nur an ein einzelnes Bewußtsein halte. Denn das einzelne Bewußtsein gibt mir ja immer nur das, was in ihm selbst ist, aber es ist in ihm keinerlei unmittelbare Evidenz dafür enthalten, daß das, was über es ausgesagt wird, in der Tat allgemein ist. Sondern ich muß dazu eben schon ausgehen von einer Vielheit von egos, von einer Vielheit von ›Bewußtseinen‹; und ich muß dann durch Vergleich, durch Weglassen dessen, was an ihnen kontingent: was sowohl bloß psychologisch wie zufällig von außen ihnen zukommend ist; ich muß also dann gewissermaßen zu dem ihnen allgemeinen Skelett kommen. Dagegen wird dann sofort gesagt werden – und Kant hätte das wahrscheinlich auch gesagt –, daß das eine Mißdeutung sei, weil ja das transzendentale Subjekt seinerseits so etwas wie die Vielheit von einzelmenschlichen, empirischen Subjekten überhaupt erst ermögliche. Aber genau an der Stelle liegt nun die Schwierigkeit, auf die wir hier stoßen, und die in Wirklichkeit auch wieder eines der Probleme ist, in denen die Dialektik in Kant selber eigentlich begründet ist. Denn wie kann ich überhaupt von einer solchen Allgemeinheit mit Grund reden, wenn ich dabei nur von einem je einzelnen Subjekt ausgehe? Das habe ich Ihnen bereits gesagt. Auf der anderen Seite aber: wenn ich von einer Vielheit ausgehe und nicht von dem Zusammenhang der unmittelbaren Gegebenheit im je einzelnen, spezifischen Bewußtsein, – ja, setze ich dabei dann nicht in der Tat schon das voraus, was eigentlich erst bewiesen werden soll, nämlich etwas wie die subjektive Welt? Setze ich dabei nicht in gewisser Weise das, was erst zu konstituieren ist – also die Gesellschaft und damit etwas Empirisches –, für die gesamte Konstruktion von vornherein eigentlich voraus? – Kant hat sehr tiefsinnig diese Frage in der Schwebe gelassen. Und er hat in der späteren Fassung, in der zweiten Fassung der »Kritik der reinen Vernunft« in den beiden Abschnitten, in denen diese Frage thematisch wird – nämlich in der ›Transzendentalen Deduktion‹ und in dem Kapitel über die Paralogismen, über die psychologischen Paralogismen, also die Fehlschlüsse, die zu einer Annahme der Substantialität der Seele führen –, sich beide Male, wenn ich so sagen darf, auf die transzendental-logische Seite geschlagen, in Gegensatz zu jener merkwürdigen transzendentalen Konzeption, die da gegenüber der Alternative des Logischen und des Psychologischen bei ihm ein Drittes darstellt und die die eigentlich spekulative Sphäre überhaupt bei ihm ist.[186]

Man kann sicherlich und mit allem Recht sagen, daß ein solcher Begriff wie der des Wir oder der Gesellschaft oder was immer es sein mag, ein, gemessen an den Kriterien der »Kritik der reinen Vernunft«, naturalistischer Begriff[187] ist; und diejenigen etwa, die an unseren dialektischen Versuchen, mit dem Begriff der Gesellschaft als einem konstitutiven erkenntnistheoretischen Begriff zu operieren,[188] Kritik üben, die haben eigentlich immer nur dieses eine Argument, daß das deshalb illegitim sei, weil ja eigentlich die Philosophie allem Gesellschaftlichen schlechterdings vorausginge und es überhaupt erst durch Erkenntnistheorie begründen würde; und daß Philosophie darum eigentlich in vorphilosophische Skepsis zurückfallen würde, wenn sie statt dessen nun auch von Gesellschaft redet. Ich glaube, das ist eine so zentrale Sache, nicht nur für die »Kritik der reinen Vernunft« sondern für die Philosophie schlechterdings, daß ich glaube, Ihnen hier doch ein bißchen nähere Antwort schuldig zu sein, Ihnen darüber etwas mehr sagen zu müssen. Der Gedanke einer Subjektivität überhaupt, also der einer Formenlehre des Bewußtseins oder der von Formen des Bewußtseins, der kann eigentlich ohne ein Bewußtsein selber überhaupt nicht gedacht werden. Wenn Kant selber immer wieder sagt, daß die Begriffe ohne Anschauungen leer seien; und wenn er etwa den ontologischen Gottesbegriff damit kritisiert, daß er sagt, daß aus dem reinen Begriff einer Sache, ganz gleich was zu ihr als Merkmal geschlagen wird, etwas über ihre Existenz nicht folgt,[189] dann müßte man eigentlich diese Argumentation auf den Gedanken des transzendentalen Subjekts, also der Formen von Denken schlechterdings, auch anwenden. Das heißt: dieser Gedanke der Subjektivität ist ohne das Bewußtsein, von dem er abstrahiert ist, eigentlich nicht zu fassen. Es ist eigentlich die Grundthese, die dann immer wieder im Idealismus wiederholt worden ist und die in dieser Form ausdrücklich und mit allem pathetischen Nachdruck von Fichte vorgebracht worden ist, daß das, was von einer Sache abstrahiert wird – also der Begriff eines reinen Denkens oder eines absoluten Subjekts, wie man das dann im späteren Idealismus genannt hat –, daß der mit dem, wovon er abstrahiert worden ist, schlechterdings gar nichts zu tun habe. Nun scheint mir aber diese Art des Schließens genauso eine *μετάβασις*, ein Fehlschluß zu sein; im Kantischen Sprachgebrauch müßte man wohl sagen: es scheint das genauso eine Amphibolie der Reflexionsbegriffe zu sein, wie die Amphibolien, die von Kant selber kritisiert worden sind. Das heißt: es handelt sich eben hier darum, daß ein Reflexionsbegriff – also ein Begriff, der durch einen denkenden Prozeß von etwas Gegebenem abstrahiert ist, aber in dieser Abstraktion doch auf das Gegebene bezogen bleibt – nun so behandelt wird, als ob er mit dem, worauf er bezogen ist, schlechterdings nichts zu tun hat. Man muß unterscheiden die logische Gültigkeit von Abstraktionen – die natürlich frei ist von den Einzelmomenten, von denen abstrahiert wird dabei – von dieser, ich möchte beinahe sagen: transzendentalen Gültigkeit der Abstraktionen; das heißt: ob solche obersten Abstraktionsbegriffe an sich gelten, ohne daß in sie selber wieder sachhaltige Voraussetzungen notwendig mit hereingenommen werden müssen; mit anderen Worten also: ob nicht an dieser Stelle, wo die Philosophie Kants sich bemüht, das Constituens ganz rein ›herauszukritisieren‹, gerade an dieser allerinnersten Stelle des Constituens, sie nun wieder auf das stößt, was sie selber eigentlich erst als das *Constitutum* bezeichnet. Das, woran Kant hier denkt (Kant ist an dieser Stelle gar nicht so furchtbar eindeutig gewesen), dieses reine Ich denke, das ist von dem Ich qua Tatsache nicht ganz zu lösen, – was allein schon daraus hervorgeht, daß alle Versuche, dieses Ich denke in seiner Reinheit zu bestimmen und dabei von subjektiven Ausdrücken ganz abzusehen, gar nicht angehen. Sie können sich dieses Ich denke, dieses also in letzter Instanz bei Kant konstituierende Problem, ohne ein wie auch immer geartetes Ich, das da denken soll, gar nicht vorstellen. Im Augenblick, in dem Sie aber von einem solchen Ich reden, das da denkt, können Sie zwar dieses Ich sich vorstellen als eines, das noch nicht in einem vollen Sinn ein raum-zeitliches, körperliches Ich ist, – aber immerhin: Sie müssen, damit Sie ein solches Ich denke überhaupt fassen können, dabei immer auch das mitfassen, was dabei gedacht wird; ohne ein solches verliert es überhaupt seinen Sinn. Das heißt: es ist auf Faktizität verwiesen; das Ontologische bedarf des Ontischen genauso, wie umgekehrt – im Sinn der Argumentation von Kant und im Sinn der Argumentation des gesamten Idealismus – auch das Ontische seinerseits nun wiederum des Ontologischen bedarf. Wenn Sie dieses Ich denke, also das eigentlich transzendentale reine Subjekt, von dem Ich qua Tatsache ganz und gar ablösen, so verliert nicht nur die Rede von ›Ich überhaupt‹ ihren Sinn, sondern Sie können sich dann das überhaupt nicht vorstellen, was bei Kant Bewußtseinszusammenhang heißt, was Synthesis heißt, was Erinnerung heißt, was Reproduktion; alle diese Kategorien, die bei Kant vorkommen, die verlieren dann eigentlich ihren ganzen Sinn. Wenn man Constituens – also das reine Bewußtsein, durch das die tatsächliche Welt zustande kommt – und Constitutum – also Welt in einem weitesten Sinn – auseinanderhält, dann kann jenes, das Constituens, nicht einmal gedacht werden, ohne daß zugleich das Constitutum mitgedacht würde.[190] Und auch dieses ist dann von den späteren Idealisten gegen Kant aufgenommen worden und eingewandt worden; nur haben sie das Problem mit einem Gewaltstreich gelöst, indem sie eine Art von, ich muß schon sagen: Überich, von monströsem, gigantischem, absolutem Subjekt erfunden haben – das fängt mit Fichte an –, in das nun diese beiden Momente, Constituens und Constitutum, beide gleichermaßen hereinfallen.

Das Resultat der Abstraktion darf gerade Kant zufolge nicht hypostasiert werden; beim Ich denke aber tut er genau das. Auf der anderen Seite aber ist das empirische Ich nun seinerseits konstituiert. Und auch die Seele ist, wenn Sie so wollen, ein ›Ding‹ etwa in dem Sinn, daß sie ja auch der Kausalität unterliegt; das heißt, daß wir mit den Mitteln der Psychologie feststellen können, welchen Kausalitäten auch unser sogenanntes Seelenleben unterliegt, welche kausalen Abhängigkeiten für unsere Triebregungen zum Beispiel und für alle diese Momente bestehen. Die moderne Psychologie ist ja gerade der kausalen Analyse des empirischen Subjekts außerordentlich nahegekommen. Dieser Widerspruch, auf den ich Sie geführt habe: daß also auf der einen Seite gesagt werden kann, es bedarf jedes Constitutum eines Constituens, weil nämlich die Vermittlung (wie wir in den letzten Stunden gesehen haben) in allem drin steckt; es bedarf aber umgekehrt auch das Constituens des Constitutums, weil ohne ein solches, worauf es sich bezieht, selbst die allerabstraktesten und elementarsten Formen sich nicht vorstellen lassen, – dieser Widerspruch ist von der Philosophie nicht aufzulösen, sondern er muß selbst in seiner Wahrheit begriffen werden. Und wenn es ein Moment gibt, an dem der Übergang zu einer dialektischen Auffassung von der Philosophie zwingend ist, dann scheint mir das eigentlich der Ansatz dafür zu sein. Es gibt kein empirisches Ich ohne den Begriff, also ohne jene Momente, die nicht auf bloß Daseiendes, auf Objektivität zurückführbar sind; und es gibt auf der anderen Seite auch keinen Begriff, also kein solches reines Ich, das nicht ebenfalls irgendwie auf ein empirisches Ich zurückgeführt werden müßte. Beides steckt in Hegel auch drin. – Das Entscheidende, was Sie nun lernen sollen und was ich Ihnen gern heute mitgeben möchte, ist das, daß nun *nicht* etwa daraus zu folgern ist, das Constituens qua Geist, qua Transzendentalsubjekt sei nicht das Constituens; sondern das *eigentliche* Constituens, das sei was Empirisches, – nämlich die Gesellschaft. Eine solche Annahme wäre genauso falsch wie die idealistische Annahme auch. Und ich glaube: das Mißverständnis, dem gerade wir uns in dem, was wir philosophisch lehren, immer wieder ausgesetzt finden, das liegt an dieser Stelle. Das, was Sie hier lernen sollen und wovon ich hoffe, daß ich es Ihnen einigermaßen demonstriert habe, das ist nun nichts anderes, als daß die Frage nach diesem absolut Ersten selber falsch gestellt ist; daß es also eigentlich kein Constituens und kein Constitutum gibt, sondern daß diese beiden Momente – und zwar in einer jeweils bestimmbaren, aber doch nicht wechselseitig auflösbaren Weise – sich gegenseitig produzieren. Und daß das *ψεῦδος* der philosophischen Tradition – also das, worin wohl das philosophische Denken gegenüber diesem gesamten Ansatz radikal umzudenken hat – darin liegt, daß dem Ideal eines absolut Ersten nachgefragt wird, – wobei, wenn man die Gesellschaft als ein solches absolut Erstes faßt und hypostasiert, das genauso eine naturalistische Hypostasis ist, wie es umgekehrt eine Hypostasis ist, wenn man den Geist in einer ähnlichen Weise absolut setzt.

Das nächste Mal werden wir davon zu reden haben, welche Struktur in der Kantischen Philosophie der Begriff des Wir hat; und ich möchte Ihnen heute nur noch das sagen, daß in der Kantischen Sprache – nämlich in dem ständigen Gebrauch des Ausdrucks Wir, den er im strengsten Sinn sich gar nicht verstatten dürfte – eben diese Problematik, die ich Ihnen heute gewissermaßen außerhalb von Kant entwickelt habe, gegen seinen eigenen Willen in seiner Philosophie ebenfalls sich anmeldet.

14. Vorlesung
7. 7. 1959

Mir scheint, daß ich in der letzten Vorlesung einen Gedanken, der überhaupt[191] zentral für die Einleitung in der »Kritik der reinen Vernunft« ist, ein bißchen allzu rasch und leichtsinnig abgehandelt habe, und ohne daß ich dabei jene Gabe lichtvoller Darstellung gehabt hätte, von der Kant ja gesagt hat, daß sie ihm selber ebenfalls abginge[192]. Daß Kant das getan hat, ist ein schlechter Trost, und infolgedessen glaube ich also doch, es Ihnen schuldig zu sein, noch einmal das Grundsätzliche jener Gedanken nun so zu entwickeln, daß Sie, so will ich wenigstens hoffen, es alle verstehen können, – einfach deshalb, weil ich glaube, daß es der Schlüssel überhaupt für das ist, worum wir uns hier bemühen. Ich möchte aber, da ich nicht dazu gemacht bin, eine Vorlesung zu wiederholen, die Darstellung der in der letzten Stunde gegenüber etwas anders aufbauen, was vielleicht auch den Vorteil hat, daß diejenigen von Ihnen, die aus dem nicht allzu gut Organisierten, was ich Ihnen das letzte Mal vorgebracht habe, doch klug geworden sind, sich nicht zu sehr langweilen müssen. – Ich gehe also diesmal von einer Tatsache aus, die sehr oft beanstandet und in der Diskussion über die »Kritik der reinen Vernunft« kritisiert worden ist: nämlich von dem Sprachgebrauch ›Wir‹, der sich immer wieder vorfindet, wenn Kant irgendwie von dem Erkenntnisvermögen redet. Ich glaube, die Schwierigkeit ist Ihnen ohne weiteres klar, denn die Aufgabe der »Kritik der reinen Vernunft« ist es ja bekanntlich, Erfahrung – und damit den Aufbau einer gegenständlichen Welt – überhaupt erst zu begründen oder, wie es in der Sprache der Vernunftkritik heißt: zu konstituieren. Wenn ich aber nun vom Wir rede, dann bezieht sich das offenbar auf ein bereits Konstituiertes, das heißt: das Erkenntnisvermögen, von dem hier gehandelt wird, wird stillschweigend bereits empirischen, tatsächlichen, realen Subjekten, einzelnen Personen, zugeschrieben; es wird also gewissermaßen dabei das bereits antezipiert, das bereits vorausgesetzt, was eigentlich als Bedingung der »Kritik der reinen Vernunft« überhaupt erst herausschauen soll. Wenn man sich darüber hinwegtrösten wollte mit der Versicherung, daß dieses Wir auch nur so ein laxer Sprachgebrauch sei, dann, glaube ich, würde man von diesem Trost nicht satt. Denn an einer so entscheidenden Stelle wie der, wo es sich um den Bezugspunkt der gesamten Vernunftkritik handelt; also um den Punkt, an dem das Ganze, wie es einmal heißt, festgemacht ist[193]; auf den die ganze Vernunftkritik als ihren innersten Grund sich eigentlich bezieht, – da könnte man doch füglich fordern, daß Kant sich einer möglichst exakten Redeweise befleißigt hätte, – er wäre damit nicht überfordert. Und im Augenblick, wo Sie versuchen, nun etwa dieses Wir dann durch einen exakteren Ausdruck zu ersetzen, werden Sie sogleich merken, daß das außerordentlich schwierig ist, ja, ich möchte soweit gehen zu sagen, daß es eigentlich unmöglich ist. Denn im Augenblick, wo Sie dafür etwa sagen würden ›das transzendentale Subjekt‹ oder ›das Subjekt überhaupt‹ oder wie immer das heißt, würde das eben einen ganzen Rattenkönig an Begründungen und Erklärungen notwendig machen, der in dieser Weise in der »Kritik der reinen Vernunft« nicht vorkommt; und es wäre dann Raum für die allerverschiedenartigsten Interpretationen. Aber die tiefste Schwierigkeit – um das gleich vorwegzunehmen – scheint mir darin zu liegen, daß wir deshalb dieses ›Wir‹, oder gelegentlich dieses ›Ich‹, nicht eliminieren können, weil alle die Begriffe, die eigentlich dann das Transzendentale, also die Sphäre des Constituens, die Sphäre, durch die Erfahrung überhaupt möglich sein soll, – weil alle Begriffe, sage ich, durch die diese Sphäre des Transzendentalen irgend erklärt wird, ihrerseits Begriffe sind, die auf so etwas wie Ich, auf persönliches Bewußtsein zurückweisen.

Ich glaube also, es ist deshalb besser, wenn wir uns nicht mit diesem armseligen Trost zufriedengeben, Kant hätte hier, wie der gute Homer gelegentlich auch einmal, geschlafen und das Wir sei nicht so ernstgemeint; sondern daß wir zunächst einmal versuchen, uns einfach klarzumachen, was in dieser Kantischen Redeweise von dem Wir drinsteckt. Da stoßen wir nun zunächst auf das, was eigentlich das Thema der letzten Vorlesung gebildet hat, nämlich auf den Begriff der Allgemeinheit. Das heißt: er redet von Wir – und im allgemeinen jedenfalls nicht von Ich; von Ich redet er höchstens, wenn er von einzelnen Beispielen wie dem berühmten von den Talern redet, aber nicht in den prinzipiellen Erwägungen –, er meint damit etwas Allgemeines; also nicht die empirische Einzelperson sondern etwas, was diesen empirischen Einzelpersonen vorgeordnet ist. Daß er das tut, – ich glaube, das ist zunächst etwas, was sich auf eine gewisse Evidenz, eine gewisse Einsichtigkeit stützen kann. Dieser Begriff des Wir ist ja also nichts anderes als das, was eigentlich das Denken trägt: das Denkende; im Grunde nichts anderes als die nun in sich selbst reflektierte, kritisch reflektierte res cogitans, die denkende Substanz des Descartes. Wenn Sie eine Sekunde einmal ganz schlicht auf den Vollzug von irgend etwas reflektieren, was Sie selbst im prägnanten, im eigentlichen Sinn als Denken bezeichnen mögen, dann werden Sie finden, daß Sie dabei – jedenfalls in den Modellen, die der Vernunftkritik zugrundeliegen, also in den Sätzen der reinen Mathematik in erster Linie – eigentlich nicht wesentlich als empirische Einzelpersonen engagiert sind; sondern daß das, was da denkt, etwas ist, was zwar von jedem Einzelnen von uns getragen wird und was auch als Möglichkeit die Existenz von Einzelpersonen voraussetzt – wir können ein anderes Denken uns ja gar nicht vorstellen –, was aber seinem Objektivitätsgehalt nach in einer unmittelbar einsichtigen Weise nicht an dich und mich, nicht an irgendeine Einzelperson gebunden ist; selbst wenn wir zunächst gar nicht in komparativer Allgemeinheit uns bewegen, also gar nicht dem nachfragen, wie es nun um die betreffenden Urteile oder Denkvorgänge oder Schlüsse (oder was immer es sei) bei anderen Personen sich verhalte. Das Ich, das denkt, denkt – wenn es im prägnanten Sinn denkt – nicht als Privatperson, sondern es denkt gewissermaßen als Exekutor eines Sachverhalts. Ich möchte dabei Sie noch einmal an jenen Gedanken erinnern, auf den ich verschiedentlich bereits hingewiesen habe und der an dieser Stelle wohl für die philosophische Systematik, für die eigentliche Begründung der Erkenntnistheorie wirklich von zentraler Bedeutung ist: daß nämlich, wenn wir ein Urteil aussprechen, eine Urteilssynthesis aussprechen, diese Synthesis nicht nur ein von uns den Dingen willkürlich Auferlegtes ist; sondern daß 2 + 2 tatsächlich auch 4 *sein* müssen, damit wir die Synthesis 2 + 2 = 4 aussprechen können; ohne welche Synthesis nämlich allerdings der Satz 2 + 2 = 4 eigentlich auch nicht zu *denken* wäre. Und in diesem Moment des Nachvollziehens, diesem Moment des Sichanmessens an etwas was ist, aber was doch nur dadurch ist (möchte ich es beinahe ausdrücken), daß wir uns ihm anmessen: darin liegt wohl eigentlich das Spezifische des Denkakts. Und diese Erfahrung ist gemeint, wenn von der Allgemeinheit des Urteils die Rede ist, die den synthetischen Urteilen a priori von Kant zugeschrieben wird und die also in diesem Wir ausgedrückt werden soll.

Zugleich aber verweist dieser Ausdruck Wir, wenn wir ihn so ernst nehmen, wie wir es uns zum Programm gemacht haben, auf eine Mehrheit von Personen; das heißt: wenn in diesem Wir *nicht* eine solche Mehrheit von Singularitäten gesetzt ist, wenn es sich *nicht* auf eine solche Mehrheit von Singularitäten bezieht, dann ist dieser Plural selber sinnlos. Es gibt – kann man logisch sagen – überhaupt nur insoweit etwas wie einen Plural, einen sprachlichen Ausdruck von Pluralität, wie es gleichzeitig auch einen Ausdruck von Singularität gibt; nur als eine Synthesis von Singularitäten ist Pluralität überhaupt sinnvoll. Wenn ich also nicht einen Einzelnen, ein wie immer geartetes ›Ich‹ denke, dann hat auch die Rede von dem ›Wir‹ keinen Sinn. Und wenn Sie diesen Gedanken nun mit dem vorher Erarbeiteten rasch konfrontieren, dann werden Sie darauf stoßen, daß gegenüber der bloßen Einzelperson, dem bloßen einzelnen, individuellen Bewußtsein, auf welche dieses Wir seinem Sinn nach verweist, nur deshalb im Plural bei Kant gesprochen wird, um dieses einzelne, je individuierte Bewußtsein gleichsam von seiner Zufälligkeit zu erlösen; eben auf das Moment der Allgemeinheit hinzuweisen, von dem wir vorher dabei gesprochen haben. Aber nur wo ein Unterschied zwischen einer Mehrheit und einer Einzelheit, einer Mehrheit von Subjekten und einem Einzelsubjekt überhaupt gemacht wird, da gibt es so etwas wie einen Plural. Und das hat nun allerdings einen außerordentlich weittragenden Sinn für die Konstruktion nicht nur dieses Zusammenhangs, mit dem wir uns hier beschäftigen, sondern für die Konstruktion der »Kritik der reinen Vernunft« insgesamt. Das heißt nämlich nichts anderes, als daß es einer solchen personalen Singularität, also eines in sich geschlossenen, monadologischen Bewußtseins im Sinn der Kantischen Vernunftkritik jedenfalls bedarf, damit überhaupt die auf das Transzendentale, auf die Möglichkeit synthetischer Urteile a priori bezogenen Faktoren oder Bedingungen als sinnvolle möglich sind. Es gibt also ohne ein Ich, und zwar ohne ein durchaus individuiertes Ich, eigentlich überhaupt nicht dieses ›Ich denke, das alle meine Vorstellungen begleitet‹. Die Einheit, die Kant zufolge überhaupt so etwas wie vernünftige Aussagen zustandebringt, kann anders denn als eine des je bereits Individuierten im Sinne der Vernunftkritik überhaupt nicht vorgestellt werden. Dem entspricht in der Tat die Ausführung der »Kritik der reinen Vernunft« selbst, nämlich die Ausführung der Deduktion der reinen Verstandesbegriffe. Das heißt: die Einheit auf der subjektiven Seite, von der Kant behauptet, daß sie als die Möglichkeit der Verknüpfung meiner Vorstellungen überhaupt und einzig so etwas wie die Garantie von Objektivität gebe, diese Einheit ist die Einheit eines persönlichen Bewußtseins. Das, was für Kant diese Verknüpfung eigentlich darstellt, der Mechanismus der Synthesis; der Mechanismus also, sowohl nebeneinander – simultan – wie nacheinander –

sukzessiv – verstreute Vorstellungen eben zu verknüpfen, miteinander zusammenzubringen, der ist möglich nur im Zusammenhang eines jeweils individuierten oder, wie wir das nennen: eines jeweils persönlichen Bewußtseins. Individuelles Bewußtsein also ist konstitutiv für den Begriff des Transzendentalen und damit für den Begriff des Konstituierenden selber; das Konstituierende ist konstituiert in der »Kritik der reinen Vernunft« durch eine solche Einheit von bereits individuiertem, individuellem Bewußtsein.

Die Frage, um die es sich hier handelt, ist selbstverständlich in der philosophischen Tradition äußerst bewußt gewesen und ist immer wieder behandelt worden. Man wird dem, was ich Ihnen bis jetzt auseinandergesetzt habe, im Sinn der eigentlich idealistischen und, wenn Sie wollen: begriffsrealistischen Tradition, wie sie an Kant angeschlossen hat, im allgemeinen entgegnen, es handele sich dabei eigentlich bloß um die Form von Personalität, – also darum, daß dies Allgemeine, von dem ich Ihnen oben als dem fürs Denken Charakteristischen gesprochen habe: diesem ›Es‹, das da denkt, der Form nach nur als ein individuiertes, als ein je einzelnes Bewußtsein vorkomme; daß es aber seiner Substanz, seinem eigentlichen Gehalt nach davon unabhängig sei; und daß es infolgedessen auch nicht am Besonderen, Einzelnen hafte. Da ist etwas daran, und ganz sicher ist etwas daran im Sinn der Intention von Kant. Das heißt: genausowenig wie wir jenen Verweis von Synthesis auf persönliches Bewußtsein in den Wind schlagen können, genausowenig können wir in den Wind schlagen, daß in der »Kritik der reinen Vernunft« diese Personalität ihrerseits als eine Form gedacht ist, die auf Pluralität, auf Allgemeines verweist. Nur unter der Form der Individualität kann so etwas wie Synthesis gedeihen, aber die Gültigkeit der Synthesis soll bei Kant von dieser Individuation ja gerade unabhängig sein. Und die Urteile, die er die synthetischen Urteile a priori nennt, sind infolgedessen von ihm niemals als bloß individuelle Urteile gemeint. Aber ich glaube: indem wir das einräumen, dürfen wir es uns nicht zu leicht machen; wir dürfen nicht damit, daß wir sagen: wir leben halt in einer individualistischen Gesellschaft, und das Allgemeine, wie es im λόγος, im Denken drinsteckt, das aktualisiert sich nur in einzelnen Individuen, aber mit diesen einzelnen Individuen, mit der Individuation selber hat das nichts zu tun, – mit diesem Spruch dürfen wir es uns nicht allzu leicht machen; wir dürfen uns nicht allzu schnell dabei beruhigen. Und ich glaube, daß einige der Nachfolger von Kant, insbesondere Fichte, gerade an dieser Stelle, an der sie besonders tief zu sein glaubten, indem sie der Faktizität, dem spezifisch Individuierten sich entwunden haben, in Wirklichkeit oberflächlich gewesen sind, weil sie die Tiefe des Verhältnisses zwischen eben jenem principium individuationis, das die Möglichkeit von Synthesis überhaupt abgibt, und, auf der anderen Seite, der Objektivität der Wahrheit viel zu leicht genommen haben und gar nicht darauf weiter reflektiert haben. Ich will damit sagen, daß zwar richtig ist, daß in der »Kritik der reinen Vernunft« dabei reflektiert wird nur auf die *Form* eines individuellen Bewußtseins; mit anderen Worten: auf allerallgemeinste Tatsachen eines solchen individuellen Bewußtseins, – wie: daß alle Erlebnisse, die einem individuellen Bewußtsein angehören, durch etwas charakterisiert werden, nämlich daß sie Erlebnisse, daß sie Bewußtseinsinhalte eben dieses spezifischen Individuums sind (und nicht ersetzbar durch die irgendeines anderen, wodurch sofort der Begriff der Synthesis ja hinfällig würde); oder: Kant denkt an solche allgemeinen, aber doch an Individuation gebundenen Tatbestände wie den Tatbestand der Erinnerung, der Reproduktion der Einbildungskraft, der ja (wie ich Ihnen bereits gesagt habe) doch eigentlich überhaupt das Zentrum der transzendentalen Konstruktion bei Kant abgibt. Aber wenn wir auch zugestehen müssen, daß es sich hier nicht um spezifische Zusammenhänge innerhalb von spezifischen, individuellen Personen, sondern um gewisse allerallgemeinste Konstituentien des Individuums handelt, so müssen wir dem doch hinzufügen, daß unabhängig von faktischer Individuation, also unabhängig von tatsächlichem personellen Bewußtsein und von tatsächlichen personellen Bewußtseinsinhalten, an welchen diese Synthesis sich bewährt, diese Formen überhaupt gar nichts besagen würden. Das heißt: sie gelten überhaupt nur soweit, wie es so etwas wie ein empirisches Bewußtsein gibt. Oder, um den Gedanken etwas zu variieren: es handelt sich hier bei diesen allgemeinsten kategorialen Formen um Abstraktionen, die die Einheit des Bewußtseins konstruieren sollen. Aber es ist ein Irrtum der Philosophie, daß sie geglaubt hat, die Abstraktionen einfach von der Nabelschnur dessen, wovon abstrahiert worden ist, abtrennen zu können. Das Abstrahierte hat zwar seinen Sinn immer nur insofern, wie es nicht das Ganze in sich enthält, wovon abstrahiert worden ist: sonst gäbe es überhaupt keine Begriffe, sondern nichts als eine stumpfsinnige Wiederholung eines je einzelnen *τόδε τι*, eines je einzelnen Daseienden, wovon abstrahiert worden ist. Aber auf der anderen Seite ist doch die Gültigkeit – und damit die Substantialität – eines jeden solchen abstrakten Begriffs immer wieder auf das bezogen, wovon er eigentlich abstrahiert worden ist. Und das gilt im höchsten Maß hier: das heißt, nur wo tatsächlich so etwas wie empirisches Bewußtsein vorliegt, nur an diesen Stellen kann überhaupt von so etwas wie transzendentalem Bewußtsein die Rede sein.

Kant hat diesen Gedanken im übrigen sehr eindringlich und mit größter Kraft in dem Amphibolie-Kapitel der »Kritik der reinen Vernunft« entwickelt, und zwar in der großen ›Anmerkung‹ über den Amphiboliebegriff; und es ist sehr merkwürdig, daß er nicht darauf verfallen ist, daß diese Kritik an den Amphibolien, also an den Verwechslungen von Abstraktionen mit der Sache selbst, – daß er nicht darauf verfallen ist, daß dadurch auch seine eigene Lehre vom Transzendentalen affiziert wird. Ich kann es mir nicht versagen, zu dieser Stelle Ihnen doch ein paar Sätze vorzulesen. Er meint hier also mit Reflexionsbegriffen die obersten intellektualistischen Begriffe, die obersten bloß intelligierten, also nicht durch Anschauung, nicht durch Erfahrung gefüllten Begriffe, denen Leibniz und Wolff ›Sein an sich‹ zugeschrieben haben. »Allein, das schlechthin, dem reinen Verstande nach, Innerliche der Materie ist auch eine bloße Grille« – und hier haben Sie sozusagen die Rechtfertigung, die Kantische Apologie dessen, was ich Ihnen in einer der letzten Stunden, ohne damit etwas Herabsetzendes sagen zu wollen, das Moment der Äußerlichkeit in der »Kritik der reinen Vernunft« genannt habe[194] –; »denn diese« – die Materie – »ist überall kein Gegenstand für den reinen Verstand, das transzendentale Objekt aber, welches der Grund dieser Erscheinung sein mag« – also das berühmte Ding an sich –, »die wir Materie nennen, ist ein bloßes Etwas, wovon wir nicht einmal verstehen würden, was es sei, wenn es uns auch jemand sagen könnte. Denn wir können nichts verstehen, als was ein unsern Worten Korrespondierendes in der Anschauung mit sich führet.«[195] Wenn das aber wahr ist, dann gilt genau das auch für die Kategorien und vor allem für die Stufen der Kategorien, die Kant entwickelt hat: daß wir nur so weit, wie sie sich auf ein tatsächliches empirisches Bewußtsein beziehen, sinnvoll von einem solchen Ich reden können. An dieser Stelle des Amphibolie-Kapitels geht Kant in der Tat, ich möchte beinahe sagen: kritisch über die Vernunftkritik selber noch heraus; und zwar besonders an der Stelle, wo er von dem Begriff des Ichs redet: »Ihre« – der Sinnlichkeit – »Beziehung auf ein Objekt, und was der transzendentale Grund dieser Einheit sei, liegt ohne Zweifel zu tief verborgen, als daß wir, die wir so gar uns selbst nur durch innern Sinn, mithin als Erscheinung, kennen, ein so unschickliches Werkzeug unserer Nachforschung dazu brauchen könnten, etwas anderes, als immer wiederum Erscheinungen, aufzufinden, deren nichtsinnliche Ursache wir doch gern erforschen wollten.«[196] Ich glaube, wir müssen hier päpstlicher als der Papst, das heißt Kantischer als Kant sein, um in der Tat an dieser Stelle auf die immanente Notwendigkeit einer dialektischen Konzeption von der Philosophie zu gelangen. Kant begeht nämlich insofern hier eine Inkonsequenz – und ich würde sagen: das ist nicht einer der berühmten Widersprüche, die die Schulmeister feststellen, sondern in der Tat eine Art von Innehalten des Gedankens, bei dem wir uns nicht beruhigen können –, daß er zwar es verschmäht, mit Rücksicht auf den äußeren Sinn irgend etwas Bestimmtes über die Dinge an sich auszusagen; sondern er vertritt gerade an der Stelle, die ich Ihnen verlesen habe, einen äußerst radikalen Agnostizismus, einen so radikalen Agnostizismus den Dingen an sich gegenüber, daß, wenn man ihn hier beim Wort nehmen würde, er eigentlich nicht einmal den Begriff solcher Dinge an sich gebrauchen könnte; dort aber, wo es sich nun um das ›Ich denke‹ handelt, um das Innere, also das, wovon selber wir doch auch nur in Gestalt von Erscheinung, und nicht in Gestalt eines Dinges an sich, wissen können, – dort redet er gleichzeitig so, als ob es sich doch hier um das handle, was Erscheinung allererst eigentlich begründet.

Ich glaube, das ist der zentrale Punkt; und ich möchte das noch einmal wiederholen, damit Sie das alle auch wirklich verstehen. Die transzendentale Sphäre soll, Kant zufolge, den Zusammenhang des Phänomenalen, die Verhältnisse, die Verknüpfungen überhaupt begründen, durch die wir so etwas wie eine Welt, durch die wir so etwas wie Erfahrung haben; sie ist der Rechtsgrund dafür, daß es so etwas wie Erscheinung gibt. Aber wir haben – Kant selber zufolge, seiner eigenen These aus dem Amphibolie-Kapitel zufolge, die ich Ihnen verlesen habe – von eben diesen Momenten selber auch nur in Form von Phänomenen, von Erscheinung eigentlich Kenntnis. Das reine Ich denke, das absolute Ich, der geheime Grund der Verknüpfung oder der Synthesis ist genauso verborgen wie der transzendente, also wie das transzendente Ding an sich. Und im Grunde hätte der Kant also gar kein Recht, hier undialektisch von einem solchen Ansichseienden, von solchen festen, ein für allemal gegebenen Formen zu reden; sondern wenn er sagt, daß die Welt auf der einen Seite überhaupt nur zustande kommt durch jene Verknüpfung, die in diesen transzendentalen Faktoren, diesen Stufen des Bewußtseins gelegen ist, dann müßte er dem hinzufügen, daß es aber auf der anderen Seite auch diese Stufen selber nur insoweit gibt, daß wir von ihnen selber nur insoweit wissen, wie wir Erscheinung haben, wie wir Phänomene haben. Mit anderen Worten also: die bei Kant konstitutiv genannte Sphäre, das Constituens, ist genausowenig zu verabsolutieren, wie, den Resultaten der Vernunftkritik zufolge, das Constitutum zu verabsolutieren wäre, – wie also Kant zufolge der sogenannte naive Realismus auf Unstimmigkeiten und auf Unsinnigkeiten tatsächlich führen würde. Sonst verfällt hier Kant dem noch einmal, was er Leibniz mit so außerordentlicher Schärfe nachgewiesen hat; nämlich eben der Amphibolie der Reflexionsbegriffe, also der Verwechslung der abstrakten Begriffe mit dem, wofür sie eigentlich einstehen und worauf sie genauso zurückverweisen, wie das unter ihnen Befaßte auf sie als die Form auch zurückverweist. Mit anderen Worten also: auch der Begriff des Transzendentalen oder alle die Momente, durch die so etwas wie Erfahrung zustande kommen soll, die sogenannten Konstituentien unseres Bewußtseins, die sind nicht, wie es im Sinn der Analyse der ›Deduktion der reinen Verstandesbegriffe‹ Ihnen scheinen möchte, uns unmittelbar bekannt, sondern sie sind Vermittlungen, sie sind Abstraktionen eines bestimmten Moments der Erkenntnis, – und dieses Moment wird dann in der »Kritik der reinen Vernunft« hypostasiert. Kant macht mit dem Ich denke gleichsam dasselbe wie das, was er in dem Amphibolie-Kapitel dem ontologischen Gebrauch des Begriffs Sein, des Begriffs Materie und all diesen anderen naturalistischen Begriffen mit großem Recht vorwirft. Daß ich in dem Ich denke ohne das Ich nicht auskomme, und das spiegelt sich ja in dem Sprachgebrauch des Wir bei Kant, von dem wir ausgegangen sind, – das beweist also, wenn unsere etwas weitläufigen, schwierigen Überlegungen triftig sind, daß in der Tat das Ich nicht die reine und schon gültige, nämlich insofern immer bereits konstituierte logische Form ist. Und damit berühre ich einen Punkt, an dem ich mich der Polemik gegen meinen sonst sehr geschätzten Kollegen Sturmfels[197] nicht entschlagen kann, von dem Sie immer wieder in Polemik gegen die psychologistische Deutung Kants vernehmen werden, daß das Transzendentale eigentlich gar nichts anderes als das rein Logische sei. Ich glaube, daß diese Auffassung genauso eine Primitivierung von Kant, eine Simplifizierung ist, wie es die psychologistische Auffassung, wie sie im 19. Jahrhundert so verbreitet war, ebenfalls gewesen ist; und daß Sie die eigentliche, tieferliegende Problematik der »Kritik der reinen Vernunft« überhaupt nur dann verstehen können, wenn Sie sich davon freimachen.

Wenn es sich wirklich so verhielte, daß es sich bei der Sphäre des Transzendentalen um gar nichts anderes handelte als um die rein logische Einheit, die ja im übrigen immer schon als Gesetzmäßigkeit des Denkens auch Denken voraussetzt und sich auf Denken bezieht, – wenn es sich tatsächlich um nichts anderes handelte, dann hätte ja Kant in der Einleitung der ›Transzendentalen Logik‹ nicht die sehr nachdrückliche Unterscheidung der transzendentalen Logik – als einer auf Sachen gehenden und damit doch wohl auch viel tiefer mit Sachhaltigem verbundenen Logik – von der bloß formalen Logik getroffen. Ich möchte hier aufmerksam machen auf den Abschnitt II aus der Einleitung zur ›Transzendentalen Logik‹, wo er die Unterscheidung der transzendentalen Logik von der Logik überhaupt oder der formalen vollzieht. Da heißt es: wenn es sich wirklich so verhielte, wie die Auffassung es darstellt, die dieses Problem des gegenständlichen, des sachhaltigen Moments im Transzendentalen durch seine bloße Formalisierung glaubt in den Wind schlagen zu können, dann würde es so sein – sagt Kant –, daß dann die formale Logik ›auch auf den Ursprung unserer Erkenntnisse von Gegenständen gehen‹ würde; »da hingegen die allgemeine Logik mit diesem Ursprunge der Erkenntnis nichts zu tun hat«[198]. Die »Kritik der reinen Vernunft« ist die Fragestellung, die sich wesentlich mit dem *Ursprung* der Erkenntnis – und nicht mit der Gesetzmäßigkeit befaßt, der die schon geronnenen, die schon vollzogenen Erkenntnisse unterliegen. Als eine solche genetische Frage, als eine solche Ursprungsfrage aber bewegt sie sich nicht in dem reinen Formalismus der Logik, sondern in einer Sphäre, die zwar auf der einen Seite die Sachhaltigkeit, das Inhaltliche, das Phänomenale, die Erfahrung erst begründen soll, die aber ihrerseits, um überhaupt möglich zu sein, selber doch auch wiederum auf etwas derartiges Sachhaltiges verwiesen sein muß. Ich glaube, Sie können sich das am allerdrastischesten klarmachen – und ich beharre so auf diesem Punkt, weil ich glaube, daß es sich hier wirklich um das Zentrum der »Kritik der reinen Vernunft« handelt –, wenn Sie eine Sekunde einmal nachdenken über den Begriff der Spontaneität: also der Aktivität, und zwar der unwillkürlichen Aktivität, als welche ja von Kant das Denken im Gegensatz zur bloßen Anschauung verstanden wird, denn diese Spontaneität können wir ja wirklich von einer bloß logischen Einheit nicht prädizieren. Wie es vorstellbar sein soll, daß eine bloß logische Einheit, die nicht irgendein Etwas hat; nicht ein Etwas, das da fungiert; nicht etwas, was nicht ganz in der Abstraktion aufgeht: wie die eine Tätigkeit soll entfalten können, ganz gleichgültig, wie sehr wir dabei den Begriff der Tätigkeit auch sublimieren mögen, das ist ganz unmöglich, – es sei denn, daß wir Kant an dieser Stelle eine Art Metaphysik des reinen Geistes zuschreiben wollten, die gerade er als Spiritualismus am allerheftigsten würde von sich gewiesen haben. Es ist unmöglich also, daß wir uns von einem reinen Begriff – und der Begriff der Einheit ist ja ein reiner Begriff – irgend etwas Aktives vorstellen sollen. Unter eine Einheit wird subsumiert, aber eine Einheit qua Einheit erzeugt nichts, fungiert nichts, bringt eigentlich nichts zustande. Aber dieses Moment des Zustandebringens, dieses Moment des Tuns liegt in dem ›Ich denke, das alle meine Vorstellungen begleitet‹ phänomenologisch darin. Wenn ich nicht dabei das Bewußtsein eines solchen ›Ich tue‹ hätte, dann gäbe es ein solches ›Ich denke, das alle meine Vorstellungen begleitet‹, überhaupt nicht. Und darin liegt eben, daß die transzendentale Form ihrerseits genauso auf ein – wie immer auch sublimiertes, wie immer auch abstrahiertes – inhaltliches Moment als Bedingung ihrer Möglichkeit verwiesen ist wie umgekehrt. Kant würde sicherlich zugeben, daß sie gültige Urteile nur hervorbringt, soweit sie sich auf Anschauungen bezieht, das ist ja geradezu der Inhalt der »Kritik der reinen Vernunft«. Aber das, was wir hier tun; die Betrachtung, die wir hier durchführen, geht darüber noch wesentlich hinaus: das heißt, sie sagt nicht weniger, als daß mundanes Sein, Faktizität genauso eine Bedingung der Denkmöglichkeit der bloßen Formen ist, wie, auf der anderen Seite, ohne diese Formen irgendwelche Inhalte der Erfahrung nicht zustande kommen können.

Damit sind wir gestoßen auf das, was ich in der letzten Stunde, ich glaube: das quid pro quo im Begriff des Transzendentalen genannt habe[199]: das quid pro quo zwischen Constituens und Constitutum. Und das, was ich nun hier Ihnen begreiflich machen möchte und weswegen ich diese sehr große Anstrengung mache – denn es geht hier um nicht weniger als eigentlich um die, wenn ich so sagen darf: Grundlegung der philosophischen Position, wie ich sie selbst vertrete und wie ich sie glaube an diese Reflexion über Kant anknüpfen zu können –, ist: beide Momente sind aufeinander irreduktibel. Ich möchte also nicht etwa dabei dem sogenannten Constitutum nun einen ontologischen Primat vor dem Constituens erweisen, – nach alldem, was ich getan habe, ist das nicht möglich. Sondern ich möchte Sie nur dazu bringen einzusehen, daß diese beiden Momente aufeinander bezogen sind. Erinnern Sie sich – damit Sie schließlich diesen Gedanken auch so pointiert fassen, wie ich es gern hätte, daran, daß wir in den vorhergehenden Stunden uns eingehend damit befaßt haben, daß Kant aufgezeigt hat, es sei das Subjekt das Allgemeine; also in allem Besonderen bereits enthalten. Und ich war so weit gegangen, Ihnen zu zeigen, daß in diesem Sinn sogar die Anschauung selber als ein bereits begrifflich Vermitteltes, nicht als eine bloße Unmittelbarkeit, verstanden werden kann. Ich hatte deshalb an dieser Stelle gesagt, daß in der Kantischen Philosophie der spätere Hegelsche Gedanke von der universalen Vermittlung objektiv bereits angelegt ist, auch wenn er ihn so nicht ausgedrückt hat. Aber ich hatte Ihnen das, glaube ich, an einigen der ausgezeichneten Momente des Kantischen Systems gezeigt. Mit anderen Worten also, – das ist sozusagen die offizielle These, das ist der Kant, wie er im Baedeker steht: es gibt kein Constitutum ohne ein Constituens; es gibt keine Welt ohne ein transzendentales Subjekt, ohne ein Ich denke, das alle meine Vorstellungen begleitet. Und wenn ich sage: es gibt keine Welt, dann müssen Sie sich darüber klar sein, daß das empirische, tatsächliche Subjekt ja auch prinzipiell – wie Kant selber bereits zugestanden hat – ein Stück Welt ist, in diese Welt hineingehört; daß wir also als empirische Personen Konstituta – und nicht ohne weiteres Konstituentien – sind. Umgekehrt aber ist das Ergebnis der heute durchgeführten Analyse nun das, daß das Constituens als der Bedingung seiner eigenen Möglichkeit eines individuellen Subjekts bedarf und damit aber eben auch des Constitutums. Also das, was der Kantischen Vernunftkritik zufolge eigentlich erst das Sekundäre ist, gehört zu der Bedingung des Primären ebenso, wie das Primäre *seine* Bedingung ist. Es ist also im Sinn der Überlegungen, die wir durchgeführt haben, – wenn ich der allervulgärsten philosophischen Redeweise mich einmal bedienen darf – ebenso die Generalthese des Idealismus kritisiert, im Sinn der Kantischen Konstruktion selber, wie umgekehrt auch die Generalthesis eines sogenannten naiven, das heißt eines undialektischen Realismus. Wenn wir das wirklich ernst nehmen, wenn wir also in der Tat die Unauflöslichkeit dieses Widerspruchs als erwiesen betrachten, dann scheint mir daraus keine andere Konsequenz möglich zu sein als die, daß wir überhaupt auf die Forderung der Reduktion des einen Pols der Erkenntnis auf den anderen Pol verzichten; mit anderen Worten: daß wir das Prinzip eines überhaupt und schlechterdings *Ersten,* auf das alle Erkenntnis zurückzuführen sei, aufgeben. – Und damit allerdings ist gesetzt auch die Unmöglichkeit einer Ontologie, einer Ontologie des Seins; also der idealistischen Version der Ontologie, wie sie bei uns in Westdeutschland gedeiht, ebenso wie der krud materialistischen Ontologie, in welche man die Dialektik im Ostbereich zurückgebildet hat. Sondern die Frage der Bestimmung des Verhältnisses nun dieser Pole zueinander, die ist im Sinn einer sogenannten Ursprungsfrage überhaupt nicht durchführbar. Und die Kritik an der Kantischen Philosophie als an einer Ursprungsphilosophie, diese Kritik hat schließlich gegen den Begriff einer solchen Ursprungsphilosophie sich überhaupt zu wenden. Das heißt: es ergeht an sie die Zumutung, in der Philosophie die Frage nach einem absolut Ersten, als dem eigentlichen und alten Wahren, aufzugeben. Mit anderen Worten: das, was ich Ihnen heute gezeigt habe, läuft auf nicht weniger hinaus als auf eine Variation des berühmten Kantischen ›kritischen Wegs, der allein offen ist‹[200]. Wir nehmen diese Kantische Intention des kritischen Weges allerdings auf: das, was ich getan habe, war, mit großer Absicht, durchaus im Sinn einer immanenten Kritik an der »Kritik der reinen Vernunft« gehalten; hat sich also durchaus bewegt im Rahmen des Begriffsapparats und der Erwägungen, wie Kant sie selber anstellt; hat aber gleichzeitig eben doch den Sinn gehabt, sozusagen das Gefängnis des sogenannten Konstitutionsproblems zu durchschlagen, – und terminiert eigentlich in dem Satz, daß der *dialektische* Weg alleine offen sei.[201]

15. Vorlesung
9. 7. 1959

Ich möchte zunächst ausgehen von einer sehr geistreichen Formulierung, die, im Anschluß an die letzte Vorlesung, Herr Dr. Schweppenhäuser[202] gebraucht hat, der nämlich gesagt hat, es sei in der letzten Vorlesung eigentlich der Nachweis erbracht worden: Constituens des Constituens ist das Constitutum. Ich glaube, daß – nach all den Betrachtungen, die wir durchgeführt haben – wir gesichert sind vor dem Mißverständnis, als wollte ich nun, gewissermaßen indem ich den transzendentalen Idealismus beim Wort nehme, ihn durch einen transzendentalen Realismus oder vielmehr durch einen vorkritischen, naturalistischen Realismus oder durch irgendwelche Nachfolger eines solchen Realismus ersetzen, – ich werde darüber heute noch einiges sagen. Sondern ich habe in der letzten Stunde versucht, Ihnen eben dieses Verhältnis als eines der Reziprozität klarzumachen. Und die Folgerung, die ich daraus gezogen hatte und auf die ich nun allerdings größten Wert lege, ist die, daß dabei nicht sowohl ein anderes Erstes genannt wird als das, was man sonst als das Erste in der Philosophie zu benennen pflegt; sondern daß Sie den spekulativen Übergang überhaupt sich zumuten – der gegenüber der Macht der Tradition allerdings sehr viel bedeutet –, auf einen solchen Begriff des Ersten zu verzichten. Übrigens möchte ich hier doch sagen, daß eigentlich alle Philosophie des Ersten, alle ›erste Philosophie‹, alle prima philosophia – wie wir uns im Anschluß an den Aristotelischen Gebrauch der *πρώτη φιλοσοφία* das zu nennen gewöhnt haben –, ob sie es will oder nicht, eigentlich immer *Idealismus* ist. Denn in der Annahme, ein solches letztes, abschlußhaftes Prinzip angeben zu können, auf dem nun alles andere basiert, steckt ja, angesichts des universalen Vermittlungscharakters der Erkenntnis, über den wir eingehend gesprochen haben, immer der Anspruch notwendig mit darin, das was immer ist, was immer von der Philosophie behandelt wird, auf eine

Denkbestimmung soll reduziert werden können. Nur wenn wir davon ausgehen, daß unser Denken zureicht, selber einen absoluten Grund zu nennen, können wir irgendeinen solchen Grund angeben und sagen, daß er das Absolute sei. Und in diesem Sinn etwa ist auch der sogenannte metaphysische Materialismus der Form nach Idealismus. Und dieses Der-Form-nach-Idealismus-Sein ist eben keineswegs ein bloßes ›der Form nach‹, sondern es finden sich da eine ganze Reihe von idealistischen Bestimmungen und auch von idealistischen *ψεῦδοι* in derartigen Denkgebilden immer vor: wie zum Beispiel der Charakter der lückenlosen, alles umfassenden Systematik und Deduktibilität, der Geschlossenheit und was sonst dazugehört. Nun könnten Sie, nach dem Nachweis, den ich versucht habe, während der beiden letzten Stunden Ihnen zu erbringen, dagegen einen Einwand geltend machen; und zwar, ich möchte sagen: einen denkökonomischen. Sie könnten nämlich sagen: das sind also so die richtigen Sorgen von Philosophen; die zerreißen sich da wegen Nuancen, die man überhaupt kaum verstehen kann; denn schließlich, – warum besteht der Adorno so auf der Reziprozität von Constituens und Constitutum? warum sagt er, daß es nicht ein absolut Erstes gebe? so ungefähr sagt's der Herr Pfarrer, nämlich der Kant, doch auch? Das heißt: in der »Kritik der reinen Vernunft« wird uns ja an ungezählten Stellen doch immer wieder versichert, daß die transzendentalen Bedingungen der Erkenntnis nur dann Erkenntnisse liefern, wenn sie auf Erfahrungsinhalte angewandt werden, – ja, ist denn das wirklich ein so furchtbar großer Unterschied gegenüber dem, was Herr Adorno uns da nun umständlich und schwierig auseinandergesetzt hat? nämlich daß das Constitutum seinerseits ebenso Bedingung des Constituens sei wie umgekehrt? Nun, – ich möchte Ihnen darauf zunächst einmal sagen, daß in der Philosophie – und das ist eine merkwürdige Tatsache der Philosophie, der man vielleicht nie so prinzipiell nachgegangen ist, die man vielleicht selber in der Reflexion nie so thematisch gemacht hat, wie es sich eigentlich gehörte

–, daß in der Philosophie die Unterschiede ums Ganze, also die entscheidenden Unterschiede, sich eigentlich immer verstecken in den allerkleinsten Zügen. Ich glaube, wenn man etwa die beiden einander, wenn ich so sagen darf, in einer sehr starken Antithese gegenüberstehenden philosophischen Systeme von Kant und von Hume einem Unvoreingenommenen vortragen würde, dann würde der sagen: also, so ein furchtbar großer Unterschied ist das doch auch nicht, ob man nun das Zusammenspiel dieser subjektiven Bedingungen als Objektivität konstituierend deutet, oder ob man sagt: das sind bloße Konventionen; darauf kommt's im Grunde gar nicht so an. Denn schließlich, wenn der Kant sagt: etwas über die Dinge an sich, etwas übers Absolute sagt uns unsere Erkenntnis, insofern sie subjektiv bedingt ist, auch nicht, so ist das ja eigentlich von der These von Hume so schrecklich weit gar nicht entfernt. Und trotzdem ist das Klima, der Horizont dieser beiden Philosophien so radikal verschieden, wie es eben nur die Begriffe der Skepsis, des skeptischen Empirismus auf der einen Seite und des transzendentalen Idealismus auf der anderen Seite richtig wiedergeben. Diese Philosophien sind in einen vollkommen verschiedenen Äther getaucht.

Ich darf vielleicht hier die Bemerkung dazwischenschalten, daß es zum Verständnis von Philosophie überhaupt ganz wesentlich ist, daß man nicht nur die philosophischen Thesen, wie sie in den einzelnen Systemen vorkommen, à la lettre nimmt; daß man sie nicht nur so buchstäblich nimmt, wie sie an den Stellen stehen, unmittelbar handfest gesagt werden, an denen sie vorkommen; sondern daß unter Umständen die gleichen Begriffe, die gleichen Thesen ganz andere Erfahrungen – wenn ich diesen emphatischen Erfahrungsbegriff aus unserer Vorlesung einmal darauf anwenden darf – zum Ausdruck bringen; daß sogar mit identischen Aussagen in verschiedenen Philosophien etwas ganz anderes gemeint sein kann. Daß, zum Beispiel, wenn der Spinoza, scheinbar in strengster formaler Identität, den Begriff Gottes von Descartes übernimmt, aber nun als unendliche Substanz dann anders interpretiert, – ja, daß das dann nicht nur eine andere Definition des Cartesianischen Gottesbegriffes ist, sondern daß darin in Wirklichkeit ein vollkommen anderes Klima seiner Philosophie – nämlich ein mechanisch-materialistisches – sich versteckt. Um aber diese Differenzen nun wirklich bestimmen zu können – und das ist das Problem, auf das ich Sie aufmerksam machen möchte –, dazu bedarf es der Einsicht in solche minutiösen Differenzen, wie auch die eine ist, die zwischen meiner umständlichen Deduktion der Notwendigkeit der dialektischen Interpretation und der Kantischen transzendental-logischen besteht. Nur wenn man hier wirklich in die kleinsten Nuancen der Gedanken hineingeht, kann man das große Ganze wirklich in den Griff bekommen, und es gilt auch hier der Satz von Aby Warburg[203], daß der liebe Gott im Detail eben tatsächlich wohnt. Sie müssen daran denken, daß im Sinn dessen, was wir gestern gesagt haben, der Satz, daß die Formen ohne das Constitutum nicht sind; daß in einem strengen Sinn von ihnen so wenig ohne das Constitutum überhaupt geredet werden kann wie vom Constitutum ohne die Formen, – daß dadurch eben wirklich das Konstitutionsproblem selbst in seinem Kern verändert wird. Das heißt: die Nuance, um die es hier sich handelt: nämlich eben die, daß nicht etwa die Formen des Constitutums bedürfen, um sich zu erfüllen und um damit Wahrheit zu geben, sondern daß die *Bedingungen der Möglichkeit* transzendentaler Formen ihrerseits eben die Momente sind, die sonst erst als davon konstituiert gedacht werden, – daß das eben bedeutet, diese scheinbar äußerst diffizile Nuance, von der ich nur hoffen will, daß Sie sie alle wirklich so scharf verstanden haben, wie ich es versucht habe, sie Ihnen darzulegen; daß die eben bedeutet, daß das Konstitutionsproblem selber sich von Grund auf verändert hat. Das heißt, daß der Begriff eines Ersten oder eines Fundamentalen, einer Fundamentalphilosophie – und die ist Kant genau wie Aristoteles oder wie Descartes oder wie irgendein Denker der Tradition gewesen –, daß der dadurch aufgelöst wird.

Dieses ganze Verfahren ist ja eigentlich ein residuales Verfahren. Man hat geglaubt – das fing schon bei Platon an –, indem man das Ephemere, Zufällige, mehr oder minder Äußerliche wegläßt und dann auf die reinen Begriffe schließlich kommt als auf einen Rest, der zurückbleibt, des Absoluten, der Wahrheit, des ›Eigentlichen‹ innezuwerden. Wenn aber sich dabei erweist, daß man, indem man auf diesen Rest stößt, in einer Art von Kernspaltung innerhalb dieser Bedingungen, dann doch wieder genau auf das in ihnen selbst trifft, was sie eigentlich erst bedingen sollen, – dann ist daraus die Konsequenz, daß dieser gesamte Ansatz einer abstrahierenden oder einer subtrahierenden Philosophie, die am Ende des Weglassens nun glaubt, des Unverlierbaren und Ewigen innezuwerden; daß dieser gesamte Ansatz dann eben wirklich und grundsätzlich zu beseitigen ist. Und es zeigt sich dann darin, daß in dieser *Residualtheorie der Wahrheit,* unter deren Begriff wie Descartes schließlich auch der in sich reflektierte Cartesianer Kant gehört, – daß er eben darin selbst doch jener Art von Dogmatismus seinen Tribut gezollt hat, den er mit einer heroischen Anstrengung hat aus den Angeln heben wollen. – Aber nun möchte ich doch dabei Sie wenigstens auf etwas verweisen, was in dieser Vorlesung nicht ausgeführt werden kann, woran ich Sie aber wenigstens erinnern muß, damit keine allgemeine Verwirrung eintritt: nämlich daß durch diese Reduktion der Reduktion, die wir vorgenommen haben, diese gedoppelte Reflexion, nun der Unterschied von *Subjekt und Objekt* nicht etwa entfällt; daß also das Resultat nicht etwa jene berühmte Nacht der Indifferenz ist, in der alle Katzen grau sind. Sondern: das, was aufhört, ist nur, daß ein für allemal starr, statisch diese Elemente sich gegenüberstehen: also auf der einen Seite Subjekt qua Form und auf der anderen Seite mir zukommender, äußerlicher Inhalt; daß diese starre und statische Trennung unmöglich ist, und daß diese Momente zwar unterschieden werden können in jeder einzelnen Erkenntnis, aber daß nicht die eine jeweils auf die andere wirklich bündig zurückgeführt werden kann; daß also die Scheidung von Subjekt und Objekt ihrerseits noch selber eine dynamische Unterscheidung ist, eine Unterscheidung, die in sich Prozeßcharakter hat, die aber genausowenig als eine sogenannte Grundstruktur, als eine Grundstruktur des Seins nun zu verabsolutieren ist, wie im Sinn der »Kritik der reinen Vernunft« etwa der Begriff des Seins selber als eine solche Grundstruktur darf angesetzt werden. Subjekt und Objekt: dieser Unterschied selber ist nichts ein für allemal generell Vorgegebenes, sondern er fällt in die *Geschichte,* und er ist in seinen verschiedenen Stufen selber geschichtlich bestimmbar.

Ich glaube, wenn Sie mir bis hierhin gefolgt sind, dann habe ich Ihnen damit eigentlich die entscheidende Voraussetzung für den Übergang von der »Kritik der reinen Vernunft« zu dem doch wohl genialsten und der Konzeption nach kühnsten Werk von Hegel, der »Phänomenologie des Geistes«, eröffnet, bei der eigentlich die Idee die ist, daß hier das Subjekt-Objekt-Problem so behandelt wird, daß diese beiden Momente nun nicht als starr, statisch einander entgegengesetzt werden, sondern daß dieses Moment ihrer wechselseitigen Vermitteltheit, das ich Ihnen Kant-immanent versucht habe zu entwickeln, nun in der Tat geschichtlich interpretiert wird. Das heißt, daß eigentlich das Verhältnis von Subjekt und Objekt selber von Hegel der Geschichte gleichgesetzt wird, und daß die Geschichte von ihm gedeutet wird eben als, man möchte sagen: die Bestimmung von Subjekt und Objekt in einer Weise, die aber nun ihrer allgemeinen, konstanten, sich selbst gleichbleibenden Definition grundsätzlich entrückt ist. Daß dabei Hegel selber extremer Idealist geblieben ist; das heißt, daß diese Bewegung, diese geschichtliche Bewegung zwischen Subjekt und Objekt bei ihm nur dadurch möglich war, daß beide für ihn in ein Drittes, nämlich in das Absolute, in die Idee hineinfallen und daß sie dadurch schließlich auch am Ende zur Aufhebung, zur

Identität kommen: das braucht uns im Augenblick nicht zu bekümmern, und die Kritik daran braucht uns im Augenblick auch nicht zu bekümmern. Jedenfalls ist genau dieser Übergang von der Antithetik von Subjekt und Objekt, wie sie in der Kantisch-Cartesianischen Philosophie waltet, zu der Dynamik von Subjekt und Objekt eigentlich der entscheidende Schritt, den die Philosophie dann gemacht hat. – Ich kann es mir nun nicht versagen, an dieser Stelle Sie aufmerksam zu machen auf eine eigentümliche Rückbildung, der all diesen Momenten gegenüber, mit denen wir uns zuletzt beschäftigt haben, die Philosophie unterliegt. Wenn man sich das so ansieht, was die Menschen heute eigentlich allein als Philosophie gelten lassen, und wenn man ein wenig die Affekte studiert, auf die eine Philosophie stößt, die es dabei nicht sein Bewenden haben läßt, dann kommt man auf den Gedanken, daß im Sinn dieser Philosophie, die eigentlich nur das Bereich des Abstrakten in genau dem Sinn, den ich Ihnen an der Kantischen Philosophie entwickelt habe, als den Gegenstand der Philosophie gelten läßt, – daß einer solchen Auffassung von Philosophie ein Werk wie die »Phänomenologie des Geistes« widerstreitet, in der ja nun also wirklich die Kategorien des Bewußtseins und der Stellung des Subjekts und objektive geschichtliche Ereignisse – wie etwa das Feudalsystem und das Verhältnis von Herrschaft und Knechtschaft oder vor allem dann die französische Revolution, ihre innere Bewegung –, wo diese höchst realen geschichtlichen Momente auf der einen Seite und die sogenannten Konstitutionsprobleme der Philosophie auf der anderen Seite in eine unablässige Beziehung gesetzt worden sind; nach der heute gültigen Auffassung von Philosophie würde das dann eigentlich auch gar keine Philosophie sein. Sondern darin ist die Philosophie heute auf den vor-Hegelschen, wenn Sie so wollen: auf den Kantischen Standpunkt wieder zurückgefallen. Das heißt: die Kantische Allergie gegen das Empirische, die Kantische Allergie gegen das was ist im Gegensatz zu dem reinen Wesen, die in den großen Systemen *nach* Kant eben doch gebannt und beschworen worden ist, die ist heute gewissermaßen komplementär mit dem Anwachsen der positiven Wissenschaften wieder entscheidend angewachsen: je mehr bloße Faktizität der Erkenntnis im Sinne von bloßer Wissenschaftlichkeit es auf der einen Seite gibt, um so mehr gibt es dann auf der anderen Seite Philosophie als eine bloße Lehre von Wesenheit in abstracto, – und selbst der Begriff der Geschichte wird dabei zu einer solchen Wesenheit, zu der der ›Geschichtlichkeit‹ eben, verdünnt[204]. Und das Entscheidende, worauf es eigentlich ankommt und worauf ich in dieser Vorlesung deshalb auch den Hauptwert lege, nämlich eben das Moment der Vermittlung zwischen den beiden – also das, wovon Fichte so großartig gesagt hat, daß das Apriori und das Aposteriori eigentlich dasselbe sei[205] –, das Interesse an diesem Allerwichtigsten ist heute eigentlich aus dem Blickfeld der Philosophie vollkommen verschwunden. Und während sie glaubt, wunders wie weit über den sogenannten Idealismus hinaus zu sein, ist sie in diesem Sinn hinter die späteren Entwicklungen nur zurückgefallen, und ist, ohne es selbst zu wissen, ein äußerst handfester und ein äußerst kruder Idealismus. Hier mögen Sie verstehen, warum ich in dieser Vorlesung dazu komme, die Reflexionen, die wir an Kant anschließen, gegen die ontologische Kant-Interpretation[206] – und gegen den Begriff einer Ontologie – so nachdrücklich zu wenden, – wobei ich mich im übrigen immerhin auf gut Kantischem Boden befinde, denn die Unmöglichkeit einer Ontologie gehört ja immerhin zu den ausdrücklichen Thesen der »Kritik der reinen Vernunft«. Mit anderen Worten: es ist also nicht möglich, auch hinter die Unterscheidung von Subjekt und Objekt, wie sie in der »Kritik der reinen Vernunft« dann doch in einer gewissen beunruhigenden Härte zutage tritt, auf ein Ur-Eines, beide Zusammenschließendes zurückzugehen.

Nachdem ich Ihnen die Problematik dieser starren Entgegensetzung von Subjekt und Objekt, von Form und Inhalt, von Materie und Form – oder wie immer das heißen mag bei

Kant – auseinandergesetzt habe, nähert man sich ja dabei, wenn Sie so wollen, dem Bedürfnis eines Rückgriffs dahinter eigentlich sehr. Das Bedürfnis dann, diese Starrheit aufzuheben, liegt in dieser starren und unbefriedigenden Entgegensetzung von Momenten, von denen man eben doch gezwungen ist, immer wieder einzusehen, daß das eine ohne das andere nicht sein kann; das heißt, daß es seinem eigenen Sinn, seinem eigenen Begriff nach auf das andere jeweils verweist. Aber es scheint mir nun eben das Entscheidende zu sein – was Hegel gegenüber und der Dialektik gegenüber vergessen worden ist –, daß man, indem man versucht, über diese Kantische Starrheit, über diesen Kantischen Dualismus hinauszukommen, das nicht dadurch vermag, daß man hinter ihn zurückfällt und daß man in eine bloße Unmittelbarkeit hineinspringt; sondern daß die einzige Möglichkeit, darüber hinauszukommen, eben die ist, die wir wie immer auch bescheiden in unseren Erwägungen hier ausprobiert haben, – nämlich daß man versucht, durch die Bewegung dieser Entzweiung *hindurch,* also durch den Nachweis, daß das Entzweite *selbst* durcheinander vermittelt ist, über es hinauszukommen. Mit anderen Worten also: es kommt nicht allein darauf an, die sogenannte Einheit hinter der auseinanderfallenden Dualität zu behaupten; gerade Kant hat diese Behauptung einer wenn auch geheimen oder verborgenen Einheit – sei es in den ›Tiefen der Seele‹ oder sei es im transzendenten Ding an sich – ja immer wieder erhoben. Sondern es kommt demgegenüber vielmehr darauf an, daß man die Unterschiedenheit festhält – und das ist das, was ich mit der Bestimmbarkeit von Subjekt und Objekt vorhin eigentlich gemeint habe –; daß man die unabdingbar gesetzte, die nicht zu überspringende, die auf jeder geschichtlichen Stufe konkret anders bestimmte Unterschiedenheit festhält, zugleich aber in dieser Unterschiedenheit als ihr Anderes auch das Moment der Einheit bestimmt. Und eben das wird versäumt von den Philosophien, die glauben, mit den Antinomien, mit dem Unbefriedigenden der bloßen Antithetik durch die willkürliche Setzung eines Einheitsgrundes unmittelbar fertig werden zu können. Aber das bedeutet nun allerdings auch, daß die Thematik der Philosophie sich endgültig und entschlossen von dem emanzipiert, was ihr gerade heute wieder aufs neue zugemutet wird, nämlich die Befassung mit den obersten Abstraktionen. Denn wenn infolge der Verbindung der gegenwärtigen ontologischen Richtungen mit der sogenannten philosophischen Anthropologie dann immer wieder behauptet wird, daß auf Grund irgendwelcher darin vorkommender Kategorien von Befindlichkeiten eben diese Abstrakta keine Abstrakta, sondern etwas höchst Konkretes seien, so sind das bloße, ganz leere Behauptungen. Und man kann immer zeigen, daß überall dort, wo es sich dann tatsächlich um konkrete Bestimmungen handelt, das Erschleichungen sind – Kant würde sagen: psychologische Erschleichungen –, die dann den allerobersten Abstraktionen, mit denen es diese Philosophie allein zu tun haben kann, untergeschoben werden.

Wenn wir aber einmal soweit sind zuzugestehen, daß in einem sehr nachdrücklichen philosophischen Sinn die Philosophie selbst ihrem eigenen Sinne nach auf das geschichtlich Konkrete verwiesen ist, dann lenkt uns das zurück auf das Problem der Gesellschaft, von dem wir ausgegangen sind bei der gesamten Analyse, die uns im Augenblick beschäftigt, – nämlich als wir anfingen uns zu bekümmern um die Bedeutung des ›Wir‹ in der Kantischen Sprache,[207] die wir ja deshalb so ernstgenommen haben, weil sie eben nicht sich ersetzen läßt. Das Argument, um das es sich hier handelt und das den Erwägungen gegenüber geltend gemacht wird, die wir angestellt haben – und das wahrscheinlich von Kant gegenüber den Schritten, die wir vollzogen haben, mitgemacht worden wäre –, dieses Argument ist das, daß die Philosophie ja nun ihrerseits für das Seiende zuallererst den Grund bereiten will; und daß man, wenn man sie in eine *wesentliche,* also nicht bloß analogische sondern konstitutive Beziehung zu der Gesellschaft setzt, dann von vornherein sie selber auch zu einem

Stück jener bloßen Tatsächlichkeit mache, deren *Begründung,* deren Erhellung eigentlich die Aufgabe der Philosophie sei; daß man sich dabei in ein *ὕστερον πρότερον* begebe. Zunächst darf ich Sie daran erinnern, daß diese Argumentation natürlich ihrerseits nur möglich ist auf dem Grunde eben jener Ursprungsphilosophie, auf dem Grunde jener Frage nach einem absolut Ersten, die wir gerade kritisch behandelt haben und von der wir zu der Einsicht gekommen sind, daß sie radicalement sich eigentlich überhaupt nicht durchhalten läßt. Wenn Martin Heidegger in der Zeit des Vorfaschismus, in die ja seine größte Blüte gefallen ist, einmal gelegentlich die Soziologie gegenüber der Philosophie bezeichnet hat als einen ›Fassadenkletterer‹, der von außen an dem Gebäude der Philosophie herumklettere und sozusagen das aus ihr herausstehle, was die ehrlichen Handwerker der Philosophie selbst (oder Bauern oder was weiß ich, was er sich vorgestellt hat) da anbauen und wachsen lassen,[208] dann spricht natürlich schon aus einer solchen Haltung eine ganz bestimmte Art der Defensive, der Verteidigung, die ihrerseits eben jene starre Entgegensetzung der *Geltung* der Wahrheit auf der einen Seite und der *Genese,* des Entspringens auf der anderen Seite beinhaltet. Während wir ja nun gerade auch zu dem Ergebnis gedrängt worden sind – und hier erinnere ich Sie an die Erwägungen, die wir an den Begriff der Funktion und an den Begriff des Tuns, des ursprünglichen Erzeugens angeschlossen haben[209] –, daß eben diese Trennung von Genesis und Geltung auch kein Absolutum ist, sondern daß im Innersten der Geltung selber Genesis wohnt; das heißt, daß das Entspringen oder das Moment der Geschichte, wie ich es heute genannt habe, selbst in der Wahrheit immanent ist; daß, wie ich es auszudrücken liebe, nicht die Wahrheit in der Geschichte, sondern die Geschichte in der Wahrheit ist[210]. Das Defensive daran läßt sich im übrigen ganz gut begreifen, das ist nicht zufällig, auch das Denunziatorische darin ist nicht zufällig. Gerade die Willkür von solchen Seinskategorien wie etwa der des ›Vorlaufens zum Tode‹ – warum soll das gerade eine für das Sein konstitutive Kategorie sein: zum Tode vorzulaufen –, der ›Geworfenheit‹, der ›Entschlossenheit‹,[211] alle diese aus der Psychologie stammenden und dann ins Transzendentale gewissermaßen transponierten Kategorien, die verführen oder veranlassen dann natürlich dazu, im Augenblick, wo man diesen willkürlichen, das heißt: bloß gesetzten, nicht aus der Sache selber entspringenden Momenten nachfragt, besonders dogmatisch an ihnen festzuhalten. Und das geschieht eben am besten dann, wenn man von vornherein die Absicht, um die es sich dabei handelt, herabsetzt: so als ob es sich dabei darum handle, den Begriff der Wahrheit selbst aufzulösen. Während es sich in Wirklichkeit ja doch vielmehr darum handelt, daß man eben jene uralte Täuschung überwindet, die darin besteht, daß Wahrheit von vornherein mit dem Sichselbst-Gleichbleibenden, Unveränderlichen, Identischen eins sein soll, – während das Genetische, das Entspringende, das was nicht immer gewesen ist, von vornherein der Unwahrheit zugemessen wird. Unerträglich ist der Gedanke an die Genese in diesen Philosophien deshalb, weil die Dinge, die sie selber vertreten, die Besinnung auf die Genese zu scheuen haben.

Wir aber haben nun gerade – und auf diesen Zusammenhang lege ich den allergrößten Wert – ja nachgewiesen, daß dieses genetische Moment von dem Geltungsmoment nicht getrennt werden kann. Das heißt: wir haben den Nachweis erbracht, daß die angeblich überhaupt erst bedingenden, allerabstraktesten und allgemeinsten Faktoren der Erkenntnis, damit sie überhaupt gedacht werden können, eben jenes Moment von Faktizität, von Daseiendem voraussetzen, das sie eigentlich erst begründen sollen. Also die Reflexion darauf, daß Subjekt und Objekt oder daß die transzendentalen Momente und die menschliche Realität sich gegenseitig bedingen, gegenseitig aufeinander verwiesen sind, – die ist zugleich eben auch ein notwendiger Verweis darauf, daß ich diese transzendentalen Momente nicht verabsolutieren, nicht hypostasieren darf; das heißt, daß ich sie von ihrer Genese, von ihrem Ursprung in Faktizität so wenig abspalten kann, wie ich umgekehrt die Faktizität oder das Urteil über die dingliche Welt von ihrer subjektiven Vermitteltheit und damit ebenso von ihrem geschichtlichen Moment abstrahieren kann. Insofern also sind die Untersuchungen, die wir durchgeführt haben, die wir hier an Kant herausinterpretiert haben, ganz unmittelbar danach angetan, eben die Trennung von Genese und Geltung außer Kraft zu setzen, wie sie in die Philosophie, unter Rückgriff auf gewisse scholastische Traditionen, zuerst in dem Buch über den »Ursprung sittlicher Erkenntnis« von Franz Brentano[212] eingeführt und dann von Husserl formal entwickelt worden ist[213] und auf der dann schließlich die Fundamentalontologie entstanden ist. Mit anderen Worten also: der Übergang von dem sogenannten Kantischen Konstitutionsproblem zu der Geschichte, der steckt zuinnerst in ihm selber schon. Wenn für ihn die Konstitution eigentlich durch die *Zeit* geleistet wird, ich erinnere Sie an die Bedeutung der Erinnerung bei Kant, dann sind Sie damit bereits auf Geschichte verwiesen. Denn von Zeit kann nicht geredet werden, wo nicht ein innerlich Anschauliches, innerlich Gegenwärtiges vorhanden ist, das da Zeit an sich erfährt, – und in dem Rekurs auf ein solches, das Zeit *hat,* ist eben notwendig das Geschichtliche mitgesetzt. Es ist ganz willkürlich, bei der Erlebniszeit etwa des je einzelnen, zufälligen Menschen stehenzubleiben, von dem die Philosophie nun gerade einmal ausgeht, aber dann nicht mit diesem Rekurs auf die Zeit wirklich ernst zu machen, das heißt: dann nicht wirklich den geschichtlichen Ursprung der Kategorien in allem Ernst zu begreifen. Auf der anderen Seite aber – und das möchte ich auch doch noch als eines der wesentlichsten Resultate unserer Kant-Analysen an dieser Stelle festhalten – stehen wir damit doch auch einem wirklich falschen Soziologismus genauso kritisch entgegen, wie wir einer solchen ontologisierenden Interpretation von Kant und den daran anschließenden Ontologien kritisch gegenüberstehen. Das heißt: genauso wie es unmöglich ist, Kategorien anders als in

Relation auf ihren Ursprung und auf die Geschichte zu sehen, genauso ist es unmöglich, nun Begriffe wie Raum, Zeit und die Kategorien einfach aus der Geschichte *abzuleiten* und nun tatsächlich auf ein bloß Gesellschaftliches zu reduzieren. Ich brauche den Ausdruck Soziologismus nicht gern, weil in der Polemik gegen den Soziologismus dann immer so ein pharisäischer Oberton sich findet von den Menschen, die die ›hohen und heiligen Güter‹ ein für allemal glauben gepachtet zu haben, und die nun glauben, sie gegen die Relativierung festhalten zu dürfen. Aber auf der anderen Seite – und ich glaube, ich kann das jetzt sagen, ohne daß ich dabei dem Mißverständnis des Muffigen im geringsten noch bei Ihnen ausgesetzt bin – gibt es natürlich wirklich eine Art von Soziologismus, die selber ihre eigene aufklärerische Intention auflöst in dem Sinn, daß sie einen Begriff von Wahrheit eigentlich überhaupt nicht mehr zuläßt und damit ihrer eigenen Intention widerspricht.

Ich denke hier besonders an die Betrachtungen, die in dem Zusammenhang zuständig sind, auf den wir hier gestoßen sind, wenn wir von dem geschichtlichen Wesen der Begründung der Philosophie reden: nämlich ich denke an das Bereich der Wissenssoziologie, das ja im allgemeinen in der deutschen Tradition als die Domäne von Scheler und von Mannheim betrachtet wird, während in Wirklichkeit die großen wissenssoziologischen Konzeptionen eigentlich von Emile Durkheim stammen. Durkheim hat nun im Ernst den Versuch gemacht, Raum, Zeit und eine Reihe von Kategorien, insbesondere die Formen der logischen Klassifikation, gesellschaftlich abzuleiten; zum Beispiel das Zeitverhältnis abzuleiten aus der Folge der Generationen und es damit als ein rein gesellschaftlich Entsprungenes zu beschreiben.[214] Dieser Versuch von Durkheim ist, wenn Sie wollen, genauso in sich selbst antinomisch wie der Versuch von Kant, dessen Antinomik ich Ihnen in den letzten Stunden am Begriff der Allgemeinheit unter Absehung von dem besonderen Subjekt dargestellt habe. Ich möchte auf diese Dinge hier nicht eingehen, aber ich glaube doch, es Ihnen schuldig zu sein, hier wenigstens die entscheidenden Motive anklingen zu lassen, um auf die Weise das, was ich Ihnen jetzt auseinandergesetzt habe, nun doch auch sicherzustellen gegen das Mißverständnis eben des Soziologismus. Der Fehler bei Durkheim läßt sich ganz einfach daran greifen, daß die Beschreibung der gesellschaftlichen Ursprünge etwa von Raum und Zeit selber immerzu Begriffe verwendet, die ihrerseits auf die – im Kantischen Sinn – Anschauungsformen von Raum und Zeit bereits verweisen. Sie können zum Beispiel von einer Generationsfolge im Grunde gar nicht reden, wenn Sie nicht dabei den Begriff eines zeitlich Aufeinanderfolgenden haben. Und wenn man etwa sagt, daß die Menschheit zum Raum gekommen ist durch die Abgrenzung von aneinander grenzenden Äckern, von aneinander angrenzenden einzelnen Gebieten, so setzen Sie dabei natürlich überhaupt schon den Begriff des Raumes voraus, denn mit diesem Aneinander-Grenzen kann ja nichts anderes als ein Räumliches gemeint sein. Wenn aber gerade an dieser radikalsten Stelle der Soziologismus, der hier einmal wirklich ernst gemacht hat, zum Scheitern verdammt ist, dann ist es mit ihm eben doch wirklich außerordentlich problematisch. Ich würde sagen, daß hier die Objektivität der Zeit – also das, was in Kants Lehre als eine transzendentale Bedingung, als eine reine Form der Anschauung erscheint – zu trennen ist von der Reflexion auf die Zeit oder von der Bildung eines Zeitbegriffs. Die Bildung eines solchen Zeitbegriffs – und dasselbe gilt analog selbstverständlich auch für den Begriff des Raumes – ist allerdings durchaus etwas Innergeschichtliches und hängt von gesellschaftlichen Bedingungen ab. Und gerade an dieser Stelle sind ja die Forschungen der späteren Durkheim-Schule, vor allem von Hubert und Mauss, ganz außerordentlich produktiv und wichtig gewesen. Aber es kann natürlich nicht davon die Rede sein, daß nun Raum und Zeit selbst einfach in der Gesellschaft aufgehen, daß sie einfach ein gewissermaßen von der Gesellschaft Gesetztes sind, das nicht zugleich, wenn ich den mittelalterlichen Ausdruck verwenden darf, auch sein fundamentum in re hätte. Auf der anderen Seite aber ist doch auch wieder zu sagen, daß *ohne* Subjektivität, und das will sagen: ohne reale Subjekte, und das will schließlich auch sagen: ohne real miteinander verbundene Subjekte, die Rede von einem solchen objektiven, dem bloßen Zeitbewußtsein vorgeordneten Zeitbegriff ihrerseits auch wieder sinnlos sein würde, – sondern daß diese beiden Momente eben wechselseitig aufeinander angewiesen sind.

16. Vorlesung
14. 7. 1959

Ich hatte das letzte Mal versucht, Ihnen zu zeigen, daß die Überlegungen, die wir über das Verhältnis von Constituens und Constitutum angestellt haben und die wir in Beziehung gesetzt haben zu jenem Kantischen ›Wir‹ als einem immer zugleich auch gesellschaftlichen Subjekt, nicht auf Soziologismus hinauslaufen. Und ich hatte Ihnen das kurz demonstriert durch eine Kritik der der Kantischen entgegengesetzten Position von Durkheim, der im übrigen mit der Kantischen Philosophie genau vertraut war und der versucht hat, die Kantischen Anschauungsformen und auch einige wichtige logische und erkenntniskritische Kategorien ihrerseits gesellschaftlich abzuleiten.[215] Wir waren dabei darauf gestoßen, daß diese Ableitung immer notwendig ebenso die Formen oder Kategorien voraussetzt, die sie beweisen will, wie umgekehrt diese Formen oder Kategorien auf ein Seiendes, auf Faktizität zurückverweisen. Und ich hatte Ihnen daran nicht nur die Unmöglichkeit eines erkenntnistheoretischen Soziologismus dartun wollen, sondern zugleich auch zeigen wollen, daß die Frage, was nun also das Erste sei – ob faktisches Dasein oder ob kategoriale Form –, eine falsch gestellte Frage ist. Das heißt: daß man diese Momente eben überhaupt nicht starr voneinander trennen kann, das verweist in letzter Instanz darauf, daß diese Momente als getrennte selbst erst Produkte des reflektierenden Denkens sind und nicht als Ursprungskategorien dem Sein oder der Sache selbst zugeschrieben werden können. Auf der anderen Seite dürfen Sie nicht vergessen, daß in diesem Kantischen ›Wir‹ der Verweis auf das gesellschaftliche – das heißt: nicht bloß individuelle – Wesen des transzendentalen Subjekts darinsteckt. Daß er ohne eine solche Redewendung wie ›Wir‹ nicht auskommt, das ist nicht nur im Sinn jenes älteren Sprachgebrauchs zu verstehen, in dem aus einer Art von Höflichkeit – bei der man nie recht weiß, ob sie nicht zugleich auch latent der Plural majestatis ist – das Ich durch ein Wir ersetzt wird. Sondern es steckt eben darin doch auch ein sehr wichtiges erkenntnistheoretisches Bewußtsein, das Sie sich wahrscheinlich ganz einfach dadurch vergegenwärtigen können, daß Sie sich sagen: wenn die Erkenntnistheorie (wie sie es in ihrer traditionellen Gestalt ja tut) jedem einzelnen von uns, die wir heute in diesem Saal zusammensitzen, zumutet, daß er dabei bei sich als dem absoluten Ursprung aller Erkenntnis anfängt, dann gewinnt natürlich dieser Ursprung dadurch, daß er durch jedes der anderen Subjekte, das da sich selbst das nächste ist, ersetzt werden kann, schon von vornherein etwas gänzlich Zufälliges; etwas, wobei die Ausgangsposition ihrerseits gar nicht als ein letzter Ausgang angesehen werden kann, eben weil ja dieser okkasionelle Ausdruck ›Ich‹, der durch jedes *andere* Ich zu ersetzen ist, beweist, daß das Ich, an das dabei appelliert wird, *als* Ich eigentlich gar nicht ernst genommen wird. Auf der anderen Seite aber kommt dann diese Art Erkenntnistheorie, also die ganze subjektiv gerichtete Philosophie darum doch nicht herum, denn nur in dem Verweis auf ein solches persönliches Subjekt stellt sich ja so etwas wie Erfahrung her. Und wenn man schon das Unmittelbare einmal zum letzten Kriterium der Erkenntnis macht, dann ist natürlich ›unmittelbar‹ jedes Bewußtsein nur sich selbst; das heißt: nur dem je Einzelnen sind die Tatsachen seines Bewußtseins unmittelbar gegeben. Die Tatsachen des Bewußtseins eines anderen sind ihm immer nur mittelbar gegeben: durch dessen Mitteilung hindurch, durch Analogieschluß, durch Einfühlung, – wie immer die erkenntnistheoretischen Interpretationen davon lauten mögen. Sie stoßen also hier gleichsam in dem Begründungszusammenhang der gesamten Erkenntnistheorie, der auch die Kantische »Kritik der reinen Vernunft« zurechnet, auf eine sehr merkwürdige Antinomie, – nämlich daß auf der einen Seite diese Rede des Ich notwendig auf ein Wir verweist, daß sie als Ich gar nicht ernstgenommen werden kann; daß aber auf der anderen Seite, wenn nicht eben doch an dies Ich appelliert wird, der

Charakter der Unmittelbarkeit des Ausgangs, jener Erfahrung, mit der alle Erkenntnis anfangen soll, gar nicht aufrechterhalten werden kann. Und über diesen Widerspruch ist denn auch die gesamte traditionelle Erkenntnistheorie nicht herausgelangt. Und das ist ein Grund mehr, würde ich sagen, dafür eben, daß man diesen ganzen Ausgang aufgibt. Das Wir ist als Grundlage der Erkenntniskritik nicht unmittelbar, sondern höchst vermittelt, dafür allerdings der Zufälligkeit enthoben; das Ich ist dafür in jedem einzelnen Fall unmittelbar, in jedem einzelnen Fall aber auch als Ansatzpunkt gegenüber jenem Wir zufällig, – so daß diese beiden Ausgangsmodelle, isoliert genommen, als starre Modelle genommen, verhältnismäßig zufällig und problematisch bleiben. – Ich möchte darauf jetzt nicht näher eingehen; diejenigen, die das weiter verfolgen wollen, können das in dem 4. Kapitel der »Metakritik der Erkenntnistheorie« nachlesen[216].

Sie können auf jeden Fall nicht darüber sich hinwegsetzen, daß in den entscheidenden Bestimmungen, die Kant dem Subjekt zumißt, eben doch gesellschaftliche Momente verborgen sind. Und die Hegelsche »Phänomenologie des Geistes« kann in einem gewissen Sinn geradezu angesehen werden als der Versuch, diese latenten gesellschaftlichen Momente, die in dem sogenannten Konstitutionsproblem seinem eigenen Sinn nach objektiv enthalten sind, nun zu explizieren. Wenn Sie eine Sekunde an die Grundbestimmung, an die eigentlich tragende Charakteristik von Subjektivität bei Kant überhaupt denken, als welche hinausläuft auf die Dichotomie zwischen Spontaneität und Rezeptivität, also zwischen Aktivität und Passivität, dann verweist das ja nun in der Tat ganz unmittelbar auf den gesellschaftlichen Prozeß, in dem immer zwei Momente vorkommen: nämlich das Moment der *Arbeit* auf der einen Seite und das der *Natur,* an welcher diese Arbeit nun eigentlich sich betätigt. Und etwas von dieser Vorstellung: daß die Erkenntnis eigentlich nur das wiederholt, was in dem realen Arbeitsprozeß der Menschheit immer auch schon da ist; daß man es mit einer Art von Rohmaterial auf der einen Seite zu tun hat, das aber dann geformt wird durch das Bewußtsein, – das klingt eigentlich durch die ganze »Kritik der reinen Vernunft« durch. Und man kann wohl sagen – es ist das mehrfach schon detailliert untersucht worden, zum Beispiel in dem Buch des verstorbenen Franz Borkenau über die Theorien des 17. Jahrhunderts im Manufakturzeitalter[217] –, man kann wohl sagen, daß die Erkenntnistheorien überhaupt ihrer objektiven Gestalt nach eine Art Reflexion des Arbeitsprozesses sind; nicht in dem Sinn, daß sie kausal durch die Arbeitsprozesse hervorgebracht wären, sondern in dem Sinn, daß das Bewußtsein dadurch, daß es auf sich selbst reflektiert, dabei notwendig an einen Begriff von Rationalität gerät, wie er gleichzeitig der Rationalität der Arbeitsprozesse – nämlich der arbeitsteiligen, planend sich einem Naturmaterial gegenüber verhaltenden Prozesse – nun einmal entspricht. – Auf der anderen Seite aber wäre es dann doch wieder ganz falsch, wenn man etwa sagen wollte – und ich muß Ihnen bekennen, daß die Versuchung dazu mir zuzeiten sehr nahe gelegen hat –, daß das Kantische Transzendentalsubjekt eigentlich die Gesellschaft *sei*. Es hat sicherlich mit der Gesellschaft das gemeinsam, daß erst das gesellschaftliche Gesamtsubjekt – und nicht das kontingente, einzelmenschliche Subjekt – eben jenen Charakter der Allgemeinheit, des Allumfassenden besitzt, den Kant seinem Transzendentalsubjekt zugeschrieben hat; und man kann schon sagen, daß hinter der Vorstellung der Konstitution eben Arbeit als gesellschaftliche Arbeit – und nicht als bloß isolierte, individuelle Arbeit – steht. Auf der anderen Seite aber ist gegenüber jenem gesellschaftlichen Gesamtsubjekt, als welches ja der Inbegriff aller konkreten Momente der Gesellschaft ist, eben doch jenes Kantische Transzendentalsubjekt, also jenes berühmte ›Ich denke, das alle meine Vorstellungen begleitet‹, eine vollkommene Abstraktion, die damit nichts gemein hat.

Allerdings ist dann auch wieder dieser abstrakte Charakter des Transzendentalsubjekts im Sinn einer gesellschaftlichen

Interpretation nicht als etwas Zufälliges anzusehen. Man kann sagen, daß in seiner Relation zu der Gesellschaft das Denken qua Kantisches ›Ich denke‹ *beides* ist: es ist auf der einen Seite die Wahrheit der Gesellschaft, jene ›ihre Allgemeinheit‹, die über die bloße Zufälligkeit der Einzelexistenz und schließlich sogar über die bedingte und vergängliche Form, die eine Gesellschaft jeweils in bestimmten Stadien hat, hinausweist; wirklich der *λόγος* der Gesellschaft, die gesamtgesellschaftliche Vernunft, in der eigentlich die Utopie einer vernünftig eingerichteten Gesellschaft schon mitgedacht ist. Auf der anderen Seite aber ist ebenso in diesem Transzendentalsubjekt auch, wenn ich einmal so gewagt sprechen darf, die Unwahrheit der Gesellschaft enthalten; das heißt: die Abstraktion, die diesem Transzendentalsubjekt eignet, ist nichts anderes als die verinnerlichte und hypostasierte Form der menschlichen Herrschaft über die Natur, die ja eben immer dadurch geschieht, daß die Qualitäten eliminiert, daß qualitative Differenzen auf quantitative Formen gebracht werden, – die also selber ihrerseits objektiv stets auch wesentlich eines abstrakten Charakters ist. Man kann also sagen, daß der tiefste Grund dafür, daß der Begriff der Wahrheit selbst nicht mit der Gesellschaft kann identifiziert werden, nicht etwa darin liegt, daß es ein von der Gesellschaft abgetrenntes reines Reich der Wahrheit, einen *κόσμος νοητικός*[218] gäbe, – so, wie der gute Platon sich das noch hat vorstellen können; sondern vielmehr so, daß der Begriff der Wahrheit, zu dem die gesellschaftlichen Momente als Konstituentien hinzugehören, seiner eigenen Geltung nach, seinem eigenen Gehalt nach über die Gestalt der Gesellschaft, wie sie ist, einerseits hinausweist; und auf der anderen Seite in der von der Erkenntnistheorie ratifizierten Form selbst auch die Male des gesellschaftlichen Prozesses in der Gestalt trägt, in der er uns bis heute eben bekannt ist. – Mit Rücksicht auf das Problem der Beziehung der Kantischen Philosophie auf die Gesellschaft möchte ich mich damit im Augenblick begnügen. Ich darf nur sagen, daß diese Gedanken, die ich hier anmelde, und die etwas komplizierten Vermittlungen, die ich Ihnen vorgetragen habe, der Kantischen Philosophie doch nicht ganz so fremd sind, wie sie an Ort und Stelle der »Kritik der reinen Vernunft« vielleicht sich ausnehmen. Denn die »Kritik der praktischen Vernunft«, in der ja die Eliminierung von empirischen Elementen noch viel weiter getrieben ist als in der »Kritik der reinen Vernunft«; in der die Berührungsscheu der Empirie, der Faktizität gegenüber soweit getrieben ist, daß das Objekt der praktischen Vernunft, nämlich die Handlung, als ein von der Empirie schlechterdings Unabhängiges, nur aus der subjektiven Vorstellung Entspringendes bezeichnet wird, im Gegensatz zu den Gegenständen der theoretischen Vernunft, – diese also doch, wenn Sie wollen, an Formalismus über die »Kritik der reinen Vernunft« noch hinausgehende »Kritik der praktischen Vernunft« kommt dann auf sehr komplizierten Wegen eben doch zu Vorstellungen wie der einer gerecht eingerichteten Menschheit, zu einem Begriff der Menschheit überhaupt, wie man ihn im Grunde, wenn man jene Reinheit von den Fakten so unvermittelt durchhielte, wie es das Kantische Programm ist, eigentlich gar nicht konzipieren könnte. Und es wäre eine Aufgabe, die einmal wirklich ernsthaft angefaßt werden müßte, zu zeigen, wie gerade der scheinbar extreme Formalismus der Kantischen Philosophie in sich Momente eines Umschlags ins Materiale geradezu enthält.

Ich möchte nun aber doch noch einige Worte sagen über den Kantischen *Block*, von dem wir ja schon mehrfach mehr oder minder desultorisch geredet haben[219], und möchte über dieses Problem des Kantischen Blocks Ihnen jetzt noch einige Hinweise geben mit Rücksicht auf die Thematik, die uns in den Betrachtungen insgesamt beschäftigt, mit denen wir im Augenblick noch immer befaßt sind, – nämlich über jene Erfahrungen, die durch die Kantische Philosophie ausgedrückt werden. Ich glaube, ich hatte Ihnen schon einmal gesagt, daß man diesen Kantischen Block verstehen könnte als den in sich selbst reflektierten, auf sich selbst reflektierenden, aber doch zugleich auch unvermittelt sich durchhaltenden Cartesianischen Dualismus, in dem eigentlich zwischen den Bereichen des Inneren und des Äußeren ein Abgrund klafft, der nicht zu überwinden ist.[220] Eben jener Abgrund nun ist der Abgrund der Entfremdung der Menschen voneinander und der Entfremdung der Menschen von der Dingwelt, der nun in der Tat gesellschaftlich gezeitigt ist durch das universale Tauschverhältnis. Und durch die Vorstellung, daß wir in unserer Erkenntnis blockiert sind, drückt die Kantische Philosophie zunächst einmal in der Tat als Erfahrung den geschichtsphilosophischen Stand aus, daß in dieser universal vermittelten, durch den Tausch bestimmten Gesellschaft, in einer Gesellschaft der radikalen Entfremdung, uns nun wirklich das was ist wie durch eine Mauer immer verstellt ist; eine Erfahrung, die ja im übrigen Kant auch bereits nahegelegen hat durch die Rezeption von Jean-Jacques Rousseau, die ja, wie wir heute wissen, für die Formation des ganzen Kantischen Systems eine außerordentlich große Rolle gespielt hat. Ich glaube, es ist wichtig, daß Sie sich in diesem Zusammenhang vergegenwärtigen, daß diese Vorstellung des Blockiertseins, diese Vorstellung von unüberspringbaren Rissen zwischen verschiedenen Sphären in der Tat eine Universalstruktur der Kantischen »Kritik der reinen Vernunft« ist; und daß sie sich keineswegs etwa nur bezieht auf den Punkt, an dem sie einem zunächst aufgeht, nämlich auf die Frage der Unerkennbarkeit der sogenannten Dinge an sich. Denn wenn Kant sagt, daß die Ideen nicht gültige Gegenstände der Erkenntnis, sondern nur ›regulative‹ Ideen seien, dann ist ja dieser *χωρισμός* zwischen der Wahrheit im ontologischen Sinn und unserer Möglichkeit, sie zu begreifen, ebenso nachdrücklich gesetzt. Und die Rettungsversuche, von denen ich Ihnen bereits gesprochen habe[221], haben angesichts dieser nachdrücklichen Behauptung eines qualitativen Sprungs zwischen der Ideenwelt der Ontologie und der Möglichkeit unserer verbindlichen Erkenntnis ja selber allesamt so etwas von einer Versicherung. In der Tat ist es bei Kant so – und auch das ist ein Punkt, den seine Nachfolger mit Recht kritisiert haben –, daß die beiden Sphären Verstand, also die wirklich gültige, auf Erfahrung sich beziehende Erkenntnis, und Vernunft, nämlich die Kenntnis der Ideen, unversöhnlich und unversöhnt auseinanderweisen, obwohl ihr Organon, nämlich der λόγος des Menschen selbst, also ganz einfach das Denken, in beiden Fällen eben doch das gleiche ist; eine Unvermitteltheit, die im Grunde mit der von Kant doch intendierten Konstruktion eines in sich einstimmigen Systems – und ein solches System hat ihm ja vorgeschwebt – eigentlich schwer zu vereinbaren ist. Also: es handelt sich hier zunächst einmal wirklich um das, was dann Nietzsche unmittelbar ausgesprochen hat in dem Satz, daß ich verbannt sei von aller Wahrheit[222]: die Sinnentleertheit der entzauberten Welt, so wie ich es Ihnen ja ziemlich eingehend versucht habe zu entfalten[223]. Dieses radikal aufklärerische Moment ist nun mit dem theologischen dadurch verschmolzen, daß darin immer zugleich auch dieses mitklingt, daß wir als endliche und bedingte Wesen auch nur Bedingtes und Endliches und nicht das Unbedingte wissen können.

Aber ich möchte all dem, was ich Ihnen bereits gesagt habe, doch noch etwas hinzufügen, was ich Ihnen noch nicht gesagt habe und was vielleicht darüber doch noch wesentlich hinausgeht. Ich glaube nämlich, daß man hier noch einmal etwas mehr reflektieren sollte über die Kantische Beziehung zu den *Naturwissenschaften*. Kant ist, wenn ich nicht irre, von den bedeutenden philosophischen Denkern der letzte gewesen, der sich in einem unmittelbaren Einklang mit den Naturwissenschaften gewußt hat und gleichzeitig doch die traditionelle Thematik der Philosophie, also die Thematik der Metaphysik, festgehalten hat. Nach ihm – Hegel ist darin exemplarisch – ist das völlig auseinandergetreten. Das heißt: wer überhaupt von Philosophen noch etwas von Naturwissenschaft verstanden hat, hat dann im allgemeinen daraus eine schroff antiphilosophische Konsequenz gezogen und im Grunde als allein mögliche und geltende Philosophie die Logik und Methodologie der Naturwissenschaften akzeptiert; während diejenigen, die an den metaphysischen Intentionen festgehalten haben, versucht haben, die nun als ein reines Reich für sich möglichst unabhängig von den mathematischen Naturwissenschaften zu halten. Das erste Symptom dieser Entwicklung ist in der Tat das Hegelsche System, das zwar rein äußerlich diese Momente noch versucht hat zusammenzufassen, das aber in seinem naturphilosophischen Teil – also dem zweiten Teil des »Systems der Philosophie«, der »Enzyklopädie« – eben doch offensichtlich mißlungen ist; das heißt, in einem durch nichts zu beschönigenden Widerspruch zu der tatsächlichen Naturwissenschaft selber sich befindet. Bei Kant klappt das also zunächst noch besser zusammen. Aber wenn ich die Lehre vom Block bei Kant, und zwar nun wirklich in der spezifischen Bedeutung der Unerkennbarkeit des Dinges an sich, einigermaßen richtig verstehe, dann meldet sich darin – und zwar vielleicht zum ersten Mal; und das leitet dann wirklich über zu der späteren Philosophie, wie denn Kant in der Tat eine Art historischer Paßhöhe darstellt, genauso wie das Bürgertum seiner Epoche sich auf der Paßhöhe seiner Entwicklung befindet –, es meldet sich also, meine ich, darin etwas an wie die noch gar nicht recht artikulierte Ahnung, daß die Naturwissenschaften uns eigentlich über die Natur nicht das Letzte sagen. Kant war noch Naturwissenschaftler genug und andererseits noch vertrauensvoll genug, um nun nicht etwa eine Art von Naturerkenntnis zu stipulieren, durch die einem dann das ›wahre‹ Wesen der Natur sich entschleiern würde, wie es die großen romantischen Philosophen – wie es Ritter, wie es Schelling, wie es in einem gewissen Sinn auch Schopenhauer – getan haben; das hat er nicht getan, er hätte jede solche Bestrebung sicherlich als obskurantistisch abgelehnt. Aber er weiß doch, oder lassen Sie mich nicht sagen: ›er weiß‹; es ist eine metaphysische Erfahrung, die in der Lehre vom Block in der »Kritik der reinen Vernunft« sich anmeldet, daß der Gegenstand der Natur, den wir durch unsere Kategorien bestimmen, eigentlich nicht die

Natur selbst ist; sondern daß unser Wissen von der Natur durch die Forderung von deren *Beherrschbarkeit* (wie sie in dem Hauptmittel der Naturerkenntnis, dem Experiment, exemplarisch mitgesetzt ist) eigentlich schon so präformiert ist, daß wir gewissermaßen von der Natur immer nur soviel erkennen, wie wir beherrschen können. Aber es steckt dahinter auch das Gefühl, daß, während wir unsere Netze stellen und immer mehr einfangen, gleichzeitig die Sache in einem gewissen Sinn immer weiter von uns zurücktritt, immer weiter sich von uns entfernt; daß gewissermaßen je mehr die Natur uns zu unserer eigenen Sache wird, gleichzeitig die Natur selber ihrem wesentlichen Gehalt nach uns immer fremder wird.

Wenn ich in einer früheren Vorlesungsstunde Ihnen einmal gesagt habe,[224] daß die Kategorien des Subjektivismus und der Verdinglichung nicht einander entgegengesetzt seien, sondern daß sie eigentlich korrelative Begriffe sind; daß es um so mehr Verdinglichung gibt, wie es Subjektivismus gibt, und umgekehrt, dann habe ich eigentlich genau das damit gemeint. Das heißt: daß je mehr wir einfangen, wir damit uns um so weiter dem, was wir eigentlich suchen, entfremden; und daß das, was wir dann tatsächlich einfangen, nur eine Art von totem Überbleibsel ist. Dieses Gefühl (wenn ich es einmal mit einer sehr bedenklichen psychologischen Redeweise so ausdrücken darf), diese Erfahrung, die sich deshalb sehr schwer rational eigentlich aussprechen läßt, weil die Sphäre der Rationalität selber ja eben die Sphäre ist, die dieser Erfahrung widerspricht, – die ist eben doch in der Kantischen Philosophie sehr wesentlich enthalten. Man kann also sagen: wenn Kant mit dem Positivismus die Insistenz auf der Endlichkeit der Erkenntnis und die Ablehnung der Metaphysik als eines ›Ausschweifens‹ schon teilt, daß dann der Äther, in den diese ganze Art des Denkens bei Kant getaucht ist, eben doch von dem Positivismus (sofern man beim Positivismus von so etwas wie Äther überhaupt reden mag) außerordentlich verschieden ist. Das heißt: es wird von ihm – und eben das liegt in dem Ausdruck des Blocks – dieser Zustand einer Erkenntnis, die dadurch trügend ist, daß je mehr sie ihrem Gegenstand auf den Leib rückt, sie ihn auch um so mehr nach sich einrichtet und ihn dadurch gewissermaßen immer weiter von sich verscheucht, so wie die Zivilisation die allerwildesten und allerprächtigsten Tiere wahrscheinlich in die allerunzugänglichsten Dschungel gescheucht hat, – dieses Moment erscheint eben in Gestalt der Lehre vom Block bei ihm als eine Art von metaphysischer Trauer, als eine Art von Memento an das Beste, das man nicht vergessen darf und das man doch zu vergessen gezwungen ist. Während dies Memento dem Positivismus ganz fremd ist, wie denn auch der Positivismus eigentlich für eine Theorie wie die des Blokkiertseins der Erkenntnis gar keinen Raum mehr lassen würde, sondern sagen würde: das ist doch alles Unsinn, das sind alles Spinnweben, halten Sie sich an das ›Positive‹, an das, was gegeben ist, – und 'was anderes ist nicht weiter dahinter. Das historische Bewußtsein bei Kant (oder wie Sie das nennen wollen) geht eben doch so weit, daß er sich damit nicht abspeisen läßt; sondern daß die Erinnerung an das, wonach Philosophie gefragt hat, bei ihm eben doch noch so substantiell ist, daß er, gewissermaßen gegen seine eigene positivistische Vernunft, wenigstens den Gedanken an das festhält, was dieser Art von Vernunft zugleich sich entzieht. Sie sehen also, daß darin sein Verhältnis zur Wissenschaft zwiespältig ist. Die Wissenschaft ist noch Vorbild wie in der älteren Philosophie, aber eben im Zeichen des Blocks, im Zeichen dessen, daß sie uns bloß Phaenomena und nicht Noumena gibt, bereits so problematisch, wie sie dann in der nachkantischen Philosophie geworden ist. Sie können daran erkennen – und Sie mögen, wenn Sie wollen, daran den Vorwurf gegen Kant knüpfen –, daß er nicht konsequent sei, daß er nicht bis zum Äußersten gehe; daß er also auf der einen Seite nicht sich entschließe, dann wenigstens etwas über diese eigentliche, uns entgleitende Welt und ihre Gestalt zu sagen, sondern sie als ein so Leeres stehenlasse, daß sie wirklich auf das Nichtige hinausgeht; daß er dann aber auf der anderen Seite auch wieder nicht die Konsequenz des Positivisten habe, der sich wirklich an das Gegebene, den Zusammenhang des Gegebenen und seine Formen hält und alles, was darüber hinausgeht, als Gespensterei, als Spuk verfemt. Diesen beiden Alternativen gegenüber ist Kant in der Tat, wenn Sie so wollen, ein schwankender, ein unentschiedener Denker.

Aber ich möchte hier an diesem Punkt Sie noch einmal darauf hinweisen, daß genau dieses Moment des Nicht-bis-zum-Äußersten-Gehen der Ausdruck, man könnte fast sagen: einer Metaphysik des Blockes überhaupt ist. Bis zum Äußersten Gehen würde ja im Grunde immer heißen: eben diesen Block, die Erfahrung dieses Blockes zu leugnen; also eine eindeutige Identität im Sinne der Herrschaft des Verstandes herzustellen, – während in Kant eben doch entscheidend lebt die ἀνάμνησις daran, daß eine solche Übereinstimmung *nicht* möglich ist. Und er nimmt es lieber auf sich, inkonsequent zu sein; er nimmt lieber die Unstimmigkeiten seines Denkens, auf die wir in den verschiedensten Zusammenhängen immer wieder gestoßen sind, auf sich, als sozusagen eine glatte Einstimmigkeit des Gedankens herzustellen, durch die nun erst recht das noch einmal versäumt wird, was gerade der philosophische Gedanke heimzubringen sich anheischig macht. Bis zum Äußersten Gehen heißt für die Philosophie eigentlich soviel wie: den Block verleugnen und eine absolute Identität behaupten. Und die in sich dialektische oder antinomische Gestalt des Kantischen Denkens besteht eigentlich darin, daß es zugleich ein System sein will, daß es also von einem zentralen Punkt, der der des Gedankens ist, die Realität konstruieren will, – und dennoch nicht die Welt als ein mit dem Gedanken Identisches begreifen will. Es steckt darin eine ungeheuerliche Quadratur des Zirkels; und es ist, wenn Sie wollen, sehr einfach, die daraus entspringenden Fehler ihm nun vorzurechnen. Und das ist, glaube ich, eigentlich das Tiefste, was es an Kant überhaupt gibt: nämlich daß er auf der einen Seite an der Intention der Philosophie festhält, das Ganze zu begreifen, das Ganze zu enträtseln; zugleich aber dann doch auch ausdrückt, daß der Gedanke eben das *nicht* vermag, sondern daß die einzige Form, in der das Ganze begriffen werden kann, der Ausdruck dessen ist, daß es nicht begriffen werden kann. – Ich habe das sehr zugespitzt, sehr pointiert Ihnen gesagt, und manche von Ihnen werden vielleicht entsetzt darüber sein. Und trotzdem glaube ich, daß ich damit eigentlich die Kantische Idee ganz genau beschrieben habe als eine zuinnerst paradoxe Idee: nämlich als den Versuch, die Totalität zu entwerfen, aber gleichzeitig dem gerecht zu werden, daß die Totalität eben keine Totalität ist; daß Subjekt und Objekt nicht ineinander aufgehen, – und daß schließlich nur der Ausdruck dieses Nicht-ineinander-Aufgehens, eben dieses Blockiertseins, selber das ist, was ein romantischer Künstler einmal das Innerste der Welt genannt hat[225]. Und das allerdings scheint mir nachträglich, das möchte ich auch noch hervorheben, die Rechtfertigung des Verfahrens zu sein, das ich in dieser Vorlesung verwandt habe; nämlich eines Verfahrens, das eigentlich viel größeren Wert auf die Kantischen Brüche, auf die immanenten Antinomien dieses Denkens legt als auf seine einstimmige synthetische Gestalt, – nämlich eben deshalb, weil diese Brüche selbst eigentlich, man könnte beinahe sagen: die Kantische Philosophie *sind;* das heißt, weil an ihnen eben das Innerste dieser Konzeption sich erweist: daß das Ganze, das der Geist eben noch begreifen kann, nur das ist, daß er als *Geist* das Ganze *nicht* begreifen kann; daß er aber dieses Nichtbegriffene und dieses Nicht-begreifen-Können selber in einem gewissen Sinn eben doch noch zu begreifen vermag.

Wir haben mit dieser Betrachtung ein außerordentlich merkwürdiges Phänomen an der Kantischen Philosophie erreicht. Eine Philosophie ist ja, wie alles Geistige überhaupt, nichts, was außerhalb der Zeit steht, sondern etwas, was in der Zeit steht, – nicht nur in dem Sinn, daß es vergessen wird oder daß es verschieden aufgefaßt wird; sondern daß es seinem eigenen Gehalt nach in der Zeit eigentlich sich entfaltet und daß es dann in den Konstellationen, die es in der Zeit eingeht, unter Umständen auch aus sich selbst heraus, Bedeutungen entläßt, Bedeutungen produziert, die ihm gar nicht an der Wiege gesungen worden sind. Das gilt nun in einem eminenten Maß für dieses Problem des Blocks, über das ich Ihnen heute abschließend noch einiges zu sagen versucht habe. Während, wenn ich mich nicht täusche, es sich hier wirklich um das Tiefste handelt, eigentlich um den Versuch, das zu sagen, was man nicht sagen kann – und die ganze Philosophie ist eigentlich nichts anderes als ein ins Unendliche erweitertes und erhöhtes Stammeln; sie ist eigentlich immer, genau wie das Stammeln, das Dada, der Versuch, das zu sagen, was man eigentlich nicht sagen kann,[226] – wie also gerade dieses Motiv des Blocks dieses Tiefste ist bei Kant, so ist nun höchst paradoxerweise das genau zu dem Element geworden, das Kant dem bürgerlichen Hausschatz zugeeignet hat; und damit nun auch zu dem Element, durch das Kant in einem gewissen Sinn sich Ihnen als veraltet darstellen wird. Wenn ich Ihnen von dem Kantischen *χωρισμός*, von dem Kantischen Block erzähle, dann fällt mir dabei ein ziemlich ordinärer Schlager oder ein Studentenlied oder was es immer sein mag ein, das ich noch von meinen Eltern gekannt habe und das so um die Jahrhundertwende im Schwang gewesen sein muß und in dem die Zeilen sich fanden: »Die Seele schwinget sich ja in die Höh', juchhe! / Der Leib, der bleibet auf dem Kanapee«. Diese unsägliche, armselige bürgerliche Weisheit, die ist gewissermaßen die letzte Depravation, das letzte, in dem bürgerlichen Normalbewußtsein heruntergekommene Schicksal der Kantischen Philosophie. Und ich glaube, es ist ein Aspekt dieser Philosophie, den man mitdenken muß, nun zu sehen, daß diese Verfallsform nicht einfach etwas ist, was die bösen Bürger dem guten Kant angetan haben, sondern daß diese Verfallsform selber teleologisch in dieser Philosophie eigentlich angelegt wird. Die Struktur des Blocks, wie ich versucht habe, sie Ihnen ein wenig emphatisch und mit einem gewissen sachlichen Nachdruck zu entfalten, die kehrt auch der *Welt* eine Seite zu, nicht nur der metaphysischen Erfahrung; und die Seite, die sie der Welt zukehrt, diese Seite ist der Welt nur allzu ähnlich. Es bedeutet nämlich unter diesem Gesichtspunkt der *χωρισμός* oder der Dualismus der Kantischen Philosophie eine Art von Sicheinrichten zwischen dem Naturalismus, der empirischen Welt auf der einen Seite und den unverbindlichen Idealen auf der anderen. – Ich möchte, ehe ich darauf eingehe, Sie heute nur auf etwas aufmerksam machen, was für die Kantische Philosophie doch recht charakteristisch ist: nämlich daß die ungeheure Anstrengung, die dieses Denken macht, um die Erfahrung zu begründen, eigentlich dieser Erfahrung selber gar nichts Böses tut. Man könnte auch sagen, daß es eine Philosophie ist, in der der Unterschied von *Erscheinung und Wesen* eigentlich nicht wesentlich vorkommt. Das heißt: er kommt vor in der Unterscheidung von Phaenomena und Noumena, aber es ist für dieses Denken nun gerade charakteristisch, daß über das Wesen von ihm eigentlich nichts gesagt wird, sondern nur über die Erscheinungen. Mit anderen Worten: die Erscheinungswelt, die gewohnte Dingwelt, die gewohnte Kausalität, das gewohnte empirische Ich, – alles das bleibt in dieser Philosophie genauso bestehen, wie es das Normalbewußtsein eigentlich hat. Die Kantische Philosophie ist in diesem Sinn ein nachkonstruierendes Denken, ein bloßes Nachkonstruieren dessen, was das Normalbewußtsein, etwa wissenschaftlicher Gestalt, ohnehin hat, – und ist darin, wenn Sie wollen, viel weniger radikal und viel weniger tief als die Humesche Philosophie, die ja nun in der Tat dadurch, daß sie an den signifikanten naturalistischen Begriffen des Ichs, der Kausalität und des Dinges eine entschiedene Kritik übt, wirklich die Welt so verändert, daß sie sagt: das Ich ist nicht zu retten, wie Mach es ausgedrückt hat[227]; daß sie sagt: es gibt keine Kausalität; daß sie sagt: es gibt kein Ding.[228] Diese Konsequenz ist bei Kant vermieden. Sondern es läuft diese ganze Philosophie mit ihrer ungeheuren Tiefe und Anstrengung dann eben doch darauf hinaus, die Welt, so wie sie als Fassade dem Bewußtsein sich präsentiert, noch einmal hervorzubringen; das zu produzieren mit der ungeheuren Macht der produktiven Einbildungskraft, was eigentlich ohnehin schon da ist. Und in diesem Zug Kants ist allerdings teleologisch angelegt eine Möglichkeit, von der ich Ihnen gesprochen habe: daß nämlich diese grandiose Metaphysik dann eben zugleich zu der Weltanschauung eines, wie soll man sagen: gegenüber dem Überdenken überhaupt aller tieferen Dinge, gegenüber der Utopie oder gegenüber der Verfremdung, des Entfremdeten, abgestumpften Bürgertums hat werden können.

17. Vorlesung
16. 7. 1959

Ich hatte in der letzten Stunde zunächst einmal versucht, Ihnen diejenigen Elemente an der Kantischen Philosophie zu zeigen, durch die sie ihre eigentümliche Qualität als eine Art Standard-Philosophie des sogenannten gebildeten Bürgertums gewonnen hat, – in der Weise, wie Sie sie etwa karikiert finden in der Gestalt jenes Direktors Wulicke aus den »Buddenbrooks« von Thomas Mann, der, wenn er seine donnernden Kaiser-Geburtstags-Reden hält, dabei nie vergißt auf den ›kategorischen Imperativ unseres großen Königsbergers Kant‹ hinzuweisen. Es ist immerhin ja merkwürdig, daß ein so exponiertes und versponnenes und gar nicht auf den Erfolg schielendes Denken wie das Kantische diese Wirkung gehabt hat. Aber ich glaube, gerade wenn man, wie ich es Ihnen schon angedeutet habe, dieses Denken nicht einfach abstrakt isoliert, sondern zugleich selbst auch als ein Gesellschaftliches in der Gesellschaft sieht, daß man dann über diese Dinge doch etwas mehr Rechenschaft sich geben sollte, als das gewöhnlich geschieht. Ich habe Ihnen dabei noch gesagt, daß vielleicht der tiefste Grund dafür eine Qualität der Kantischen Philosophie ist, die wir nur gelegentlich gestreift haben: daß nämlich trotz des vielberufenen Kritizismus und Antidogmatismus, den diese Erkenntnistheorie in sich enthält, in ihrem Resultat jedenfalls die Welt, wie sie später in der englischen Philosophie die world of common sense getauft worden ist (und zwar von Sir William Hamilton), eigentlich diese Attacke so übersteht, daß ihr gar nichts dabei passiert; daß also trotz des transzendentalen Idealismus die übliche abbildrealistische Welt ganz unangefochten bestehen bleibt. Und ich würde sagen, daß in dieser Bestätigung des gewohnten Weltbildes, des gewohnten Begriffs von Erfahrung als eines Weltbildes, mit dem sich so leben läßt, daß darin ein Moment gesteckt hat, das von vornherein zur Ideologie deshalb besonders getaugt hat, weil darin ja implizit bereits der Gegensatz von Fassade, von Erscheinung, und von Wesen eigentlich negiert worden ist; weil darin eigentlich schon gesagt ist, daß man in der Welt, wie man sie kennt – wenn es auch nicht die wahre und absolut wirkliche ist –, sich nicht nur ganz gut einrichten *kann,* sondern mit gutem Gewissen einrichten *muß,* weil wir von der anderen, also von dem Wesen, eigentlich nicht mehr wissen, als daß es von dem, *was* wir wissen, verschieden ist, aber daß wir inhaltlich darüber gar nichts ausmachen können. Und das hat dann in sich gleichsam dem unkritischen Bewußtsein, dem Normalbewußtsein des Spießbürgers, der die mehr oder minder konventionellen Vorstellungen von der Realität ungestört hinnehmen will, ganz gut geholfen, – so daß Sie also vor der paradoxen Tatsache stehen, daß ein Denken, das so unendlich darauf pocht, kritisches Denken zu sein, wie gerade das Kantische Denken, dem unkritischen an dieser Stelle zugute gekommen ist; in äußerstem Gegensatz zu Hegel, bei dem zwar der Anspruch der Rechtfertigung der Welt als einer vernünftigen ganz im Gegensatz zu Kant erhoben wird, bei dem aber dafür durch die Konzeption der *Dialektik,* der absoluten Vermitteltheit eines jeglichen Seienden, und damit durch den Zweifel daran, daß irgend etwas wirklich das ist, was es unmittelbar ist, eben doch, wenn Sie so wollen, die kritischen Impulse viel radikaler durchgeführt sind, als das in der Kantischen Philosophie der Fall ist.

Darüber hinaus scheint es mir aber, daß die Kantische Philosophie noch aus einem besonderen Grund zu jener sonderbaren Hausphilosophie sich hergegeben hat oder doch etwas beigetragen hat, – freilich unter Wegschneidung der eigentlich kritisch-aufklärerischen Impulse, auf die ich Sie ja vielfach aufmerksam gemacht habe. Und zwar scheint mir das zusammenzuhängen mit dem Moment des *χωρισμός*, also mit dem Moment des Blocks oder der Blöcke, durch die eine ganze Reihe von Bereichen voneinander einfach getrennt werden und getrennt gehalten werden. Das kann ja den Menschen so passen, wenn man sozusagen eine Philosophie für die Woche hat und eine für den Sonntag; oder wenn man auf der einen Seite eine empirische Welt hat, in der man sich ganz wacker tummeln kann und auf die man sich verlassen kann, und dann eine, davon aber ganz getrennte, Welt der Ideale, auf die man sich dann für mehr oder minder erbauliche Zwecke zurückziehen kann, ohne daß aus ihr so recht dann eigentlich für die Praxis irgend etwas folgen würde. Sie können schließlich in diesem Moment des *χωρισμός* bei Kant noch so etwas sehen wie einen Reflex der universalen Arbeitsteilung, die dann schließlich auch auf den inneren Haushalt, auf die Person des Subjekts übergreift, das sich da aufspaltet in ein Subjekt, das weiß, in ein Subjekt, das glaubt, in ein Subjekt, das tut, in ein Subjekt, das hofft, und das schön säuberlich das Wahre, Schöne und Gute auseinanderhält, – in einer solchen Weise etwa, daß das Schöne ja nicht darauf befragt werden darf, ob es auch zuinnerst wahr sei, denn sonst würde ja der Komfort des Schönen empfindlich gestört; und daß auf der anderen Seite das Wahre nicht danach befragt werden darf, ob es auch gut sei, denn sonst könnte ja die Orientierung in der Welt, in der wir nun einmal leben, dadurch, daß die Ideale, die Ideen in ihr ernstgenommen werden, ebenfalls gestört werden. Wenn Sie die sentenziöse Dichtung von Schiller, der ja ein Kantianer war und der sich mit einigem Grund einen Kantianer nennen konnte; der ja eine Reihe sehr bedeutender theoretischer Arbeiten geschrieben hat, die sicherlich das Produktivste sind, was an Fortbildung der Kantischen Ästhetik überhaupt geschrieben ist, – wenn Sie sich die sentenziöse Dichtung von Schiller darauf ansehen, dann können Sie alle diese Momente der Umbildung des säuberlich voneinander Getrennten in voneinander gewissermaßen unabhängige Bildchen zum Hausschmuck ganz deutlich verfolgen. Zum Beispiel: wenn er in einem Gedicht über die Frauen sagt, daß sie ›himmlische Rosen ins irdische Leben flechten‹,[229] dann liegt ja darin im Grunde wirklich schon so etwas, wie daß der Gedanke der Schönheit oder der Gedanke der Utopie, von dem er ganz richtig fühlt, daß er mit dem erotischen Bereich verbunden ist, unverbindlich bleibt. Das heißt: es bleibt eigentlich von dieser Utopie, die von dem vertreten wird, was in dem Leben noch nicht ganz domestiziert ist, eigentlich nichts anderes übrig als das ›Schmücke dein Heim‹: eine Art von Schein, durch den der prosaische und armselige Alltag erträglicher wird, der aber beileibe nun nicht etwa das irdische Leben verändern darf; sondern es sind eben nur die ›himmlischen Rosen‹, die da hereingeflochten werden, – beinahe so, wie wenn es sich bei der Utopie oder bei der Idee des Schönen um eine Art von transzendentalem Beerdigungsinstitut handeln würde. Dieses Moment ist in der Kantischen Philosophie selber auch schon angelegt; und ich glaube, es ist deshalb nützlich, auf diese Dinge einmal hinzuweisen, weil das ja in der Bildung, die Sie normalerweise erfahren, gar nicht geschieht. Das heißt: auf der einen Seite wird man Ihnen etwa auf der Schule von der klassischen Dichtung und der klassischen Philosophie als einem Vorbildlichen, Verpflichtenden und weiß Gott wie Wunderbaren immer erzählt haben; auf der anderen Seite werden Sie als selbständige geistige Menschen gemerkt haben, daß da irgendwie der Wurm drinsitzt. Aber weder ist der blinde Respekt vor den überkommenen Bildungsgütern legitim noch, auf der anderen Seite, die abstrakte Abwertung dieser Dinge bloß deshalb, weil sie etwa veraltet seien oder sich mit dem Geist unserer Zeit nicht mehr vertrügen. Sondern das Gericht, das an diesen Elementen heute ergeht, ergeht eben doch – soweit es wirklich ein Gericht und nicht ein Schattengericht ist – an ihnen nur deshalb, weil sie in sich selbst dieses Moment der Unwahrheit enthalten, das ich versuche, Ihnen nun von dem Zentrum der Sache her, nämlich von dem eigentlichen philosophischen Gehalt her zu bestimmen.

Das Wesentliche bei dieser Tendenz der Depravation, die in dem Sinn dieser Philosophie selber bereits angelegt ist, scheint mir das zu sein (ich glaube, ich habe das schon ausgesprochen), daß die voneinander abgetrennten Momente dadurch, daß sie säuberlich gesondert sind, daß sie Bereiche konstituieren, die wie auf einer Landkarte – Kant braucht das Bild ja immer wieder – unabhängig voneinander, nebeneinander eingetragen werden, füreinander unverbindlich werden. Das Ideal ist fürs Leben verbindlich nur noch in Gestalt der *Pflicht*, das heißt: eines vollkommen formalen Prinzips, das eben – obwohl es bei Kant weiß Gott nicht so gemeint war – durch seine Formalität beliebig umgedeutet werden kann in die berühmte oder vielmehr berüchtigte ›Forderung des Tages‹; das heißt, daß man an der Stelle, an der man nun einmal stehe, und in den Lebenszusammenhängen, in die man hineingeraten ist, nun möglichst das Seine tue; das heißt: das erfülle, was einem im Grunde eben doch heteronom auferlegt ist. Wie ich denn überhaupt sagen möchte, obwohl das nicht streng in unsere Vorlesung gehört, daß das Problem des Verhältnisses von Pflicht und Freiheit, die ja für Kant in der praktischen Philosophie im Grunde gleichgesetzt sind, in der »Kritik der praktischen Vernunft« in gar keiner Weise gelöst worden ist, – genausowenig gelöst worden ist wie eben (nach dem, was ich Ihnen gesagt habe) in der »Kritik der reinen Vernunft« das Erkenntnismodell dieses Problems – nämlich das Verhältnis des Allgemeinen und des Besonderen, also des Apriori und der Kontingenz, des Empirischen – wirklich gelöst worden ist. Umgekehrt ist aber auch die Erfahrung für die Ideale unverbindlich; das heißt: diese sind von der Kritik unangefochten, sie hängen, wie es einmal heißt, unveräußerlich am Himmel droben,[230] – wobei ich nie die Vorstellung loswerde, daß die Menschen wie die berühmten Heringe nach diesen Idealen schnappen sollen, ohne daß nun etwa diese Ideale selbst ihrerseits einer produktiven Kritik, einer Wechselwirkung durch die lebendige Erfahrung ausgesetzt wären. Das tritt in der »Kritik der reinen Vernunft« nicht hervor, aber wenn Sie sich dann die zum Teil beispiellos rigoristischen Bestimmungen etwa der Kantischen Rechtsphilosophie ansehen, die ja aus dieser Idealität abgeleitet ist, so werden Sie sehr rasch bemerken, wie unerfahren in der Tat eine solche Ethik ist und wie sehr sie sich zur bloßen Repression eigentlich hergibt. Diese Unverbindlichkeit können Sie auch beziehen auf den Fiktionscharakter, den ich Ihnen hervorgehoben habe: nämlich daß wir auf der einen Seite weder die wahre *Wirklichkeit* erkennen, noch daß wir die *wahre* Wirklichkeit erkennen. Und diesem Fiktionscharakter entspricht nun genau jener Prozeß der Neutralisierung der Kultur, wie er bei Kant angelegt ist etwa in der reinen Zwecklosigkeit des Schönen, die auf der einen Seite die Beziehung auf die Sphäre der Erkenntnis völlig abschneidet, und der reinen Objektivität, also mit anderen Worten: der vollkommenen Determiniertheit durch den Kausalsatz im Bereich der eigentlichen Erkenntnis auf der anderen Seite, die nun auf ihre Weise ihrerseits von dem Eingriff der Freiheit, von der Praxis eigentlich ganz unabhängig gemacht wird. Und es herrscht an dieser Stelle wirklich prästabilierte Harmonie zwischen der Neutralisierung, welche die Kultur in der Geschichte der 150 Jahre nach Kant durchgemacht hat, und einer Tendenz, die in dieser Philosophie selbst ausgesprochen ist, – obwohl im Gegensatz dazu der Kulturbegriff bei Kant selbst ja als die Verwirklichung der Vernunft noch gedacht ist. Auch darin findet Kant, wie ich das mehrfach wohl schon formuliert habe, sich gewissermaßen auf der Paßhöhe des bürgerlichen Bewußtseins. Er stellt in gewisser Weise das Modell dar für jene Denkgewohnheit, die innerhalb des bürgerlichen Normalbewußtseins bis in unsere Zeit hinein verbreitet gewesen ist: nämlich jene absonderliche Einheit von Skepsis und Dogmatik, die jeder einzelne von Ihnen wahrscheinlich in seiner Jugendgeschichte, etwa in familialen Verhältnissen, in der einen oder anderen Weise erfahren haben wird, – im übrigen eine Einheit, die ja der philosophiegeschichtlichen Zusammensetzung Kants gar nicht so übel entspricht, insofern ja wirklich bei ihm die Humesche Skepsis und die Dogmatik des klassischen Rationalismus zusammengebogen werden. Mit der Skepsis meine ich im Grunde jene Gestik des Bürgers, der sagt: ja, was ist Wahrheit? und dem vermutlich aus dem Neuen Testament kein Wort lieber ist als jene Frage des Pilatus, was Wahrheit sei[231]; bei dem wirklich das Credo, könnte man sagen, eigentlich aus dem Pilatus besteht, – wobei dieses ›Was ist Wahrheit?‹ nur noch den Zweck hat, jede theoretische Verbindlichkeit, also: jede Verbindlichkeit des Gedankens überhaupt, in dem Umkreis der Erfahrung auszuschließen; eine Haltung, wie sie dann etwa zu der bürgerlichen Bereitschaft, den Faschismus und andere totalitäre Formen zu schlucken, beigetragen hat. Während auf der anderen Seite dann aber gewisse Vorstellungen, die unangefochten bleiben sollen, denen gegenüber die Kritik innezuhalten hat, durchaus dogmatisch bleiben: an die darf nicht gerührt werden. Und diese beiden Momente: auf der einen Seite der Zweifel daran, daß überhaupt irgend etwas wahr sein könnte, und auf der anderen Seite die unbefragte Verbindlichkeit von Normen, die innerhalb des Bestehenden nun einmal vorgegeben sind, – das entspricht ziemlich genau diesem Auseinanderfallen, wie es in der Kantischen Philosophie angelegt ist.

Ich habe Ihnen diese Dinge wenigstens angedeutet. Ich glaube, daß sie in dieser Weise noch gar nicht recht ausgeführt worden sind, weil die Kantkritik, soweit sie gesellschaftliche Kritik gewesen ist, sich ja im wesentlichen immer auf so einen Pflichtbegriff und auf die verkappte Theologie in ihm gerichtet hat, aber gar nicht so sehr auf diese Momente, die ich eigentlich für die viel wichtigeren halte. Ich habe Ihnen das nur deshalb hervorgehoben, um nun doch die Frage in Angriff zu nehmen, von der ich Ihnen zu Beginn der Vorlesung[232] versprochen habe, daß ich versuchen möchte, sie Ihnen einigermaßen zu beantworten: nämlich was nun diesen Tendenzen gegenüber, die, wohlverstanden, nicht Tendenzen des Bewußtseins von Kant waren und die nur gleichsam im Schatten dieser Philosophie gediehen sind, – was denen gegenüber eigentlich die Autorität Kants, wie sie in der Tradition lebt, in einem nun doch ganz anderen Sinn begründe. Denn zu sagen, daß Kant alle diese Momente hätte und in all diesen Dingen der Geschichte des Bürgertums nach ihm bereits verfallen wäre, genügt natürlich nicht, die beispiellose Autorität dieses Denkens zu erklären; sondern diese Autorität beruht ja eben doch in einem Moment, durch das Kant transzendiert wird – wenn Sie mir einmal eine Sekunde diesen Ausdruck durchgehen lassen –, durch das also Kant sich über das zu seiner Zeit herrschende Bewußtsein erhoben hat und durch das er überhaupt eine Schicht getroffen hat, die vorher als Schicht der Erfahrung von dem Bewußtsein wohl kaum getroffen worden ist. Und das ist das Phänomen oder der Aspekt der Kantischen Philosophie, den man nun seinerseits im Sinne der Sonntagsphraseologie selbst als die Kantische ›Tiefe‹ betrachtet, – wobei natürlich dieser Begriff *Tiefe* selbst auch heruntergekommen ist. So hat etwa der Altkantianer und Spät-Orthodoxe Marcus eines seiner ziemlich törichten Bücher »Aus den Tiefen des Erkennens«[233] genannt – ein Titel, der ja im übrigen sich selbst richtet –, und er hat einfach mit Tiefe gar nichts anderes gemeint, als daß bei Kant nicht die Erkenntnis selber vollzogen wird, sondern daß die Bedingung der Möglichkeit für Erkenntnis, also daß der transzendentale Mechanismus bei Kant bloßgelegt sei. Wenn das so wäre, wäre tatsächlich jede Erkenntnis*theorie* gegenüber jeder *vollzogenen* Erkenntnis tief. Und man hätte doch demgegenüber billig die Frage anzumelden, ob nicht in Wahrheit jede Erkenntnis, die etwas aufschließt, jede Erkenntnis, an der einem wahrhaft etwas aufgeht, einer solchen Analyse des Mechanismus, die nur klarlegen will, wie es dazu kommt, eigentlich an Tiefe gerade überlegen sei.

Mit einem solchen Begriff von Tiefe können wir uns, wenn wir den Anspruch dieser Philosophie, den Sinn dieser Philosophie ernst nehmen, unmöglich zufrieden geben. Es ist weiter klar – und ich möchte die Gelegenheit benutzen, hier zugleich Ihnen doch auch nicht nur über den Sinn von Tiefe und den Aspekt von Tiefe bei Kant etwas zu sagen, sondern Ihnen zugleich auch einiges zu kommunizieren, was sich auf den Begriff der Tiefe selbst bezieht –, es kann keinem

Zweifel unterliegen, daß der übliche und in Deutschland sehr verhängnisvolle Begriff der Tiefe, nämlich der antiaufklärerische, der irrationalistische: daß also tief ein Denken dann sei, wenn es auf irgendwelche anderen Kräfte als auf die Vernunft sich bezieht, – daß der zunächst einmal, um es ganz bescheiden zu sagen, im krassen Widerspruch zu der ausgesprochenen Intention der Kantischen Philosophie steht; und daß Kant darauf würde geantwortet haben, daß das tiefste Moment, auf das seine Philosophie sich gründe, eben die Vernunft als das Moment der Einheit in all ihren Bereichen sei, und daß etwas Tieferes als die Vernunft überhaupt nicht gelten gelassen werden könne. Er hat in der Tat daraus auch die volle Konsequenz gezogen und jenen fatalen Begriff der Tiefe, der mit dem Irrationalen sich verbindet, in der praktischen Philosophie mit aller Konsequenz abgewehrt: indem er nämlich die Vernunft zu der allein legitimen Quelle des guten Handelns gemacht hat; also: gut ist bei ihm eben nur das Handeln, das dem Sittengesetz gemäß erfolgt, und das Sittengesetz ist im Grunde ja überhaupt gar nichts anderes als die Vernunft selber, soweit sie unsere Handlungen bestimmt. Ein anderer Begriff von Gesetzmäßigkeit als der, der in der Vernunft selbst, in ihrer immanenten Gesetzmäßigkeit liegt, wird ja von Kant überhaupt nicht zugestanden, während jene sogenannten irrationalen Mächte, die im Namen der Tiefe so gern und gerade bei uns in Deutschland so verhängnisvoll verherrlicht werden, bei Kant – und zwar ganz im Sinn der rationalistischen Tradition und insbesondere im Sinn der Tradition der Philosophie des Spinoza – als *Affekte* bezeichnet werden. Und diese Affekte sind etwas, was über mich Gewalt hat; dem gegenüber ich eigentlich nicht frei bin; etwas, was mir äußerlich, was bloß empirisch sein soll, – und was deshalb von dieser Philosophie in einer bis zum Grausamen gesteigerten Weise abgewehrt wird. Im übrigen möchte ich nicht verschweigen, daß seine Aversion gegen diese ganze Sphäre auch eine, wenn Sie wollen: rückschrittliche Seite, auch etwas von Taxusgärten aus dem 18. Jahrhundert hat;

und daß sie vor allem wohl an gewissen formalistischen Zügen der Kantischen Ästhetik schuld ist, auf die ich heute nicht eingehen will. Jedenfalls das, was man so gewöhnlich in der deutschen Tradition tief nennt, würde Kant als heteronom bezeichnet haben. Horkheimer hat einmal gesagt, daß im allgemeinen, wenn von etwas behauptet wird, es sei tief, das dann darauf hinauslaufe, daß es die Menschen nicht zu gut in der Welt haben sollten, sondern daß sie möglichst leiden sollten; und daß diese Rechtfertigung des Leidens, die Zuneigung zur Negativität des Daseins, die Verdoppelung der Negativität des Daseins eigentlich der Begriff der Tiefe sei, der unter uns im Schwange ist. Und diesem, wenn ich so sagen darf: masochistischen Begriff der Tiefe widerspricht die Kantische Philosophie insgesamt, – so wie sie ja schon in dem Begriff der Äußerlichkeit, den sie in dem Kapitel über die ›Amphibolie der Reflexionsbegriffe‹ positiv aufnimmt, dem Begriff der Innerlichkeit scharf zu widersprechen scheint, der diesem Begriff der Tiefe im allgemeinen zugeordnet ist.

Man hat oft darauf hingewiesen – und auch in gewisser Weise mit Recht –, daß die Kantische Philosophie mit dem *Protestantismus* aufs tiefste verwachsen ist und eben mit dessen Begriff der Innerlichkeit. Aber man könnte sagen, daß dieser Begriff der Innerlichkeit dann bei ihm so weit gesteigert ist, daß von seinem Substrat – nämlich von der je einzelnen Seele – dabei verdammt wenig übrigbleibt, und daß anstelle dieser Innerlichkeit wirklich dann das abstrakte Einheitsmoment der Vernunft als ein freilich von allem Äußeren Getrenntes übrigbleibt; während aber doch all das, was wir sonst mit Innerlichkeit im allgemeinen assoziieren, von Kant selbst dem Äußerlichen zugerechnet wird, nämlich zu einem bloß Psychologischen und damit Heteronomen gemacht würde, so daß schließlich sich das Ergebnis bei ihm findet, daß Innerlichkeit gerade deshalb der Kritik verfällt; und etwas, wenn Sie wollen: Äußerliches, nämlich die bloß logische Bestimmtheit, der die Fülle des Inwendigen durchaus abgeht, gerade durch diese Radikalisierung des Begriffs der

Innerlichkeit, wie sie in der Kantischen Kritik vorliegt, eigentlich die Innerlichkeit selber überwindet oder jedenfalls der Innerlichkeit sich auf eine sehr entschiedene Weise entgegensetzt. So wahr es ist, daß die Wendung nach innen und etwa auch die rigorose Antithese von Wissen und Glauben und alle diese Momente aus der protestantischen Tradition stammen, so wenig geht es doch bei Kant wie bei irgendeinem anderen bedeutenden Denker an, das, was sich dabei vorfindet, einfach mit seinem sogenannten Ursprung gleichzusetzen. Und wenn Sie etwas von dem lernen können, was ich Ihnen vortrage, dann ist es wirklich das, sich zu emanzipieren von der Ursprungsfrage; also davon, daß Sie glauben, wenn Sie von irgendeiner Sache wissen: das kommt da und da her, – daß Sie damit die Sache eigentlich bereits verstanden hätten. Ganz sicher kommt aus der Tradition der protestantischen Innerlichkeit der Rigorismus, mit dem Kant Wissen und Glauben voneinander abgespalten hat, und etwa auch sein Pflichtbegriff. Vergessen wird aber dabei nur, daß der Begriff der je einzelnen Person als der zu rettenden Seele, die ja diesem traditionellen protestantischen Begriff der Innerlichkeit zugrunde liegt, durch die Bewegung des Begriffs, also gerade durch die Kantische Vernunftkritik selbst, aufgelöst worden ist, – so daß das Gegenteil dessen dann herausschaut, was an Ort und Stelle da gemeint gewesen ist. Freilich muß man sagen – und auch hier kann ich Ihnen die Komplexität der Fragestellung bei Kant nicht unterschlagen –, daß die radikale Trennung von Idee und Phänomen, also von Phaenomena und Noumena, objektiv der Idee der *Tragik* nicht ganz fremd ist, die an dieser Stelle mit dem Begriff der Tiefe im allgemeinen assoziiert wird. Das heißt: die Endlichkeit wird als Endlichkeit schlechterdings bestimmt, ganz ebenso wie der Tod; und die Sinnlosigkeit damit des bloßen empirischen Daseins und daß das Empirische so sei, daß es endlich ist, daß es getrennt ist, daß es *χωρίς* ist von seinem eigenen Sinn, – das wird selber, heute würde man sagen: zu einer Strukturbestimmung dieser Endlichkeit, zu einer Wesensbestimmung dieser Endlichkeit gemacht und wird damit in gewisser Weise – wenn Sie so wollen: ratifiziert. Insofern war also Schiller, dessen Begriff der Tragik ja unmittelbar aus der Kantischen Philosophie heraus entwickelt worden ist – und den er dann tatsächlich auch in seinen Stücken praktiziert hat –, wirklich auch ein Kantianer. Ich würde sagen, daß heute eben doch auch der Begriff des Tragischen selber, wie er in der Gestalt der Kantischen Philosophie als der schlechthinnigen Unvereinbarkeit der Welt der Erscheinungen, in der wir als endliche Wesen leben, und der Welt der Idee, die uns prinzipiell überfordert und der gegenüber wir scheitern müssen; daß eben diese Tiefe des Tragischen, und in einer langen deutschen Tradition hat man ja Tiefe und Tragik unmittelbar einander gleichgesetzt; daß dieser Begriff der Tragik sich unterdessen als ein oberflächlicher Begriff erwiesen hat. Das heißt, daß er eigentlich nur darauf hinausläuft, die Sinnlosigkeit als ihren eigenen Sinn zu verklären und zu glauben, daß damit bereits so etwas wie Metaphysik da sei, daß das Sinnlose als ein notwendig so Gesetztes, als ein so und nicht anders Seiendes gegeben sei. Während in der Satisfaktion darüber, daß man nun dessen inne werde, daß ›die Seele sich in die Höhe schwingt‹, während der Leib als Leiche ›auf dem Kanapee‹ bleibt, dann im allgemeinen die Tiefe als das, was sie zunächst einmal wirklich ist – nämlich, wie Hegel es genannt hat, als das Bewußtsein von Nöten,[234] also als die Reflexionsform des Leidens der Menschen –, einfach ausgeschlossen geblieben ist. Und ich glaube allerdings, daß eine Kritik überhaupt der Kategorie des Tragischen nicht als eines erhabenen und schlechterdings geltenden Geistesgutes, sondern selbst als eines guten Stücks aus dem bürgerlichen Hausschatz im höchsten Maße ebenfalls an der Zeit wäre. Das wäre also zunächst einmal über den Begriff der Tiefe bei Kant zu sagen. Und es wäre also zu sagen, daß sie von diesem traditionellen Begriff – Tiefe des Gefühls, Tiefe der Innerlichkeit – und all diesen Momenten abzutrennen ist; obwohl sie eben in dieser These der Unversöhnlichkeit, in dem Moment, das wir als ihren antiutopischen Zug bezeichnet haben, mit diesem konventionellen Begriff von Tiefe doch auch übereinkommt.

Sie müßten aber weiter – und was ich Ihnen gebe, ist nicht nur eine Kantinterpretation, sondern, wenn Sie so wollen, auch der Entwurf einer Art von Phänomenologie des Begriffs der Tiefe in der Philosophie selbst; also eine Entfaltung dessen, was überhaupt so unter Tiefe gedacht werden kann –, Sie müssen sich darüber klar sein, daß bei Kant nicht in psychologischem Sinne von Tiefe die Rede sein kann, weil den Menschen im allgemeinen ein Ausdruck wie Psychoanalyse immer noch einen Schock bereitet. Es gibt ja bekanntlich Menschen, die davon so schockiert sind, daß sie, mechanisch plappernd, der Psychoanalyse eine Psychosynthese haben geglaubt entgegensetzen zu müssen. Deshalb hat man den Begriff der Psychoanalyse durch den Begriff der Tiefenpsychologie ersetzt, weil das so irgendwie geweiht klingt und weil in einem solchen Begriff von Tiefenpsychologie dann doch etwas von jener Kryptophilosophie[235] der Tiefe überlebt, zu deren Phänomenologie ich Ihnen wohl einige Momente beigetragen habe. Ganz gleich, wie es sich mit dieser Nomenklatur verhalten mag, in dem Kantischen Denken ist jedenfalls bei der Tiefe, die er selbst anstrebt, von der psychologischen Tiefe, also der Tiefe des Unbewußten, nicht die Rede. Und wenn man Kant so mißverstehen wollte, daß er nun in Tiefen der Seele gedrungen sei, die der konventionellen Ansicht verborgen sind – wie es etwa ein großer Psychologe tun mag –, dann würde das der Kantischen Philosophie ebenso fremd sein wie jene Allerweltsmetaphysik der Tiefe, von der ich Ihnen zuvor gesprochen habe. Denn alle *Psychologie* – und damit wende ich mich nun doch einer Betrachtung über die konkrete Stellung der »Kritik der reinen Vernunft« zur Psychologie zu –, alle Psychologie ist bei Kant nur eine psychologische Wissenschaft und wäre – wenn ich hier zunächst einmal topologisch im Sinn des Begriffs der Tiefe reden darf – überhaupt noch gar nicht in dem Feld ansässig, lokalisiert, in dem der objektiven Gestalt der Kantischen Philosophie nach so etwas wie Tiefe überhaupt erst angesiedelt ist; und auch sogenannte Tiefenpsychologie wäre ihm eine bloße empirische Wissenschaft. Es ist übrigens durchaus möglich, daß der merkwürdige antipsychologische Affekt, der ja gerade das deutsche Denken immer wieder durchsetzt und der eigentlich so argumentiert, daß deshalb, weil die Psychologie eine empirische Wissenschaft ist, aber die Seele qua Innerlichkeit doch dem Empirischen enthoben sei, die Psychologie, wenn sie's ernst meint, überhaupt eine verwerfliche und schlechte Wissenschaft sei; daß dieser antipsychologische Affekt – der schließlich noch bis zu Husserl und dann weiter zu Heidegger und allen möglichen Dingen dieser Art, zur modernen Pädagogik und Gott weiß wohin sonst noch reicht – bis zu einem gewissen Grad in dieser Kantischen Berührungsscheu mit der Sphäre der Faktizität auch im Bereich des Seelischen verwachsen ist. Und Sie müssen darüber sich einmal klar sein, daß, wenn ich vorwegnehmend einmal so sagen darf, die Kantische Philosophie dieses Moment wirklich hat. Auf der einen Seite steht aber auch darin die Kantische Philosophie auf der Paßhöhe, daß sie zwar von sich qua Philosophie, also im Sinn der Frage eben nach dem schlechterdings Gültigen oder nach der Wahrheit schlechterdings, – daß da die Psychologie als eine Rechtsquelle der Tendenz nach, wenn auch nicht mit vollem Glück, ausgeschlossen wird; daß aber auf der anderen Seite Kant gerade nun das ungeheure Verdienst hat – und das ist sein Verdienst vor allem den Engländern gegenüber –, daß er als erster gesehen hat, daß das Bereich der Seele, das man im Sinn der deutschen Tradition der Psychologie gerade *gegenüber* hält, durchaus in die Psychologie hereinfällt; daß es durchaus seelische Faktizität gibt; daß seelische Tatsachen Tatsachen und nicht vérités éternelles sind, ganz genauso wie es irgendwelche anderen Tatsachen auch sind. Es wird im Grunde heutzutage die Mehrdeutigkeit des Ichs, wie wir sie in der Kantischen Philosophie ja bereits verschiedentlich bezeichnet haben: nämlich des Ichs, das von seinem psychologischen Gehalt nicht loskommt, aber bei dem gleichzeitig seine logische Form hypostasiert wird, – die wird heute dazu mißbraucht, daß für die Erkenntnis des bloß empirischen, tatsächlichen Ichs eigentlich die Kategorien oder die Denkformen postuliert werden, die im Sinn der Kantischen Vernunftkritik lediglich auf das intelligible Ich sich beziehen würden. Auch daran ist Kant insofern nicht ganz unschuldig gewesen, als er – in einer sehr kühnen und im Grunde vom Gedanken kaum wirklich nachzuvollziehenden, kaum wirklich einzuholenden Weise – gelehrt hat, daß das empirische Ich, also der Charakter, den jeder einzelne Mensch nun einmal habe, Sache der Freiheit sei; daß er eines sei, was er sich selbst eigentlich wesentlich gegeben habe. Aber zunächst ist das Verhältnis der »Kritik der reinen Vernunft« zur Psychologie so: auf der einen Seite wird die Ich-Analyse, die Analyse des Subjekts, die Kant vorhat, aufs schärfste von der psychologischen getrennt; und es wird gesagt, daß das, was die Psychologie uns liefern könne – nämlich die Idee der Seele und was immer darin vorliege –, weder identisch ist mit jenen reinen Formen, zu denen die Vernunftkritik kommt, noch mit dem konkreten Gehalt, sondern daß sie durchaus eine empirische Bestimmung sei. Es wird dann im Anschluß daran aber auch gesagt (wenigstens tendenziell gesagt), daß die wesentlichen Bestimmungen des Seelenlebens, die es gibt, innerhalb des Bereichs der empirischen Wissenschaft zu halten sind, – wobei man nun allerdings sagen muß, daß an dieser Stelle seine Kritik und seine Konstruktion auf halbem Weg stehengeblieben sind.

Ich möchte in der nächsten Stunde, indem ich versuche, nun die gesamten folgenden Betrachtungen im Sinn einer Orientierung am Begriff der Tiefe zu vollziehen, versuchen, Ihnen wenigstens einige der wichtigsten Gesichtspunkte der Kantischen Kritik der sogenannten rationalen Psychologie zu geben, mit anderen Worten also: der Psychologie, durch die man versucht hat, aus reiner Vernunft irgendwelche seelischen Kategorien zu verabsolutieren, zu hypostasieren. Und es ist dazu zu sagen, daß an dieser Stelle Kant durchaus auf dem Standpunkt der modernen Psychologie steht und nicht der obskurantistischen; das heißt, daß er die Bestimmungen der Psychologie eben als solche empirischen Bestimmungen faßt; daß er aber andererseits aus diesem Grund sie nun wieder von den Bestimmungen der Philosophie ausschließt, – so daß also die Bestimmungen seiner eigenen Tiefe, der transzendentalen Tiefe, als solche der psychologischen Tiefe nicht verstanden werden wollen. Ich führe diese Betrachtung durch, weil ich Sie zu einer Aporie bringen möchte, nämlich zu der Aporie: was heißt Tiefe, wenn sie weder Metaphysik noch Logik noch Psychologie sein möchte? Und ich glaube, das wird uns dann eigentlich die entscheidende Antwort auf das Wesen der Kantischen Philosophie geben.

18. Vorlesung
21. 7. 1959

Erinnern Sie sich daran, daß wir in den Betrachtungen, die dem Begriff der Tiefe gelten und dem Sinn der Aussage von der ›Tiefe‹ der »Kritik der reinen Vernunft«, darauf gestoßen waren, daß unter dieser Tiefe, obwohl sie doch in der Versenkung in die Sphäre der Subjektivität besteht, nicht psychologische Tiefe zu verstehen ist. Das klingt Ihnen natürlich zunächst sehr einleuchtend, und Sie alle haben irgendwie etwas von dem Nichtpsychologischen der Gesamttendenz Kants und des Apriorismus gehört; aber so selbstverständlich ist es, wenn man sich in den Text versenkt, denn doch nicht. Wenn Sie zum Beispiel hören, daß der Schematismus ein geheimnisvoller Mechanismus sei, der in der Tiefe der Seele verborgen ist,[236] dann ist ja dabei sehr schwer etwas anderes als eigentlich etwas Psychologisches überhaupt sich vorzustellen. Und wenn er in der »Kritik der praktischen Vernunft« den Charakter des Zwangs und der Nötigung beschreibt, der von dem Gewissen ausgeht,[237] so hat ihn sogar die moderne Tiefenpsychologie darin geradezu bestätigt, denn heute wissen wir ja, daß das, was man psychologisch als das Korrelat jenes Kantischen Begriffs ansehen darf: das Überich, in der Tat in seiner psychologischen Wirkung einen Zwangsmechanismus ausübt, der durchaus ganz dem entspricht, was Kant da der – von ihm nun im Sinn einer reinen Gesetzmäßigkeit verstandenen – Wirkung eben des Sittengesetzes zugeschrieben hat. Wenn Sie also sich die Frage nach dem *Verhältnis zur Psychologie* einmal sehr ernst stellen, dann werden Sie dabei wieder auf das geführt, was ich Ihnen schon mehrfach gesagt habe, was aber hier in einem neuen Licht erscheint: daß nämlich auch die Kantische Tiefe im Augenblick, wo man sich veranschaulichen will, was dabei eigentlich vorliegt, zurückweist eben auf Faktizität, auf Tatsächliches; in diesem Fall: auf seelisch Seiendes, auf konkrete psychologische Elemente, – nur daß die ganze Kantische Konstruktion (in einer Weise, mit der wir uns noch zu beschäftigen haben werden) den Versuch macht, sich an dem Zopf aus dem Sumpf zu ziehen. Das heißt: auf der einen Seite verdankt sie sich zwar sehr wesentlich diesen psychologischen oder anderen faktischen Momenten, auf der anderen Seite muß sie sie aber so interpretieren, daß dabei ihre eigene Faktizität unter den Tisch fällt. Soviel ist jedenfalls sicher richtig, daß die Intention Kants antipsychologisch ist; und daß eigentlich die differentia specifica von Hume darin besteht, daß dieselbe Wendung zum Subjekt, die auch bei Hume vorliegt, bei Kant eben nicht als eine psychologische Wendung verstanden werden will. Das können Sie sich daran klarmachen, das hat darin seine Motivation, – das ist also nicht bloß eine Art willkürlicher Metaphysizierung, die bei Kant vorliegt, als ja die faktischen psychologischen Mechanismen, auf die Hume verweist – vor allem die der Assoziation etwa, der Ähnlichkeit oder des Berührens von Erlebnissen miteinander[238] –, so sehr sie von tatsächlichen, man könnte fast sagen: experimentellen psychologischen Beobachtungen abgezogen sind, in sich selbst eine Voraussetzung haben, auf welche in dem »Treatise« von Hume nicht reflektiert ist: nämlich die Einheit des Bewußtseins, in das jene Assoziationen fallen. Mit anderen Worten also: wenn die Humesche Kritik den Begriff des Ichs, mit dem wir es nun auch bei Kant zu tun haben, als eine Art von dogmatischem Vorurteil beseitigt, so macht sich die Humesche Kritik dabei insofern einer gewissen Naivetät schuldig, als ohne einen Begriff von Ich die Zusammenhänge, die sie als psychologische beschreibt und die den Begriff Ich ersetzen sollen, gar nicht gedacht werden können. Das heißt: wenn es nicht in einem wie immer auch gearteten Bewußtsein solche Zusammenhänge, eine solche Einheit zwischen den Erlebnissen *gibt,* wie Hume sie dann durch die Assoziation beschreibt, dann verliert deren Begriff selber seine Bedeutung. Die Differenz des antipsychologischen Kant vom psychologischen Hume an dieser Stelle ist also keine Differenz der Weltanschauung, sondern verdankt sich in der Tat einem größeren Insistieren auf dem, was dabei vorliegt: daß man nämlich nicht das Ich reduzieren kann auf Faktizitäten, die, um möglich zu sein, ihrerseits wieder einen Begriff des Ichs voraussetzen.[239]

Die Kantische Wendung gegenüber der Psychologie, die Sie in zahllosen Formulierungen schon in der »Kritik der reinen Vernunft«, aber dann natürlich noch unvergleichlich viel schroffer und ausdrücklicher in der »Kritik der praktischen Vernunft« finden – und die sich im übrigen in der Entwicklung Kants verstärkt hat, denn die Änderungen zwischen der ersten und der zweiten Fassung der »Kritik der reinen Vernunft« sind ja im wesentlichen Änderungen, die sich eben auf die Stellung der Psychologie beziehen –, die hat zwei Konsequenzen. Und diese beiden, wenn Sie wollen: einander dialektisch zugeordneten Konsequenzen möchte ich nun mit Ihnen besprechen. Auf der einen Seite steckt nämlich in der Durchführung des Gedankens der Apriorität in dem Sinn, daß es eine subjektiv gerichtete Betrachtung ist, von der aber alles Psychologische auszuschließen ist, eine Art von Degradation der Psychologie und damit aller inwendigen Faktizität überhaupt. Diese sonderbare Degradation des Psychologischen, die mit der »Kritik der reinen Vernunft« eigentlich ihren Anfang nimmt, ist dann als eine der stärksten Suggestivkräfte der Kantischen Philosophie übriggeblieben und hat bis heute eigentlich alle deutsche Philosophie in irgendeiner Weise bestimmt, – nicht zuletzt auch solche Tendenzen innerhalb der deutschen Philosophie, die wie die phänomenologischen und ontologischen sich selbst in ausdrücklichem Gegensatz zu der Kantischen Philosophie gewußt haben. Ich habe das einmal so formuliert, daß in Deutschland die Seele etwas so Feines sei, daß sie mit Psychologie eigentlich nichts zu tun habe, – worauf dann die Psychologie – ihrerseits genauso säuberlich als Wissenschaft von der Philosophie abgegrenzt, wie die Philosophie als Weltanschauung von der Psychologie sich abzugrenzen liebte – dadurch geantwortet hat, daß sie, wie man es ihr gar nicht verübeln kann, ihrerseits erklärt hat, daß sie mit der Seele nichts zu tun habe. Es ist nicht schwer – und Nietzsche hat diesen Gedanken mehrfach ausgeführt –, gerade in dieser Seite der Kantischen Philosophie und der gesamtdeutschen Tradition ein theologisches Erbe zu erkennen. Das heißt: die Seele muß sakrosankt sein; die Seele muß ihrerseits nicht in die Erfahrung fallen, nicht ihrerseits der Relativität der Erfahrung unterliegen, damit von ihr jene Prädikate der Unteilbarkeit, der Identität, der Immortalität ausgesprochen werden können, wie sie ursprünglich Platon im »Phaidon« formuliert hat und wie sie dann über Augustin durch die gesamte christliche Tradition hindurchgegangen sind. Im übrigen möchte ich korrekt sein und möchte sagen, daß diese Tradition der deutschen Philosophie, die von der Psychologie radikal sich scheidet und alles, was nur ein bißchen nach Psychologie riecht, als anstößig empfindet; diese sonderbare Berührungsscheu, könnte man sagen, wie sie der deutschen Philosophie innewohnt, ist natürlich heute ihrerseits längst viel zu raffiniert, als daß sie etwa mit dem Begriff der Seele noch operierte, der ihr gewissermaßen noch zu empirisch ist. Sondern Sie wissen ja, daß der jüngste Versuch, der Psychologie sich zu entwinden und gleichzeitig aber doch auch Bestimmungen in die Philosophie hineinzunehmen, die eigentlich der Psychologie sich verdanken, die Heideggersche Philosophie ist, in der unter dem Namen der ›Befindlichkeit‹ eine ganze Reihe von Bestimmungen, die durchaus dem konkreten, realen Seelenleben der Menschen angehören, so traktiert werden, als ob es sich in ihnen um Charakteristiken des reinen Seins qua Sein handelt, das nur eben die Eigentümlichkeit besitzt, in einer bestimmten Erscheinungsweise, nämlich eben der des ›Daseins‹, sich als solches zu erschließen,[240] – so daß also, wo schon auf Psychologisches rekurriert wird, dies Psychologische gleichsam unmittelbar, mit einem Schlag Zeugnis von einem Meta-Psychologischen soll ablegen können. Diese gesamte Konsequenz hat in der deutschen Philosophie und in dem deutschen Denken gewisse Tendenzen, die jeder Art von Aufklärung entgegengerichtet sind. Und wenn ich Ihnen zu Anfang der Vorlesung einmal sagte, daß überhaupt in Deutschland eigentlich die Aufklärung mißlungen sei,[241] dann wird sich das nirgends so sehr zeigen wie in dieser Sphäre eben des Verhältnisses zur Psychologie, die bei uns dem Obskurantismus in weitem Maß überlassen ist. Es wird dann aus jenem Versuch, die Sphäre von Subjektivität als eine Seinsweise höherer Art von der empirischen Bestimmtheit der Psychologie abzutrennen, der sie doch ihre Substanz entnimmt, so etwas wie die Verleugnung zunächst einmal der Triebelemente, die es in dem Subjekt gibt und die genetisch ja auch die Bedingung aller Erkenntnis abgeben. Denn wir wissen heute, daß das Ich-Prinzip – also die Rationalität, die die Realität prüft – eigentlich eine Energie ist, die ihrerseits von dem Triebreservoir, über das wir verfügen, gewissermaßen und zwar im Dienste der Selbsterhaltung abgezweigt worden ist. Dieses Triebelement, das eigentlich jeden Akt der Erkenntnis noch in irgendeiner Weise inspiriert und das jeder eigentlich an sich selbst realisieren kann, gerade auch als Erkennender, das wird verleugnet, wird abgewehrt. Und es liegt darin zugleich ein Moment des Repressiven, des Unterdrückenden; etwa die Verherrlichung von ›Haltung‹, von einer bestimmten Art der Gestik, die angeblich in einem unmittelbaren Übergehen metaphysischer Erfahrungen in die eigene Verhaltensweise gesehen werden, – wobei die dann von der psychologischen Betrachtung, wie es zu ihnen eigentlich kommt, sich dispensieren wollen. So etwa ist mir bekannt, daß in der Psychiatrie, in der deutschen Psychiatrie gelegentlich die Schizophrenie als ›Seinsverlust‹ mit der Heideggerschen Kategorie beschrieben wird; oder gar als ein Mangel an Haltung sozusagen, wie wenn das soldatische Wesen als ein dem Psychologischen Übergeordnetes auch vor den psychotischen Störungen die Menschen gewissermaßen bewahren könnte. Nur möchte ich sagen: all diesen Tendenzen gegenüber, die, wenn Sie wollen, auf die mit Kant einsetzende antipsychologische Tradition sich stützen können, bietet aber zugleich auch die Kantische Theorie von der Seele, die Kantische Kritik nämlich an der rationalen Seelenlehre von Wolff, Einhalt. Auch darin bildet Kant wie in allen anderen Momenten eine Art von Paßhöhe. Das heißt: es gibt in ihm grundsätzlich den Versuch, auch eine Sphäre – für die ich kein anderes Wort habe als das der *transzendentalen Sphäre* – zu begründen, die weder mit Logik, noch mit Metaphysik, noch mit Psychologie eigentlich zusammenfallen soll. Auf der anderen Seite aber wird durch die Konstruktion dieser Sphäre – die eigentlich die wichtigste Aufgabe ist, die uns für diese einleitende Vorlesung noch verbleibt – die Sphäre der Psychologie, wenn Sie so wollen: freigegeben. Sie wird also eben deshalb, weil das tatsächliche Seelenleben der Menschen nicht die Rechtsquelle jener Wahrheit sein soll, der die Besinnung auf das transzendentale Subjekt gewidmet ist, in einem weiten Maß nun bei Kant selber zu einem Gegenstand empirischer Wissenschaft gemacht und wird dadurch eigentlich das genaue Gegenteil dessen, wozu jene irrationalistische Tradition bei uns sie gemacht hat. Und man kann wohl sagen, ohne zu übertreiben, daß eigentlich der in dem gegenwärtigen Stadium sich als am aufklärerischsten erweisende Bestandteil von Kant gerade der ist, in dem er – während er die Sphäre des Transzendentalen der Psychologie gegenüber radikal abzusondern pflegt – die Psychologie ihrerseits nun zu einer empirischen Wissenschaft macht und die Bedingtheit des Psychologischen eigentlich in einem weiten Maß zugesteht. Und damit wollen wir uns nun beschäftigen.

Wir wollen uns jetzt ein wenig doch in diesem ›Paralogismenkapitel‹ umsehen; gerade diese Momente der Kantischen Kritik, die vielleicht lange Zeit gar nicht so aktuell gewesen sind, aber als aufklärerische heute eine erneute Aktualität gewonnen haben, die wollen wir uns heute etwas näher ansehen.[242] Es handelt sich historisch dabei um die Kritik der sogenannten rationalen Psychologie, das heißt: des Versuchs, die Seele als Entität: als ein einheitliches, mit sich identisches, unzerstörbares Sein aus reinem Denken, aus ihrem eigenen

Begriff heraus zu entwickeln, so wie diese These in der Leibnizschen Philosophie und ihrer Systematisierung durch Wolff vorgelegen hat. Und genau damit setzt sich nun Kant kritisch auseinander. Der Grundgedanke, den Kant dabei hat, ist in einem kurzen Abschnitt, in der Einleitung des 1. Hauptstücks des zweiten Buchs der ›Transzendentalen Dialektik‹, gewissermaßen programmatisch formuliert; und ich möchte Ihnen ein paar Sätze vorlesen und sie zugleich benutzen, um noch einige Dinge nachzutragen, die ich vielleicht mit Rücksicht auf die innere Zusammensetzung der Kantischen Philosophie Ihnen nicht so deutlich dargestellt habe, wie es meine Pflicht gewesen wäre. »Zuvörderst kann folgende allgemeine Bemerkung unsere Achtsamkeit auf diese Schlußart schärfen« – auf den Paralogismus also, das heißt, den Fehlschluß, der aus reinen Begriffen glaubt, irgendwelche substantiellen Aussagen ableiten zu dürfen.[243] »Nicht dadurch, daß ich bloß denke, erkenne ich irgend ein Objekt, sondern nur dadurch, daß ich eine gegebene Anschauung in Absicht auf die Einheit des Bewußtseins, darin alles Denken besteht, bestimme, kann ich irgend einen Gegenstand erkennen. Also erkenne ich mich nicht selbst dadurch, daß ich mich meiner als denkend bewußt bin, sondern wenn ich mir die Anschauung meiner selbst, als in Ansehung der Funktion des Denkens bestimmt, bewußt bin.«[244] Es handelt sich hier gewissermaßen um zwei Begriffe von Ich, die man auseinanderhalten muß, und zwar ihrer sachlichen Motivation nach, wenn man das verstehen will, was Kant an dieser Stelle meint. Auf der einen Seite gibt es dabei nämlich dieses Ich, dessen ich mir selbst als denkend bewußt bin. Das ist gar nichts anderes als unsere gute alte synthetische Einheit der Apperzeption: das ›Ich denke, das alle meine Vorstellungen begleitet‹, – wovon wir ja gesagt hatten (wie Sie sich erinnern werden), daß das eigentlich gar nichts anderes meint, als daß alle meine Vorstellungen in die Einheit meines persönlichen Bewußtseins überhaupt hineinfallen. Dieses Seiner-selbst-als-eines-Denkenden-Innewerden, das ist nun aber gar nichts

Psychologisches, sondern das bedeutet ja tatsächlich nichts anderes als die objektive Tatsache, daß so etwas wie ein Zusammenhang zwischen den Erlebnissen nur dadurch zustande kommt, daß sie in einen identischen Erlebnisstrom – wie Husserl das nennen würde – fallen. Dieser bloße Erlebnisstrom aber, von allen empirischen Bestimmungen gereinigt, in den das fällt; diese bloße abstrakte Identität, die sagt mir natürlich überhaupt nichts über mich in dem zweiten Sinn: nämlich über das Ich als ein Bestimmtes, als eine Seele mit dem und jenem Inhalt, die die und die Eigenschaften und besonderen Qualifikationen hat. Und der Fehlschluß, den Kant hier nun ein für allemal erledigen will, ist der, daß aus dieser formalen Charakteristik des Subjekts als der Einheit, in die dessen Erlebnisse fallen, sein Ansichsein als ein Substantielles genommen werde, – während der Substanzbegriff selbst, um sich überhaupt erfüllen zu können, der Anschauung bedarf; mit anderen Worten also: durch spezifische Inhalte, durch spezifische Erlebnisse geführt werden muß. Es ist dabei zu sagen, daß Kant sehr scharfsinnig und unerschrocken gesehen hat, daß der Begriff der Anschauung oder der Begriff des Empirischen auf die sogenannte innere Erfahrung, auf das was ich von mir selbst weiß, ganz genauso anzuwenden ist wie auf die äußere Sphäre auch. Das heißt, daß das, was ich in mir selbst unter dem principium individuationis, also als ein zeitlich bestimmtes, als ein faktisches Erlebnis wahrnehme, daß das genau in dem gleichen Sinn Faktizität, empirische Anschauung ist wie irgendeine äußere Anschauung, die ich vom Raum habe. Mein unmittelbares Selbstbewußtsein von irgendwelchen konkreten Zuständen, in denen ich mich befinde, unterscheidet sich darin, daß es eine Erfahrung *von etwas* ist, daß es eine Materie hat, daß es einen Stoff hat, in gar nichts von irgendwelchen Erfahrungen, die ich von der äußeren Welt haben mag.

Ich möchte aber auf diese Stelle noch aus einem anderen Grund eingehen, der zwar nicht ganz an diese Stelle gehört, der mir aber doch Gelegenheit gibt, etwas stärker zu pointieren, als ich es bis jetzt getan habe. Es steht hier: »Nicht dadurch, daß ich bloß denke, erkenne ich irgend ein Objekt, sondern nur dadurch, daß ich eine gegebene Anschauung in Absicht auf die Einheit des Bewußtseins, darin alles Denken besteht, bestimme [...].« Mit anderen Worten also: bestimmt werden auch meine Erlebnisse dadurch, daß sie in die Einheit meines Bewußtseins fallen, und dadurch, daß sie *meine* Erlebnisse und nicht die irgendeines anderen Menschen sind; zu allen anderen Erlebnissen *dieses* Subjekts eben in Relationen treten, durch die sie eigentlich ihre Bestimmung finden. Es will mir nun scheinen, als hätte ich den *Begriff der Einheit* mit einer gewissen Naivetät, mit einer gewissen unreflektierten Selbstverständlichkeit gebraucht, ohne Ihnen so recht zu sagen, was notwendig gesagt werden muß: daß nämlich dieser Begriff der Einheit selbst zu den konstitutiven Begriffen von Kant gehört; man könnte beinahe sagen: zu den Grunderfahrungen gehört, die es überhaupt gibt. Sie wissen, daß bei Kant der Begriff der Synthesis eine große Rolle spielt und daß Subjektivität als Tätigkeit eigentlich in gar nichts anderem besteht, als eine Synthesis des Mannigfaltigen herzustellen. Solche Begriffe wie Synthesis haben in den verschiedenen Philosophien eine ganz verschiedene Farbe, und es ist vielleicht für Ihr Verständnis Kants nützlich, wenn Sie der spezifischen Kantischen Farbe dieses Begriffs der Synthesis innewerden. Es ist nämlich mit Synthesis bei Kant nicht etwa – wie es uns die spätere Hegelsche Philosophie unbewußt nahelegt – so etwas gemeint wie die Vermittlung von Gegensätzen durcheinander, die von innen her nun in ihrer Identität bestimmt werden; sondern Synthesis heißt eigentlich bei Kant gar nichts anderes, als daß ein Mannigfaltiges, ein in sich voneinander Verschiedenes überhaupt unter eine Einheit gebracht werde. Das ist eigentlich das entscheidende Moment, in dem Kant, wenn Sie so wollen, in die Tradition des *naturbeherrschenden Denkens* überhaupt hineinfällt. Der Feind dieses Denkens – wenn ich es einmal so übertreibend ausdrücken darf – ist das Mannigfaltige, das Viele, das der Autonomie der sich selbst beherrschenden Vernunft Entgegengesetzte; und zugleich das Diffuse, das uns gerade dadurch, daß es nicht einheitlich ist, daß es vieldeutig ist, immer so lockt, wie wir es uns aus den unzähligen Mythen vergegenwärtigen können, in denen Elementargestalten zweideutiger Art, die etwa zwischen Mensch und Tier oder zwischen Natur und Mensch schillern, locken, ihnen zu folgen. Und demgegenüber ist also die Kategorie der Einheit die Kategorie, in der so etwas wie Selbstbewußtsein überhaupt besteht. Man könnte beinahe sagen, daß in diesen Gedanken der Einheit, des mit sich Identischen, das der Mannigfaltigkeit sich entgegengesetzt hat, bei Kant sich eigentlich die metaphysische Substanz zusammengezogen hat. Und das wird auch dadurch bestätigt, daß in der »Kritik der reinen Vernunft« zwar dieser Begriff der Einheit überall eine entscheidende Rolle spielt, daß zum Beispiel die Kategorien selber aus Einheit, nämlich aus der Einheit des Bewußtseins hervorgehen sollen; daß dieser Begriff der Einheit seinerseits aber nicht etwa erörtert oder abgeleitet wird, sondern daß er eigentlich den Kanon darstellt, an dem sich das Ganze orientiert. Daß Erkenntnis *eines* ist und daß dies Eine den Primat gegenüber dem Mannigfaltigen hat: das ist, wenn Sie so wollen, die metaphysische Voraussetzung der Kantischen Philosophie. Und es ist genau das der Punkt, an dem Kant nun mit Aufklärung in einem allerweitesten Sinn übereinkommt, wie er sowohl schon die frühe griechische Philosophie wie die klassische griechische Philosophie, wie übrigens auch das gesamte christliche Denken, in sich einschließt. In diesem Moment der Einheit gegenüber dem Mannigfaltigen steckt eigentlich bei Kant unreflektiert dieses traditionelle Moment drin. Und ich würde sagen, daß die Operationen, die zu einem Ausbruch aus diesem Denken führen und von denen ich Ihnen ja einige versucht habe ein wenig zu demonstrieren, daß die eigentlich doch auch damit zusammenhängen, daß dieser Begriff der Einheit – der mit dem Begriff des Ersten untrennbar verbunden ist – seinerseits auch kritisch reflektiert wird. Dabei ist nun dieser Begriff der Einheit bei Kant derart durchgeführt, daß sie nicht – und das charakterisiert sie eben als das, was ich eine Grunderfahrung der »Kritik der reinen Vernunft« bezeichnet habe –, daß sie nicht als eine bloße nachträglich abstrahierende Veranstaltung gilt.

Die Kantische Einheit – und das ist, wenn Sie wollen, ein Aspekt der Tiefe der Kantischen Philosophie – ist nicht die bloße Vereinheitlichung, die dadurch zustande kommt, daß ich von einer Menge verschiedener, mannigfaltiger Dinge ihr Verschiedenes weglasse und ihr Eines zurückbehalte. Sondern diese Einheit ist von Kant verstanden als gebildet nach dem Modell der Einheit des Bewußtseins selber; sie ist gewissermaßen aller Erkenntnis vorgegeben als die Identität des Subjekts, die dann in gewisser Weise entspricht, korreliert der Einheit des Objekts, das dabei jeweils erscheint. Und sie wird also insofern nicht erst von der Erkenntnis bewirkt, sondern sie ist, kann man sagen, das Wesen der Erkenntnis selber. Wenn Sie wollen, könnte man geradezu sagen, daß in diesem Sinn die »Kritik der reinen Vernunft« auf die These hinausläuft, daß Einheit nicht ein vom Bewußtsein Bewirktes ist sondern jenes Wesen der Erkenntnis, das vom Wesen des Bewußtseins herrührt, das eigentlich gar nichts anderes als Einheit ist. Das ›Ich denke, das alle meine Vorstellungen begleitet‹ besagt ja nichts anderes als eben die Einheit, die alle meine Vorstellungen als *meine* und nicht die eines anderen Subjekts miteinander kombiniert; und insofern ist also eigentlich die Einheit wirklich der metaphysische Zentralpunkt, an dem alles ›aufgehängt‹ ist, oder, wenn Sie wollen: Denken und Einheit sind eigentlich bei Kant überhaupt dasselbe. – Ich glaube, er selber hätte wahrscheinlich einer solchen Erklärung zugestimmt, die aber dann natürlich sofort das Problem aufwirft, wie eine solche Einheit dazu kommt, etwas zu tun, etwas zu bewirken, – und das noch schwierigere Problem, wie eine solche Einheit nun tatsächlich vermittelt ist zu dem Vielen, auf das sie sich bezieht. Nun, – das Organon gewissermaßen, die Vermittlungskategorie, durch welche diese absolute Einheit auf die Mannigfaltigkeit bezogen sein soll, die ist nun die Einheit des persönlichen Bewußtseins, als welche ja nicht anders vorgestellt werden kann, denn bestehend in der Mannigfaltigkeit, also in dem Vielen, nämlich in den Erlebnissen, die mich als Subjekt ausmachen und doch eben als *meine* Erlebnisse eine solche Einheit bilden. Und diese Funktion als eine Vermittlung, als die allein mögliche Vermittlung zwischen der hypostasierten Einheit und dem Mannigfaltigen: das ist die tiefste Motivation überhaupt für die Vorzugsstellung, welche in der Kantischen Philosophie dem Subjekt – nämlich dem persönlichen Bewußtsein, der Einheit des Bewußtseins – zukommt, von der wir in der Stelle etwas erfahren haben, mit der wir uns eben beschäftigt haben.

Was die einzelnen Argumentationen gegen die Paralogismen, gegen die Fehlschlüsse anlangt, so möchte ich Ihnen – obwohl ich glaube, Ihnen das Prinzip bereits hinlänglich klargemacht zu haben – doch ein paar charakteristische Modelle dafür geben. Da ist zum Beispiel zu dem Begriff der *Substanz* folgendes zu vernehmen; – Sie müssen dabei daran denken, daß bei Kant Substanz ja eine Kategorie ist; das will sagen, daß Substanz nicht ein Sein an sich ist, sondern daß überall dort, wo wir von Substanz reden, eine Denknotwendigkeit vorliegt, in dem transzendentalen Mechanismus von Denken überhaupt gründend; die aber nur dann bündige, Richtigem verpflichtete Erkenntnis uns liefert, wenn sie auf ein Anschauliches sich bezieht, wenn sie gewissermaßen einen Inhalt hat, die aber in das Leere, das Bodenlose, in die bloße Behauptung ausartet, wenn sie gewissermaßen nichts zwischen den Zähnen hat. »In allen Urteilen bin ich nun immer das *bestimmende* Subjekt desjenigen Verhältnisses, welches das Urteil ausmacht. Daß aber Ich, der ich denke, im Denken immer als *Subjekt*, und als etwas, was nicht bloß wie Prädikat dem Denken anhänge, betrachtet werden kann, gelten müsse, ist ein apodiktischer und selbst *identischer* Satz; aber er bedeutet nicht, daß ich, als *Objekt*, ein, für mich, selbst *bestehendes Wesen,* oder *Substanz* sei. Das letztere geht sehr weit, erfordert daher auch Data, die im Denken gar nicht angetroffen werden, vielleicht (sofern ich bloß das Denkende als ein solches betrachte) mehr, als ich überall (in ihm) jemals antreffen werde.«[245] Dieser letzte Satz ist ein tödlicher Schlag, kann man beinahe sagen, gegen den Begriff der Substantialität der Seele, weil darin folgendes gesagt wird: ich kann mich zwar in gewisser Weise als ein Absolutes wissen, insofern nämlich, als ich qua denkendes Subjekt – qua das Denken, das alle meine Vorstellungen begleitet – die notwendige und unabdingbare Bedingung einer jeglichen äußeren und auch inneren Wahrnehmung bin; dadurch wird aber über mich als Objekt, also als empirisches Ich oder gar als ein absolut Dauerndes, überhaupt gar nichts ausgesagt. Die Tatsache, daß ohne die Form dieses Ichs so etwas wie Inhalte nicht gedacht werden können, die hat nicht etwa die Konsequenz, daß es, wie man heute sagen würde, Objekt, daß es verdinglicht werden kann; daß es also selber bereits als das zu denken wäre, wodurch es erst in seiner Erfüllung durch Data wird. Da die Data aber selber ein zeitlich Bestimmtes, ein zeitlich Wechselndes und sich Veränderndes sind, so könnte man – und das ist implizit in dem Kantischen Argument enthalten – sagen, daß diese Data uns gar nicht dazu ermächtigen, diesem Seelischen ein absolutes Sein über dem Wechsel seiner konkreten Verinhaltlichung, also der konkreten Manifestationen, die ich als innere Anschauung in mir selbst wahrnehme, überhaupt zuzusprechen. – Damit ist also diese Vorstellung von der Substantialität der Seele in der Tat aufs allerschwerste erschüttert; und noch mehr vielleicht in der folgenden Stelle, die ich Ihnen noch lesen möchte, weil sie den Punkt bezeichnet – und ich halte das sozusagen für einen Akt der Fairneß, den ich Kant nach alldem, was wir gesagt haben, schuldig bin –, weil sie dem Punkt eigentlich am nächsten kommt, den wir über das Verhältnis von Singularität und Pluralität und überhaupt über das des transzendentalen Ichs zu dem individuellen in unseren eigenen Überlegungen auch erreicht haben. »Daß das Ich der Apperzeption, folglich in jedem Denken, ein *Singular* sei, der nicht in eine Vielheit der Subjekte aufgelöset werden kann, mithin ein logisch einfaches Subjekt bezeichne, liegt schon im Begriffe des Denkens, ist folglich ein analytischer Satz [...].«[246] Hier ist bei Kant ganz eindeutig ausgesprochen das, was ich Ihnen gesagt habe und was Sie sonst übrigens so einfach kaum je in der »Kritik der reinen Vernunft« ausgesprochen finden: nämlich daß der Satz ›Ich denke‹ überhaupt nur dann einen Sinn hat, wenn er sich auf die Singularität eines bestimmten Ichs bezieht, dessen Erlebnisse dadurch, daß sie *seine* und nicht die eines anderen sind, miteinander zusammenhängen und in einem funktionellen Zusammenhang stehen. Und in diesem Zugeständnis (nebenbei bemerkt) liegt bereits beschlossen, daß jene radikale Abgrenzung der Kantischen Subjektivität von einer jeglichen Psychologie, wie sie so viele Kant-Auslegungen sich zu eigen machen, nicht möglich ist; denn indem ich bereits zum Grunde eine solche Singularität mache – anstatt eines Allgemeinen oder einer Pluralität –, ist ja damit eben, wie ich Ihnen bereits auseinandergesetzt habe, auf faktisches Sein und zwar auf ein bereits konstituiertes Einzelsein verwiesen. »[...] aber das bedeutet nicht, daß das denkende Ich eine einfache *Substanz* sei, welches ein synthetischer Satz sein würde.« Das heißt also: ein Satz, der nur dadurch zustande kommt, daß eine Reihe von verschiedenartigen Momenten synthesiert, also anschauliche Momente unter Einheit gebracht werden, während das Substantielle nicht in der formalen Einheit, ohne Rücksicht auf ihren möglichen Inhalt, vorgestellt werden kann. »Der Begriff der Substanz bezieht sich immer auf Anschauungen, die bei mir nicht anders als sinnlich sein können, mithin ganz außer dem Felde des Verstandes und seinem Denken liegen, von welchem doch eigentlich hier nur geredet wird, wenn gesagt wird, daß das Ich im Denken einfach sei.«[247] Sie haben hier also eigentlich nicht weniger als das Zugeständnis, daß die Identität des Subjekts, die persönliche Identität selber etwas so Formales ist, daß sie eigentlich fast sich auf die Tautologie reduziert, daß die Erlebnisse eines singulären Subjekts eben seine und nicht die eines anderen seien; daß aber der Ausdruck der Identität darüber hinaus nicht irgend so etwas wie eine substantielle Identität des Menschen mit sich selbst bedeute, – eine Konsequenz, die, möchte ich doch sagen, von der Humeschen Kritik an dem Begriff des Ichs wirklich nur noch durch eine Nuance sich überhaupt unterscheidet. Man muß da wirklich schon das Vergrößerungsglas benutzen, um zu sehen, wo – wenn es nun um empirische Psychologie, um Psychologie als Wissenschaft geht – dann die Schwelle zwischen dem Empirismus und der »Kritik der reinen Vernunft« eigentlich liegt. Gerade dieser Satz ist ja nun erst sehr spät eingeholt worden. Wir haben erst sehr spät wirklich uns von der Mythologie der Identität der Seele freigemacht und gesehen, daß in der Tat dieses identische Band etwas so Schwaches ist, daß da die Quantität in die Qualität umschlägt. Das heißt, daß wir, wenn wir von uns selbst als einem immer Identischen reden, dabei etwas so Formales meinen, daß wir eigentlich – nichts meinen. Das ganze Romanwerk von Proust ist ja, wenn Sie so wollen, ein einziger grandioser Versuch, die Nichtidentität des psychologischen Subjekts inmitten seiner Identität darzustellen. Und wenn Sie etwa sich bekümmern um die ursprüngliche Erfahrung, wie sie dem Denken und den Konstruktionen von Gottfried Benn zugrunde liegt, werden Sie dabei auf ein ganz ähnliches Moment stoßen. Diese sehr avancierten Dinge sind in der »Kritik der reinen Vernunft« alle schon enthalten, – wie ich denn überhaupt mir die Bemerkung nicht versagen möchte, daß die Großartigkeit der »Kritik der reinen Vernunft« nicht zum letzten darin sich bewährt, daß eine ganze Reihe ihrer spekulativen Sätze, derjenigen ihrer Sätze, die zu ihrer Zeit als überaus exponiert und kaum recht verständlich gegolten haben, daß die unterdessen sogar sei es von der Einzelwissenschaft oder von der Reflexion in den bedeutenden Kunstwerken – beides ist ja heute hoffnungslos auseinandergetreten – doch eingeholt worden sind.

19. Vorlesung
23. 7. 1959

Ich möchte zunächst fortfahren in unserer Betrachtung der Stellung Kants zur sogenannten rationalen Psychologie, die ja insgesamt gehört in die vorbereitenden Betrachtungen, die wir angestellt haben, um der Bedeutung des Begriffs der Tiefe in der Transzendentalphilosophie uns zu versichern. Ich möchte mit Ihnen nur kurz noch einige weitere Stellen aus dem Paralogismenkapitel besprechen, Ihnen sozusagen den Nerv der Argumentation geben. Auch hier verfolge ich natürlich das Prinzip des exemplarischen Lernens. Das heißt: indem ich solche besonders exponierten Stellen – Stellen, die Schlüsselcharakter haben – interpretiere, glaube ich, damit nicht nur wie in einem Brennpunkt Ihnen die wesentlichen Motive des Kantischen Denkens zu geben, sondern zugleich auch Sie dazu zu befähigen, wenn Sie diese Stellen verstanden haben, von dort her auch andere Stellen innerhalb der Kantischen Argumentation zu begreifen. Und so möchte ich das überhaupt verstanden wissen: daß Sie versuchen, was Sie an solchen Einzelinterpretationen nun lernen, auf andere Stellen zu übertragen, die Sie selbst dann lesen. – Da geht es also um den Satz der Identität meiner selbst, also um die These der rationalen Psychologie, daß aus der Identität des persönlichen Bewußtseins etwas wie dessen Substantialität schlechterdings abgeleitet werden könne. Kant sagt: »Der Satz der Identität meiner selbst bei allem Mannigfaltigen, dessen ich mir bewußt bin, ist ein eben so wohl in den Begriffen selbst liegender, mithin analytischer Satz [...].« Einheit des persönlichen Bewußtseins: das ist ja nichts anderes als Identität in diesem allerabstraktesten Sinn; das heißt, daß alle Bewußtseinsinhalte, alle Tatsachen des Bewußtseins auf dieses Ich, diese Singularität als ein in ihnen identisch Gegenwärtiges bezogen sein sollen. »[...] aber diese Identität des Subjekts, deren ich mir in allen seinen Vorstellungen bewußt werden kann, betrifft nicht die Anschauung desselben, dadurch es als

Objekt gegeben ist, kann also auch nicht die Identität der Person bedeuten, wodurch das Bewußtsein der Identität seiner eigenen Substanz, als denkenden Wesens, in allem Wechsel der Zustände verstanden wird, wozu, um sie zu beweisen, es mit der bloßen Analysis des Satzes, ich denke, nicht ausgerichtet sein, sondern verschiedene synthetische Urteile, welche sich auf die gegebene Anschauung gründen, würden erfordert werden.«[248] Sie haben hier wie in einem Reagenzglas eigentlich den Prototyp der Argumentation, die in dem sogenannten negativen Teil der »Kritik der reinen Vernunft«, im eigentlich im engeren Sinn kritischen Teil der »Kritik der reinen Vernunft«, immer wieder sich findet. Man könnte nämlich das ganz einfach so ausdrücken, daß die Fehlschlüsse der Vernunft oder die Gründe des Fehlgebrauchs der Vernunft immer darin liegen, daß darin etwas, was bloß subjektiv ist, was bloßer Reflexionsbegriff ist, was Form ist, sich selbst dadurch, daß alle Momente der inhaltlichen Erkenntnis dieser subjektiven formalen Momente bedürfen, als ein Objektives – das heißt: als ein von seinen spezifischen Inhalten, also von den besonderen Tatsachen der Erfahrung Unabhängiges – verkennt. Der ganze Nachweis der Antinomien wie der Paralogismen wie der Amphibolien, also alle diese Dinge, die Kant kritisch nachgewiesen, die er ›zerschmettert‹ hat, die besagen eigentlich immer wieder, daß ein Subjektives – nämlich die Form –, das bloß mit Rücksicht auf ein ihm zukommendes Material Gültigkeit hat und nur in Beziehung auf dieses Material etwas wie eine objektivierende Funktion erfüllt, – daß dieses Subjektive sich selbst als ein Objektives setzt. Das ist eigentlich, man könnte sagen: das Schema der Amphibolie, das Schema also der Verwechslung, auf der die Fehlschlüsse der Vernunft alle beruhen. Und Sie können hier dann vielleicht nach Hause bringen, was ich Ihnen schon einmal gesagt habe, daß nämlich in gewissem Sinn die »Kritik der reinen Vernunft« in die Gesamtbewegung der Aufklärung fällt insofern, als ja auch die Aufklärung – so wie es in dem Ödipus-Stück von André Gide heißt – gegenüber allen mythologischen Vorstellungen, allen metaphysischen Substruktionen sagt: das, was du da für ein Ansichseiendes, für ein Objektives hältst, das bist in Wirklichkeit immer bloß nur du selber; alles das ist eigentlich immer wieder bloß der Mensch und nichts anderes als der Mensch.[249] Der Gedankengang hier ist also der – und ich glaube, ich habe Sie darauf schon in der letzten Stunde hingewiesen –, daß diese formale Identität des Bewußtseins, das heißt: daß alle meine Erlebnisse bestimmt sind eben als Erlebnisse von *mir* und nicht von einem anderen, daß die über eine gegenständliche, inhaltliche, objektive Identität der Person – so als ob diese als eine ihrer konkreten Beschaffenheit nach dauernde in mir stets gegenwärtig wäre – eigentlich gar nichts ausmacht; sondern daß das eben nur die Verwechslung der *reinen Denkform* der Identität mit einer solchen *materialen* Identität, also mit dem Bleibenden wäre.

Und schließlich noch eine letzte Stelle, die wohl die allerzentralste aus dem Paralogismenkapitel ist: »Ich unterscheide meine eigene Existenz, als eines denkenden Wesens, von anderen Dingen außer mir (wozu auch mein Körper gehört), ist eben so wohl ein analytischer Satz; denn *andere* Dinge sind solche, die ich als von mir *unterschieden* denke. Aber ob dieses Bewußtsein meiner selbst ohne Dinge außer mir, dadurch mir Vorstellungen gegeben werden, gar möglich sei, und ich also bloß als denkend Wesen (ohne Mensch zu sein) existieren könne, weiß ich dadurch gar nicht.«[250] Ich führe Ihnen diese Stelle mit einem gedämpften Triumphgeheul vor, weil sie der Punkt ist, an dem sich in der »Kritik der reinen Vernunft« eigentlich das ausgesprochen findet, was ich versucht habe, in etwas umständlichen Analysen Ihnen darzustellen: daß nämlich die Rede von Ich und alle die Momente, die bei Kant als transzendentale Momente behauptet werden, ihrem eigenen Sinn nach so etwas wie empirische Individualität voraussetzen. Wenn Kant sagt, daß Ich als ›bloß denkend Wesen‹ wahrscheinlich gar nicht existieren könnte, ohne Mensch zu *sein,* also mit anderen Worten: ohne daß Ich Gegenstand der

Anthropologie, ohne daß Ich ein empirisch Bestimmtes, ohne daß Ich ein Faktisches wäre, – dann ist dadurch objektiv eigentlich bereits jene Kritik an dem Anspruch der absoluten Apriorität, der absoluten Erstheit (wenn ich es einmal so nennen darf) des ›Ich denke, das alle meine Vorstellungen begleitet‹ erreicht. Nur daß Kant – und damit werden wir uns im folgenden dann sehr noch zu beschäftigen haben – hier wie an sehr vielen anderen Stellen sich weigert, daraus die ganze Konsequenz zu ziehen. Sondern er beläßt es dann gewissermaßen bei der logischen Priorität des Ich denke über die bloße Faktizität, ohne daß er aus der Frage, ob dieses Ich denke ohne die Faktizität eines Ichs überhaupt einen vernünftigen Sinn gibt, ob das Ich denke ohne ein reales Ich überhaupt gedacht werden kann, – ohne daß er aus diesem Satz die Konsequenz zieht. Er hat also an dieser Stelle zwar auf der einen Seite diese Einsicht erreicht, um die wir uns hier so bemüht haben, sie bleibt aber dann andererseits doch für die Konstruktion der Apriorität ohne Konsequenz. Sie können hier sehen, daß dieses Sichweigern der Kantischen Philosophie gegenüber dem Konsequenzdenken, dieser Kantische Gestus, wie ihn Brecht für sich einmal so ausgesprochen hat: daß wer A sagt, eben deshalb nicht B sagen muß, – daß das zwar etwas außerordentlich Bedeutendes ist insofern, als es registriert, daß die Welt brüchig ist, daß es eine versöhnte Einheit von Subjekt und Objekt nicht gibt. Auf der anderen Seite aber hat diese Weigerung eben doch auch ihr Negatives insofern, als dann die Theorie zur Konsequenz ihres eigenen Sinnes eigentlich nicht gedeiht und durch diese Inkonsequenz dann in gewissen ihrer entscheidenden Bestimmungen auch selber eigentlich hinfällig wird. Was hier gesagt ist, ist im Grunde nicht weniger, als daß dieses naive Ich, von dem so die erkenntnistheoretische Reflexion auszugehen pflegt – etwa die der englischen psychologischen Philosophen Locke und Hume –, daß dieses Ich gegenüber irgendeinem anderen Ich nicht den geringsten Vorrang hat; ja, daß – wenn ich von diesem Ich als einem inhaltlich Bestimmten rede – sogar von seiner physischen Personalität, also von dem bestimmten psychophysischen Wesen Mensch, gar nicht abgesehen werden kann. Es ist ganz klar, daß dadurch der Ausgang von der absoluten Selbstgewißheit des Ichs, dem etwas unmittelbar gegeben ist, und alle die Dinge, die wir ausführlich bereits dargestellt haben, erschüttert sind. Es ist aber hier auf die Dinge, die wir entwickelt haben, kein Wert gelegt. Sondern es ist vielmehr nur Wert darauf gelegt, daß der ontologische Vorrang der empirischen Person qua Seele, wie ihn die rationale Psychologie behauptet hat, als ein solcher ontologischer Vorrang tatsächlich gar nicht behauptet werden kann; sondern daß dieser Vorrang nun, der spätere Neukantianismus würde gesagt haben: lediglich ein methodologischer Vorrang, also ein Vorrang des Darstellungsverfahrens ist und kein Vorrang, der aus der Beschaffenheit der Sache selber wesentlich hervorgeht.

Ich möchte Ihnen zwei Dinge nur noch sagen zur Ergänzung dessen, was wir über dieses ganze Kapitel von den psychologischen Paralogismen gehört haben. Auf der einen Seite nämlich, glaube ich, hat es sich die Kantische Kritik der rationalen Seelenlehre in einer Hinsicht zu leicht gemacht; sie ist in einer Hinsicht *zu* radikal: und zwar deshalb, weil sie gewisse Bestimmungen, die Kant mit Rücksicht auf die Welt des äußeren Sinnes, auf die Welt der Dinge getroffen hat, ebenso konsequent auf die Welt des inneren Sinnes, also auf die Psyche anzuwenden unterlassen hat. Sie finden hier immerzu Ausdrücke dessen, daß dieses Seelische, soweit es ein Empirisches ist, ein Entgleitendes, Ephemeres, ein Verhältnis eigentlich zwischen Momenten ist, und nicht etwa ein Substantielles. Erinnern Sie sich daran, daß die Substanz ja Kant zufolge selber eine Kategorie ist, mit anderen Worten: eine Denkform, unter die wir Anschauungen notwendig bringen. Und denken Sie weiter daran, daß die Charakteristiken des Phänomenalen, die er hier dem Inhalt alles Seelischen gibt, ja für die äußeren Momente genauso gelten, dann werden Sie dazu kommen, daß Kant eigentlich es unterlassen hat zu sehen, daß das Phänomen der *Verdinglichung* auch auf Psychisches zutrifft: also das Phänomen, daß eben ein solches Verhältnis bestimmte Erwartungen für die Zukunft gestattet, bestimmte Erinnerungen gestattet, wie er es für das äußere Ding ja durchgeführt hat. Erinnern Sie sich an die von mir eingehend interpretierte Stelle aus dem Amphiboliekapitel,[251] in der es heißt, daß es etwas Befremdendes sei, daß das Ding eigentlich ein Verhältnis, nämlich das Verhältnis zwischen seinen Phänomenen – die Naturwissenschaftler würden sagen: eine Funktionsgleichung – sei. Genau dasselbe ließe sich selbstverständlich auch für das Inwendige vertreten; und es hat in der Tat ein Schüler von Max Scheler – ich glaube, er hieß Haas – in den zwanziger Jahren ein Buch[252] geschrieben, in dem er diesen Gedanken durchgeführt hat, allerdings von einer anderen philosophischen Voraussetzung aus, nämlich von der Voraussetzung der materialen Phänomenologie aus; in dem er also von einer psychischen Dingwelt geredet hat. Mit anderen Worten also: es können sich innerhalb dieser Phänomenalität des Seelischen, innerhalb der Anschauungen, der erfahrungsmäßig gegebenen Anschauungen, genauso dauernde, feste Strukturen herstellen, die dann ihrerseits der Kausalität unterliegen und die bestimmte erwartungsmäßige Zusammenhänge begründen, wie das in der äußeren Welt auch der Fall ist. Und diese Möglichkeit einer Objektivation innerhalb des Seelischen hat Kant übersehen und hat dadurch in seiner Kritik das Wahrheitsmoment verfehlt, das in der von ihm befochtenen rationalen Seelenlehre denn doch enthalten ist, – nämlich daß es durchaus auch so etwas wie eine Identität der Person, eine empirische Identität der Person eben als der dieses dingähnlichen Verhältnisses zwischen Phänomenen des Seelischen, zwischen einzelnen Reaktionsweisen, gibt.

Es mag Ihnen das pedantisch erscheinen, aber es hängt davon in der Tat für die Psychologie nicht weniger ab als die Kategorie des *Charakters* überhaupt. Nur durch diese Möglichkeit, die ich Ihnen eben skizziert habe, ist die Psychologie überhaupt dazu befähigt, so etwas wie Charakterologie zu geben. Und es will mir wenigstens scheinen, als ob die Entwicklung einer Charakterologie eigentlich das wesentlichste Ziel von Psychologie überhaupt ist. Eine Psychologie, die – wie es ja viele psychologische Schulen tun – die Charakterologie ad calendas graecas vertagt, tummelt sich eben dadurch immer in ihrem eigenen Vorhof, anstatt daß sie zu dem Wesentlichen gelangt, während diese Kritik der rationalen Psychologie, die sie mit Haut und Haaren wirklich frißt, für den Begriff des Charakters überhaupt gar keinen Raum läßt. Das ist von einer außerordentlichen Konsequenz für die Konstruktion des gesamten Kantischen Systems, denn der Begriff des Charakters wird ja in der Kantischen Ethik – die an dieser Stelle aufs tiefste zusammenhängt mit der Kantischen Erkenntnistheorie – als intelligibler Charakter angesetzt: als die Ursache der einzelnen Handlungen der Person, die diesem Charakter gegenüber der Kausalität unterliegen. Insofern ist Kant mit einer charakterologischen Psychologie vollkommen in Übereinstimmung. Das heißt: wir wissen, daß Menschen, die einen bestimmten Charakter, sagen wir: eine Charakterneurose haben, in einer kausalen, ihrem bewußten Willen entzogenen Weise dann immer wieder bestimmte Handlungen von einem bestimmten Typus begehen; zum Beispiel immer wieder sich so verhalten, daß sie in ihrem Beruf notwendig Schiffbruch erleiden, weil sie unbewußt das selber zerstören. Das nennt man Charakterneurosen; und es ist ein ganz bestimmter Typus von Charakter, der damit bezeichnet ist. Das sieht also Kant, wenn er in der »Kritik der praktischen Vernunft« davon spricht, daß meine einzelnen Handlungen durch Kausalität mit meinem Charakter vermittelt wären[253]. Nur sagt er hier – und das ist sozusagen die Antwort auf das ›Versehen‹, das ihm an dieser Stelle in der »Kritik der reinen Vernunft« unterläuft –, daß ich mir diesen Charakter ursprünglich selbst gebe durch einen Akt von Freiheit.[254] Und diese Behauptung, an der eigentlich die Freiheitslehre der »Kritik der praktischen Vernunft«, soweit sie überhaupt einen positiven Inhalt hat, haftet, diese Behauptung ist nun tatsächlich mit der Psychologie als einer Wissenschaft in einem ganz unauflöslichen Widerspruch. Das heißt: jeder Mensch, der ein bißchen eine Ahnung von Charakterologie hat, weiß, daß sich der Charakter in der frühen Kindheit formiert auf Grund von bestimmten Konflikten mit der Umwelt und der Lösung dieser Konflikte; und daß also der Gedanke, diesem seiner selbst in keiner Weise bewußten Kind die Leistung zuzuschreiben, die Kant ausdrücklich der autonomen Vernunft zuschreiben will, etwas vollkommen Absurdes ist. Eine ganz ähnliche merkwürdige Doppelstellung zu den psychologischen Ergebnissen zeigt sich ja auch in dem hier zuständigen Begriff des *Gewissens,* den rein phänomenologisch Kant in seiner Zwangshaftigkeit und Unausweichlichkeit und Nötigung außerordentlich adäquat beschreibt,[255] den er aber als ein Absolutes schlechterdings setzt, während er, wie Hegel sagen würde, selbst ein Gesetztes ist, das heißt, in der psychischen Dynamik entspringt. Und gerade die zwangsmäßigen Züge, die Kant an ihm hypostasiert, sind ja in Wirklichkeit geradezu Male der Unterdrückung und des Mißlingens.[256]

Das ist also das Wesentliche, was ich Ihnen bei dieser Kritik der psychologischen Paralogismen sagen wollte. Und das ist die Stelle, an der die Argumentation der Kritik der psychologischen Paralogismen dadurch sich selber zur Unfruchtbarkeit verurteilt, daß sie, wenn ich so sagen darf, übers Ziel schießt. Auf der anderen Seite aber muß man dem auch wieder hinzufügen, daß sie in einem gewissen Sinn nicht weit genug geht. Denn wenn Kant schon hier dazu kommt, solche Begriffe wie Identität, wie Substantialität, wie Singularität, wie alle diese Begriffe, die er kritisiert, eigentlich als anwendbar zu bestimmen nur, insoweit sie auf Phänomenales, auf bestimmte Anschauungen gehen, dann müßte er ja eigentlich dasselbe auch tun mit Rücksicht auf den Gedanken der synthetischen Einheit der Apperzeption selber; also mit Rücksicht auf den eigentlichen Grund, an dem die Transzendentalphilosophie ›festgemacht‹ ist: mit Rücksicht auf das bloße Ich denke. Nun tut er das zwar in einer gewissen Weise: nämlich insofern, als er sagt, daß dieses transzendentale Subjekt nicht als empirisches verstanden werden darf, sondern einen Sinn hat eben nur insofern, wie es sich mit Anschauung erfüllt. Aber er ist darin dann doch nicht ganz konsequent, sondern er neigt eben doch dazu, ein Reich gewissermaßen reiner Formen zu etablieren, ohne daß er sehen würde, daß diese reinen Formen, wie die spätere Philosophie gesagt haben würde, durch ihren Inhalt ganz genauso vermittelt sind, wie ihr Inhalt vermittelt ist durch die Form, – so wie es in einem der großartigsten Kapitel der Hegelschen »Logik«[257] ja wirklich mit einer Einfachheit dargestellt ist, deren merkwürdigerweise die sonst so viel elementarere »Kritik der reinen Vernunft« eigentlich nicht sich mächtig gezeigt hat. Eigentlich wäre die Konsequenz aus dem Paralogismenkapitel auch die, daß der Subjektsbegriff, den er selbst hat und der ja, man kann sagen: nichts anderes als das Erbe dieser rationalen Psychologie ist, dann nicht als ein reines Apriori mehr erscheinen dürfte; sondern seine Apriorität und die Anschauungen, mit denen diese Apriorität sich erfüllen muß, um überhaupt gültig zu sein, – diese beiden Bereiche müßten dann bei Kant auch selbst eigentlich als reziproke erscheinen. Wie immer das auch sei, – ich glaube, ich habe Ihnen an dem, was ich Ihnen gesagt habe, gezeigt, daß die sogenannte Kantische Tiefe nicht als eine Tiefe im psychologischen Sinn verstanden werden kann; auf der einen Seite deshalb, weil die ganze Sphäre der Psychologie ja als eine der bloßen Erscheinung abgewertet, also der Apriorität gar nicht zugerechnet wird; auf der anderen Seite aber auch deshalb, weil nun innerhalb der Psychologie selbst deren eigene Tiefe, nämlich die unbewußten Mechanismen, durch die so etwas wie Identität und Nichtidentität, Stimmigkeit und Unstimmigkeit im Seelischen zustande kommen, überhaupt nicht berücksichtigt sind.

Ich fahre fort mit der Frage nach der Kantischen Tiefe. Der

Begriff der Tiefe, der, wenn ich mich nicht täusche, uns doch zunächst, wenn wir diesen Begriff heute verwenden, am nächsten liegt, wäre doch wohl der *Begriff des Wesens* gegenüber der Fassade, gegenüber der Oberfläche. Ich lasse es dahingestellt, was an dieser merkwürdigen Wendung Schuld trägt: ob daran schuld hat die Aufwärmung des mittelalterlichen Realismus und des mittelalterlichen Wesensbegriffs – der essentia – durch die Phänomenologie und ihre Abkömmlinge; oder ob dieser Gedanke von dem Wesen und der Wesentlichkeit doch ein uns allen unbewußtes Erbe der Hegelschen Philosophie ist, in der ja der Begriff des Wesens an einer zentralen Stelle steht, – das möchte ich hier nicht entscheiden. Bei Kant jedenfalls gibt es diese Unterscheidung von Wesen und Erscheinung eigentlich nicht. Der Ort, in dem sie erscheinen könnte, wäre das Kapitel über den ›Grund der Unterscheidung aller Gegenstände überhaupt in Phaenomena und Noumena‹, – ein Kapitel im übrigen, das ich Ihnen zu lesen deshalb besonders empfehlen möchte, weil es so ein bißchen nach dem Grundsatz ›Nach getaner Arbeit ist gut ruhen‹ aufgebaut ist; das heißt: nachdem die außerordentliche Anstrengung des Begriffs der transzendentalen Analyse nun geleistet ist, blickt es gewissermaßen zurück und sammelt so mit einer etwas souveränen Geste die wesentlichen Bestimmungen ein, die dort gewonnen sind; und von dort aus fällt dann rückblickend sehr viel Licht auf die zum Teil sehr schwierigen und dunklen Analysen, die in den vorhergehenden Teilen enthalten sind. Unter Phaenomena – darf ich wiederholen –, unter Erscheinungen versteht ja Kant nicht nur die uns jeweils aktuell gegebenen, aufblitzenden Erscheinungen, die ich sehe, sondern die ganze Erscheinungswelt, also die Welt der Dinge, soweit die Dinge uns bekannt, das heißt: soweit sie Zusammenhänge zwischen Erscheinungen sind, – und auch eben dieses ganze Bereich der inneren Erfahrung, der Erfahrung von Seelischem. Und die Welt der Noumena, das wäre dann demgegenüber die Welt, wie sie an sich ist, die Welt – anders ausgedrückt –, wie sie aus reinem Denken uns sich enthüllen könnte, unabhängig von der tatsächlich uns gegebenen Anschauung. In der Tat ist das Kapitel über Phaenomena und Noumena das einzige Kapitel, in dem das Wort Wesen bei Kant überhaupt vorkommt. Er spricht da nämlich einmal von Sinnenwesen und zum anderen Mal von Verstandeswesen, – wobei übrigens nicht ganz deutlich ist, was er dabei meint. Man hat ein bißchen das Gefühl, als ob es ein wenig ein Verlegenheitsausdruck für Gegenstände wäre. Die Stelle heißt: »Gleichwohl liegt es doch schon in unserm Begriffe, wenn wir gewisse Gegenstände, als Erscheinungen, Sinnenwesen (phaenomena) nennen, indem wir die Art, wie wir sie anschauen, von ihrer Beschaffenheit an sich selbst unterscheiden, daß wir entweder eben dieselbe nach dieser letzteren Beschaffenheit, wenn wir sie gleich in derselben nicht anschauen, oder auch andere mögliche Dinge, die gar nicht Objekte unserer Sinne sind, als Gegenstände bloß durch den Verstand gedacht, jenen gleichsam gegenüber stellen, und sie Verstandeswesen (noumena) nennen.«[258] Also hier, bei dieser Unterscheidung von Sinneswesen und Verstandeswesen, erscheint – und zwar unerläutert und, wenn meine Kenntnis mich nicht trügt, ganz allein an dieser Stelle in der »Kritik der reinen Vernunft« – tatsächlich der Begriff Wesen. Aber es ist, wie gesagt, für die Komplexion der »Kritik der reinen Vernunft« sehr bezeichnend, daß es eine Lehre vom Wesen nicht gibt. Es ist überhaupt wahrscheinlich eine gar nicht so üble Methode, sich des Spezifischen einer Philosophie zu versichern nicht nur durch die Begriffe, die in ihr vorkommen; denn meistens kommen in den Philosophien alle Begriffe, die in der einen vorkommen, in der anderen auch vor. Also durch die Reduktion auf die in einer Philosophie verwandten Begriffe ist die differentia specifica der einen von der anderen sehr schwer zu greifen. Sondern man kann weitgehend das Eigentümliche einer Philosophie sich klarmachen durch die Begriffe, die in ihr *nicht* enthalten sind. Ich hatte einmal Benjamin gegenüber den Plan entwickelt, eine Darstellung seiner Philosophie nur in der Gestalt zu geben, daß ich die Begriffe abhandeln wollte, die in dieser Philosophie tabu sind, nicht behandelt werden;[259] und er hat diesem Plan begeistert zugestimmt. Ich habe ihn wenigstens teilweise in den beiden Texten über Benjamin, die ich veröffentlicht habe,[260] realisiert. Und ich glaube, es wäre wirklich der Mühe wert, einmal einen solchen Index verborum prohibitorum, also einen solchen Index der vermiedenen Begriffe in der Kantischen Philosophie aufzustellen. Und in diesem Index müßte dem Begriff des Wesens ein Ehrenplatz zukommen. Ich erinnere Sie an die Amphiboliestellen, die ich Ihnen vorgelesen habe,[261] in denen Kant ausdrücklich und mit einem gewissen Pathos sagt, daß die Bestimmungen, die der Verstand als bündige Erkenntnisse sich zutrauen darf, alles äußerliche Bestimmungen seien: also Bestimmungen einer Synthesis, die die Erscheinungen unter ihre Einheit bringt, aber nicht sich zutraut, von innen her – so wie es dann die sämtlichen Idealisten, und übrigens an dem zentralsten Punkt auch Schopenhauer, behauptet haben – die Phänomene zu erschließen. Der Grund für diesen Ausschluß des Wesensbegriffs und die darin liegende eigentümliche Abweichung der Kantischen Tiefe von dem, was man sonst Tiefe nennt, dürfte denen von Ihnen, die mir bis hierhin gefolgt sind, ganz evident sein. Nämlich daß die Einsicht in das Wesenhafte, eben die Einsicht in die noumenale Welt, die eine solche Welt des Wesenhaften wäre, uns ja als eine Erkenntnis schlechterdings versagt sein soll; daß wir von diesem Wesenhaften, von dem also, was *hinter* den Erscheinungen, *hinter* der Fassade steht, schlechterdings nichts wissen können. Wenn dann *nach* Kant, vor allem in der Hegelschen Philosophie, der Wesensbegriff fröhliche Urständ feiern konnte, so hängt das mit der Umstrukturierung des gesamten Systems im nachkantischen Idealismus zusammen. Das heißt: ich hatte Ihnen ja verschiedentlich gesagt, daß die nachkantische Philosophie den Kantischen Block nicht respektiert; daß sie also sagt, daß die Dinge an sich, so wie sie bei Kant vorkommen, eine ganz leere Redeweise sind, und daß auf der anderen Seite die Dinge an sich uns *ja* erkennbar sind, – nämlich eben deshalb, weil die Dinge an sich eigentlich nichts anderes sind als die zu sich selbst gekommene Vernunft. Und insofern also die Vernunft der Erkenntnis des Absoluten mächtig ist, ist sie auch der Erkenntnis des Wesens mächtig, – ohne freilich bei dem Wesen stehen zu bleiben. Sondern Hegel hat ja die großartige Konsequenz gezogen, daß die beiden Sphären, die bei Kant auseinanderweisen: die Welt der Phaenomena und die Welt der Noumena, die durch einen der berühmten Kantischen Gräben voneinander getrennt sind, – daß auch diese Begriffe notwendig reziprok sind; das heißt, daß es kein Wesen gibt ohne Erscheinung und keine Erscheinung ohne Wesen. Sie können sich das ganz einfach daran klarmachen, daß es überhaupt keinen Sinn hat zu sagen, daß es ›das Wesen‹ einer Sache sei, wenn man nicht dabei mitdenkt, daß diese Sache auch eine Oberfläche oder eine Erscheinung habe. Und daß umgekehrt von der Fassade oder der Oberfläche einer Sache zu reden sinnlos ist, wenn man nicht ebenso auch ein Wesen von ihr postuliert. Diese Dimension also, die ist durch den Kantischen *χωρισμός*, die ist dadurch, daß die Erkenntnis ihres wahren Objekts nicht mächtig ist, bei Kant einfach ausgefallen. Es ist zwar, wie ich Ihnen sagte, gewissermaßen formal Raum gelassen für die Noumena und damit für das Wesentliche; aber Kant selber sagt von den Noumena an einer Stelle ja ausdrücklich, daß das Bewußtsein, das wir von ihnen haben, ein ganz leeres Bewußtsein sei, mit dem wir sozusagen überhaupt nichts anfangen können[262].

Ich möchte jetzt dazu übergehen, im Ernst noch einmal die Frage aufzuwerfen, was eigentlich bleibt; was also eigentlich die Substanz dieses Kantischen Denkens ist – wobei ich hoffe, niemand von Ihnen wird das Wort Substanz hier so mißverstehen, als ob ich dabei an die *Kategorie* der Substanz dächte, von der ich Ihnen ja genug gesagt habe –; sondern ich meine damit nun wirklich: was ist eigentlich der *Gehalt*, der in dieser Kantischen Philosophie übrigbleibt? Und das ist nun in der Tat eine Revision des Begriffs des Transzendentalen, die wir vornehmen müssen und die zugleich Sie auch einleiten wird in den Gebrauch, den das Wort transzendental bei den Nachfolgern Kants – bei Fichte, bei Schelling, bis zu einem gewissen Grad sogar schon bei Reinhold – durchgemacht hat. – Folgen Sie einmal der negativen Betrachtungsweise, die ich heute angeregt habe; überlegen Sie einmal, was das Transzendentale alles *nicht* sein soll. Zunächst also soll die Sphäre des Transzendentalen, also der Bereich des Konstitutiven, der Bereich des Apriori, der Bedingungen, auf denen alle Erfahrung, alles Inhaltliche ruht, seinerseits nicht psychologisch sein: denn Psychologie ist ein Teil der Wissenschaft von der Welt, etwas Mundanes genausogut wie die Zoologie oder die Geographie oder die Astronomie, setzt Anschauung voraus, – und darauf kann also transzendentale Philosophie bei Kant nicht beruhen. Ich wiederhole Ihnen nur, damit Sie zunächst einmal den bei Kant selber noch vorliegenden Begriff des Transzendentalen gegenwärtig haben, die verhältnismäßig schlichte und für alle verständliche Bestimmung des Transzendentalen, von der wir ja ausgegangen sind: nämlich daß Kant transzendental alle Untersuchungen nennt, die sich auf die Möglichkeit synthetischer Urteile a priori richten. Also: psychologisch können sie nicht sein, trotzdem eine merkwürdige Verwandtschaft besteht zwischen psychologischer Analyse und transzendentaler Analyse. Wenn Sie sich die Mühe machen, etwa einmal die Mechanismen anzuschauen, durch die Locke – der mit Kant, komischerweise, von allen Philosophen die größte Ähnlichkeit hat, obwohl Kant sich im Grabe herumdrehen wird, wenn er das hört –, wenn Sie sich die Mühe machen, einmal diese Stufen anzusehen, durch die die Reflexionsbegriffe, also die eigentlich gültige Erkenntnis gegenüber den ephemeren sinnlichen Eindrücken zustande kommt, dann werden Sie finden, daß diese psychologische Beschreibung der Mechanismen der Erkenntnis bei Locke[263] der Kantischen Beschreibung erstaunlich ähnlich ist. Und es hat sich immer wieder erwiesen, daß sogenannte transzendentale Analysen – also Analysen der Mechanismen, durch die unsere Erkenntnis überhaupt zustande kommt – sich an dem Kanon der Psychologie orientiert haben; das heißt: an dem Kanon des Zusammenhangs, in dem die Momente des Bewußtseins im empirischen Bewußtsein stehen und die von diesem abstrahiert sind. Transzendentale Analyse ist nach einer Dimension hin immer Abstraktion von einem Psychologischen, – begleitet mit Deklarationen darüber, daß sie mit Psychologie nichts zu tun habe. Es ist immerhin eine merkwürdige Sache, daß alle Philosophen von Kant bis Husserl, eingestandener- oder uneingestandenermaßen, so etwas wie eine Parallelität von psychologischen Analysen auf der einen Seite und transzendentalen auf der anderen angenommen haben, aber aus Angst, sich die Hände mit der Empirie schmutzig zu machen und damit die reine Wahrheit aus den Händen zu verlieren, diese Beziehung immer wieder verlieren.

Auf der anderen Seite aber ist es nun auch so, daß die Sphäre des Transzendentalen bei Kant nicht eine Sphäre der reinen Logik sein darf. Wenn ich Ihnen das pedantisch darstellen will, dann kann ich Sie einfach darauf aufmerksam machen, daß, wenn es wirklich so wäre, daß nichts anderes als der formale Satz der Identität identisch wäre mit dem ›Ich denke, das alle meine Vorstellungen begleitet‹, – daß Kant dann der Umständlichkeit enthoben wäre, die transzendentale Logik als eine Logik, welche die Möglichkeit von Erfahrung begründet, von der formalen Logik überhaupt zu unterscheiden. Sondern dann wäre wirklich der Satz der Identität, so wie ihn die Logik kennt, unmittelbar eins mit dem Grundsatz der Transzendentalphilosophie. Und es ist im übrigen ja auch immer wieder der Versuch gemacht worden, das zu sagen; also den Satz A = A, den reinen Satz der Identität, das oberste Prinzip der formalen Logik, zu interpretieren als das ›Ich denke, das alle meine Vorstellungen begleitet‹. Verstehen Sie mich an dieser Stelle ja nicht falsch: dieses Moment der äußersten formallogischen Identität ist von der Konstruktion dieses innersten Kerns der »Kritik der reinen Vernunft« gar nicht wegzudenken; ohne dieses Moment der Identität der Aussagen miteinander, ohne die Forderung der Kompatibilität der sämtlichen in einem Bewußtsein überhaupt gefällten Urteile, wäre die Vorstellung von so etwas wie einem Transzendentalbewußtsein, von dem ›Ich denke, das alle meine Vorstellungen begleitet‹, gar nicht möglich. Denn darin, daß als die Einheit sämtlicher einzelnen Vorstellungen dieses Ich denke angesetzt wird, liegt ja jedenfalls dieses Logische, daß dadurch, daß diese Einheit eben ein Ich denke ist, die sämtlichen Vorstellungen miteinander in das logische Verhältnis der Vereinbarkeit gerückt werden müssen; das heißt, daß sie, soweit sie miteinander schlechterdings inkompatibel sind, dann ausgeschlossen werden müssen. Auf der anderen Seite aber – und das ist doch das Entscheidende – ist es so, daß in der »Kritik der reinen Vernunft« diese formale Identität, die ein notwendiges Moment ist, allein zur Begründung des Zusammenhangs des Bewußtseins nicht ausreicht, sondern daß dazu weitere Momente kommen, – wie vor allem nach der ersten Fassung der »Kritik der reinen Vernunft« die zweite Stufe der Deduktion der reinen Verstandesbegriffe: nämlich die Reproduktion in der Einbildung,[264] also die Gegenwart eines Nichtgegenwärtigen. Und von Reproduktion in der Einbildung[265] kann ich natürlich nur insoweit reden, als ich dabei ein zeitliches Moment als ein notwendiges Moment bereits einbegreife; und von Zeit sagt ja die formale Logik ihrem unmittelbaren Gehalt nach nichts, – obwohl Kant an einer Stelle wohl auch einmal sagt, daß die mathematischen (und zwar die arithmetischen) Operationen, die wir ja heute gewohnt sind, als Operationen des Logikkalküls und damit der formalen Logik zu betrachten, jedenfalls notwendig in dem Durchlaufen einer Zeitreihe bestehen würden.[266] Also, – in einem solchen Sinn ist die »Kritik der reinen Vernunft« oder ist die Sphäre des Transzendentalen als der Inbegriff dessen, worauf die Möglichkeit synthetischer Urteile a priori sich bezieht, auch nicht logisch. – Und schließlich, um das nur noch als These zu sagen, darf sie, der Kantischen Theorie zufolge, auch nicht metaphysisch sein; das heißt: sie darf ihrerseits selbst nicht über die Möglichkeit der Erfahrung hinausgehen; sie darf nicht hypostasiert werden; es dürfen in ihr nicht bloße Reflexionsbegriffe so behandelt werden, als ob sie Dinge an sich wären. Darauf komme ich dann das nächste Mal.

20. Vorlesung
28. 7. 1959

Wir standen in den Betrachtungen: was nun in einem etwas weiteren, von der Wörtlichkeit des Textes etwas abgelösteren Sinn, unter dem Begriff des Transzendentalen bei Kant eigentlich zu verstehen sei. Wäre das Transzendentale, oder lassen Sie mich einmal sagen: das transzendentale Subjekt, also jenes Allerallgemeinste, jener allgemeinste Bezugspunkt, der die Möglichkeit von allgemeingültiger und notwendiger Erkenntnis verbürgen soll, wirklich nichts anderes als die bloß logische Einheit, dann könnte man sich davon nicht vorstellen, wie diesem Subjekt irgend so etwas wie Spontaneität oder Aktivität überhaupt zugeschrieben werden kann. Wie also etwas, was lediglich ein Einheitsmoment von Verschiedenem – selber also, wenn Sie so wollen, eine logische Abstraktion – bedeutet, ohne irgend selber in irgendeinem Sinn individuiert in Raum und Zeit zu sein, dennoch Vorstellungen hervorzubringen vermag, das bleibt natürlich unerfindlich. Und diese Aporie, um die es sich hier handelt, müssen Sie deshalb sehr ernst nehmen, weil Sie nicht vergessen dürfen, daß der Begriff, der bei Kant die ganze transzendentale Logik eigentlich charakterisiert, ja der Begriff der Spontaneität ist; und daß er sogar dort, wo die transzendentalen Beziehungen als Verhältnisse, als Funktionen bezeichnet werden, bei denen man zur Not sich noch vorstellen könnte, daß von einem sie Herstellenden abgesehen wird, – daß trotzdem diese Funktionen an einer Stelle, an einer berühmten Stelle der ›Transzendentalen Deduktion‹, von Kant geradezu als Tätigkeiten bezeichnet werden[267]. Wäre aber auf der anderen Seite das Kantische transzendentale Subjekt ein, in einem sei's auch noch so abgeschwächten Sinn, psychologisches Subjekt, dann wäre es in der Tat selber ein in Raum und Zeit und nach den Kategorien bereits Individuiertes, es wäre ein gegenständliches Sein; es wäre damit im Sinn der Unterscheidung der »Kritik der reinen Vernunft« selber Erscheinung, – es wäre, mit anderen Worten, selber ein durch die transzendentalen Bedingungen bereits Konstituiertes und nicht etwa das, was ja das transzendentale Subjekt der Konstruktion der »Kritik der reinen Vernunft« zufolge sein muß: nämlich Constituens. – Sie wissen, daß wir in unserer Betrachtung immer wieder Punkte erreicht haben, an denen der Gedanke, daß die Begriffe des Constituens und des Constitutums reziprok sind, also daß *nicht* der eine auf den anderen zurückgeführt werden kann, keinen Schrecken besitzt. Aber ich muß Ihnen doch sagen, damit Sie diesen Gedanken nicht nun gleichsam vorschnell in Kant hineininterpretieren, daß er Kant gänzlich fern gelegen ist. Das heißt, daß in dem Augenblick, in dem man tatsächlich das, was im Sinn seiner eigenen Theorie Constitutum heißt, als Bedingung dessen aufweisen könnte, was er Constituens nennt, dadurch die ganze Systematik tatsächlich in die Brüche ginge. Und zwar buchstäblich die Systematik in die Brüche ginge: denn dadurch würde ja das Transzendentale selbst von einem Innerzeitlichen abhängen, und würde dadurch dem Wechsel und der Modifikation unterliegen; könnte also als ein stets sich Gleichbleibendes und alle Erscheinungen notwendig und unveränderlich Organisierendes überhaupt gar nicht mehr gedacht werden. In solchen Fällen gibt es da noch einen Ausweg, der noch eine dritte Alternative eröffnet (wenn man von einer dritten Alternative reden kann); jedenfalls, – es besteht da noch eine dritte Möglichkeit, die man als die metaphysische Möglichkeit bezeichnen möchte: daß nämlich die transzendentale Region eine Region sei, die weder psychologisch noch logisch ist, sondern ein diesen beiden Momenten gegenüber Jenseitiges; ein Einheitspunkt, der diese Momente allemal überhaupt erst ergibt und aus dem jene folgen.

Was diese Möglichkeit anlangt, so ist die Stellung der »Kritik der reinen Vernunft« zu ihr nicht ganz eindeutig. Ich möchte auch hier die Dinge nicht einfacher darstellen, als sie in diesem verzwickten Text sind. Und es ist mir viel wichtiger, Ihnen an den sogenannten Widersprüchen zu zeigen, wie die objektiven Schwierigkeiten der Sache selbst sich in den Komplexitäten der Theorie niederschlagen, als um der recht billigen Befriedigung willen, daß man alles doch unter einen Hut bringt, Ihnen das zu unterschlagen, was nun nicht in die eine oder andere These hineinpaßt, – und auf diese Weise so etwas wie einen befriedigenden, ganz einfachen, handfesten Kant für den Hausgebrauch herzustellen. Einen solchen Kant werden Sie in dieser Vorlesung nicht mitbekommen. – Auf der einen Seite finden sich zahlreiche Wendungen in der »Kritik der reinen Vernunft«, die ein solches letztes Einheitsmoment, ein unergründliches Einheitsmoment, das da zwischen den beiden Sphären der Anschauung und des Denkens vermitteln soll, als eine Möglichkeit zugegeben. Die berühmteste dieser Stellen ist jene von dem geheim in den ›Tiefen der Seele‹ waltenden Mechanismus, der Anschauung und Denken aufeinander bezieht, der in dem Schematismuskapitel steht[268] und den Heidegger doch wohl mit sehr großer Willkür überhaupt zum Angelpunkt seiner gesamten Kant-Interpretation gemacht hat[269]. Aber es gibt auch noch andere Stellen dieser Art wie jene aus der ›Deduktion der reinen Verstandesbegriffe‹, wo er davon redet, wieso wir gerade diese Kategorien und nicht irgendwelche anderen hätten und warum also das ›Ich denke, das alle meine Vorstellungen begleitet‹ die letzte Bedingung sei: daß man hier an ein Geheimnis rühre, das nicht weiter sich begründen lasse.[270] Und schließlich könnten Sie – um an das Allereinfachste zu erinnern – auch auf den Begriff des transzendenten Dinges an sich hinweisen, der, wie ich Ihnen wiederholt auseinandergesetzt habe, von Kant ja doch nicht kritisch aufgelöst worden ist, – genausowenig wie von Locke. Und (nebenbei bemerkt) darin, daß es auf der einen Seite eine Analyse des Bewußtseinszusammenhangs gibt, diese Analyse des Bewußtseinszusammenhangs dann aber doch eine Art von nicht in ihm sich erschöpfendem Substrat im Ding an sich eben ergibt, darin besteht ja wohl die außerordentlich tiefe Verwandtschaft zwischen der Kantischen und gerade der Locke-

'schen Erkenntnistheorie; eine Verwandtschaft übrigens, die, soviel ich weiß, bis jetzt noch gar nicht so gründlich studiert worden ist, wie sie einmal studiert werden müßte. – Aber all diesen Momenten, die, wenn Sie so wollen, einer metaphysischen Interpretation des Transzendentalen den Boden bereiten könnten, stehen dann doch die sehr dezidierten Aussagen von Kant darüber entgegen, daß es zwar eine solche Sphäre des Ansich oder des Absoluten – wie immer Sie das nennen mögen – gebe; daß aber deren Begriff selber ganz leer sei; daß mit diesem Begriff eigentlich gar nichts angefangen werden kann, – wie es zum Beispiel bei der Stelle, ich glaube, in dem Kapitel über Phaenomena und Noumena, heißt, die ich das letzte Mal bereits angezogen habe[271]: »So ist denn der Begriff reiner bloß intelligibeler Gegenstände gänzlich leer von allen Grundsätzen ihrer Anwendung, weil man keine Art ersinnen kann, wie sie gegeben werden sollten, und der problematische Gedanke, der doch einen Platz für sie offen läßt, dient nur, wie ein leerer Raum, die empirischen Grundsätze einzuschränken, ohne doch irgend ein anderes Objekt der Erkenntnis, außer der Sphäre der letzteren, in sich zu enthalten und aufzuweisen.«[272] Es ist auf der einen Seite klar, daß der Begriff ›reiner intelligibler Gegenstände‹, wenn er auf irgend etwas überhaupt angewandt werden kann, dann auf die Gegenstände der »Kritik der reinen Vernunft« in einem prägnanten Sinn: nämlich eben auf die transzendentalen Bedingungen aller Erkenntnis, als welche ja von aller Erfahrung unabhängig sein müssen, weil sie die Erfahrung konstituieren; und die doch Kant ihrerseits aus einem letzten Einheitsmoment, nämlich eben der bloßen logischen Funktion, der Denkfunktion, zu deduzieren sich anheischig macht.

Aber er sagt hier nicht nur – und man muß sagen: in einem gewissen Widerspruch zu dem, was er selber in der ›Transzendentalen Deduktion‹ vollzieht –, daß sie ›gänzlich leer von allen Grundsätzen ihrer Anwendung‹ seien, sondern daß man ›keine Art ersinnen kann, wie sie gegeben werden sollten‹, während ja schließlich die ›Deduktion der reinen Verstandesbegriffe‹ genau das ist: nämlich der Versuch, begreiflich zu machen, wie diese reinen Verstandesbegriffe gegeben werden können; das heißt: wieso sich notwendig eine Einheit des Bewußtseins nicht anders herstellen kann als durch die voneinander unterschiedenen Momente der Bewußtseinseinheit. Und die Kategorien sind ja dann nichts anderes als diese auf die Formel gebrachten und funktionell miteinander verbundenen Momente der Bewußtseinseinheit, in der notwendig das ›Ich denke‹ sich entfaltet. Ich möchte anmerken, daß natürlich in einem ganz strengen Sinn – nämlich im Sinn der formalen Logik – bei der ›Deduktion der reinen Verstandesbegriffe‹ von einer Deduktion deshalb nicht die Rede sein kann, weil ja hier nicht im Sinn eines bloßen Schlußverfahrens aus einem Obersatz deduziert wird. Sondern was hier wirklich statthat, ist eigentlich der Nachweis der Strukturzusammengehörigkeit, der strukturellen Äquivalenz des Begriffs der Einheit des Ich denke – also der bloß logischen Einheit – auf der einen Seite und der Momente der Bewußtseinseinheit, der Apprehension und der Reproduktion auf der anderen. Das heißt: wenn es nicht so etwas wie Einheit des Bewußtseins und Einheit des Gegenstandes, also absolute Identität gäbe, dann könnte es so etwas wie diese sich voneinander unterscheidenden Momente der Synthesis nicht geben. Andererseits aber wäre die Behauptung einer solchen Einheit des Bewußtseins ohne diese Momente der Synthesis auch ganz leer; und nur dadurch, daß es so etwas wie lebendige Einheit des persönlichen Bewußtseins, die sich in diesen Stufen vollzieht, gibt, nur insofern kann dann auch von dem bloßen formalen Ich denke überhaupt die Rede sein. Ich glaube, nur wenn Sie diese Reziprozität im Verhältnis des Ich denke und der einzelnen Momente der Deduktion verstehen, und dann schließlich der Kategorien verstehen, können Sie den Sinn dieses Zentralstücks der »Kritik der reinen Vernunft« überhaupt richtig auffassen, – wie er denn übrigens auch an der vorhin bereits angezogenen Stelle[273] ganz konsequent sagt, daß weder die Kategorien, also mit anderen Worten: weder die einzelnen Momente, in die diese Einheit sich zerlegt, noch diese Einheit selber irgendwoher begreiflich gemacht werden können, sondern hingenommen werden müßten. Nach dem, was ich Ihnen gesagt habe, ist es doch jedenfalls so, daß eine metaphysische Interpretation des Transzendentalen – nämlich eben dieser Sphäre, in der die Deduktion der reinen Verstandesbegriffe lokalisiert ist – von der »Kritik der reinen Vernunft« genauso ausgeschlossen ist wie eine logische und eine psychologische Interpretation. Das heißt, Kant müßte darauf eben jene Kritik, die ich Ihnen eben aus dem Phaenomena-und-Noumena-Kapitel vorgelesen habe,[274] anwenden – eine Kritik, die an ungezählten Stellen der »Kritik der reinen Vernunft« sich findet; ich habe gerade diese Stelle ganz willkürlich herausgegriffen – und müßte sagen: wir können, weil eben diese Sphäre des Transzendentalen selber ein intelligibler Gegenstand ist, über sie eigentlich auch gar nichts sagen; sie selber steht unter der »Kritik der reinen Vernunft«, sie selber verfällt der Kritik.

Ich glaube, ich habe durch die Betrachtung, die wir nun durchgeführt haben, Sie wirklich an eine Aporie geführt, das heißt: ich habe Ihnen gezeigt, daß diese sämtlichen Bestimmungen oder vielmehr: diese sämtlichen negativen Bestimmungen, diese Abgrenzungen – und als negative Bestimmungen wollen sie ja demzufolge, was ich Ihnen eben verlesen habe, ausdrücklich verstanden sein –, daß diese negativen Bestimmungen, wenn Sie sie alle zugleich und wenn Sie sie ganz wörtlich nehmen, so etwas wie Aussagen über das Transzendentale eigentlich ausschließen. Ich glaube, wir sind hier an der entscheidenden Stelle, an der Sie verstehen können, warum jene Nötigung zu einem Übergang in den deutschen Idealismus von der »Kritik der reinen Vernunft« aus bestand, wie ich sie Ihnen wiederholt dargestellt habe; wo diese Nötigung nun wirklich begriffen werden kann. Es liegt in dieser Aporetik eigentlich das objektive Eingeständnis eines Scheiterns; eines Scheiterns der Absicht der »Kritik der reinen Vernunft«. Das heißt: es ist nicht möglich, die Forderungen, welche er gleichzeitig aufwirft, nämlich auf der einen Seite die Forderung der Erfüllung durch Anschauung, damit ich überhaupt eine sinnvolle Aussage machen kann, und auf der anderen Seite die Forderung der reinen Apriorität, damit ich nicht in bloße Erfahrung verfalle, – diese Forderungen lassen sich tatsächlich nicht unter einen Hut bringen. Nun, – das was Kant macht – und ich glaube, das ist vielleicht das Letzte, was sich über die Methode der »Kritik der reinen Vernunft«, über den inneren Weg der »Kritik der reinen Vernunft« überhaupt sagen läßt – ist eigentlich, daß er sich gegen sein eigenes Verbot vergeht. Erinnern Sie sich daran, daß er in der ›Transzendentalen Dialektik‹ ja ausdrücklich verwehrt, in intelligible Welten auszuschweifen; daß er also ausdrücklich verwehrt, aus reinem Denken irgendwelche verbindlichen Aussagen zu machen, die sich nicht ihrerseits durch Erfahrung erfüllen. Das, was in der »Kritik der reinen Vernunft« vorliegt, ist vielleicht am einfachsten und am tiefsten dadurch zu charakterisieren, daß er insgesamt – und zwar an den entscheidenden Punkten seiner Konstruktion – *genau das tut, was er eigentlich der Vernunft verbietet;* das heißt, daß er aus reinem Denken heraus etwas konstituiert, etwas stipuliert (möchte ich sagen, um das Wort postuliert, das hier zweideutig wäre, zu vermeiden), das seinerseits durch Erfahrung, durch Erscheinung nicht einzuholen ist. Denn es gibt ja nicht irgendwelche Erscheinungen, nicht irgendwelche Erfüllungen, durch welche die Kategorien oder die Bewußtseinseinheit oder (wie wir noch sehen werden) sogar auch die sogenannten reinen Anschauungen Raum und Zeit derartig heimzubringen wären, wie er es von jeder Erkenntnis fordert, wenn sie mehr als formal sein will. Sie können nicht irgendwelche den Kategorien qua Kategorien oder der Bewußtseinseinheit qua Bewußtseinseinheit korrespondierende Anschauungen finden, durch welche die Aussagen über diese derart legitimiert wären, wie – der Lehre von den Antinomien zufolge, der gesamten transzendentalen Dialektik zufolge – eigentlich doch verbindliche Erkenntnisse legitimiert werden müssen. Der Weg, den Kant statt dessen geht, ist nun tatsächlich ein Weg aus reinen Begriffen; das heißt: er sucht durch bloßes Denken nach dem, was unbedingt gedacht werden muß, damit so etwas wie Erfahrung überhaupt möglich ist. Ein solches Schließen aus reinem Denken heraus ist aber eigentlich von ihm selbst verboten.

Erinnern Sie sich nun hier an das, was ich Ihnen wohl gelegentlich schon gesagt habe über das Wesen des aporetischen Begriffs. Aporetische Begriffe nenne ich Begriffe, die dort entspringen, wo eine korrespondierende Erfüllung oder Anschauung für einen Gedanken nicht zu finden ist und wo deshalb der Gedanke weitergehen, über seine mögliche Erfüllung hinausgehen muß, um überhaupt so etwas wie eine in sich selbst stimmige, wie eine in sich selbst konsistente Begründung zusammenzubringen. Das besagt nicht weniger, als daß durch die Aporie, die zwischen der Forderung der Anschaulichkeit und der Forderung der reinen Logizität entsteht, Kant nun doch gezwungen ist, gewissermaßen über die Möglichkeit der Erfahrung hinauszugehen, – etwa nach dem Modell der Mathematiker, die bestimmte Zahlen erfunden haben, die negativen und vollends dann die imaginären Zahlen, die so beschaffen sind, daß sie in dem natürlichen Zahlenkontinuum keine Korrelate mehr haben, die aber um der Denkkonsequenz willen eingeführt werden, obwohl es sie sogar in dem Sinn der Zahlentheorie, von der dabei ausgegangen wird, eigentlich gar nicht gibt. Und diese Bewegung also aus der Konsequenz des Gedankens zu einem Bereich, das es sozusagen nicht gibt, die könnte man eigentlich unmittelbar gleichsetzen mit dem, was dann in der an Kant anschließenden Philosophie mit Spekulation, mit der spekulativen Bewegung des Begriffs gemeint ist. Mit anderen Worten: Kant wird durch die Schwierigkeiten seiner eigenen Methode dort, wo es sich darum handelt, ihren innersten Grund zu bestimmen, selbst zu genau jener Spekulation objektiv verhalten, die er an seinen rationalistischen Vorgängern, an Leibniz und an Wolff, kritisiert hat. Und insofern ist dann der nachkantische Idealismus ganz konsequent geblieben und hat nur sozusagen das zum Bewußtsein erhoben, was Kant selber bereits getan hat, als er den Unterschied zwischen transzendentaler Logik und transzendentaler Dialektik, zwischen bloßer Reflexion und zwischen Spekulation hinfällig gemacht hat und die transzendentale Dialektik, in die ja Kant selber notwendig hineingerät, ihrerseits nun zu einem Organon der Erkenntnis eigentlich erhoben hat. – Ich verweile deshalb bei diesem Punkt so sehr, weil ich glaube – und hier fügt sich das wohl zusammen mit dem, was ich Ihnen an früheren Stellen der Vorlesung auseinandergesetzt habe –, daß eine jede Erkenntnistheorie notwendig in solche aporetischen Begriffe und in eine solche Dialektik hineingerät. Denn jede Erkenntnistheorie muß ja, um eine Theorie, also ein in sich einstimmiger Zusammenhang zu sein, dabei in einem gewissen Sinn die Problematik von Identität und Nichtidentität, von Subjekt und Objekt derart auflösen, daß sie das gesamte Schwergewicht – ich hätte beinahe gesagt: die ganze Substanz in das Subjekt hineinverlegt und Erkenntnis rein aus der Analyse des Subjekts zieht: weil a priori, also unabhängig von den geschichtlich wechselnden Inhalten eine solche Analyse des Objekts ein für allemal gar nicht angestellt werden kann.[275] Nun ist es aber – wenn ich einmal ontologisch reden darf – so, daß der Glaube, daß das Objekt ganz und gar im Subjekt sich erschöpft, daß das Objekt eigentlich Subjekt *ist,* selber falsch ist, er trifft nicht zu. Und diese Falschheit, erinnern Sie sich daran, habe ich Ihnen daran aufgewiesen, daß ich Ihnen gezeigt habe, daß das reine Subjekt ebenso Objektivität voraussetzt wie umgekehrt Objektivität Subjektivität voraussetzt. Für diese Unzulänglichkeit aber, für diese Falschheit hat nun die subjektiv gerichtete Analyse – mit anderen Worten: die Erkenntnistheorie – auf die Weise einen Preis zu entrichten, daß eigentlich alle Begriffe, die sie jeweils konstruiert, unzulänglich sind; daß sie gewissermaßen eine Schuldverschreibung darstellen, die dann erst durch den nächsten Begriff wieder eingelöst werden kann; daß also, um es ordinär auszudrücken, die Erkenntnistheorie immer den Weg dessen geht, der ein Loch aufmacht und das andere Loch zustopft. Und die ganze Geschichte, die innere Geschichte der Erkenntnistheorie, ist eigentlich die immerwährende Geschichte dieses Schuldverhältnisses; also die Geschichte des Immer-weiter-Verschiebens dieser Schuld, dieses nicht einzulösenden Anteils des Objekts an der Erkenntnis auf ein anderes Moment der Erkenntnis, das dann immer weiter von dem Einzulösenden, von dem durch die Erkenntnis zu Erfüllenden sich verschiebt, – und die dann schließlich zu begrifflichen Konstruktionen wie der des Transzendentalen geradezu nötigt. Das erklärt auch nun wirklich die eigentliche Tiefe Kants, die darin besteht, daß zwar auf der einen Seite im Sinn eines im allerweitesten Verstande gefaßten Positivismus Äquivalente, Erfüllungen, gegenständliche Korrelate für das, was bei ihm das Transzendentale heißt, nicht gefunden werden können; daß aber auf der anderen Seite in der Konstruktion dieser ganzen Sphäre eine Nötigung waltet, der das Denken sich nicht entziehen kann; daß gewissermaßen in den ›Fehlern‹, die Kant begeht, der gesamte erkenntnistheoretische Ansatz zu Protest geht. Und ich bin allerdings der Ansicht, daß die Tiefe einer Philosophie überhaupt nur nach der Tiefe ihrer Fehler sich bemessen läßt, – und nicht etwa nach dem runden Gelingen der einstimmigen Resultate, in denen sie etwa terminieren würde.

Sie können mich nun fragen: wie hat man sich dieses Verhältnis der Kategorien oder dieser aporetischen Begriffe zueinander, wie hat man sich diese Konstellation vorzustellen; und wie ist diese Art der Tiefe eines zwar mit allem Gegebenen in Widerstreit geratenden, aber doch in sich gänzlich motivierten Denkens zu verstehen? Ich glaube, ich kann Ihnen das abermals mit dem Gleichnis der Schuld am einfachsten darstellen. Im übrigen ist das Gleichnis des Schuldners und das Gleichnis von Schuldverhältnissen interessanterweise ein Gleichnis, das in der gesamten Philosophie von Kant, auch in der praktischen Philosophie, immer wiederkehrt und eine bedeutende Rolle spielt, – so wie ja im übrigen Schuldverhältnisse in Gestalt des Spruchs des Anaximander[276] am Beginn der ganzen Geschichte der abendländischen Philosophie stehen. Ich deute diesen Zusammenhang hier nur an, ich kann ihn jetzt nicht weiter verfolgen.[277] Was da passiert, das ist, daß sich diese aporetischen Begriffe, also diese Begriffe, von denen keiner in seiner Isoliertheit eigentlich an das heranreicht, auch das wirklich leistet, was er leisten soll, daß die sich gegenseitig bei dem anderen, an sie angrenzenden Begriff etwas ausborgen. Die Sphäre des Transzendentalen ist, wenn Sie so wollen, ein Niemandsland[278] oder: *nicht* ein Land von irgendwie festen Beständen, sondern ein gigantisches Kreditsystem, bei dem dann die letzte Forderung nicht eingeklagt werden kann. Das heißt, um es konkret zu sagen: von der Logizität ist ausgeborgt der Gedanke an die Einheit und an die Einstimmigkeit, also an das einander nicht Widersprechende; denn Synthesis heißt ja, Dinge so zusammenzubringen, daß sie einander nicht widersprechen oder daß sie – wie es in der alten Leibniz-Wolffischen Philosophie hieß – der Forderung der Kompossibilität, der Möglichkeit des gemeinsamen Existierens eben, Genüge tun. Das wird ausgeborgt, dieser Gedanke der Logik, – oder vielleicht ist er sogar das, was gar nicht ausgeborgt wird, sondern was zunächst wirklich einmal so den Grund der ganzen Konstruktion abgibt. Dann aber wird ausgeborgt von der Psychologie, also von dem bereits Konstituierten, die tatsächliche Tätigkeit, die Zeitlichkeit, – alle diese Momente, die sich auf eine mögliche Realisierung überhaupt beziehen. Und nur indem diese Anleihe, und ich würde sagen: diese sehr verschämte Anleihe bei der Psychologie gemacht wird, und wer etwas leiht, pflegt das ja auch im bürgerlichen Leben nicht an die große Glocke zu hängen, – nur dadurch wird es möglich, zwischen der Sphäre der Logizität und der Sphäre der Anschauung, auf die sie sich ja der Kantischen Forderung zufolge beziehen muß, eine solche Beziehung überhaupt herzustellen. Wenn nicht bei Kant irgendeine Affinität zwischen dem transzendentalen Subjekt und der Sphäre des Anschaulichen oder der Erfahrung bestünde; wenn Kant eine solche Affinität – früher, in der Antike, hätte man gesagt: Ähnlichkeit[279] – nicht angenommen hätte, dann wäre es schlechterdings nicht vorzustellen, wieso überhaupt Anschauungen unter Begriffe subsumiert werden können, – wenn eben nicht in diesen Begriffen selbst das wäre, was die transzendentale Logik eigentlich verpönt: nämlich aus der Anschauung, aus der Erfahrung stammende Elemente. Aus der Metaphysik aber wird schließlich geborgt der Anspruch der schlechthinnigen Gültigkeit, sozusagen *doch* der Anspruch eines intelligiblen Bereichs,[280] das aber dann auf eine bei Kant selbst nie durchsichtig gewordene Weise deshalb wieder sich legitimieren soll, weil es in einer bestimmten Beziehung – nämlich der konstituierenden und sich erfüllenden Beziehung auf Erfahrung – jeweils gedacht wird. Und durch diese höchst komplizierte Weise: indem also diese drei Grundbegriffe oder Grundsphären beieinander Anleihen machen, damit sie überhaupt lebensfähig bleiben und damit die beiden widerstreitenden Sphären von Kant zusammengebracht werden können, – dadurch kommt nun eigentlich diese seltsame imaginäre Sphäre zustande, als die wir eigentlich das Transzendentale zu betrachten haben.

Wenn wir das Ganze eine Sekunde lang etwas weiter, gleichsam metaphysisch sehen wollten, so müßten wir wohl sagen, daß es sich hier um einen Versuch der Säkularisierung des Bereichs der *Transzendenz* handelt; das heißt, daß die eigentliche und ursprünglich theologisch vermeinte Transzendenz von jeder Setzung, also von jeder Behauptung ihres eigenen faktischen Daseins, auf diese Weise dispensiert werden soll; daß aber ihr absolutes Anderssein, ihr absolutes Herausfallen aus der Immanenz doch durch diese aporetische Konstruktion gesichert werden soll, – in der Weise, daß man in der Immanenz selber, im innersten Kern der Immanenz, wenn man nur tief genug gräbt, der Transzendenz als ihrer eigenen Bedingung innewerden kann. Indem ich Ihnen das Stichwort Transzendenz an dieser Stelle gegeben habe, bringe ich Sie zu einem Letzten und zu einem Entscheidenden. Wir sind uns ja darüber klar – und Kant würde soviel doch uns auch wohl konzediert haben –, daß es die logischen Kategorien oder die Anschauungsformen nicht gibt in dem Sinn einer Faktizität, wäre es auch eine Faktizität zweiter Ordnung; sondern daß sie – wie er es nennt: bloße Reflexionsbegriffe sind, das heißt, daß sie notwendig aus den Überlegungen folgen, die wir mit Rücksicht auf das Transzendentale anstellen müssen; daß wir aber nicht nun etwas finden können als ein Sein, das – wie etwa Husserl später sich das vorgestellt hat – diesen Kategorien oder Anschauungsformen selbst entspräche. Daraus folgt aber – wenn Sie das zusammennehmen mit dem Gedanken von der Transzendenz, die im Innersten wiedergefunden werden soll –, daß eigentlich der reine Geist, das ›Ich denke‹, in dem die »Kritik der reinen Vernunft« terminiert, wenn er wirklich die Bedingung alles Seienden abgeben soll, seinerseits zu einer Entität, zu einem Sein an sich, schließlich zu dem Absoluten gemacht werden muß. Insofern also sind es die Nachfolger Kants – Fichte und Hegel –, die in der Tat den Geistbegriff hypostasiert haben, die diesen Geistbegriff – weil er ja nicht aus Erfahrung kommen darf und weil er kein einzelmenschliches Bewußtsein sein darf, sondern weil er das absolut Bedingende sein soll – nun wirklich wieder in einem gewissen Sinn zu einer Transzendenz gemacht haben. Man kann das von Fichte sicherlich sagen, und man würde es sogar vielleicht auch von Hegel verteidigen können, obwohl ich mir der ungeheuren Schwierigkeiten, die gerade bei Hegel an dieser Stelle entstehen, bewußt bin. Jedenfalls also, – dieser Gedanke, daß der Geist selber, auf den die subjektiv gerichtete Analyse stößt, dann, wenn er nicht der bloßen Faktizität verfallen will, selber eine metaphysische Entität sein soll; daß er selbst das Absolute sein muß: dieser Gedanke ist objektiv in dieser Struktur des aporetischen Begriffs bei Kant selbst angelegt. Das heißt: nur dann, wenn allem Seienden gegenüber die Sphäre des Transzendentalen eben selbst doch wirklich als ein Transzendentes gedacht wird, nur dann kann sie eigentlich das erfüllen, was ihr von Kant zugemutet wird. Insofern also kann man sagen, daß die Hypostase des Geistes als Gott, wie sie die späteren idealistischen Philosophen vollzogen haben, der oberste aporetische Begriff ist. In dem Augenblick, wo ich den Satz ernst meine, daß das Ich denke eigentlich das wahre Wesen ist, das alles erzeugt und hervorbringt, dabei aber dieses Ich denke wirklich emanzipiere von jeder Beziehung auf ein bloßes empirisches Ich, das darin wäre, ist eigentlich eine andere Konsequenz als die, es zum absoluten Geist zu erheben, schon gar nicht mehr möglich. Insofern ist also wirklich schon bei Kant im Begriff des Transzendentalen und in der Transzendentalphilosophie das erreicht, was dann schließlich bei Hegel thematisch wird unter dem Namen der Identität der Logik und der Metaphysik. Das heißt: das logische Einheitsmoment selbst, insofern es dann alles einbegreift – und wenn einmal die transzendentale Dialektik nicht mehr getrennt ist von der Erkenntnis, sondern ihr Organon wird, dann begreift es ja wirklich alles ein –, das ist dann wirklich auch eigentlich bereits die Metaphysik.

Mit anderen Worten also, wenn ich noch einmal auf unsere drei Momente zurückkomme, die drei aporetischen Begriffe, die hier in Konstellation treten: das Logische, das Psychologische und das Metaphysische, dann kann man doch wohl sagen, daß durch die eigentümliche Versetzung des Logischen mit einem Psychologischen, ohne daß es doch psychologisch sein kann, das Logische eben eine Art Dasein sui generis wird, also doch transzendiert zur Metaphysik; und daß damit nun in der Tat die »Kritik der reinen Vernunft« ihrem innersten Punkt nach eine Metaphysik ist, – nämlich eine Metaphysik, welche versucht, in der Wendung auf das Subjekt, wenn Sie so wollen: in der Innerlichkeit der Subjektivität, das Ansichsein der Transzendenz zu bergen oder, eigentlich, zu retten. Und das ist es wohl überhaupt, was die ungeheure Tiefenwirkung dieses Buches erklärt und was seinen Begriff der Tiefe – wie ich versprochen habe, ihn Ihnen doch wenigstens im Umriß zu enträtseln – eigentlich seinerseits überhaupt erst hervorruft. Ich glaube, Sie können von hier aus das erst richtig verstehen, was ich – und wahrscheinlich zum Schrecken einer nicht geringen Anzahl von Ihnen – überhaupt systematisch in dieser Vorlesung über die »Kritik der reinen Vernunft« *nicht* behandelt habe, obwohl es doch gewöhnlich das ist, mit dem man sich so zuerst einmal befaßt, wenn man sich mit Kant befaßt: nämlich mit der ›Transzendentalen Ästhetik‹. Sie können nämlich jetzt verstehen, warum Kant eigentlich ein so unbeschreibliches Interesse an der Apriorität von Raum und Zeit hat, als welche ja die These der ›Transzendentalen Ästhetik‹ ist. Auf der einen Seite ist die »Kritik der reinen Vernunft« verwiesen auf die Beziehung auf Anschauung: ohne eine solche Beziehung auf Anschauung gibt es überhaupt keine gültige Erkenntnis; und wenn die nicht in irgendeiner Weise vollzogen ist, dann bliebe sie ganz leer. Auf der anderen Seite aber ist, was ich anschaue, eben ein hier und jetzt mir sinnlich Gegebenes und verfällt damit der Kritik des bloß Empirischen, die ja – neben der Kritik des Ausschweifens in intelligible Welten und ebenso stark wie diese – das Grundmotiv der »Kritik der reinen Vernunft« abgibt. Infolgedessen also ist Kant gezwungen, eine Sphäre zu konstruieren, die zwar Anschauung, aber trotzdem a priori ist; die also zwar von der Anschauung sozusagen das hat, daß von dorther gewisse allerallgemeinste Inhalte der Erkenntnis zukommen, die aber auf der anderen Seite von dem Fluch dispensiert sein soll, eigentlich *bloß* a priori zu sein. Und das ist nun eigentlich der Grund der Konstruktion der ›Transzendentalen Ästhetik‹. Wenn Sie einmal unter diesem Gesichtspunkt den Gedanken vom aporetischen Begriff – also: von dem Gedrängtwerden zu begrifflichen Konstruktionen durch die Not der Sache selbst – so ernst nehmen, wie ich es gern hätte, daß Sie ihn nehmen, dann werden Sie daher, von dieser Nötigung her, die Konstruktion der ›Transzendentalen Ästhetik‹ viel besser verstehen, als wenn Sie nun rein den Text der ›Transzendentalen Ästhetik‹ sich vergegenwärtigen und dann die Argumente abwägen und an diese Argumente nun herangehen. Mit anderen Worten, um es einmal ganz kraß zu formulieren: die Ästhetik selber, die ›Transzendentale Ästhetik‹ selber – also die Theorie der Anschauung, der reinen Anschauung –, die hängt ihrerseits eigentlich ab von der Logik; es ist ein bloßer Schein in der »Kritik der reinen Vernunft«, daß auf der ›Transzendentalen Ästhetik‹ die Logik sich aufbaut. Das ist nun wirklich die schulmeisterliche Vorstellung, daß es da erst Formen gibt, in die das Einströmende, die Affektionen aufgenommen werden, – und dann kommt der Verstand und verarbeitet es und formt es. Ich habe Ihnen das zu Anfang erzählt, weil es so im Büchel steht, aber natürlich tut das den eigentlichen Motiven der »Kritik der reinen Vernunft« in gar keiner Weise Gerechtigkeit an. Und ich glaube, daß Sie nun, wo Sie verstehen, daß die ganze Konstruktion dieser ›Transzendentalen Ästhetik‹ ihrerseits eine Funktion der Logik ist; daß also hier an dieser Stelle versucht wird, nochmals und entscheidend die Aporie zwischen der Anschauung und der Logik zu lösen, – daß Sie dann die besondere Gestalt der ›Transzendentalen Ästhetik‹ viel besser verstehen werden.

Und ich möchte nun die letzte Stunde lediglich der Interpretation der ›Transzendentalen Ästhetik‹ widmen, – und somit schließen, womit man trivialerweise bei Inhaltsangaben der »Kritik der reinen Vernunft« zu beginnen pflegt.

21. Vorlesung
30. 7. 1959

Sie werden sich daran erinnern, daß ich Ihnen in der letzten Stunde auseinandergesetzt hatte, daß wir deshalb die notwendig kursorische Behandlung der ›Transzendentalen Ästhetik‹ auf diese letzte Stunde verschoben haben, weil sich aus dem, was ich Ihnen gesagt habe, ergeben hat, daß die ›Transzendentale Ästhetik‹ eigentlich eine Funktion der ›Transzendentalen Logik‹ ist und nicht umgekehrt. Ich könnte nun den Weg gehen, Ihnen das im einzelnen auf die Weise zu zeigen, daß ich mit Ihnen das Schematismus-Kapitel analysiere, in dem es sich ja eigentlich um das Vermittlungsstück zwischen Ästhetik und Logik handelt. (Obwohl es nicht dort steht, wo es im Sinn der Systematik vielleicht hingehörte, nämlich eben wirklich zwischen der Ästhetik und der Logik, weil in diesem Stück sich eben zeigt, daß es eine Art Indifferenzpunkt zwischen Logik und Ästhetik gibt, nämlich das Moment der *Zeit,* als welche ja eigentlich das Schema ist, nach dem überhaupt Gegenstände der Anschauung gleichzeitig bestimmt sind als solche möglicher Intellektualität.) Ich verweise Sie also heute nur auf dieses Kapitel, dessen Interpretation ich mir leider aus reiner Zeitnot versagen muß,[281] und möchte statt dessen doch mich unmittelbar wenden zu der ›Transzendentalen Ästhetik‹ selbst und Ihnen einige der wesentlichsten Gesichtspunkte dieser ›Transzendentalen Ästhetik‹ vortragen und kurz interpretieren und versuchen, daran noch gewisse Schlußkonsequenzen für unsere Gesamtbehandlung der »Kritik der reinen Vernunft« anzuschließen. – Die Lehre von der ›Transzendentalen Ästhetik‹, die These der ›Transzendentalen Ästhetik‹ ist ja wohl im großen Ihnen allen bekannt. Es ist die These von der Apriorität von Raum und Zeit, und zwar von ihrer Apriorität nicht im Sinne von Begriffen, die die Kategorien sind, also nicht im Sinn von Formen des Denkens; sondern von Formen der Sinnlichkeit, von reinen Formen der Anschauung, durch die wir alles, was uns unmittelbar gegeben ist, notwendig aufnehmen, ohne daß dabei das Moment der Aktivität, das Moment der Spontaneität, mit anderen Worten: das Moment des Denkens bereits involviert wäre. Es sind Formen in dem eigentlichen Sinn des Wortes, der nicht eine Tätigkeit von Seiten des Subjekts involviert, sondern wirklich so leere Formen, in welche die Affektionen – also mit anderen Worten: die Empfindungen, die ja bei Kant als kausiert durch die Dinge an sich gedacht werden – gewissermaßen hineinfallen. Und es wird von diesen Anschauungsformen besonders gesagt, daß sie subjektiver Natur seien, daß sie also nicht Eigenschaften der Dinge an sich, sondern daß sie Formen unserer Erkenntnis seien; daß sie auch nicht etwa den einzelnen Anschauungen inhärierten, sondern daß es die konstitutiven Bedingungen dafür sind, daß es so etwas wie Anschauung überhaupt gibt. Diese Theorie von Kant, die in ihren Grundzügen ja jedem Menschen, der mit der »Kritik der reinen Vernunft« sich beschäftigt, bekannt ist und auf deren Grundthese ich jetzt gar nicht referierend eingehen will, die gliedert sich im wesentlichen nun in vier Behauptungen oder in vier Kernargumentationen. Und mit diesen Kernargumentationen oder Thesen möchte ich mich nun etwas näher beschäftigen.

Zunächst wird gesagt, es seien Raum und Zeit keine abgezogenen empirischen Begriffe.[282] Sie müssen dabei an das sich erinnern, was ich Ihnen in den letzten Stunden dargelegt habe: daß nämlich eine Art Nötigung, eine Art Zwang vorliegt bei Kant, die konstitutiven Bedingungen, die er herausschälen will in der transzendentalen Analyse, rein zu halten gewissermaßen von allem bloß Empirischen, weil sie ja sonst das voraussetzen würden, wofür sie ihrerseits erst die Voraussetzung ausmachen sollen. Nun ist aber mit diesem Punkt, also mit der Behauptung, daß Raum und Zeit keine empirischen – das heißt: keine von irgendwelchen konkreten Anschauungen abgezogenen – Begriffe seien, in der Tat ein sehr ernstes Problem aufgeworfen. Denn es kann zunächst einmal gar kein Zweifel daran sein, daß unsere Vorstellung von Raum und Zeit – ich füge nur hinzu, daß Raum von Kant gefaßt wird als Form des äußeren und Zeit als Form des inneren Sinnes; wobei diese Bestimmungen selber aber eigentlich gar nicht recht begriffliche, sondern nur anschauliche Bestimmungen sind, denn nur, wenn man bereits weiß, was eigentlich räumlich ist, kann man sich etwas darunter vorstellen, daß etwas ›äußerlich‹, nämlich im Raum verteilt, und ›innerlich‹, nämlich nicht im Raum angesiedelt sei; insofern sind also das auch Bestimmungen, die einfach daran scheitern, daß es sich hier um Wesenheiten oder um Momente der Erkenntnis handelt, hinter die sich nicht zurückgreifen läßt und die sich infolgedessen nicht in etwas anderem ausdrükken lassen als in dem, was sie selber sind (dies nur, um Ihnen die wesentlichen Unterscheidungen, die Kant an dieser Stelle macht,[283] nicht schuldig zu bleiben) –, es kann nicht geleugnet werden, sage ich, daß die Raum- und Zeitvorstellungen sich zunächst einmal empirisch bilden; daß sie also nicht ohne weiteres, wie Kant es in der ›Transzendentalen Ästhetik‹ zu unterstellen scheint, schlechterdings gegeben sind. Das kleine Kind (entwicklungsgeschichtlich gesprochen, ontogenetisch gesprochen) verfügt noch nicht über die Vorstellung des Raumes oder der Zeit, sondern es verfügt nur über ein bestimmtes Dies hier, über ein Wahrnehmungsfeld, auch über ein zeitliches Wahrnehmungsfeld, und gelangt erst allmählich, durch Abstraktion und durch eine bestimmte Art des Weitergehens, des Transzendierens dieser bloßen unmittelbaren Gegebenheiten zu so etwas wie den Vorstellungen von Raum schlechthin und Zeit schlechthin. Man hat – ich glaube, ich wies darauf schon gelegentlich einmal hin[284] – das, was für die Ontogenese ja wohl jedem Menschen vertraut ist, der Gelegenheit gehabt hat, Kinder zu beobachten, in der Erkenntnissoziologie dann auch phylogenetisch verstanden, indem man in der Durkheim-Schule nachgewiesen hat, daß die Raumvorstellungen und Zeitvorstellungen selber sich eigentlich erst bilden mit der Entwicklung bestimmter Eigentumsverhältnisse; das heißt, daß die ursprünglichen, bei wilden Völkerschaften vorliegenden Bezeichnungen für Raumverhältnisse sich eigentlich immer auf die Abgrenzungen von festem, bereits voneinander durch mehr oder minder juridische Titel getrenntem Eigentum an Grund und Boden beziehen; und ähnlich, daß die Zeitvorstellungen gebildet sind an dem realen Modell des Verhältnisses der Generationen zueinander. Aber auf der anderen Seite ist dem hinzuzufügen, daß ihrem eigenen Sinn nach – ganz gleich, wie es mit der Genese bestellt sein mag – alle diese Ausdrücke eigentlich bereits Raum und Zeit objektiv jedenfalls voraussetzen. Wenn ich sage: dieser Raum oder dieses Feld hier, das an mein Feld angrenzt, – so setzt das in Wirklichkeit bereits voraus, daß ich mich in einem Kontinuum bewege, auf das diese Begriffe überhaupt angewandt werden können; es setzt gleichsam ihre Komparabilität in dem Kontinuum Raum voraus. Und wenn ich etwas Ähnliches tue für aneinander angrenzende Zeitstellen oder Zeitabschnitte – denn ›reine‹ Zeitstellen gibt es ja im Kontinuum des Erlebnisses überhaupt nicht –, dann liegt dabei eben doch auch etwas ganz Ähnliches vor. Mit anderen Worten also: Sie können hier gewissermaßen in nuce, wie unter einem Reagenzglas, das Problem von Genesis und Geltung, das Problem des Verhältnisses von Genesis und Geltung studieren, die ja nun einmal nicht miteinander zusammenfallen, die nicht auf eine gemeinsame Formel zu bringen sind.[285] Es ist so, daß dem subjektiven Bewußtsein, der Reflexion, der Benennung nach so etwas wie Raum schlechthin oder Zeit schlechthin ein Späteres, daß sie ein Entsprungenes, ein genetisch also *nicht* etwa Vorgegebenes sind. Es ist aber zugleich so, daß – soweit man von der Reflexion darauf absieht und lediglich auf den objektiven Gehalt einer jeden Aussage über Raum und Zeit sich beschränkt – eine jede solche Aussage, auch wenn sie sich auf scheinbar bloß unmittelbare partikulare Gegebenheiten bezieht, darin, daß sie so etwas sagt wie: dieses Stück Raum hier neben meinem oder dieses Feld hier neben meinem Feld, bereits voraussetzt, daß es so etwas wie Raum oder (in diesem

Fall) wie Ebene, wie Fläche gibt, worin so etwas wie zwei Felder unterschieden werden können. Mit anderen Worten also: die Reflexion auf die Raum- und Zeitvorstellungen, wenn Sie wollen: ihre Objektivation, ist etwas, was von ihrer objektiven Vorausgesetztheit in jeder Erkenntnis zunächst einmal sich zu unterscheiden scheint, denn nur wenn man schon weiß, was Raum oder was Zeit ist, sind die einzelnen, partikularen räumlichen und zeitlichen Ausdrücke überhaupt verständlich. Ich weiß gar nicht, was Raum ist, ohne die Erfahrung von bestimmtem, das heißt von endlichem Raum; und ich weiß auch gar nicht, was Zeit ist, ohne die Erfahrung von bestimmter und endlicher Zeit. Aber auf der anderen Seite weiß ich auch nicht von bestimmtem Raum und von bestimmter Zeit, wenn ich diese nicht als auf ein Vergleichbares beziehe auf jenes Allgemeinere der obersten sinnlichen Formen, wie Kant herausgearbeitet hat. Was daraus folgt, ist eben doch wieder das Moment, das ich eigentlich im Verlauf dieser Vorlesung als das entscheidende der Erkenntnistheorie Ihnen herausgearbeitet habe: nämlich das der Reziprozität der Erkenntniskategorien oder Erkenntnisformen zueinander. Mit anderen Worten also: Kant hat sicher die großartige Entdeckung gemacht (die ungeschmälert bleiben muß), daß der Sinn der partikularen Räume und der Sinn der partikularen Zeiten objektiv so etwas wie die Vorstellung eines unendlichen Raums und einer unendlichen Zeit in sich einschließt. Er hat aber dabei wieder vernachlässigt die andere Seite dieser Reziprozität, nämlich ihre Abhängigkeit von dem Bestimmten und Besonderen, ohne das sie nicht da ist. Das heißt: er hat wieder versucht, das Ganze nach dem einen Pol hin, nach dem subjektiven Pol hin aufzulösen, – während eben das Bedenkliche gerade diese Auflösung ist; und während man auch eine zureichende Theorie von Raum und Zeit nur durch die konkrete Beziehung zwischen Räumlichem und Zeitlichem auf der einen Seite und den Formen Raum und Zeit auf der anderen Seite überhaupt angeben kann.

Die nächste dieser Thesen – die mit dieser sehr verwandt

ist, die nur gewissermaßen die gleiche Kantische These von der nicht empirischen oder nicht von Empirischem abgezogenen Natur von Raum und Zeit anders wendet – ist nun die positive Formulierung, die dem Sinn nach mit jener aufs nächste sich berührt: daß nämlich Raum und Zeit notwendige, apriorische Vorstellungen sind.[286] Darauf ist zunächst die Betrachtung anzuwenden, zu übertragen, die ich zu dem ersten Punkt Ihnen bereits vorgetragen habe, aber sie ist durch ein wesentliches Moment zu ergänzen: nämlich dadurch, daß wir, wenn wir tatsächlich von Vorstellung reden, wenn wir also von Raum und Zeit als einem in unserem Bewußtsein in irgendeiner Weise Existenten reden, was nicht jenseits unseres Bewußtseins in irgendeiner Weise positiv angesetzt werden kann, daß wir dann ja verpflichtet sind, dem nachzugehen, ob es eine solche ›reine Anschauung‹ (wie Kant es auch nennt) von Raum und Zeit überhaupt gibt. Eine solche Anschauung scheint es aber, soweit ich mich dessen jedenfalls vergegenwärtigen konnte, nicht zu geben. Sie können – wenn Sie nichts Besseres zu tun haben oder wenn Sie in der ersten Feriennacht, die Ihnen bevorsteht, infolge nachträglicher Überanstrengung nicht schlafen können – sich damit beschäftigen, einmal den Versuch zu machen, sich einen reinen Raum oder eine reine Zeit, ohne irgend etwas empirisch Bestimmtes darin, vorzustellen. Und Sie werden dann die sehr merkwürdige Beobachtung machen, daß die Vorstellung eines solchen absoluten Raumes, ohne daß Sie dabei ein Substrat mitdenken oder ohne daß Sie irgend etwas sich vorstellen, woran er überhaupt als Raum vorgestellt werden kann, – daß Sie das nicht vermögen. Und daß Sie ebenso, wenn Sie nicht irgend etwas sich mitvorstellen, was Zeit *hat* oder was in der Zeit liegt, was in der Zeit sich abspielt, was in der Zeit geschieht, – also ohne irgendeinen Messer der Zeit, möchte ich einmal sagen, auch Zeit sich gar nicht vorstellen können. Sondern daß in dem Sinn dieser allerallgemeinsten Vorstellungen von Raum und Zeit selbst die Beziehung auf das liegt, was man in der modernen Logik mit einem Referenten zu bezeichnen pflegt: also der Hinweis auf etwas, worauf sie sich beziehen. Und daß, wenn man sich gar kein Substrat, schlechterdings kein Substrat vorstellt, an dem Zeit abgelesen werden kann; schlechterdings kein Substrat, auf das der Raum (wenn auch als Grenze oder in irgendeiner Weise) bezogen ist, – daß das, was übrigbleibt, dann nicht etwa bloß ein abstrakter und leerer Raum oder eine abstrakte und leere Zeit ist, sondern schlechterdings das Nichts: Sie können ohne diese Beziehung auf ein solches Etwas sich dann einfach gar nichts vorstellen. Und dieses Nichts nun bloß mit einem leeren Raum oder einer leeren Zeit zu verwechseln, scheint mir eben wirklich eine sehr verhängnisvolle Konsequenz zu haben, scheint mir wirklich ein Denkfehler zu sein. Sie würden zum Beispiel, wenn Sie einen solchen Gedanken an irgendein Substrat, woran Raum oder woran Zeit abgelesen werden kann, von sich weisen, bereits Raum und Zeit gar nicht mehr voneinander unterscheiden können, beides liefe auf dasselbe hinaus. Aber es gäbe überhaupt keine spezifische Differenz, keine Bestimmung mehr, durch die Sie sich zueignen könnten, was Raum und Zeit nun eigentlich überhaupt ist. Und dadurch wird also der Satz von der notwendigen, apriorischen Vorstellung von Raum und Zeit, die wir uns als ein Unendliches eben vorstellen würden, hinfällig. Sie sind eben nicht nur die Bedingung aller Anschauungen, sondern sie sind ebenso, kann man streng sagen, von Anschauung bedingt insofern, als sie sich nur vorstellen lassen soweit, wie tatsächliche Anschauungen in ihnen gegeben sind. Also dieses Verhältnis von Form und Inhalt ist nicht das einer leeren Form zu einem in sie einströmenden Inhalt, wie es bei Kant immerhin denn doch erscheint, sondern es ist eine Reziprozität auch hier: es gibt diese Form überhaupt nur ihrem eigenen Sinn nach soweit, wie sie einen Inhalt hat, weil sie Form nur als Form eines Inhalts ist, – so wie auf der anderen Seite, wie es Kant ganz richtig gesehen hat, es einen Inhalt nur geben kann, soweit es diese Formen eben tatsächlich gibt.

Das dritte der Argumente, um die es sich hier nun vor allem handelt: bei Kant ist die Unterscheidung von Raum und Zeit nicht die von Begriffen.[287] Ich glaube, daß es sich hier um eine der allergenialsten Leistungen der »Kritik der reinen Vernunft« handelt; und wenn Schopenhauer die ›Transzendentale Ästhetik‹ überhaupt für den bedeutendsten Teil der »Kritik der reinen Vernunft« gehalten hat,[288] so kann er sich, so möchte ich denken, wesentlich eigentlich nur auf diesen Teil der Argumentation beziehen. Denn es liegt ja nahe zu sagen: nun ja, – also wenn Raum und Zeit keinerlei bestimmten Inhalt haben, sondern von einer solchen äußersten formalen Allgemeinheit sind, dann sind es ja tatsächlich Begriffe, so wie die anderen Begriffe auch. Wenn es nun eine Rechtfertigung dafür gibt, daß Kant eben doch Sinnlichkeit und Verstand, Rezeptivität und Spontaneität voneinander unterschieden, voneinander getrennt hat, dann liegt diese Rechtfertigung in dem wirklich äußerst stringenten Nachweis, den er geführt hat, daß Raum und Zeit nicht begrifflicher Art sind. Damit verhält es sich nun so. Jeder Begriff steht gegenüber den unter ihm befaßten Einzeldingen oder Einzelmomenten oder ›Einzeletwas'en‹ – items würde man auf englisch sagen; das Deutsche hat hier keinen so glücklichen Ausdruck wie das Englische – in dem Verhältnis des Allgemeineren zu dem Besonderen, im Verhältnis der Abstraktion. Wenn Sie also etwa den Begriff des Buches bilden, dann lassen Sie die besondere Beschaffenheit der einzelnen Bücher weg; Sie interessieren sich nicht dafür, ob dieses Buch grün eingebunden ist und ein anderes Buch rot; und Sie interessieren sich auch nicht dafür, ob in dem einen Buch etwa die »Kritik der reinen Vernunft« enthalten ist und in dem anderen Buch ein Roman von Ganghofer, – das bleibt in diesem Augenblick vollkommen außer Betracht. Sondern Sie nehmen nur den bildenden Begriff von einem Etwas, das besteht aus einer größeren Anzahl gedruckter Seiten, die fest eingebunden sind und von denen Sie annehmen, daß diese gedruckten Seiten in der Regel irgendeinen Sinn geben, obwohl auch das nicht absolut notwendig ist. Und auf diese Weise kommen Sie dann, als der Allgemeinheit, die all diese Dinge unter sich befaßt, eben zu dem Begriff des Buches. Kant hat erkannt – ich glaube, wirklich als erster –, daß das mit Raum und Zeit vollkommen anders ist; das heißt, daß dieser Raum nicht etwa zu den Einzelräumen sich verhält wie ein abstrakter Begriff zu den darunter befaßten Einzelheiten. Sie nehmen nicht soundso viel Räume – man spricht ja heute in Deutschland, infolge des Krieges und der ›Wehrkultur‹, immer noch so viel von dem ›Raum Hessen‹ (in dem in den Heiratsannoncen eine künftige Frau gesucht wird) oder von dem ›Raum Nordrhein-Westfalen‹ oder wie immer das heißt; man bildet den Raum nicht dadurch, daß man sagt: der Raum Hessen und der Raum Nordrhein-Westfalen und der Raum Schleswig-Holstein, die haben alle miteinander etwas gemeinsam: nämlich daß sie halt ›Raum‹ sind; und dieses Allerallgemeinste, das sie miteinander gemeinsam haben, das bildet den Begriff des Raumes. Sondern Sie bilden die allgemeine Vorstellung des Raumes, der aus eben diesem Grund eben eine Vorstellung, eine reine Anschauung und kein Begriff ist, auf die Weise, daß Sie diese sämtlichen Räume addieren, daß Sie sie zusammenfügen. Da beißt keine Maus einen Faden ab: es handelt sich dabei wirklich um ein solches summatives Verhältnis. Wenn Sie sich also den Raum der Bundesrepublik vorstellen, dann müssen Sie nicht etwa den abstrakten Begriff Raum abziehen, der von den sämtlichen Ländern der Bundesrepublik als deren Oberbegriff übrigbleibt; sondern Sie müssen auf der Karte schön säuberlich Hessen, Nordrhein-Westfalen, Rheinland-Pfalz, Bayern usw. aneinanderfügen, und dann kommt der Raum Bundesrepublik heraus. Und auf diese Weise können Sie dann schließlich zum gesamteuropäischen Raum kommen. Und wenn Sie immer so weitermachen und eine Dimension weitergehen, können Sie dann schließlich auch zu dem kosmischen Raum mit einigen Kühnheiten gelangen; das ist gar nicht so schwer, da uns ja der kosmische Raum bekanntlich heute gar nicht mehr imponiert. Sie sehen, daß dieses Verhältnis, in dem Sie zu dem

Raum überhaupt gegenüber den darunter befaßten Einzelräumen kommen, ein seiner Struktur nach völlig anders Geartetes ist wie das Verhältnis eines Begriffs zu den unter ihm enthaltenen einzelnen Dingen, Momenten oder was immer sonst es sein mag. Und genau dasselbe gilt selbstverständlich auch für die Zeit, die als ein Kontinuum eben die Summe aller einzelnen Zeit – und nicht etwa die begriffliche Einheit aller einzelnen Zeiten – darstellt. Ich glaube, daß gegen diese Argumentation von Kant gar nichts zu sagen ist und daß er auf diese Weise wirklich sehr stringent die nicht begriffliche Natur der beiden Anschauungsformen Raum und Zeit dargetan hat. – Kant gebraucht nun aber von ihnen im allgemeinen nicht den Ausdruck Anschauungen sondern *Anschauungsformen,* und gelegentlich alterniert er mit dem Ausdruck *reine Anschauung*. Sie sollen keine Anschauung im eigentlichen Sinn sein, in dem besonderen Sinn der erfüllten, konkreten, sinnlichen Anschauung, denn sonst wären sie ja ein jeweils Gegebenes, das wechseln könnte, sie wären etwas Empirisches; sondern sie sollen deren Form sein. Der Ausdruck Form alterniert mit dem Ausdruck reine Anschauung. Und das ist kein Zufall. Denn Kant hat ja, wie ich Ihnen eben gesagt habe, nachgewiesen, daß Raum und Zeit eben keine Begriffe sind; das heißt also, daß ein partikularer Raum und eine partikulare Zeit zu Raum und Zeit nicht im Verhältnis eines Besonderen zu einem Allgemeinen stehen. Raum und Zeit sind nicht allgemeiner als Räume und Zeiten, sind nicht abstrakter, sondern diese sind deren Teile. Insofern handelt es sich also nicht um ein Begriffliches. Nun überlegen Sie sich aber, auf was für eine seltsame Konsequenz wir dann kommen: auf die nämlich, daß Raum und Zeit weder Begriffe sind, also weder ein rein Geistiges, das von den konkreten Einzelheiten abgezogen ist, noch auf der anderen Seite Anschauung, denn sonst wären sie etwas Empirisches. Da erhebt sich aber wieder die Frage, die wir in unserer Behandlung der aporetischen Begriffe aufgeworfen haben: wenn sie weder Begriffe noch Anschauungen sind, was sind sie dann eigentlich? Denn eine ›reine‹ Anschauung – wenn damit eine Anschauung gemeint ist, die nicht gegeben, die also nicht ihrerseits empirisch sein soll und damit der Kritik des Empirischen unterliegt –, die hat in der Tat eigentlich keine Korrespondenz. Eine reine Anschauung, die weder etwas Begriffliches ist (denn das ist ja nach der Argumentation ausgeschlossen, die Sie gehört haben) noch etwas selber Anschauliches im konkreten Sinn (und das soll sie ja wieder nicht sein, weil sie eine reine, vom Empirischen ausgeschlossene Anschauung sein soll), – die ist selber, obwohl es sich hier um die Sphäre des Nichtbegrifflichen handelt, wieder eine *spekulative Konstruktion,* der gegenüber irgendwelche besonderen Korrelate fehlen; der also irgendein Etwas, woran sie überhaupt identifiziert oder bestimmt werden könnte, eigentlich abgeht.

Das läßt sich vielleicht am ehesten verdeutlichen an der vierten These der ›Transzendentalen Ästhetik‹, über die ich Ihnen nun noch einiges sagen will, – nämlich an der These, daß Raum und Zeit unendlich gegeben seien.[289] Es ist höchst merkwürdig, daß Kant, der ja in der ›Transzendentalen Dialektik‹ den Begriff einer unendlichen Gegebenheit gerade in seiner Unmöglichkeit charakterisiert hat,[290] diese unendliche Gegebenheit für die Anschauungsformen postuliert hat, ohne daß er gesehen hat, daß die Kritik der Antinomien auch dafür gilt. Wenn er sich dem entziehen wollte, daß der Antinomienlehre zufolge die Antinomien nur dadurch zustande kommen, daß Gedanken, Begriffliches über die Möglichkeit der Erfahrung hinaus ausschweifen, so würde er uns wahrscheinlich, wenn er unter uns zugegen wäre, antworten, daß es bei Nichtgedanklichem wie Raum und Zeit sich dagegen nicht um etwas derartiges sondern um reine Anschauungen handelte. Das ist aber nicht stringent, denn er hat ja auf der einen Seite die anschauliche Erfüllung – also das, wodurch sie nun tatsächlich als ein positiv Gegebenes sich ausweisen würden – von Raum und Zeit an dieser Stelle gerade ausgeschlossen. Machen Sie aber nun den Versuch, selbst in einer reinen

Imagination, in reiner Phantasievariation (wie Husserl das genannt haben würde) einen unendlichen Raum sich vorzustellen, so werden Sie ebenso in Schwierigkeiten geraten, wie wenn Sie versuchen, sich den Raum als einen endlichen Raum vorzustellen. Das heißt: bereits in Ihrer Vorstellung, ganz unabhängig von dem Denken, führen beide Begriffe zu Schwierigkeiten. Sie führen – wenn Sie an das Prinzip der Kompossibilität denken, das ich Ihnen in der letzten Stunde als ein Leibnizsches Erbe in der Kantischen Philosophie genannt hatte – auf Ungereimtheiten, auf Unstimmigkeiten. Sie können sich etwas Unendliches nicht vorstellen, weil alle Vorstellung – insofern sie überhaupt das Moment des Sinnlichen haben soll, insofern sie also nicht ihrerseits wirklich ein Intellektuales ist – das Moment der Begrenztheit notwendig in sich einschließt. Machen Sie einmal wirklich den Versuch, einen schlechterdings unendlichen Raum sich vorzustellen, dann kommen Sie bestenfalls zu der Vorstellung einer arg, arg, arg großen Kugel oder von irgend etwas Ähnlichem; aber diesen Raum in seiner Unendlichkeit sich vorzustellen, das werden Sie als Vorstellung nicht vermögen. Sondern Sie werden höchstens dann die Vorstellung von etwas Diffusem haben, also von etwas, wovon Sie die Grenze sich nicht vorstellen können; aber dieses Diffuse als ein positiv Unendliches sich *vorzustellen* (und nicht etwa sich zu *denken*), das Kunststück werden Sie, so will es mich bedünken, so wenig fertig bringen wahrscheinlich wie ich, der ich mich darum redlich bemüht habe. Auf der anderen Seite aber können Sie natürlich sich den Raum als einen endlichen Raum und ebenso die Zeit als eine endliche Zeit vorstellen, aber davon werden Sie auch nicht glücklich. Denn es ist klar, daß, ganz gleich *wie* groß Sie diesen Raum und diese Zeit sich vorstellen mögen, Sie dann sich immer *noch* einen Raum und *noch* eine Zeit, außerhalb des von Ihnen Vorgestellten, ebenfalls vorzustellen vermögen. Sie können noch über die größte Vorstellung, die Sie haben, dann wieder hinausgehen, – so daß also damit die Vorstellung des Raumes oder der Zeit in ihrer

Totalität als einer endlichen Vorstellung ebenso auf Ungereimtheiten führt, wie die Vorstellung eines Unendlichen von uns schlechterdings nicht vollzogen werden kann. Etwas Unendliches kann man sich nicht vorstellen; und alle Vorstellung ist begrenzt. Etwas Endliches aber duldet jederzeit seine Überschreitung durch die Vorstellung. Und damit ist wohl die These von der unendlichen Gegebenheit von Raum und Zeit, wie Kant sie uns vorbringt, tatsächlich nicht zu halten, sondern ist in der Tat eine Art von Konstruktion. – Im übrigen dürfte hier einer der ernstesten Punkte sein, an dem nun in der Tat von den positiven Wissenschaften die Kantische Philosophie in Mitleidenschaft gezogen worden ist: insofern als ja die Kantische Lehre von der Unendlichkeit des Raumes selbst durch die Relativitätstheorie offensichtlich überholt ist und nicht mehr sich halten läßt; während andererseits unsere Vorstellung, also die bloße Beschaffenheit unseres Geistes, auf die Kant immer wieder reflektiert, sich weigert, einen solchen endlichen Raum anzunehmen; sondern in unserer Vorstellung bleibt die Antinomie, die ich Ihnen eben entwickelt habe, gleichwohl bestehen. Wie es denn überhaupt – wenn ich das heute, in dieser letzten Stunde, sagen darf – so den Anschein hat, als ob die Entdeckungen, welche die Naturwissenschaft ungefähr während der letzten 60 Jahre gemacht hat und die ja im wesentlichen und entscheidenden eben doch bezeichnet sind durch die Relativitätstheorie und durch die Quantentheorie, wesentlich damit zusammenhängen – bis zu einem gewissen Grad ist das übrigens auch die Konsequenz der Atomtheorie –, daß es dem Gedanken gelungen ist, durch seine Konsequenz und durch die Beziehung seiner Konsequenz auf mögliche Beobachtungen gewissermaßen ein kleines Guckloch zu finden, durch das wir aus dem Gefängnis herausschauen können, das uns durch unsere anthropologische intellektuelle Konstitution auferlegt wird, – wodurch die Vorstellung von Kant, daß eben das, was wir wissen können, schlechterdings und ausschließlich durch die Beschaffenheit unserer eigenen intellektiven Veranlagung bestimmt sei, nun in der Tat als erledigt, als widerlegt betrachtet werden kann.[291] Aber ich möchte nur diese Perspektive heute andeuten, da ja das Problem der ›Transzendentalen Ästhetik‹ gerade in der naturphilosophischen Diskussion der letzten Jahrzehnte – ich erinnere nur an die Kontroverse zwischen Born und Ernst Cassirer[292] – eine außerordentlich große Rolle gespielt hat.

Man kann also das Ergebnis dessen, was ich Ihnen heute gesagt habe, so formulieren, daß zwar Kant sicher Recht hat, daß von Räumlichem und Zeitlichem ohne Raum und Zeit zu reden sinnlos sei; daß das aber ergänzt werden muß dadurch, daß Raum und Zeit ihrerseits ohne ein Räumliches und ein Zeitliches sinnlos sind, – daß also, mit anderen Worten, auch hier eine Art Reziprozität herrscht zwischen der Form und der Materie der Erkenntnis; oder, um es anders zu wenden, daß, wenn die reinen Formen der Anschauung einem möglichen Inhalt absolut unvermittelt gegenübergesetzt werden, dabei notwendig und unausweichlich bestimmte Widersprüche resultieren.[293]

Ich möchte aber nun doch schließen, indem ich Sie auf etwas hinweise, was Ihnen vielleicht sehr subtil und was Ihnen vielleicht sogar etwas spitzfindig erscheint, was mir aber doch ein Problem zu umschließen scheint, das in der Anordnung der »Kritik der reinen Vernunft« sich ausprägt, – und das im übrigen in der »Logik« von Hegel an der Stelle, wo er sich mit der Dialektik von Form und Materie befaßt,[294] auch wiederkommt. Wenn nämlich Kant die ›Transzendentale Ästhetik‹ als eine Art von Grundschicht der Erkenntnis der ›Transzendentalen Logik‹ vorausgehen läßt – und ich habe Ihnen ja gesagt, daß diese starre Trennung mir unhaltbar erscheint, daß die ›Transzendentale Ästhetik‹ eine Funktion der ›Transzendentalen Logik‹ ist; und ich hoffe, in dieser Stunde Ihnen in einer immanenten Kritik auch den Nachweis erbracht zu haben, daß das wirklich der Fall ist –, dann hat trotzdem etwas Kant dabei geleitet, womit wir es uns nicht zu einfach machen sollen. Und ich nehme damit ein letztes Mal das zweite Hauptmotiv auf, das ich versucht habe, in dieser Vorlesung durchzuführen: daß nämlich der Kantische Dualismus oder der Kantische *χωρισμός*, also die Antithese von Form und Inhalt, zwar vermittelt werden muß, aber daß er nicht einfach weggeschafft, nicht einfach liquidiert werden kann; sondern daß es auch einem dialektischen Denken, dessen Elemente ich Ihnen an Kant entwickelt habe, geziemt, diese Unterscheidung zugleich auch festzuhalten, indem sie kritisiert wird. Wenn Sie in der Tat von universaler Vermittlung reden; wenn Sie also in dem Fall, von dem wir heute gesprochen haben, sagen müssen, daß die reinen Formen Raum und Zeit ebenso durch Inhalt vermittelt sind, wie alles Räumliche und Zeitliche vermittelt ist durch die Formen von Raum und Zeit, in die es eingeht, so ist dabei doch immer das Moment einer *Unmittelbarkeit* selber auch noch impliziert. Ich glaube, das Äußerste, was die Dialektik an ihrer erkenntnistheoretischen Begründung Ihnen und uns zumutet, ist das: daß gerade, wenn Sie die Begriffe der Unmittelbarkeit und der Mittelbarkeit als nichts Absolutes, als nichts Endgültiges, sondern als ein selbst wieder durcheinander wechselfältig Vermitteltes begreifen, – daß Sie dann auch daran festhalten müssen, daß es zu der Idee einer universalen Vermitteltheit gehört, daß es immer auch etwas wie Unmittelbarkeit gibt. Sie können überhaupt nur insoweit – und das müssen Sie mitdenken, wenn Sie den Gedanken der universalen Vermittlung nicht wirklich mißverstehen und zu einer flachen Funktionalisierung verderben wollen –, Sie können sich überhaupt Vermitteltheit nur vorstellen in Relation auf ein Vermitteltes; ganz ähnlich übrigens, wie ich Ihnen eben gesagt habe, daß Sie sich die Vorstellungen eines unendlichen Raumes und einer unendlichen Zeit von allem Empirischen frei doch überhaupt nur vorstellen können vermittelt durch etwas hindurch, was räumlich und was zeitlich ist. Es gibt also, trotz der universalen Vermitteltheit, doch irgend so etwas wie innerhalb dieser Vermitteltheit – ja, ich möchte beinahe sagen: einen Unterschied der Gewichte. Es ist etwas anderes zu sagen, daß die Formen vermittelt sind durch die Inhalte, auf die sie sich beziehen, als zu sagen, daß die Inhalte vermittelt sind durch die Formen, auf die sie sich beziehen. Die Formen, in der Tat, sind *wesentlich* durch Inhalte vermittelt und können ohne Inhalte überhaupt nicht gedacht werden. In den Inhalten aber steckt immer auch etwas drin wie der Hinweis auf das, was in Form nicht ganz aufgeht, was in Form eigentlich nicht ganz sich erschöpft. Und wenn Kant, in dieser etwas eigensinnigen Weise, nun die Schicht der ›Transzendentalen Ästhetik‹ als eine Art von Grundschicht der intellektiven Schicht entgegengesetzt hat: als das, was schlechterdings zu respektieren, hinzunehmen sei, gegenüber dem, worin unsere Freiheit und unsere Tätigkeit beruht, – dann hat er darin, wenn Sie so wollen, latent ein *materialistisches Motiv* ausgedrückt: nämlich eben das, daß die Vermitteltheit des Unmittelbaren doch in gewisser Weise etwas anderes, nicht dasselbe ist wie die Vermitteltheit der Formen durch die Unmittelbarkeit selber ihrerseits; wie die Vermitteltheit des Vermittelten[295]. Dieses Moment also ist nun wohl im Tiefsten identisch mit dem Moment der Schwelle, dem Moment des Blocks, von dem ich Ihnen so oft gesprochen habe, daß es hier einen Vorrang gegenüber der Form gibt, der eigentlich gar nichts anderes besagt, als daß unsere Erkenntnis eben doch sich nicht in ihrer reinen Vermittlung, in ihrem reinen Formsein erschöpft, sondern daß sie gebunden bleibt an etwas, worauf sie sich bezieht. Und die »Kritik der reinen Vernunft« ist – wenn ich das zum Schluß sagen darf – eigentlich der erste Versuch größten Stils, dieses Moment eines nicht weiter Reduktiblen, dieses Moment also von einem Seienden, das nicht rein in Form aufgelöst werden kann, mit dem Gedanken der universalen Vermittlung durch die Form eben doch zusammenzubringen. Und damit stellt die »Kritik der reinen Vernunft« in der neueren Zeit den ersten großen Versuch dar – oder vielleicht auch den letzten und einen zum Scheitern verurteilten –, das, was im bloßen Begriff sich nicht bewältigen läßt, durch den bloßen Begriff *doch* zu bewältigen, indem durch den Begriff selbst ausgedrückt wird: daß, indem er die Identität herstellt, er gleichzeitig die *Nichtidentität* anerkennen muß.[296]

Anmerkungen des Herausgebers

Abkürzungen

Adornos Schriften werden nach der Ausgabe der *Gesammelten Schriften* (hrsg. von Rolf Tiedemann unter Mitwirkung von Gretel Adorno, Susan Buck-Morss und Klaus Schultz; Frankfurt a. M. 1970 ff.) zitiert, soweit sie dort vorliegen. Dabei gelten die Abkürzungen:

GS 1: Philosophische Frühschriften. 2. Aufl., 1990
GS 2: Kierkegaard. Konstruktion des Ästhetischen. 2. Aufl., 1990
GS 3: *Max Horkheimer und Theodor W. Adorno,* Dialektik der Aufklärung. Philosophische Fragmente. 2. Aufl., 1984
GS 5: Zur Metakritik der Erkenntnistheorie/Drei Studien zu Hegel. 3. Aufl., 1990
GS 6: Negative Dialektik/Jargon der Eigentlichkeit. 4. Aufl., 1990
GS 8: Soziologische Schriften I. 3. Aufl., 1990
GS 9·2: Soziologische Schriften II, Zweite Hälfte. 1975
GS 10·1: Kulturkritik und Gesellschaft I: *Prismen/Ohne Leitbild.* 1977
GS 10·2: Kulturkritik und Gesellschaft II: *Eingriffe/Stichworte/Anhang.* 1977
GS 11: Noten zur Literatur. 3. Aufl., 1990
GS 12: Philosophie der neuen Musik. 2. Aufl., 1990
GS 20·1: Vermischte Schriften I. 1986

Zitate aus den Werken Kants folgen der Ausgabe:

Immanuel Kant, Werke in sechs Bänden. Herausgegeben von Wilhelm Weischedel. Wissenschaftliche Buchgesellschaft, Darmstadt 1956–1964.

Die Ausgabe ist seitenidentisch sowohl mit der gleichzeitig im Insel Verlag, Frankfurt a. M., erschienenen wie auch mit der zwölfbändigen ›Theorie-Werkausgabe‹, die 1968 im Suhrkamp Verlag, Frankfurt a. M., herauskam. Die Sigle »W« steht bei den Ausgaben der Wissenschaftlichen Buchgesellschaft und des Insel Verlags für den zweiten Band, bei der ›Theorie-Werkausgabe‹ für die Bände III und IV; in den genannten Bänden ist jeweils die »Kritik der reinen Vernunft« enthalten.

1. Vergleiche der heliozentrischen Reform des Kopernikus mit den verschiedensten Umwälzungen im Bereich des Überbaus sind, vor wie nach Kant, immer wieder gezogen worden. Kant selber sah seine »Revolution der Denkungsart« als ›Analogie‹ der Kopernikanischen Wende: »Man versuche es [...], ob wir nicht in den Aufgaben der Metaphysik damit besser fortkommen, daß wir annehmen, die Gegenstände müssen sich nach unserem Erkenntnis richten [...]. Es ist hiemit eben so, als mit den ersten Gedanken des *Kopernikus* bewandt, der, nachdem es mit der Erklärung der Himmelsbewegungen nicht gut fort wollte, wenn er annahm, das ganze Sternheer drehe sich um den Zuschauer, versuchte, ob es nicht besser gelingen möchte, wenn er den Zuschauer sich drehen, und dagegen die Sterne in Ruhe ließ.« Für die von Kant »veränderte Methode der Denkungsart« bedeutet das, »daß wir [...] von den Dingen nur das a priori erkennen, was wir selbst in sie legen«. (Kant, Kritik der reinen Vernunft, B XVI, XVIII) Walter Benjamin – mit dessen Denken das Adornosche sich solidarisch wußte – schrieb von einer »kopernikanischen Wendung in der geschichtlichen Anschauung«, nach welcher, analog zu Kants erkenntniskritischer Begründung von Objektivität in der Tiefe des Subjekts, die wahre Einsicht ins Vergangene einzig einem in der Aktualität fundierten Eingedenken vorbehalten sei (vgl. Walter Benjamin, Gesammelte Schriften, unter Mitw. von Theodor W. Adorno und Gershom Scholem hrsg. von Rolf Tiedemann und Hermann Schweppenhäuser, Bd. V, Frankfurt a. M. 1982, S. 490f. u. S. 1006). Adorno sprach von *Beethovens Kopernikanischer Wendung*, mit der dieser die traditionellen musikalischen Formen *aus dem Subjekt nochmals erzeugt* habe (Theodor W. Adorno, Nachgelassene Schriften, Abt. I, Bd. 1: Beethoven. Philosophie der Musik. Fragmente und Texte, hrsg. von Rolf Tiedemann, 2. Aufl., Frankfurt a. M. 1994, S. 99) – Zur Kopernikanischen Wende Kants s. auch die 3. Vorlesung, oben S. 55f., sowie Anm. 43.

2. A XVIf.; W 16. – Die »Kritik der reinen Vernunft« wird nach den Erstausgaben nachgewiesen; wie üblich steht dabei A für die 1. Auflage von 1781 und B für die 2. Auflage von 1787; die gebräuchlichen wissenschaftlichen Ausgaben weisen diese Paginierung in der Regel am Rand oder unter den Seiten auf. An dritter Stelle wird, mit der Sigle W, der Nachweis nach der Ausgabe von Weischedel gegeben,

der auch der Textstand der Zitate folgt (s. das Abkürzungsverzeichnis, oben S. 357; die »Kritik der reinen Vernunft« befindet sich in der Ausgabe der Wissenschaftlichen Buchgesellschaft und in der Insel-Ausgabe jeweils im zweiten Band, in der ›Theorie-Werkausgabe‹ in den Bänden III und IV). – Adorno selbst benutzte seit seiner Jugend die – heute kaum noch zugängliche – Edition von Theodor Valentiner in der Meinerschen Philosophischen Bibliothek (10. Aufl., Leipzig 1913).

3. Der Begriff der *Rettung* ist der Adornoschen Kantinterpretation essentiell. Kant hat das Wort nur beiläufig benutzt, etwa im Zusammenhang der Freiheitsidee (vgl. Kant, Werke in sechs Bänden, hrsg. von Wilhelm Weischedel, Bd. IV: Schriften zur Ethik und Religionsphilosophie, 2. Aufl., Darmstadt 1956, S. 220; Adorno zitiert die Stelle GS 6, S. 250). Für Adorno terminierte der die Geschichte anwachsender Naturbeherrschung begleitende und bedingende Nominalismus in der Abschaffung der metaphysischen Wesenheiten und erreichte mit Kant einen Gipfel, auf dem die Entwicklung umschlug: der endgültigen Eingrenzung von Erkenntnis auf die Welt der ›Erscheinungen‹ korrespondierte – nach einer Formulierung der *Negativen Dialektik – die Kantische Begierde des Rettens* (GS 6, S. 378) der intelligiblen Sphäre. Auch der junge Horkheimer hat, in einer Vorlesung von 1927, davon gesprochen, daß Kant »auf neue Wege zu ihrer [scil. der Metaphysik] Rettung, zur Rettung des begründbaren Glaubens [...] angewiesen« war (Max Horkheimer, Gesammelte Schriften, hrsg. von Alfred Schmidt und Gunzelin Schmid Noerr, Bd. 9: Nachgelassene Schriften 1914-1931, Frankfurt a. M. 1987, S. 471). – Zum Begriff der Rettung bei Kant s. auch die 3. Vorlesung, oben S. 54.

4. Adorno hielt diesen Vortrag unter dem Titel *Erfahrungsgehalte der Hegelschen Philosophie* auf der Tagung der Deutschen Hegel-Gesellschaft am 25. 10. 1958 in Frankfurt a. M.; vgl. jetzt die erweiterte Fassung in GS 5, S. 295 ff.

5. Das Buch von Hans Reichenbach erschien Berkeley, Los Angeles 1951.

6. »Immanuel Kant hat [...] den unerbittlichen Philosophen traciert, er hat den Himmel gestürmt, er hat die ganze Besatzung über

die Klinge springen lassen, der Oberherr der Welt schwimmt unbewiesen in seinem Blute, es gibt jetzt keine Allbarmherzigkeit mehr, keine Vatergüte, keine jenseitige Belohnung für diesseitige Enthaltsamkeit, die Unsterblichkeit der Seele liegt in den letzten Zügen – das röchelt, das stöhnt – und der alte Lampe steht dabei mit seinem Regenschirm unterm Arm, als betrübter Zuschauer, und Angstschweiß und Tränen rinnen ihm vom Gesichte.« (Heinrich Heine, Sämtliche Schriften, hrsg. von Klaus Briegleb, Band 3, 2. Aufl., München 1978, S. 604)

7. Vgl. vor allem Bernhard Groethuysen, Die Entstehung der bürgerlichen Welt- und Lebensanschauung in Frankreich, 2 Bde., Halle 1927-1930; vgl. auch Adornos Besprechung des Buches in GS 20·1, S. 205 ff.

8. Vgl. in der Spruchsammlung »Gott, Gemüt und Welt«: »Willst du ins Unendliche schreiten, / Geh nur im Endlichen nach allen Seiten.« (Goethe, Gedenkausgabe der Werke, Briefe und Gespräche, Bd. 1: Sämtliche Gedichte, 1. Teil, 2. Aufl., Zürich, Stuttgart 1961, S. 410)

9. »Die Kritik [des] reinen Verstandes erlaubt es [...] nicht, sich ein neues Feld von Gegenständen, außer denen, die ihm als Erscheinungen vorkommen können, zu schaffen, und in intelligibele Welten, sogar nicht einmal in ihren Begriff, auszuschweifen.« (A 289, B 345; W 305)

10. Vgl. die Vorrede zur ersten Auflage, A IX f.; W 12.

11. Zu dieser Frage hat Adorno in der Einleitung *Zur Metakritik der Erkenntnistheorie* geschrieben: *Kant hält sich der Rekonstruktion von Wahrheit aus der Immanenz des Bewußtseins heraus versichert, und das »Wie ist möglich« bildet die bestimmende Figur all seiner Fragen, weil ihm die Möglichkeit selbst fraglos ist. Daher nimmt er, wie nach ihm Hegel, die Last auf sich, jene Rekonstruktion allseitig durchzuführen.* (GS 5, S. 41)

12. S. die Korrektur am Beginn der nächsten Vorlesung.

13. Kant selber behandelt die Beispiele in der Einleitung zur »Kritik der reinen Vernunft«: »Z. B. wenn ich sage: alle Körper sind ausgedehnt, so ist dies ein analytisch Urteil. Denn ich darf nicht über den Begriff, den ich mit dem Körper verbinde, hinausgehen, um die Ausdehnung, als mit demselben verknüpft, zu finden, sondern jenen Begriff nur zergliedern, d.i. des Mannigfaltigen, welches ich jederzeit in ihm denke, mir nur bewußt werden, um dieses Prädikat darin anzutreffen; es ist also ein analytisches Urteil. Dagegen, wenn ich sage: alle Körper sind schwer, so ist das Prädikat etwas ganz anderes, als das, was ich in dem bloßen Begriff eines Körpers überhaupt denke. Die Hinzufügung eines solchen Prädikats gibt also ein synthetisch Urteil.« (A 7, B 11; W 52f.)

14. Adorno folgt hier weitgehend der Argumentation von Hans Cornelius (1863-1947), der sein akademischer Lehrer in der Philosophie war und ihn 1924 promoviert, seine erste Habilitationsschrift allerdings refüsiert hat: »Die für die gesamte Untersuchung [scil. die ›Kritik der reinen Vernunft‹] grundlegende Unterscheidung analytischer und synthetischer Urteile ist [...] mit einer Unklarheit behaftet. Der Satz ›alle Körper sind schwer‹ ist nur dann synthetisch, wenn der Begriff des Körpers im Sinne des *geometrischen* Körpers verstanden wird; setzt man dagegen z. B. den im chemischen Laboratorium üblichen Begriff des ›Körpers‹ voraus, so ist in diesem das Merkmal der Schwere enthalten und das obige Urteil wird also analytisch. Man sieht an diesem Beispiel, daß die Unterscheidung analytischer und synthetischer Urteile *schwankend* wird, sobald nicht für die Bestimmung des Subjektbegriffes so gesorgt wird, daß deutlich zu erkennen ist, welche Merkmale in ihm mitgedacht sind und welche nicht.« (Hans Cornelius, Kommentar zu Kants Kritik der reinen Vernunft, Erlangen 1926, S. 31)

15. »Daß die *Logik* diesen sicheren Gang [scil. den sicheren Gang einer Wissenschaft] schon von den ältesten Zeiten her gegangen sei, läßt sich daraus ersehen, daß sie seit dem *Aristoteles* keinen Schritt rückwärts hat tun dürfen, wenn man ihr nicht etwa die Wegschaffung einiger entbehrlichen Subtilitäten, oder deutlichere Bestimmung des Vorgetragenen, als Verbesserungen anrechnen will, welches aber mehr zur Eleganz, als zur Sicherheit der Wissenschaft gehört.« (B VIII; W 20)

16. Wahrscheinlich mündlich; in den gedruckten Schriften Adornos wurde die Formulierung jedenfalls nicht ermittelt.

17. Hier faßt Adorno in zwei Sätzen zusammen, was vom Kierkegaard-Buch bis zur *Negativen Dialektik* im Zentrum seines eigenen Denkens steht: die Kritik des Idealismus als Kritik der Ursprungsphilosophie; am eingehendsten findet solche Kritik sich durchgeführt in der nicht lange vor der Kant-Vorlesung geschriebenen Einleitung zur *Metakritik der Erkenntnistheorie*, die in der Vorlesung denn auch nahezu allgegenwärtig ist: *Der Idealismus, der durch Reduktion auf die absolute Einheit des Ich denke überhaupt erst zur allseitig entfalteten Systematik fähig ward, hat nach dem Maß des eigenen Radikalismus die Fragwürdigkeit des von ihm definitiv Auskristallisierten aufgedeckt. In der Antinomienlehre der Kritik der reinen Vernunft hat die prima philosophia das Bewußtsein davon erreicht. Die Suche nach dem schlechthin Ersten, der absoluten Ursache resultiert in einem unendlichen Regreß; Unendliches läßt sich nicht als abschlußhaft gegeben setzen, während doch diese Setzung dem totalen Geist unvermeidlich dünkt. Der Begriff des Gegebenen, letzte Zuflucht des Irreduktibeln im Idealismus, prallt zusammen mit dem des Geistes als der vollkommenen Reduktibilität, mit dem Idealismus selber. Die Antinomie sprengt das System, dessen eigene Idee die jener erreichten Identität ist, welche als antizipierte, als Endlichkeit des Unendlichen, mit sich selbst uneins wird.* (GS 5, S. 37) Und, zum ›Problem der Geschichte‹: *Die Frage nach dem Ersten selbst ist retrospektiv; Denken, das wie das Platonische sein Absolutes an der Erinnerung hat, erwartet sich eigentlich nichts mehr. Das Lob des Unveränderlichen suggeriert, daß nichts anders sein soll, als es von je schon war. Ein Tabu ergeht über die Zukunft.* (Ebd., S. 39f.) In der *Negativen Dialektik* hat Adorno dann die eigene Philosophie als eine ›Verhaltensweise‹ bestimmt, *die nichts Erstes und Sicheres hütet und doch, allein schon vermöge der Bestimmtheit ihrer Darstellung, dem Relativismus, dem Bruder des Absolutismus, so wenig Konzessionen macht, daß sie der Lehre sich nähert [. . .]. Durch die Lossage des Denkens vom Ersten und Festen indessen verabsolutiert es nicht sich als freischwebend. Die Lossage gerade befestigt es an dem, was es nicht selbst ist, und beseitigt die Illusion seiner Autarkie.* (GS 6, S. 44) – Wie die Vorlesung über die »Kritik der reinen Vernunft« mit ihren wesentlichen Motiven an die zwei Jahre früher entstandene Einleitung zur *Metakritik der Erkenntnistheorie* anknüpft, so hat Adorno die meisten Gedanken der Vorlesung, auch wenn er diese selbst nicht wiederholt hat, in seinen späteren Schriften, vor allem in der *Negativen Dialektik*, weiterverfolgt.

18. Adorno denkt an die Anmerkung zum § 16 der ›Transzendentalen Deduktion‹, in der es heißt, »die synthetische Einheit der Apperzeption [sei] der höchste Punkt, an dem man allen Verstandesgebrauch, selbst die ganze Logik, und, nach ihr, die Transzendental-Philosophie *heften* muß« (B 134; W 137; Hervorhebung vom Hrsg.).

19. »Ich kenne keine Untersuchungen, die zu Ergründung des Vermögens, welches wir Verstand nennen, und zugleich zu Bestimmung der Regeln und Grenzen seines Gebrauchs, wichtiger wären, als die, welche ich [...], unter dem Titel der *Deduktion der reinen Verstandesbegriffe,* angestellt habe [...] .« (A XVI; W 15 f.)

20. B 145; W 144.

21. B 145 f.; W 145.

22. Von ›intelligibler Zufälligkeit‹ spricht Kant selber in der Anmerkung zur vierten Thesis der ›Antinomie der reinen Vernunft‹, in der es heißt, man könne »aus der empirischen Zufälligkeit auf [eine] intelligibele gar nicht schließen« (A 459, B 487; W 438); Cohen spricht dann in seinem Kommentar zu der Stelle wörtlich von »intelligibler Zufälligkeit« (Hermann Cohen, Kommentar zu Immanuel Kants Kritik der reinen Vernunft, 2. Aufl., Leipzig 1917, S. 150).

23. Über Kants Respekt vor der ›Irreduktibilität‹ des Daseienden auf seinen Begriff schreibt Adorno in den *Aspekten der Hegelschen Philosophie,* der 1956/57 geschriebenen ersten seiner drei Hegel-Studien: *So wie einerseits die kategorialen Formen des Ich denke eines ihnen zukommenden, nicht aus ihnen selbst entspringenden Inhalts bedürfen, um Wahrheit: Erkenntnis der Natur zu ermöglichen, so werden andererseits das Ich denke selbst und die kategorialen Formen von Kant als eine Art von Gegebenheiten respektiert; insofern ist zumindest die Kritik der reinen Vernunft mehr eine Phänomenologie der Subjektivität als ein spekulatives System. In dem von Kant mit grüblerischer Naivetät stets wieder unreflektiert verwandten »uns« ist die Bezogenheit der kategorialen Formen, nicht nur ihrer Anwendung, sondern ihrem eigenen Ursprung nach, auf eben jenes Existierende, nämlich die Menschen anerkannt, das seinerseits erst aus dem Zusammenspiel der Formen mit dem sinnlichen Material resultiere. Kants Reflexion brach an dieser Stelle ab und hat damit die Irreduktibilität des Faktischen auf den Geist, die Verschränkung der Momente bezeugt.* (GS 5, S. 262 f.)

24. Vgl. jetzt Franz Kafka, Nachgelassene Schriften und Fragmente II in der Fassung der Handschriften, hrsg. von Jost Schillemeit, Frankfurt a.M. 1992, S. 123: »Je mehr Pferde Du anspannst, desto rascher gehts – nämlich nicht das Ausreißen des Blocks aus dem Fundament, was unmöglich ist, aber das Zerreißen der Riemen und damit die leere fröhliche Fahrt.«

25. »Denn es [scil. die Metaphysik] ist nichts als das *Inventarium* aller unserer Besitze durch *reine Vernunft*, systematisch geordnet. Es kann uns hier nichts entgehen, weil, was Vernunft gänzlich aus sich selbst hervorbringt, sich nicht verstecken kann [...].« (A XX; W 18) So in der ›Vorrede‹ zur 1. Auflage; in der ›Einleitung‹, in der Fassung der 2. Auflage, heißt es: »Die Transzendental-Philosophie ist die Idee einer Wissenschaft, wozu die Kritik der reinen Vernunft den ganzen Plan architektonisch, d.i. aus Prinzipien, entwerfen soll, mit völliger Gewährleistung der Vollständigkeit und Sicherheit aller Stücke, die dieses Gebäude ausmachen. Sie ist das System aller Prinzipien der reinen Vernunft.« (B 27; W 64)

26. Die Stellung des philosophischen Bewußtseins zum Kantischen ›Block‹ ist, im Sinne Adornos, für Wahrheit und Unwahrheit entscheidend. In seiner zweiten Hegel-Studie hatte Adorno ein Jahr zuvor ausgeführt: *Der Prozeß zwischen Kant und Hegel, in dem dessen schlagende Beweisführung das letzte Wort hatte, ist nicht zu Ende; vielleicht weil das Schlagende, die Vormacht der logischen Stringenz selber, gegenüber den Kantischen Brüchen die Unwahrheit ist. Hat Hegel, vermöge seiner Kantkritik, das kritische Philosophieren großartig über das formale Bereich hinaus erweitert, so hat er in eins damit das oberste kritische Moment, die Kritik an der Totalität, am abschlußhaft gegebenen Unendlichen, eskamotiert. Selbstherrlich hat er dann doch den Block weggeräumt, jenes fürs Bewußtsein Unauflösliche, an dem Kants transzendentale Philosophie ihre innerste Erfahrung hat, und eine vermöge ihrer Brüche bruchlose Einstimmigkeit der Erkenntnis stipuliert, der etwas von mythischem Blendwerk eignet.* (GS 5, S. 323f.) – Ausführlicher handelte Adorno erst 1966, in der *Negativen Dialektik*, über den *Kantischen Block, die Theorie von den Grenzen möglicher positiver Erkenntnis* (GS 6, S. 378ff.).

27. B 25; W 63.

28. Von der Kategorientafel der »Kritik der reinen Vernunft« schreibt Kant: »Diese Einteilung ist systematisch aus einem gemeinschaftlichen Prinzip, nämlich dem Vermögen zu urteilen (welches eben so viel ist, als das Vermögen zu denken), erzeugt, und nicht rhapsodistisch, aus einer auf gut Glück unternommenen Aufsuchung reiner Begriffe entstanden [...]. Es war ein eines scharfsinnigen Mannes würdiger Anschlag des *Aristoteles,* diese Grundbegriffe aufzusuchen. Da er aber kein Principium hatte, so raffte er sie auf, wie sie ihm aufstießen [...].« (A 80f., B 106f.; W 119)

29. B 1; W 45.

30. Zum Motiv der Erkenntnistheorie als eines *Niemandslandes* zwischen den etablierten Sparten der Wissenschaft s. auch die 3. und 20. Vorlesung, oben S. 55 und S. 332.

3. Vorlesung

31. Platons »Menon« wurde von Adorno auch in der *Metakritik der Erkenntnistheorie* als Beleg für die ›Mathematisierung‹ der Philosophie herangezogen: *Um nur ja Kontinuität und Vollständigkeit durchzusetzen, muß sie an dem, worüber sie urteilt, alles wegschneiden, was nicht hineinpaßt. Die Armut philosophischer Systematik, welche die philosophischen Systeme schließlich zum Popanz erniedrigte, ist nicht erst ein Symptom von deren Zerfall, sondern teleologisch gesetzt von dem Verfahren selbst, das da schon bei Platon unwidersprochen verlangt, die Tugend müsse durch Reduktion auf ihr Schema demonstrierbar sein gleich einer geometrischen Figur.* (GS 5, S. 18)

32. Unter der *Residualtheorie* der Wahrheit versteht Adorno in der Einleitung zur *Metakritik der Erkenntnistheorie* die der ›Erhöhung des Subjekts‹, dem durchgehenden Motiv der Ursprungsphilosophie, entsprechende Selbsterniedrigung der Philosophen: *Damit sie sich nur ja nicht irren, der eigenen Erhöhung zuliebe, erniedrigen sie sich und möchten sich am liebsten durchstreichen. Ihre Subjektivität wenden sie daran, von der Wahrheit das Subjekt zu subtrahieren und Objektivität stellen sie sich als Rest vor. Alle prima philosophia bis zu Heideggers Anspruch der »Destruktion« war wesentlich Residualtheorie; Wahrheit soll sein, was übrig bleibt, die Neige, das Allerschalste.* (GS 5, S. 23) In der fast gleich-

zeitig geschriebenen ersten Studie über Hegel setzte Adorno *jene Residualtheorie der Wahrheit, derzufolge objektiv ist, was nach Durchstreichung der sogenannten subjektiven Faktoren übrigbleibt,* mit der *statische[n] Zerlegung der Erkenntnis in Subjekt und Objekt* gleich, *die der heute akzeptierten Wissenschaftslogik selbstverständlich dünkt* (ebd., S. 256).

33. S. oben, S. 39 sowie den Nachweis in Anm. 29.

34. In der Vorlage stehen mehrere Punkte und ein Fragezeichen anstelle des auf dem Tonband anscheinend unverständlich gewesenen Thukydides-Zitats; dieses ist möglicherweise wie im Text zu ergänzen. Die konjizierte Formulierung wird zitiert nach Karl Reinhardt, Thukydides und Machiavelli, in: ders., Vermächtnis der Antike. Gesammelte Essays zur Philosophie und Geschichtsschreibung, Göttingen 1960, S. 190.

35. Die im folgenden von Adorno gegebene Kritik des Wahren als des Bleibenden geht wesentlich über die entsprechenden Passagen in der Einleitung zur *Metakritik der Erkenntnistheorie* (vgl. GS 5, S. 25 ff.) hinaus.

36. S. oben, S. 69 sowie den Wortlaut von Kants Vergleich in Anm. 52.

37. Über den Zusammenhang der abstraktiven Erkenntnis mit der universalen Herrschaft des Tauschwerts vgl. in der *Negativen Dialektik* den Teil ›Negative Dialektik. Begriff und Kategorien‹ (GS 6, S. 137 ff., insbesondere S. 180), der, in weitgehendem Anschluß an Kant, Adornos Fortentwicklung der Erkenntnistheorie enthält, soweit jene noch so genannt werden darf.

38. Als Beispiel sei das folgende angeführt, das sich in Cornelius' »Kommentar zu Kants Kritik der reinen Vernunft« (a. a. O. [Anm. 14], S. 29) findet: »Daß Gold von Wasser verschieden ist, wissen wir einzig aus der Erfahrung. Sicher aber ist diese Erkenntnis allgemein und trägt den Charakter der Notwendigkeit an sich.«

39. Auch dieses Beispiel findet sich bereits in dem Kommentar von Cornelius (vgl. ebd., S. 42), der dazu in einer Fußnote bemerkt:

»Dieses von mir zu Beginn meiner akademischen Lehrtätigkeit zuerst in meinen Übungen benutzte Beispiel ist seither ohne Quellenangabe in so viele wissenschaftliche Veröffentlichungen übergegangen, daß ich es für richtig halte, seine Herkunft hier ausdrücklich festzustellen.«

40. In der Einleitung zu den »Prolegomena zu einer jeden künftigen Metaphysik, die als Wissenschaft wird auftreten können« schreibt Kant: »Ich gestehe frei: die Erinnerung des *David Hume* war eben dasjenige, was mir vor vielen Jahren zuerst den dogmatischen Schlummer unterbrach, und meinen Untersuchungen im Felde der spekulativen Philosophie eine ganz andre Richtung gab.« (Kant, Werke, a. a. O., Bd. III: Schriften zur Metaphysik und Logik, Darmstadt 1958, S. 118)

41. So in der Vorlage. Möglicherweise sagte Adorno aber: *die zeitlose, schlechterdings geltende, erfahrungsunabhängige Wahrheit.*

42. S. auch oben, S. 10, sowie Anm. 3.

43. S. oben, S. 9 und Anm. 1. – Der *Negativen Dialektik* zufolge sah Adorno den Kantischen Kritizismus insoweit *dem vorkritischen Denken verhaftet,* als auch er noch *von der ratio sich verlocken ließ, sie aus dem Instrument, der Revisionsinstanz der Reflexion, ins Konstituens umzuinterpretieren [. . .]. Die Hypostase des Mittels, heute bereits selbstverständliche Gepflogenheit der Menschen, lag theoretisch in der sogenannten Kopernikanischen Wendung. Nicht umsonst ist diese bei Kant eine Metapher, der inhaltlichen Tendenz nach das Gegenteil der astronomischen.* (GS 6, S. 196)

4. Vorlesung

44. Vgl. Martin Heidegger, Kant und das Problem der Metaphysik, 2. Aufl., Frankfurt a. M. 1951.

45. Vgl. vor allem § 35, ›Die Ursprünglichkeit des gelegten Grundes und das Problem der Metaphysik‹, wo es zusammenfassend heißt: »Kants Grundlegung der Metaphysik führt auf die transzendentale Einbildungskraft. Diese ist die Wurzel der beiden Stämme

Sinnlichkeit und Verstand. Als solche ermöglicht sie die ursprüngliche Einheit der ontologischen Synthesis. Diese Wurzel aber ist in der ursprünglichen Zeit verwurzelt. Der in der Grundlegung offenbar werdende ursprüngliche Grund ist die Zeit. Kants Grundlegung der Metaphysik [...] wird [...] zur Frage nach der Möglichkeit einer Ontologie überhaupt. Diese stellt die Frage nach dem Wesen der Seinsverfassung des Seienden, d.h. nach dem Sein überhaupt. Auf dem Grunde der Zeit erwächst die Grundlegung der Metaphysik. Die Frage nach dem Sein, die Grundfrage einer Grundlegung der Metaphysik, ist das Problem von ›Sein und Zeit‹. Dieser Titel enthält die leitende Idee der vorstehenden Interpretation der Kritik der reinen Vernunft als einer Grundlegung der Metaphysik.« (Heidegger, Kant und das Problem der Metaphysik, a.a.O. [Anm. 44], S. 183f.)

46. Adornos Ausführungen sind auch insofern nicht ganz wörtlich zu verstehen, als das ›System aller Grundsätze des reinen Verstandes‹ das zweite von drei Hauptstücken des zweiten Buches der ersten Abteilung der ›Transzendentalen Analytik‹ – zu dem darüber hinaus noch ein Anhang gehört – bildet, also nicht gerade der ›Schluß‹ dieses Buches genannt werden kann.

47. Adorno zitiert die Stelle – den Anfang der Vorrede A – in der folgenden Vorlesung, s. S. 81f.

48. S. oben, S. 18 sowie den Nachweis in Anm. 10.

49. D.h. im VI. Abschnitt der Einleitung in der Fassung der zweiten Auflage; vgl. B 21; W 61.

50. »Von diesen Wissenschaften [i.e. reine Mathematik und reine Naturwissenschaft], da sie wirklich gegeben sind, läßt sich nun wohl geziemend fragen: *wie* sie möglich sind; denn daß sie möglich sein müssen, wird durch ihre Wirklichkeit bewiesen.« (B 20; W 59f.)

51. Vgl. ›Von der Unmöglichkeit eines ontologischen Beweises vom Dasein Gottes‹ (A 592ff., B 620ff.; W 529ff.).

52. Das Beispiel, das Kant in dem Abschnitt über die Unmöglichkeit des ontologischen Gottesbeweises angibt, lautet vielmehr: »Und so enthält das Wirkliche nichts mehr als das bloß Mögliche. Hundert wirkliche Taler enthalten nicht das mindeste mehr, als hundert mögliche. Denn, da diese den Begriff, jene aber den Gegenstand und dessen Position an sich selbst bedeuten, so würde, im Fall dieser mehr enthielte als jener, mein Begriff nicht den ganzen Gegenstand ausdrücken, und also auch nicht der angemessene Begriff von ihm sein. Aber in meinem Vermögenszustande ist mehr bei hundert wirklichen Talern, als bei dem bloßen Begriffe derselben (d.i. ihrer Möglichkeit). Denn der Gegenstand ist bei der Wirklichkeit nicht bloß in meinem Begriffe analytisch enthalten, sondern kommt zu meinem Begriffe (der eine Bestimmung meines Zustandes ist) synthetisch hinzu, ohne daß, durch dieses Sein außerhalb meinem Begriffe, diese gedachte hundert Taler selbst im mindesten vermehrt werden.« (A 599, B 627; W 534) – Vgl. auch Adornos Aufnahme des Kantischen Taler-Beispiels in der *Negativen Dialektik* (GS 6, S. 189).

53. Vgl. Max Scheler, Der Formalismus in der Ethik und die materiale Wertethik. Neuer Versuch der Grundlegung eines ethischen Personalismus, 4. Aufl., Bern 1954. (Gesammelte Werke. 2) – In der *Negativen Dialektik* insistiert Adorno, es sei *der Formalismus der Kantischen Ethik nicht nur das Verdammenswerte, als welches, seit Scheler, die reaktionäre deutsche Schulphilosophie ihn brandmarkte;* im Gegenteil: *er stipuliert die allgemeine Rechtsnorm; insofern lebt trotz und wegen seiner Abstraktheit selbst ein Inhaltliches, die Idee der Egalität in ihm fort.* (GS 6, S. 234f.)

54. Über Form und Inhalt bei Kant siehe auch oben, S. 135f. und 149, vor allem aber die Einleitung zur *Metakritik der Erkenntnistheorie*, in der es heißt, daß *die Analyse des Bewußtseins zutage [fördere], daß es ein [...] absolut Erstes unabhängig von seinem Material, von dem, was dem Bewußtsein »zukommt«, nicht enthält. Das ontologisch Erste ist das ontologisch nicht Erste, und damit wankt seine Idee. Kant hilft sich mit dem Unterschied von Form und Inhalt ingeniös und künstlich genug aus der Verlegenheit. In der Bestimmung des Widerspruchs und seiner Notwendigkeit, die eigentlich die Schlichtung verbietet, die Kant selber versuchte, ist gegenüber dem späteren Idealismus auf seiner Seite die unversöhnlichere Wahrheit. Aber als Apologet der prima philosophia hat er doch den Primat der Form weiter verfochten. Die von ihm selbst erreichte reziproke Abhängigkeit*

von Form und Materie durfte den Ansatz des Systems nicht tangieren. Zum absolut Ersten werden ihm die Formen als Gegebenheit sui generis, für die sich, der zweiten Fassung der transzendentalen Deduktion zufolge, »ferner ein Grund« nicht nennen läßt. [...] Kant sucht [...] das Geheimnis zu enträtseln, die einigermaßen paradoxe Gegebenheit der Formen abzuleiten. Dabei gelangt er zur reinen Identität, dem bloßen Denken selber, dem Subjekt, das, als »reines« von allem Inhalt abgespalten, zum schlechterdings nichtseienden gemacht und gleichwohl hypostasiert wird. Die transzendentale Deduktion mündet in der Vernunft als absolutem Sein, die transzendentale Dialektik kritisiert die Absolutheit von Sein wie von Vernunft; so bleibt in gewisser Weise die Deduktion hinter der Antinomienlehre zurück. Trotzdem setzt diese die Deduktion, den Nachweis des subjektiven Charakters der Kategorie voraus, um vor der »naiven«, unreflektierten Setzung des Unendlichen zu behüten. Durch den Rückzug auf den Formalismus, den Hegel schon und dann wieder die Phänomenologen Kant vorwarfen, hat er dem Nichtidentischen Ehre angetan, hat verschmäht, es in die Identität des Subjekts ohne Rest hineinzuziehen, damit aber die Idee der Wahrheit selber eingeschränkt, die nun mehr sich nicht zutraut, als das Heterogene mit Ordnungsbegriffen zu klassifizieren. (GS 5, S. 37f.)

5. Vorlesung

55. B XIV; W 24.

56. Der Übergang der Kantischen Vernunftkritik zur Spekulation der nachkantischen Idealisten bildet eines der Motive, die Adornos gesamte Philosophie durchziehen; hier sei lediglich eine frühe Formulierung zitiert, die sich in dem *Kierkegaard*-Buch von 1932 findet und jenes Motiv in statu nascendi zeigt, wenn es von den Bewußtseinsformen heißt, sie ›zahlten‹ *mit Abstraktheit: [seien] »notwendig« nur, soweit sie »allgemein« sind. Die idealistischen Systeme haben es unternommen, die verlorenen Inhalte der Ontologie wieder herbeizuziehen durch Beseitigung der Kontingenz des »Materials«, das selbst aus der synthetischen Einheit der Apperzeption hergeleitet ist, als »Inhalt« aus den subjektiven Formen entwickelt, aus der »Ontologie« deduziert werden kann und, durch »Entwicklung«, mit der Subjektivität identisch gesetzt wird.* (GS 2, S. 106f.)

57. Kant stellt die Dialektik als eine »Logik des Scheins« der »Logik der Wahrheit«, welche der transzendentalen Analytik gleichgesetzt wird, gegenüber; vgl. A 131, B 170; W 183.

58. A VIIf.; W 11.

59. S. oben, S. 30 und Anm. 16.

60. Vgl. Theodor W. Adorno, *Zur Metakritik der Erkenntnistheorie. Studien über Husserl und die phänomenologischen Antinomien,* Stuttgart 1956, S. 12ff.; jetzt GS 5, S. 12ff.

61. A XIf.; W 13.

62. A XII; W 13.

6. Vorlesung

63. A XIII; W 14.

64. Vgl. Kant, Träume eines Geistersehers, erläutert durch Träume der Metaphysik, Königsberg 1766; jetzt in: Kant, Werke, a.a.O., Bd. I: Vorkritische Schriften bis 1768, Darmstadt 1960, S. 921ff.

65. A XIII; W 14.

66. S. oben, S. 119f.

67. Adorno denkt an die erste der vier Regeln, die Descartes im zweiten Teil des »Discours« von 1637 sich zur Richtschnur machte: »Die erste Regel war, niemals etwas als wahr annehmen, was ich nicht klar (évidemment) als solches erkannte, d.h. alle Überstürzung und alle Vorurteile aufs sorgfältigste zu vermeiden, und nichts mehr in meine Urteile aufzunehmen, als was sich so klar und so distinkt meinem Geist darbieten würde, daß ich keine Veranlassung haben würde, es in Zweifel zu ziehen.« (René Descartes, Abhandlung über die Methode. Übers. und mit Anmerkungen hrsg. von Artur Buchenau, Leipzig 1922, S. 15) – Adorno, der diese Regel in *Der Essay als Form* als einzige nicht behandelt (vgl. GS 11, S. 22ff.),

versah sie in seinem Exemplar der Ausgabe von Buchenau mit der Marginalie: *bei Kant: Kritik.*

68. S. oben, S. 13, 48 und passim.

69. Kant-Lexikon. Nachschlagewerk zu Kants Sämtlichen Schriften, Briefen und handschriftlichem Nachlaß, bearbeitet von Rudolf Eisler, Hildesheim 1964 (Nachdruck der Ausg. Berlin 1930), S. 49. – Der letzte Satz findet sich A 747, B 775, W 636f., während die vorangehenden Sätze Eislers Referat der Kantischen Position sind.

70. Kant-Lexikon, a. a. O. – Nur die in einfache Anführungszeichen gesetzte Stelle ist ein Zitat aus der »Idee zu einer allgemeinen Geschichte der Menschheit in weltbürgerlicher Absicht« (Kant, Werke, a. a. O., Bd. VI: Schriften zur Anthropologie, Geschichtsphilosophie, Politik und Pädagogik, Darmstadt 1964, S. 46f.), der erste Satz stellt dagegen wiederum Eislers Kant-Referat dar.

71. Kant, Werke, a. a. O., Bd. VI, S. 53 (»Beantwortung der Frage: Was ist Aufklärung?«)

72. Kant, Werke, a. a. O., Bd. III, S. 283, Anm. (»Was heißt: Sich im Denken orientieren?«)

73. Kant-Lexikon, a. a. O. [Anm. 69], S. 50. – Die in einfache Anführungszeichen gesetzte Stelle ist wörtliches Zitat aus »Beantwortung der Frage: Was ist Aufklärung?« (Werke, a. a. O., Bd. VI, S. 55), das übrige wiederum Eislers Referat.

74. Vgl. etwa den Anfang des Buches: *Seit je hat Aufklärung im umfassendsten Sinn fortschreitenden Denkens das Ziel verfolgt, von den Menschen die Furcht zu nehmen und sie als Herren einzusetzen. [. . .] Das Programm der Aufklärung war die Entzauberung der Welt. Sie wollte die Mythen auflösen und Einbildung durch Wissen stürzen.* (GS 3, S. 19)

75. S. oben, S. 71.

76. Über die ablehnende Stellungnahme Kants zur Wissenschaftslehre berichtet Fichte selber in der »Zweiten Einleitung in die Wissenschaftslehre«; vgl. Johann Gottlieb Fichte, Sämmtliche Werke, hrsg. von I. H. Fichte, 1. Abt., Bd. 1, Leipzig o. J. [ca. 1845], S. 469.

77. B XXIX f.; W 33.

78. Mit dem Terminus Lumen naturale wird seit Thomas von Aquin und bis zu Leibniz das ›Licht der Vernunft‹ bezeichnet. Seine Bedeutung läßt sich der »Inquisitio veritatis per Lumen Naturale« des Descartes entnehmen, deren Titel in der von Adorno benutzten Übersetzung von Buchenau lautet: »Die Erforschung der Wahrheit durch das natürliche Licht, das rein aus sich und ohne Hilfe der Religion und Philosophie die notwendigen Ansichten eines rechtdenkenden Menschen über alle sich möglicherweise seinem Bewußtsein darbietenden Dinge bestimmt, und das in die Geheimnisse der seltensten Wissenschaften eindringt.« – Kant scheint den Begriff nicht mehr benutzt zu haben.

79. B XXX; W 33.

80. Schärfer noch kritisiert Adorno Kants Satz von seiner Antithese in Hegels »Enzyklopädie« aus: *Hegel hat das Regressive und Gewalttätige in der Kantischen Demut gespürt, sich aufgelehnt wider den allbekannten Satz, mit dem Kants Aufklärung beim Obskurantismus sich beliebt machte: »Ich mußte also das Wissen aufheben, um zum Glauben Platz zu bekommen, und der Dogmatism der Metaphysik, d. i. das Vorurteil, in ihr ohne Kritik der reinen Vernunft fortzukommen, ist die wahre Quelle alles der Moralität widerstreitenden Unglaubens, der jederzeit gar sehr dogmatisch ist.« Hegels Antithese dazu lautet: »Das verschlossene Wesen des Universums hat keine Kraft in sich, welche dem Muthe des Erkennens Widerstand leisten könnte, es muß sich vor ihm aufthun und seinen Reichthum und seine Tiefen ihm vor Augen legen und zum Genusse bringen.« In solchen Formulierungen erweitert sich das frühbürgerliche, Baconische Pathos zu dem der mündigen Menschheit: daß es doch noch gelinge.* (GS 5, S. 307)

81. So in der »Letzten Predigt in Wittenberg«: »Und was ich von der Brunst, so eine grobe Sünde ist, rede, solches ist auch von der Vernunft zu verstehen: denn dieselbige schändet und beleidigt Gott in geistlichen Gaben, hat auch viel greulichere Hurenübel, denn eine Hure. [...] Hörst du es, du schäbichte, aussätzige Hure, du heilige Vernunft [...].« (Martin Luther, Werke, hrsg. von Buchwald, Kawerau u.a., 3. Folge, Berlin 1905, S. 97 u. 99; zit. nach Friedrich Wilhelm Pohl/Christoph Türcke, Heilige Hure Vernunft. Luthers nachhaltiger Zauber, Berlin 1983, S. 60)

82. S. Anm. 9.

83. Nicht ermittelt.

84. S. den Schluß der 6. Vorlesung, oben S. 105 ff.

85. S. oben, S. 99.

86. In der »Kritik der reinen Vernunft« spricht Kant von »bloß vernünftelnden (dialektischen) Begriffen« (A 644, B 672; W 565) und davon, daß die ›dialektischen Schlüsse der reinen Vernunft‹ »eher *vernünftelnde,* als Vernunftschlüsse zu nennen« (A 339, B 397; W 339 f.) seien. – In der *Negativen Dialektik* ist Kants Sprache Beleg für eine weiterreichende Antinomik: *Die reine Konsequenzlogik, willfährig der Selbsterhaltung ohne Selbstbesinnung, ist an sich verblendet, unvernünftig. Die abscheuliche Kantische, noch in Hegels »Raisonnieren« nachwirkende Redeweise vom Vernünfteln, die Vernunft ohne triftigen Unterscheidungsgrund anprangert, und deren Hypostasis jenseits aller vernünftigen Zwecke, vertragen sich trotz ihres eklatanten Widerspruchs. Ratio wird zur irrationalen Autorität.* (GS 6, S. 258)

87. S. die späteren Ausführungen zum Begriff der Tiefe, oben S. 281 ff., 313 f. und 336. – Im übrigen ist die Einleitung zur *Negativen Dialektik* zu vergleichen, in der Adorno gleichsam sein letztes Wort über Ideologie und Wahrheit der Rede von der Tiefe in der Philosophie gesagt hat (vgl. GS 6, S. 28 f.).

88. S. oben, S. 97 f.

89. Wahrscheinlich hat Adorno die von Schopenhauer wiederholt vorgetragene Deutung im Sinn, derzufolge Kant die Theologie zerstört habe, um sie auf der Moral neu zu begründen (vgl. etwa Arthur Schopenhauer, Sämtliche Werke, hrsg. von Wolfgang von Löhneysen, Bd. III: Kleinere Schriften, Darmstadt 1962, S. 638 [Grundlage der Moral, § 2] und Bd. V: Parerga und Paralipomena II, Darmstadt 1965, S. 260 [Paralipomena, § 115]).

90. Vgl. Hegel, Werke in 20 Bänden. Red.: Eva Moldenhauer und Karl Markus Michel, Frankfurt a. M. 1969, Bd. 6: Wissenschaft der Logik II, S. 45: »Was sich also [...] ergibt, ist, daß *erstens* der Satz der Identität oder des Widerspruchs, wie er nur die abstrakte Identität, im Gegensatz gegen den Unterschied, als Wahres ausdrücken soll, kein Denkgesetz, sondern vielmehr das Gegenteil davon ist; *zweitens*, daß diese Sätze *mehr*, als mit ihnen *gemeint* wird, nämlich dieses Gegenteil, den absoluten Unterschied selbst enthalten.«

91. Julius Ebbinghaus (1885-1981); über Kant vgl. vor allem die erste Abteilung seiner »Gesammelten Aufsätze, Vorträge und Reden« (Darmstadt 1968).

92. Vgl. Klaus Reich, Die Vollständigkeit der kantischen Urteilstafel, Berlin 1932; 2. Aufl., 1948.

8. Vorlesung

93. Adorno denkt hier fraglos an eigene Erfahrungen, als er wenige Jahre zuvor im Zusammenhang des »Gruppenexperiments« – einer Untersuchung, die das Institut für Sozialforschung 1950/51 durchführte – die Reaktionen der Versuchsteilnehmer auf Themen wie *Konzentrationslager, Terror, Ausrottung der Juden, Angriffskrieg* einer qualitativen Analyse unterzogen und die Monographie *Schuld und Abwehr* verfaßt hatte (vgl. GS 9·2, S. 121 ff.).

94. Nach der Übersetzung von Bonitz: »Sich selbst [...] denkt die Vernunft (*νοῦς*), sofern sie ja das Vorzüglichste ist, und das Denken ist Denken des Denkens (*νόησις νοήσεως*).« (Aristoteles, Metaphysik XII, 9 [1074 b 33 ff.]).

95. Hegel, a.a.O. [Anm. 90], Bd. 6, S.78

96. Ebd., S.78f.

97. Adorno denkt wohl an »Die Philosophie des Lebens« von H. Rickert; vgl. GS 13, S.135, Anm. 2.

98. Das Motiv des ›Ausdrucks‹ der Kantischen Philosophie reicht in Adornos Jugend zurück und wurde, dem 1964 entstandenen Essay über Siegfried Kracauer zufolge, diesem verdankt: *Über Jahre hindurch las er mit mir [...] die Kritik der reinen Vernunft. Nicht im leisesten übertreibe ich, wenn ich sage, daß ich dieser Lektüre mehr verdanke als meinen akademischen Lehrern. Pädagogisch ausnehmend begabt, hat er mir Kant zum Sprechen gebracht. Von Anbeginn erfuhr ich, unter seiner Anleitung, das Werk nicht als eine bloße Erkenntnistheorie, als Analyse der Bedingungen wissenschaftlich gültiger Urteile, sondern als eine Art chiffrierter Schrift, aus der der geschichtliche Stand des Geistes herauszulesen war, mit der vagen Erwartung, daß dabei etwas von der Wahrheit selber zu gewinnen sei. [...] Er [Kracauer] vergegenwärtigte mir die Vernunftkritik nicht einfach als System des transzendentalen Idealismus. Vielmehr zeigte er mir, wie objektiv-ontologische und subjektiv-idealistische Momente darin streiten; wie die beredtesten Stellen des Werkes die Wunden sind, welche der Konflikt in der Lehre hinterließ. [...] Ohne daß ich mir davon hätte volle Rechenschaft geben können, gewahrte ich durch Kracauer erstmals das Ausdrucksmoment der Philosophie: sagen, was einem aufgeht. Das diesem Moment konträre der Stringenz, des objektiven Zwangs im Gedanken, trat dahinter zurück. Wie ich erst im philosophischen Betrieb der Universität darauf stieß, so dünkte es mir lange genug akademisch, bis ich herausfand, daß unter den Spannungen, an denen Philosophie ihr Leben hat, die zwischen Ausdruck und Verbindlichkeit vielleicht die zentrale ist.* (GS 11, S. 388f.)

99. »Vor kurzem ward ich mit der neueren sogenannten Kantischen Philosophie bekannt [...]. Wenn alle Menschen statt der Augen grüne Gläser hätten, so würden sie urteilen müssen, die Gegenstände, welche sie dadurch erblicken, *sind* grün – und nie würden sie entscheiden können, ob ihr Auge ihnen die Dinge zeigt, wie sie sind, oder ob es nicht etwas zu ihnen hinzutut, was nicht ihnen, sondern dem Auge gehört. So ist es mit dem Verstande. Wir können nicht entscheiden, ob das, was wir Wahrheit nennen, wahrhaft Wahrheit ist, oder ob es uns nur so scheint. Ist das letzte, so *ist* die Wahrheit,

die wir hier sammeln, nach dem Tode nicht mehr – und alles Bestreben, ein Eigentum sich zu erwerben, das uns auch in das Grab folgt, ist vergeblich – [...] Mein einziges, mein höchstes Ziel ist gesunken, und ich habe nun keines mehr –« (Heinrich von Kleist, Sämtliche Werke und Briefe, hrsg. von Helmut Sembdner, 5. Aufl., München 1970, Bd. 2, S. 634 [22. 3. 1801, Brief an Wilhelmine von Zenge; ähnlich auch im Brief vom 23. 3. 1801 an die Schwester, vgl. ebd., S. 636])

100. Das Epitheton geht auf Moses Mendelssohn zurück, der im ›Vorbericht‹ zu seinen 1785 erschienenen »Morgenstunden oder Vorlesungen über das Dasein Gottes« formulierte: »Ich kenne [...] die Schriften der großen Männer, die sich unterdessen in der Metaphysik hervorgetan, die Werke Lamberts, Tetens, Platners und selbst des alles zermalmenden Kants, nur aus unzulänglichen Berichten meiner Freunde oder aus gelehrten Anzeigen, die selten viel belehrender sind.« (Moses Mendelssohn, Schriften über Religion und Aufklärung, hrsg. von Martina Thom, Berlin 1989, S. 469) Bei Schopenhauer heißt es dann längst »Kant, der Alleszermalmer« (Schopenhauer, Sämtliche Werke, a. a. O. [Anm. 89], Bd. IV: Parerga und Paralipomena I, Darmstadt 1963, S. 59 [Parerga, Fragmente zur Geschichte der Philosophie, § 4], auch ebd., S. 211 [Parerga, Über die Universitäts-Philosophie]).

101. B XXXVI; W 36.

102. Das Ineinander von Kritik und Rettung der Ontologie wird bereits in Adornos *Kierkegaard* von 1932 ins Zentrum der theoretischen Philosophie Kants gerückt: *Kritik der reinen Vernunft hieß die Kritik der rationalen Ontologie, historisch der Wolffischen. Diese wird ihrer schwersten Probe ausgesetzt, der durch die Kontingenz des kategorial unableitbaren Anschauungsmaterials. Ist sie als Inhalt der Erfahrung nicht zu retten, dann als deren Form. Sie schrumpft ein in die synthetischen Urteile a priori, wofern sie nicht in die sichere und ohnmächtige Transzendenz der Postulate verbannt ist. Im System der Grundsätze wird der Sprung zwischen dem Innen und dem kontingenten Außen noch gemeistert: subjektiv produziert vermöge der synthetischen Einheit der Apperzeption, gehören sie der Bewußtseinsimmanenz an; als konstitutive Bedingungen aller gegenständlichen Erkenntnis haben sie den Charakter von Objektivität. In ihrem Doppelsinn hält sich Ontologie: durch die Systemkraft des spontanen*

Zentrums geschützt vor Kontingenz, durch die Gültigkeit in Erfahrung vor spekulativem Trug. Dafür zahlen sie mit Abstraktheit: sind »notwendig« nur, soweit sie »allgemein« sind. (GS 2, S. 106f.)

103. Kant, Werke, a.a.O., Bd. III, S. 590 (»Über die Preisfrage: Welches sind die wirklichen Fortschritte, die die Metaphysik seit Leibnizens und Wolffs Zeiten in Deutschland gemacht hat?«).

104. Vgl. Adornos *Kritik des logischen Absolutismus* bei Husserl, das erste Kapitel seiner *Metakritik der Erkenntnistheorie* (GS 5, S. 48ff.).

105. In seiner ersten Hegel-Studie, den *Aspekten*, schreibt Adorno, gleichsam die Geburtsurkunde der neueren Dialektik formulierend: *Seinem [scil. Hegels] Idealismus wird die Vernunft zur kritischen in einem Kant nochmals kritisierenden Sinn, als negative, die Statik der gleichwohl festgehaltenen Momente bewegende. Die von Kant einander entgegengesetzten Pole, Form und Inhalt, Natur und Geist, Theorie und Praxis, Freiheit und Notwendigkeit, Ding an sich und Phänomen, werden allesamt von Reflexion durchdrungen, derart, daß keine dieser Bestimmungen als ein Letztes stehen bleibt. Eine jede bedarf, um gedacht werden und sein zu können, von sich aus genau jenes anderen Moments, das bei Kant ihr entgegengesetzt wird.* (GS 5, S. 257) Und die negative Dialektik Adornos hängt immer noch mit der Kantischen Transzendentalphilosophie nicht weniger als mit der Hegelschen »Logik« zusammen, wenn der kategoriale Teil der *Negativen Dialektik* anakoluthisch beginnt: *Kein Sein ohne Seiendes* (GS 6, S. 139).

106. In der Deutung der Stellung der Vernunftkritik gegenüber der Philosophie Humes am ›Leitfaden‹ der Begriffe des Ichs, der Kausalität und des Dings folgte Adorno seinem Lehrer Cornelius: »Der dogmatische Schlummer, der ihn [scil. Kant] und mit ihm die gesamte kontinentale europäische Philosophie in seinem Bann hielt, bestand wesentlich darin, daß die aus dem vorwissenschaftlichen Denken übernommenen Begriffe des *an und für sich* – unabhängig von unserer Wahrnehmung – *existierenden Dinges*, der *Ursache* und der *geistigen Persönlichkeit* kritiklos angewendet wurden, um mit ihrer Hilfe eine einheitliche Erklärung des Weltganzen, eine ›Metaphysik‹ zu begründen.« (Cornelius, Kommentar zu Kants Kritik der reinen Vernunft, a.a.O. [Anm. 14], S. 2)

107. Nämlich in der ›Transzendentalen Deduktion der reinen Verstandesbegriffe‹; in den vorangehenden Vorlesungen behandelte Adorno im wesentlichen die beiden Vorreden sowie die Einleitung.

108. Vgl. vor allem die ›Deduktion der reinen Verstandesbegriffe‹ in der zweiten Auflage, und zwar den § 16 ›Von der ursprünglich-synthetischen Einheit der Apperzeption‹: »Das: *Ich denke*, muß alle meine Vorstellungen begleiten *können;* denn sonst würde etwas in mir vorgestellt werden, was gar nicht gedacht werden könnte, welches eben so viel heißt, als die Vorstellung würde entweder unmöglich, oder wenigstens für mich nichts sein.« (B 131 f.; W 136)

109. S. oben, S. 291 sowie die zugehörige Anm. 238.

110. Die Kritik des Kantischen Kausalbegriffs hat Adorno in der *Negativen Dialektik* nachgeliefert: *Die berühmte, äußerst formale Kantische Definition der Kausalität lautet, daß alles, was geschehe, einen vorigen Zustand voraussetze, »auf den es unausbleiblich nach einer Regel folgt«. Historisch richtet sie sich gegen die Leibniz'sche Schule; gegen die Interpretation der Folge der Zustände aus innerer Notwendigkeit als einem Ansichsein. Andererseits unterscheidet sie sich von Hume: ohne die von diesem der Konvention, einem Zufälligen überantwortete Regelhaftigkeit des Denkens sei einstimmige Erfahrung nicht möglich, muß doch Hume, an Ort und Stelle, kausal reden, um plausibel zu machen, was er zur Konvention vergleichgültigt. Bei Kant dagegen wird Kausalität zur Funktion subjektiver Vernunft, und damit das unter ihr Vorgestellte immer dünner. Es zergeht wie ein Stück Mythologie. Sie nähert sich dem Vernunftprinzip als solchem, eben dem Denken nach Regeln. Urteile über Kausalzusammenhänge spielen in Tautologie hinüber: Vernunft konstatiert an ihnen, was sie ohnehin als Vermögen von Gesetzen wirkt. [...] Ist einmal Kausalität so gründlich entzaubert, wie durchs Tabu über die innere Determination der Objekte, so zersetzt sie sich auch in sich selber. Vor der Humeschen Leugnung hat die Kantische Rettung einzig noch voraus, daß sie, was jener wegfegte, für der Vernunft eingeboren, gleichsam für die Not ihrer Beschaffenheit ansieht, wenn nicht für anthropologische Zufälligkeit. Kausalität soll nicht in den Gegenständen und ihrem Verhältnis, statt dessen lediglich in subjektivem Denkzwang entspringen. Daß ein Zustand mit dem folgenden etwas Wesentliches, Spezifisches zu tun haben könne, gilt auch für Kant als dogmatisch.* (GS 6,

S. 245) – Über den Begriff der Kausalität s. auch oben, S. 164, 212 ff. und Anm. 181.

9. Vorlesung

111. So nannte, seiner eigenen Erklärung nach, Hans Cornelius »die aus dem vorwissenschaftlichen Denken übernommenen Begriffe des *an und für sich* – unabhängig von unserer Wahrnehmung – *existierenden Dinges,* der *Ursache* und der *geistigen Persönlichkeit«:* »Ich habe diese Begriffe als ›naturalistische Begriffe‹ bezeichnet« (Cornelius, Kommentar zu Kants Kritik der reinen Vernunft, a. a. O. [Anm. 14], S. 2). In seiner »Einleitung in die Philosophie« schrieb Cornelius über die naturalistischen Begriffe, sie bildeten eine ›Quelle dogmatischer Erklärungen‹, durch welche »die metaphysische Systembildung selbst die Widerstandsfähigkeit [erhalte], die sie aller Kritik zum Trotz stets von neuem aufleben läßt.« (Cornelius, Einleitung in die Philosophie, 2. Aufl., Leipzig, Berlin 1911, S. 48)

112. S. S. 141 f.

113. Wohl nicht wörtlich zu verstehen: Horkheimer zufolge hat Kant »die Humesche theoretische Philosophie [...] wahrscheinlich nur in der Gestalt der kleinen ›Enquiry‹ kennengelernt« (Horkheimer, a. a. O. [Anm. 3], S. 470). In der neueren Forschung wird allerdings vermutet, Kant habe wenigstens die Teilübersetzung gekannt, die Hamann vom letzten Abschnitt des ersten Buches des »Treatise« 1771 anonym veröffentlicht hatte (vgl. Gerhard Streminger, David Hume, 2. Aufl., Reinbek bei Hamburg 1992, S. 131).

114. Vgl. A 367 ff.; W 374 ff.

115. Nämlich in der ersten der »Meditationes de prima philosophia«; vgl. René Descartes, Meditationen über die Grundlagen der Philosophie mit den sämtlichen Einwänden und Erwiderungen. Übers. und hrsg. von Artur Buchenau, Hamburg 1972, S. 12 f.

116. Kants Polemik gegen den Berkeleyschen Idealismus vgl. B 274 f.; W 254; der Begriff ›träumerischer Idealismus‹ findet sich hier allerdings nicht. Möglicherweise verwechselt Adorno ihn mit dem

des »mystischen und schwärmerischen« Idealismus, den Kant in den »Prolegomena« für Berkeley gebraucht (vgl. Werke, Bd. III, a. a. O., S. 157).

117. B 163 f.; W 156.

118. Adorno hat später, in der *Negativen Dialektik*, seine ›Einwände‹ gegen Kants Lösung der ›zentralen Frage‹ der »Kritik der reinen Vernunft« formuliert: *Daß sie [scil. die Vernunft] der Natur die Gesetze vorschreibt oder vielmehr das Gesetz, besagt nicht mehr als Subsumtion unter die Einheit von Vernunft. Sie überträgt diese Einheit, ihr eigenes Identitätsprinzip, auf die Objekte und unterschiebt sie dann als deren Erkenntnis.* (GS 6, S. 245) Und: *Dem Ersten Kants, der synthetischen Einheit der Apperzeption, [. . .] ist jegliche Bestimmung des Gegenstandes eine Investition der Subjektivität in die qualitätslose Mannigfaltigkeit, ohne Rücksicht darauf, daß die bestimmenden Akte, die ihm für spontane Leistungen der transzendentalen Logik gelten, auch einem Moment sich anbilden, das sie nicht selbst sind; daß sich synthesieren nur läßt, was es auch von sich aus gestattet und verlangt. Die aktivische Bestimmung ist kein rein Subjektives, und darum der Triumph des souveränen Subjekts hohl, das da der Natur die Gesetze vorschreibe.* (GS 6, S. 142)

119. S. oben, S. 197 ff., aber auch Anm. 165.

120. A 98 ff., B 161 f.; W 162 f. und 154 f.

121. Anspielung auf den Anfang der »Wissenschaft der Logik«, vgl. Werke, a. a. O. [Anm. 90], Bd. 5, S. 82 f.

122. B 164; W 156.

123. B 164 f.; W 156 f.

124. Ausführlich handelt Adorno von den Konsequenzen der Gestaltpsychologie für die Erkenntnistheorie auch in der Vorlesung über Erkenntnistheorie von 1957/58; vgl. einstweilen den Raubdruck Theodor W. Adorno, Vorlesung zur Einleitung in die Erkenntnistheorie, Junius-Drucke, Frankfurt o. J., S. 104 ff.

125. In einer späteren Vorlesung führt Adorno über *den Kantischen Begriff der Apprehension, des Zusammennehmens,* aus, daß nach ihm *eine Art Synthesis bereits in der Unmittelbarkeit erfolge, ehe die mittelbaren Funktionen der Reproduktion und der Rekognition hinzutreten* (vgl. Adorno, Philosophische Terminologie. Zur Einleitung. Bd. 2, hrsg. von Rudolf zur Lippe, 5. Aufl., Frankfurt a. M. 1989, S. 143): *Man könnte fast sagen, es gibt [...] etwas wie eine Art von passiver Synthesis, und wenig fehlt und man möchte glauben, daß der Kantische, übrigens sehr schwierige, Begriff der Apprehension in der Anschauung eigentlich darauf abzielt. Ich meine damit, daß dieses ›Mein‹ [...], dieses in ›mein‹ Bewußtsein Fallende [...], ein Zusammenhang ist von Gestaltqualitäten, daß ein unmittelbarer Zusammenhang, eine unmittelbare Relation vor all den mittelbaren Relationen wie Wiedererkennen und Erinnerung durch Begriffe eigentlich bereits existiert.* (Vgl. ebd., S. 142)

126. Der Begriff der Abschattung stammt von Husserl; vgl. etwa den § 41 der »Ideen zu einer reinen Phänomenologie und phänomenologischen Philosophie« (Edmund Husserl, Gesammelte Schriften, hrsg. von Elisabeth Ströker, Hamburg 1992, Bd. 5, S. 83 ff.)

127. A 285, B 341; W 302.

128. A 285, B 341; W 302.

129. A 285, B 341; W 302 f.

10. Vorlesung

130. B 137; W 139.

131. S. oben, S. 138 ff.

132. A 494, B 522; W 462.

133. Vgl. Friedrich Nietzsche, Also sprach Zarathustra, in: Sämtliche Werke. Kritische Studienausgabe, hrsg. von Giorgio Colli und Mazzino Montinari, Bd. 4, 3. Aufl., München 1993, S. 35 ff. (»Von den Hinterweltlern«). – Eine Beziehung dieser Seiten zu Kant ist nicht zu erkennen. Wahrscheinlich verwechselte Adorno Nietzsches

Metapher ›Hinterweltler‹ mit der folgenden Passage aus der »Götzendämmerung«: »Ich trage es den Deutschen nach, sich über *Kant* und seine ›Philosophie der Hinterthüren‹, wie ich sie nenne, vergriffen zu haben, – das war *nicht* der Typus der intellektuellen Rechtschaffenheit.« (Nietzsche, a. a. O., Bd. 6, München 1988, S. 121)

134. Vgl. etwa in § 43 der »Ideen«: »Man läßt sich von dem Gedanken irreleiten, die Transzendenz des Dinges sei die eines *Bildes* oder *Zeichens*. Öfters wird die Bildertheorie eifrig bekämpft und dafür eine Zeichentheorie substituiert. Aber die eine wie die andere ist nicht nur unrichtig, sondern widersinnig. Das Raumding, das wir sehen, ist bei all seiner Transzendenz Wahrgenommenes, in seiner *Leibhaftigkeit* bewußtseinsmäßig Gegebenes. Es ist *nicht* statt seiner ein Bild oder ein Zeichen gegeben.« (Husserl, Gesammelte Schriften, a. a. O. [Anm. 126], Bd. 5, S. 89f.)

135. Vgl. Kant, Werke, a. a. O., Bd. IV, S. 223f.

136. Nicht Stauffacher, sondern Tell selber sagt in der vorletzten Szene des Schauspiels: »Da bin ich wieder! Das ist meine Hütte! / Ich stehe wieder auf dem Meinigen!« (Friedrich Schiller, Sämtliche Werke, hrsg. von Gerhard Fricke und Herbert G. Göpfert, 4. Aufl., München 1965, Bd. 2, S. 1023 [»Wilhelm Tell« V/2, v. 3134f.])

137. Vgl. Hans Vaihinger, Die Philosophie des Als ob. System der theoretischen, praktischen und religiösen Fiktionen der Menschheit auf Grund eines idealistischen Positivismus. Mit einem Anhang über Kant und Nietzsche, 4. Aufl., Leipzig 1920.

138. »Tout pour moi devient allégorie.« (Charles Baudelaire, Œuvres complètes. Texte établi, présenté et annoté par Claude Pichois, Paris 1975, Bd. 1, S. 86 [»Le Cygne II«])

139. »Zwei Dinge erfüllen das Gemüt mit immer neuer und zunehmenden Bewunderung und Ehrfurcht, je öfter und anhaltender sich das Nachdenken damit beschäftigt: *Der bestirnte Himmel über mir, und das moralische Gesetz in mir.*« (Kant, Werke, a. a. O., Bd. IV, S. 300)

140. Vgl. A 620ff., B 648ff.; W 548ff.: »Von der Unmöglichkeit des physikotheologischen Beweises«.

141. Vgl. im ersten Buch der »Wissenschaft der Logik«: »Das *unendliche Quantum* als *Unendlichgroßes* oder *Unendlichkleines* ist selbst an sich der unendliche Progreß; es ist Quantum als ein Großes oder Kleines und ist zugleich Nichtsein des Quantums. Das Unendlichgroße und Unendlichkleine sind daher Bilder der Vorstellung, die bei näherer Betrachtung sich als nichtiger Nebel und Schatten zeigen. [...] Das Quantum als Grad ist einfach, auf sich bezogen und als an ihm selbst bestimmt. Indem durch diese Einfachheit das Anderssein und die Bestimmtheit an ihm aufgehoben ist, ist diese ihm äußerlich; es hat seine Bestimmtheit außer ihm. Dies sein Außersichsein ist zunächst das *abstrakte Nichtsein* des Quantums überhaupt, die schlechte Unendlichkeit.« (Hegel, Werke, a. a. O. [Anm. 90], Bd. 5, S. 276 f.) – Den teleologischen Gottesbeweis und seine Kritik durch Kant behandelt Hegel im zweiten Band der »Vorlesungen über die Philosophie der Religion« (vgl. Hegel, Werke, a. a. O. [Anm. 90], Bd. 17, S. 501 ff.).

142. Möglicherweise denkt Adorno an die »Allgemeine Anmerkung zur Exposition der ästhetischen reflektierenden Urteile«: »Der Gegenstand eines reinen und unbedingten intellektuellen Wohlgefallens ist das moralische Gesetz in seiner Macht, die es in uns über alle und jede *vor ihm vorhergehende* Triebfedern des Gemüts ausübt; und, da diese Macht sich eigentlich nur durch Aufopferungen ästhetisch-kenntlich macht [...]: so ist das Wohlgefallen von der ästhetischen Seite (in Beziehung auf Sinnlichkeit) negativ, d. i. wider dieses Interesse, von der intellektuellen aber betrachtet positiv, und mit einem Interesse verbunden. Hieraus folgt: daß das intellektuelle, an sich selbst zweckmäßige (das Moralisch-)Gute, ästhetisch beurteilt, nicht sowohl schön, als vielmehr erhaben vorgestellt werden müsse, so daß es mehr das Gefühl der Achtung (welches den Reiz verschmäht), als der Liebe und vertraulichen Zuneigung erwecke; weil die menschliche Natur nicht so von selbst, sondern nur durch Gewalt, welche die Vernunft der Sinnlichkeit antut, zu jenem Guten zusammenstimmt. Umgekehrt wird auch das, was wir in der Natur außer uns, oder auch in uns (z. B. gewisse Affekten), erhaben nennen, nur als eine Macht des Gemüts, sich über *gewisse* Hindernisse der Sinnlichkeit durch menschliche Grundsätze zu schwingen, vorgestellt, und dadurch interessant werden.« (Kant, Werke, a. a. O., Bd. V: Kritik der Urteilskraft und Schriften zur Naturphilosophie, Darmstadt 1957, S. 361 f.)

143. Influxus physicus, physischer Einfluß, bezeichnet bei Descartes »die Kraft, mit welcher die Seelen der Menschen oder Engel die Körper bewegen« (René Descartes, Die Prinzipien der Philosophie, übers. von Artur Buchenau, 7. Aufl., Hamburg 1955, S. 52). Im Cartesianismus gewann die Lehre des ›Influxionismus‹ als Gegenbewegung gegen den Okkasionalismus große Bedeutung. Kant hat das System des influxus physicus im Paralogismen-Kapitel der ersten Auflage als eine von drei möglichen ›Theorien über die Gemeinschaft zwischen Seele und Körper‹, neben der prästabilierten Harmonie und der Lehre von der übernatürlichen Assistenz, kritisiert (vgl. A 390ff.; W 389ff.). – In der älteren Vorlesung über Erkenntnistheorie von 1957/58 hat Adorno die Lehre vom influxus physicus, etwas vergröbernd, so dargestellt: *Die Vermittlung zwischen den beiden Substanzen hat bei Descartes bereits zu den allergrößten Schwierigkeiten geführt, und er hat sie eigentlich nur durch eine ungemein künstliche und bereits zu seiner eigenen Zeit sehr wenig überzeugende Konstruktion lösen können: nämlich durch die Theorie des sogenannten influxus physicus, des physischen Einflusses; die Lehre davon also, wie die physische Welt, und damit die Körperwelt, auf die Seele Einfluß gewinnen könne. Und er hat dabei die einigermaßen mythologische und kühne Erfindung gemacht, daß eine bestimmte Drüse, nämlich die Zirbeldrüse, magischerweise mit der Fähigkeit begabt sei, diesen Einfluß des Körpers auf die Seele zu vermitteln; und er hat ihr, man muß sagen: in einer krass dogmatischen Weise diese Fähigkeit zugesprochen.* (Vgl. den Raubdruck der *Einleitung in die Erkenntnistheorie*, a. a. O. [Anm. 124], S. 84f.)

144. In der *Negativen Dialektik* finden sich die Gedanken über Verdinglichung als Funktion der Subjektivierung und Arbeit als innerstes Geheimnis des Denkens aufgenommen und weitergetrieben: *Je selbstherrlicher das Ich übers Seiende sich aufschwingt, desto mehr wird es unvermerkt zum Objekt und widerruft ironisch seine konstitutive Rolle. Ontisch vermittelt ist nicht bloß das reine Ich durchs empirische, das als Modell der ersten Fassung der Deduktion der reinen Verstandesbegriffe unverkennbar durchscheint, sondern das transzendentale Prinzip selber, an welchem die Philosophie ihr Erstes gegenüber dem Seienden zu besitzen glaubt. Alfred Sohn-Rethel hat zuerst darauf aufmerksam gemacht, daß in ihm, der allgemeinen und notwendigen Tätigkeit des Geistes, unabdingbar gesellschaftliche Arbeit sich birgt. Der aporetische Begriff des transzendentalen Subjekts, eines Nichtseienden, das doch tun; eines Allgemeinen, das doch Besonderes erfahren soll, wäre eine Seifenblase, niemals aus dem autar-*

kischen Immanenzzusammenhang von notwendig individuellem Bewußtsein zu schöpfen. Diesem gegenüber stellt er jedoch nicht nur das Abstraktere, sondern vermöge seiner prägenden Kraft auch das Wirklichere vor. Jenseits des identitätsphilosophischen Zauberkreises läßt sich das transzendentale Subjekt als die ihrer selbst unbewußte Gesellschaft dechiffrieren. [...] Was seit der Kritik der reinen Vernunft das Wesen des transzendentalen Subjekts ausmacht, Funktionalität, die reine Tätigkeit, die sich in den Leistungen der Einzelsubjekte vollzieht und diese zugleich übersteigt, projiziert freischwebende Arbeit aufs reine Subjekt als Ursprung. Dämmte Kant die Funktionalität des Subjekts dadurch noch ein, daß sie nichtig und leer wäre ohne ein ihr zukommendes Material, so hat er unbeirrt aufgezeichnet, daß gesellschaftliche Arbeit eine an Etwas ist; die größere Konsequenz der nachfolgenden Idealisten hat das ohne Zögern eliminiert. Die Allgemeinheit des transzendentalen Subjekts aber ist die des Funktionszusammenhangs der Gesellschaft [...]. (GS 6, S. 178-180)

11. Vorlesung

145. Dietrich Mahnke, ein ehemaliger Studienrat, schrieb »Das unsichtbare Königreich des deutschen Idealismus« (Halle 1920); möglicherweise dachte Adorno an diesen Titel.

146. Vgl. in der »Ersten Einleitung in die Wissenschaftslehre«: »Was für eine Philosophie man wähle, hängt [...] davon ab, was man für ein Mensch ist: denn ein philosophisches System ist nicht ein todter Hausrath, den man ablegen oder annehmen könnte, wie es uns beliebte, sondern es ist beseelt durch die Seele des Menschen, der es hat. Ein von Natur schlaffer oder durch Geistesknechtschaft, gelehrten Luxus und Eitelkeit erschlaffter und gekrümmter Charakter wird sich nie zum Idealismus erheben.« (Johann Gottlieb Fichte, Sämmtliche Werke, a.a.O. [Anm. 76], 1. Abt., Bd. 1, S. 434) – Adornos Exemplar weist zum ersten Satz die Marginalie auf: *nein. existentielles Motiv. Kierkegaard;* an den Rand des zweiten Satzes schrieb er: *schlimm.*

147. S. oben, S. 99 ff.

148. Wie im vorangehenden Satz auf die *Dialektik der Aufklärung,* so spielt Adorno hier fraglos auf Horkheimers Aufsatz von 1938,

»Montaigne und die Funktion der Skepsis«, an (vgl. Horkheimer, Gesammelte Schriften, a. a. O. [Anm. 3], Bd. 4: Schriften 1936-1941, S. 236ff.).

149. Über Vilfredo Pareto heißt es ähnlich in Adornos *Beitrag zur Ideologienlehre* von 1954: *Pareto zieht [...] die volle Konsequenz des soziologischen Relativismus. Der geistigen Welt, soweit sie mehr sei als mechanische Naturwissenschaft, wird jeder Wahrheitscharakter abgesprochen; sie löst sich auf in bloße Rationalisierungen von Interessenlagen, Rechtfertigungen aller erdenklichen gesellschaftlichen Gruppen. Aus der Kritik der Ideologie ist ein Dschungelrecht des Geistes geworden: Wahrheit zur bloßen Funktion der je sich durchsetzenden Macht.* (GS 8, S. 467f.)

150. Vgl. in der »Phänomenologie des Geistes« den Abschnitt ›Die absolute Freiheit und der Schrecken‹: »Kein positives Werk noch Tat kann [...] die allgemeine Freiheit hervorbringen; es bleibt ihr nur das *negative Tun;* sie ist nur die *Furie* des Verschwindens.« (Hegel, Werke, a. a. O. [Anm. 90], Bd. 3, S. 435f.)

151. Die Begriffe des dialektischen Bildes und der Konstellation gehören zu den von Walter Benjamin in die Philosophie eingeführten, die Adorno charakteristisch umformte. Vgl. zu Benjamins Gebrauch der Begriffe Rolf Tiedemann, Dialektik im Stillstand. Versuche zum Spätwerk Walter Benjamins, Frankfurt a. M. 1983, S. 32ff.; zu Adornos Gebrauch ders., Begriff Bild Name. Über Adornos Utopie der Erkenntnis, in: Frankfurter Adorno Blätter II, München 1993, S. 92ff.

152. So in der »Phänomenologie des Geistes«: »Mit dem Selbstbewußtsein sind wir [...] nun in das einheimische Reich der Wahrheit eingetreten.« (Hegel, Werke, a. a. O. [Anm. 90], Bd. 3, S. 138)

153. Nicht ermittelt. – Was Kierkegaard mit der Formulierung, wenn er sie gebraucht haben sollte, möglicherweise gemeint hat, mag einer Stelle in »Entweder/Oder«, die Adorno in seinem Exemplar angestrichen hat, sich entnehmen lassen: »Die Sprache als Medium betrachtet, ist das absolut geistig bestimmte Medium und ist deshalb das eigentliche Medium der Idee. [...] Die Sprache wen-

det sich ans Ohr, was kein anderes Medium tut, und das Ohr ist der im höchsten Grad geistig bestimmte Sinn.« (Sören Kierkegaard, Gesammelte Werke, Bd. 1: Entweder/Oder. 1. Teil, übers. von Wolfgang Pfleiderer und Christoph Schrempf, Jena 1911, S. 60f.)

154. In der Vorlage heißt es, wohl irrtümlich: *den extremen und normalen Fall.*

155. S. die letzte Vorlesung, oben S. 338ff.

156. Rickert gebraucht den Begriff in etwas anderem Sinn: »Das, was uns zum Bewußtsein kommt, wenn wir an die abbildende Erkenntnis der in Raum und Zeit befindlichen Wirklichkeit denken, besteht darin, daß diese Wirklichkeit an jeder Stelle *anders* ist als an jeder anderen, und daß wir daher nie wissen, wieviel des Neuen und Unbekannten sie uns noch zeigen wird. Wir können das Wirkliche deshalb im Unterschiede vom unwirklichen mathematischen homogenen Kontinuum auch ein *heterogenes Kontinuum* nennen [...].« (Heinrich Rickert, Die Grenzen der naturwissenschaftlichen Begriffsbildung. Eine logische Einleitung in die historischen Wissenschaften, 3. u. 4. Aufl., Tübingen 1921, S. 28)

157. Recte: in der ›Tafel der Kategorien‹; vgl. A 80, B 106; W 118.

158. Adorno scheint vorauszusetzen, daß seinen Hörern der § 16 der ›Transzendentalen Deduktion der reinen Verstandesbegriffe‹ (B 131ff.; W 136ff.) gegenwärtig ist; denkbar ist aber auch, daß hier bei der Tonbandaufnahme oder der Transkription eine Passage ausgefallen ist.

159. Anspielung auf den Beginn der Hegelschen Logik: »*Sein, reines Sein,* – ohne alle weitere Bestimmung. [...] Das Sein, das unbestimmte Unmittelbare ist in der Tat *Nichts* und nicht mehr noch weniger als Nichts. [...] Nichts ist [...] dieselbe Bestimmung oder vielmehr Bestimmungslosigkeit und damit überhaupt dasselbe, was das reine *Sein* ist.« (Hegel, Werke, a.a.O. [Anm. 90], Bd. 5, S. 82f.)

160. Zum Problem des Verhältnisses von Nominalismus und Realismus in der Kantischen Philosophie vgl. auch das erste Kapitel der

Habilitationsschrift von Karl Heinz Haag (Kritik der neueren Ontologie, Stuttgart 1960, S. 10ff.).

161. Vgl. A XVI; W 16.

12. Vorlesung

162. S. oben, S. 108ff.

163. Die ›Verdopplung‹ des Subjekts nennt Adorno in der *Metakritik der Erkenntnistheorie* das ›Skandalon des Idealismus‹: *daß das subjektiv Erzeugte doch zugleich objectum, das dem Subjekt Entgegengesetzte bleiben soll [...]. Kant selber sprach von einem Paradoxon der eigenen Philosophie, das er hoffte, durch die transzendentale Deduktion der reinen Verstandesbegriffe »verständlich zu machen«. In der Kritik der reinen Vernunft konstituiert das Ich die Dinge dadurch, daß es die Kategorien auf Sinnliches anwendet. In Geltung aber bleibt der traditionelle Wahrheitsbegriff, der der Angemessenheit der Erkenntnis an ihren Gegenstand. Danach wären die Erkenntnisse des Subjekts wahr, wenn sie mit dem übereinstimmen, was das Subjekt selbst konstituiert hat. Das Wissen des Subjekts von Objektivem führt, angesichts der radikalen Unbestimmtheit des ›Materials‹, wiederum nur auf das Subjekt zurück und ist insofern in gewissem Sinn tautologisch.* (GS 5, S. 177f.)

164. S. oben, S. 79f. und S. 150f.

165. Zu einer über die hier vorgetragenen Ausführungen noch hinausgehenden Behandlung des Schematismus ist es in der Vorlesung Adornos nicht gekommen. – Eine eingehende Darstellung der Schematismus-Problematik findet sich etwa bei Günter Ralfs, Sinn und Sein im Gegenstande der Erkenntnis. Eine transzendental-ontologische Erörterung (Tübingen 1931), S. 25ff.

166. Platons Lehre vom Begriff ist vor allem in den Spätdialogen »Sophistes«, »Politikos« und »Theaitetos« niedergelegt worden. Begriffsbestimmung hieß ihm, einen Begriff »durch Ausscheidung des Fremdartigen und Festhalten des Eigenartigen in angemessener Weise von dem übrigen abzutrennen«: »Wenn man zuerst eine (gattungsmäßige) Zusammengehörigkeit des Vielen wahrgenommen hat, so soll man nicht eher ablassen, als bis man sich alle Unterschiede

in ihr klargemacht hat, die sich in den Arten ausgeprägt finden und anderseits soll man angesichts der mannigfachen Unähnlichkeiten in der Menge der Objekte unverdrossen unter allen Umständen nicht eher ruhen, als bis man alles Verwandte innerhalb der Grenzen eines einzigen Ähnlichkeitsverhältnisses eingeschlossen und in einem wesenhaften Gattungsbegriff zusammengefaßt hat.« (Politikos, 261 St. und 285 St.; übers. O. Apelt) – Vgl. auch GS 6, S. 53 und S. 403, mit dem Verweis auf Platon, Phaidros, St. 264.

167. »Dieser Schematismus unseres Verstandes, in Ansehung der Erscheinungen und ihrer bloßen Form, ist eine verborgene Kunst in den Tiefen der menschlichen Seele, deren wahre Handgriffe wir der Natur schwerlich jemals abraten, und sie unverdeckt vor Augen legen werden.« (A 141, B 180f.; W 190)

168. S. aber oben, S. 329.

169. A 137, B 176; W 187.

170. Über die antiken Lehren von der Ähnlichkeit sowie zum Ähnlichkeitstopos in der Philosophie Adornos vgl. unten, Anm. 279.

171. A 137, B 176; W 187.

172. S. auch oben, S. 344ff.

173. A 137f., B 176f.; W 187.

174. Aufgenommen, d. h. abgewandelt hat Adorno hier den folgenden Aphorismus Feuerbachs: »Nicht *wider* die Religion sein, aber *über* ihr sein. Die Erkenntnis ist mehr als der Glaube. Ist es auch wenig, was wir wissen, dieses bestimmte Wenige ist doch mehr, als das nebelhafte Mehr, was der Glaube vor dem Wissen voraus hat.« (Ludwig Feuerbach, Sämtliche Werke, hrsg. von Wilhelm Bolin und Friedrich Jodl, Bd. 10, Stuttgart 1911, S. 326) – Vgl. auch Adorno, Nachgelassene Schriften, Abt. IV, Bd. 15: Einleitung in die Soziologie <1968>, hrsg. von Christoph Gödde, Frankfurt a. M. 1993, S. 134, wo Adorno dieselbe Formulierung ›variiert‹.

175. Nach Schadewaldt ein Diktum, das die Überlieferung Sophokles selber zuschreibt: »Oder ein anderes Wort: Er selbst stelle die Menschen dar, wie sie sein sollten, Euripides, wie sie sind. Eine feine Abhebung: Euripides war realistischer. Sophokles war nicht das, was wir idealistisch nennen, aber er sah die Menschen doch mehr in ihrem eigenen und letzten Sein-Sollen, das vielleicht wirklich ihr Sein ist.« (Wolfgang Schadewaldt, Die griechische Tragödie. Tübinger Vorlesungen Band 4, hrsg. von Ingeborg Schudoma, 2. Aufl., Frankfurt a.M. 1992, S. 191)

13. Vorlesung

176. S. oben, S. 22f.

177. A 227f., B 280; W 258.

178. A 112; W 171.

179. S. oben, S. 144ff.

180. A 90, B 122; W 129.

181. Vgl. etwa die folgende Zusammenfassung seiner Kausalitätsanalyse, die Hume im zweiten Buch des »Treatise« gegeben hat: »Alle die Dinge, von denen wir die einen *Ursache,* die anderen *Wirkung* nennen, sind an sich betrachtet, ebenso gesondert und voneinander getrennt wie irgendwelche zwei Dinge in der Natur; und wir können niemals, auch auf Grund der genausten Betrachtung derselben, auf das Dasein des einen aus dem des anderen schließen. Nur durch die Erfahrung und Beobachtung ihrer beständigen Verbindung sind wir instand gesetzt, diesen Schluß zu ziehen. Und zuletzt ist dieser Schluß nichts anderes als die Wirkung der Gewohnheit auf die Einbildungskraft.« (David Hume, Ein Traktat über die menschliche Natur. A Treatise of Human Nature, übers. von Theodor Lipps, Bd. 2: Über die Affekte. Über die Moral, Hamburg 1978, S. 143)

182. A 91, B 124; W 130.

183. Adorno denkt hier an die S. 210 zitierte Stelle A 227f., B 280.

Allerdings stammt diese ebenso wie die vorangehende Formulierung (A 91, B 124; W 130) aus der ersten Auflage und ist in die zweite übernommen worden.

184. S. auch oben, S. 141 sowie die zugehörige Anm. 110. – Von der allgemeinen Krisis der Kausalität heute handelt Adorno ausführlich im Freiheits-Kapitel der *Negativen Dialektik* (vgl. GS 6, S. 262ff.).

185. »Gedanken ohne Inhalt sind leer, Anschauungen ohne Begriffe sind blind.« (A 51, B 75; W 98)

186. Ohne Kants Namen zu nennen, hat Adorno in seiner kurz zuvor geschriebenen zweiten Hegel-Studie *Erfahrungsgehalt* den gesellschaftlichen Gehalt des Subjekts in jeglicher Erkenntnistheorie bestimmt: *Das persönliche Bewußtsein des Individuums, dessen Zusammenhang die traditionelle Erkenntnistheorie analysiert, ist als Schein durchschaubar. Nicht nur verdankt sein Träger Existenz und Reproduktion des Lebens der Gesellschaft. Sondern all das, wodurch es als spezifisch erkennendes sich konstituiert, die logische Allgemeinheit also, die sein Denken durchherrscht, ist, wie zumal die Durkheimschule belegt hat, immer auch gesellschaftlichen Wesens. Das Individuum, das sich selbst, vermöge dessen, was ihm unmittelbar gegeben sein soll, für den Rechtsgrund der Wahrheit hält, gehorcht dem Verblendungszusammenhang einer notwendig sich selbst als individualistisch verkennenden Gesellschaft. Was ihm für das Erste gilt und für das unwiderleglich Absolute, ist bis in jedes sinnliche Einzeldatum hinein abgeleitet und sekundär.* (GS 5, S. 303)

187. Über ›naturalistische Begriffe‹ s. oben, Anm. 111.

188. Neben seinen eigenen, bereits wiederholt angezogenen Arbeiten über Hegel und Husserl hat Adorno hier vor allem die gemeinsam mit Horkheimer verfaßte *Dialektik der Aufklärung* sowie Horkheimers »Eclipse of Reason« im Sinn (vgl. Horkheimer, Gesammelte Schriften, a. a. O. [Anm. 3], Bd. 6: Zur Kritik der instrumentellen Vernunft u. a., Frankfurt a. M. 1991, S. 19ff.).

189. S. oben, S. 68f.

190. In der *Metakritik der Erkenntnistheorie* faßt Adorno seine dialektische Analyse der Konstitutionsproblematik in wenigen Sätzen zu-

sammen: *Die statische Gegenüberstellung von Constituens und Constitutum langt nicht zu. Hat die Erkenntnistheorie herausgearbeitet, daß das Constitutum des Constituens bedarf, so muß umgekehrt die Analyse, wofern sie sich nicht die eigene Idealität ebenso naiv vorgibt wie der naive Realismus die Realität, die für konstitutiv geltenden Tatsachen des Bewußtseins dem eigenen Gehalt, ja der eigenen Möglichkeit nach auf das beziehen, was der herkömmlichen Erkenntnistheorie zufolge erst konstituiert ist.* (GS 5, S. 150)

14. Vorlesung

191. Der Anfang des Satzes ist eine Konjektur des Herausgebers. In der Vorlage findet sich nur: ... *(Anfang fehlt) überhaupt.*

192. Vgl. die Vorrede zur zweiten Auflage: »*Was diese zweite Auflage betrifft,* so habe ich, wie billig, die Gelegenheit derselben nicht vorbeilassen wollen, um den Schwierigkeiten und der Dunkelheit so viel möglich abzuhelfen [...]. [...] in der *Darstellung* ist noch viel zu tun, und hierin habe ich mit dieser Auflage Verbesserungen versucht [...].« (B XXXVII f.; W 37f.)

193. S. oben, S. 32 sowie den Nachweis in Anm. 18.

194. S. oben, S. 210 und passim.

195. A 277, B 333; W 297.

196. A 278, B 334; W 298.

197. Wilhelm Sturmfels (1887-1967), der vom Marburger Neukantianismus herkam, lehrte 1932/33 und seit 1946 als Professor für Philosophie an der Johann Wolfgang Goethe-Universität in Frankfurt a.M. – Über Kant vgl. von Sturmfels »Kant und die Philosophie«, in: Kant und die Wissenschaften. Reden, gehalten am 12. Februar 1954 anläßlich der 150. Wiederkehr des Todestages von Immanuel Kant, Frankfurt a.M. 1955 (Frankfurter Universitätsreden. 12), S. 15ff.

198. A 55f., B 80; W 101.

199. Nicht in der ›letzten Vorlesung‹, sondern in der *Metakritik der Erkenntnistheorie* hat Adorno vom *quid pro quo von Constituens und Constitutum* gesprochen; s. unten, die in Anm. 293 zitierte Stelle.

200. Vgl. A 856, B 884; W 712.

201. Den Gedanken einer Reziprozität von Constituens und Constitutum führt Adorno in den *Aspekten der Hegelschen Philosophie* explizit auf diese zurück: *Wie im Sinne Kants keine Welt, kein Konstitutum ohne die subjektiven Bedingungen der Vernunft, des Konstituens möglich ist, so, fügt Hegels Selbstreflexion des Idealismus hinzu, ist auch kein Konstituens, so sind keine erzeugenden Bedingungen des Geistes möglich, die nicht von tatsächlichen Subjekten und damit schließlich selber von einem nicht bloß Subjektiven, von »Welt« abstrahiert wären. An dem verhängnisvollen Erbe der traditionellen Metaphysik, der Frage nach einem letzten Prinzip, auf das alles sich müsse zurückführen lassen, ist Hegel kraft der insistenten Antwort irre geworden.* (GS 5, S. 258)

15. Vorlesung

202. Hermann Schweppenhäuser (geb. 1928) war 1959 wissenschaftlicher Assistent Adornos am Philosophischen Seminar der Frankfurter Universität.

203. Die tatsächliche Herkunft der immer Aby Warburg zugeschriebenen Maxime »Der liebe Gott steckt im Detail« ist, dem Warburg-Biographen Gombrich zufolge, ›noch immer nicht geklärt‹: »Warburg notierte sie als eines der Motti für sein erstes Seminar an der Hamburger Universität (1925-26), aber er hat sie wahrscheinlich nicht als eigene Erfindung beansprucht. Die französische Version ›le bon Dieu est dans le détail‹ [...] ist Flaubert zugeschrieben worden.« (Ernst H. Gombrich, Aby Warburg. Eine intellektuelle Biographie, aus dem Englischen von Matthias Fienbork, Frankfurt a. M. 1981, S. 28, Anm.)

204. Obwohl schon von Hegel gebraucht und nachdrücklicher von Dilthey benutzt, hat Adorno hier die, seit Heideggers »Sein und Zeit« modisch gewordene, existenzphilosophische Verwendung des Begriffs der Geschichtlichkeit im Sinn. In »Sein und Zeit« heißt

es: »Die Analyse der Geschichtlichkeit des Daseins versucht zu zeigen, daß dieses Seiende nicht ›zeitlich‹ ist, weil es ›in der Geschichte steht‹, sondern daß es umgekehrt geschichtlich nur existiert und existieren kann, weil es im Grunde seines Seins zeitlich ist.« Und: »Nur eigentliche Zeitlichkeit, die zugleich endlich ist, macht so etwas wie Schicksal, das heißt eigentliche Geschichtlichkeit möglich.« (Heidegger, Sein und Zeit, 7. Aufl., Tübingen 1953, S. 376 und 385) Schon Benjamin kritisierte den Heideggerschen Begriff: »Heidegger sucht vergeblich die Geschichte für die Phänomenologie abstrakt, durch die ›Geschichtlichkeit‹ zu retten.« (Benjamin, Gesammelte Schriften, Bd. V, a. a. O. [Anm. 1], S. 577) Adornos Kritik ist der *Negativen Dialektik* zu entnehmen: Durch die Transposition der Geschichte *ins Existential der Geschichtlichkeit [werde] das Salz des Geschichtlichen entfernt, der Anspruch aller prima philosophia auf eine Invariantenlehre ausgedehnt über das, was variiert: Geschichtlichkeit stellt Geschichte still ins Ungeschichtliche, unbekümmert um die geschichtlichen Bedingungen, denen innere Zusammensetzung und Konstellation von Subjekt und Objekt unterliegen.* (GS 6, S. 134 f.)

205. Vgl. den Schluß der »Ersten Einleitung in die Wissenschaftslehre«: »Inwiefern man jene letzten Resultate des Idealismus ansieht, als solche, als Folgen des Raisonnements, sind sie das *a priori*, im menschlichen Geiste; und inwiefern man ebendasselbe, falls Raisonnement und Erfahrung wirklich übereinstimmen, ansieht, als in der Erfahrung gegeben, heißt es *a posteriori*. Das *a priori* und das *a posteriori* ist für einen vollständigen Idealismus gar nicht zweierlei, sondern ganz einerlei; es wird nur von zwei Seiten betrachtet, und ist lediglich durch die Art unterschieden, wie man dazu kommt.« (Fichte, Sämmtliche Werke, a. a. O. [Anm. 76], 1. Abt., Bd. 1, S. 447)

206. Adornos Stellung zu einer ontologischen Kant-Interpretation war weniger eindeutig, als die Vorlesung, wohl auch aus pädagogischen Gründen, zu erkennen gibt. Das ist etwa einer Äußerung über Benjamin zu entnehmen, in der es, im Zusammenhang mit dessen Arbeit über »Schicksal und Charakter«, heißt: *Da man lange nach der Entstehung dieser relativ frühen Arbeit um eine ontologische Auslegung von Kant sich bemühte, so steht heute wohl der Hinweis an, daß unter jenem medusischen, zum Erstarren zwingenden Blick Benjamins das durch und durch funktionale, auf »Tätigkeiten« abzielende Denken Kants*

vorweg zu einer Art Ontologie gefror. Die bei Kant durch die eine *Vernunft miteinander verbundenen und noch in ihrem Gegensatz sich wechselfältig bestimmenden Begriffe des Phänomenalen und Noumenalen werden bei Benjamin zu Sphären einer theokratischen Ordnung.* (GS 11, S. 576)

207. S. die 14. Vorlesung, oben S. 226ff.

208. Den Ausspruch Heideggers über die Soziologie hat Adorno wiederholt angeführt, so schon in seiner Antrittsvorlesung 1931: *Einer der wirksamsten akademischen Philosophen der Gegenwart soll auf die Frage nach dem Verhältnis von Philosophie und Soziologie etwa geantwortet haben: während der Philosoph, einem Baumeister gleich, den Entwurf eines Hauses gebe und ausführe, sei der Soziologe der Fassadenkletterer, der von außen die Wände erklimme und heraushole, was ihm erreichbar sei.* (GS 1, S. 340) 1931 meinte Adorno noch: *Ich wäre geneigt den Vergleich anzuerkennen und zugunsten der Funktion von Soziologie für Philosophie auszulegen. Denn das Haus, dies große Haus ist längst baufällig geworden in den Fundamenten und droht nicht bloß alle die zu erschlagen, die darin sind, sondern es drohen auch alle die Dinge verloren zu gehen, die darin aufbewahrt werden und von denen manches unersetzlich ist. Wenn der Fassadenkletterer diese Dinge, einzelne, oft wohl halbvergessene Dinge stiehlt, tut er ein gutes Werk, wofern sie nur gerettet werden; er wird sie kaum lange behalten, denn ihm sind sie nur wenig wert.* (Ebd.) Nach den Erfahrungen des Faschismus, in dem Aufsatz *Beitrag zur Ideologienlehre* von 1954, war Adorno nicht länger geneigt, die Diffamierung der Gesellschaftswissenschaft harmlos zu deuten: *Bekannt ist der Ausspruch eines heute noch mit viel Autorität auftretenden deutschen Philosophen, der in der Ära des Vorfaschismus die Soziologie mit einem diebischen Fassadenkletterer verglich. Solche Vorstellungen, die längst ins populäre Bewußtsein eingesickert sind und wesentlich zum Mißtrauen gegen die Soziologie beitragen, nötigen [...] zur Reflexion [...].* (GS 8, S. 457f.)

209. S. oben, S. 184.

210. Vgl. etwa GS 5, S. 141: *Nicht ist, wie der Relativismus es will, Wahrheit in der Geschichte, sondern Geschichte in der Wahrheit.* Adorno beruft sich an der Stelle auf das unmittelbar folgende Zitat aus Benjamins Passagenwerk: »Entschiedne Abkehr vom Begriffe der ›zeitlosen Wahrheit‹ ist am Platz. Doch Wahrheit ist nicht – wie der Marxismus es behauptet – nur eine zeitliche Funktion des Erkennens

sondern an einen Zeitkern, welcher im Erkannten und Erkennenden zugleich steckt, gebunden.« (Benjamin, Gesammelte Schriften, Bd. V, a. a. O. [Anm. 1], S. 578) – Das Verhältnis von Genesis und Geltung ist von Adorno häufig behandelt worden, ausführlich etwa, bei Gelegenheit Husserls, in der *Metakritik der Erkenntnistheorie* (vgl. GS 5, S. 79 ff.), aber auch noch in der *Einleitung zum »Positivismusstreit in der deutschen Soziologie«* von 1969, einer seiner spätesten Arbeiten: *Erkenntnistheoretische Metakritik dementiert die Geltung des Kantischen subjektiven Aprioritätsanspruchs, bestätigt jedoch Kant dergestalt, daß seine Erkenntnistheorie, intendiert als eine der Geltung, die Genese der szientistischen Vernunft höchst adäquat beschreibt. Was ihm, in großartiger Konsequenz der szientistischen Verdinglichung, als die Kraft der subjektiven Form dünkt, welche die Wirklichkeit konstituiert, ist in Wahrheit die Summa jenes geschichtlichen Prozesses, in dem die sich loslösende und damit vergegenständlichende Subjektivität als totale Herrscherin von Natur sich aufwarf, das Herrschaftsverhältnis vergaß und es verblendet in die Schöpfung des Beherrschten durch den Herrscher umdeutete. Wohl sind Genesis und Geltung in den einzelnen Erkenntnisakten und Disziplinen kritisch zu distinguieren. Im Bereich der sogenannten Konstitutionsprobleme indessen sind sie unablöslich ineinander, wie sehr das auch der diskursiven Logik widerstrebt. Weil die szientistische Wahrheit die ganze sein will, ist sie nicht die ganze.* (GS 8, S. 303 f.)

211. Kategorien der Heideggerschen Fundamentalontologie; vgl. Sein und Zeit, a. a. O. [Anm. 204]; insbesondere § 38 und §§ 46-60 (ebd., S. 175 ff. u. 235 ff.). – Das ›Vorlaufen zum Tode‹ und die ›Entschlossenheit‹ hat Adorno auch 1964 im *Jargon der Eigentlichkeit* behandelt (vgl. GS 6, S. 518 ff.).

212. Vgl. Franz Brentano, Vom Ursprung sittlicher Erkenntnis, Leipzig 1889.

213. Adorno hat in der *Metakritik der Erkenntnistheorie* den hier zuständigen, entscheidenden Satz aus dem ersten Band der »Logischen Untersuchungen« zitiert (vgl. GS 5, S. 81): »Die Frage ist nicht, wie Erfahrung, die naive oder wissenschaftliche, entsteht, sondern welchen Inhalt sie haben muß, um objektiv gültige Erfahrung zu sein; die Frage ist, welches die idealen Elemente und Gesetze sind, die solche objektive Gültigkeit realer Erkenntnis (und allgemeiner: von Erkenntnis überhaupt) fundieren, und wie diese Leistung eigentlich

zu verstehen ist. Mit anderen Worten: wir interessieren uns nicht für das Werden und die Veränderung der Weltvorstellung, sondern für das objektive Recht, mit dem sich die Weltvorstellung der Wissenschaft jeder anderen gegenüberstellt, mit dem sie *ihre* Welt als die objektiv-wahre behauptet.« (Husserl, Gesammelte Schriften, a. a. O. [Anm. 126], Bd. 2, S. 208 f.)

214. Vgl. Emile Durkheim und Marcel Mauss, De quelques formes primitives de classification, in: L'année sociologique, première série, sixième année, 1901-1902, S. 1 ff. sowie Emile Durkheim, Les formes élémentaires de la vie religieuse. Le système totémique en Australie, 3. Aufl., Paris 1937, S. 12 ff. und S. 627 ff.

16. Vorlesung

215. Vgl. die in der vorigen Anm. nachgewiesenen Arbeiten von Durkheim.

216. Vgl. GS 5, S. 190 ff.

217. Vgl. Franz Borkenau, Der Übergang vom feudalen zum bürgerlichen Weltbild. Studien zur Geschichte der Philosophie der Manufakturperiode, Paris 1934.

218. *κόσμος νοητικός* wurde vom Herausgeber sinngemäß konjiziert; die Vorlage hat an dieser Stelle lediglich ein Fragezeichen.

219. S. oben, S. 34 f., 105 und passim.

220. Wahrscheinlich denkt Adorno an die 10. Vorlesung, s. oben S. 174 ff.

221. S. oben, S. 54, 132, 177 und passim.

222. Vgl. Zarathustras »Lied der Schwermuth«: »So sank ich selber einstmals / Aus meinem Wahrheits-Wahnsinne, / Aus meinen Tages-Sehnsüchten, / Des Tages müde, krank vom Lichte, / – sank abwärts, abendwärts, schattenwärts: / Von Einer Wahrheit / Verbrannt und durstig: / – gedenkst du noch, gedenkst du, heißes Herz,

/ Wie da du durstetest? – / Daß ich verbannt sei / Von *aller* Wahrheit, / Nur Narr! / Nur Dichter!« (Nietzsche, Sämtliche Werke, a. a. O. [Anm. 133], Bd. 4, S. 374)

223. S. oben, S. 167ff.

224. S. die 10. Vorlesung, oben S. 175f.

225. Möglicherweise auch eine Anspielung auf Goethes Faust, der ›erkennen‹ wollte, »was die Welt im Innersten zusammenhält«.

226. Von Adorno in beabsichtigtem Widerspruch zum letzten Satz des »Tractatus logico-philosophicus« formuliert: »Wovon man nicht sprechen kann, darüber muß man schweigen.« (Ludwig Wittgenstein, Werkausgabe, Bd. 1: Tractatus logico-philosophicus, Tagebücher 1914-1916, Philosophische Untersuchungen, Frankfurt a.M. 1989, S. 85) – Vgl. auch GS 8, S. 336f. sowie GS 6, S. 21: *Gegen beide [scil. Bergson und Husserl] wäre zu insistieren auf dem, was ihnen vergebens vorschwebt; gegen Wittgenstein zu sagen, was nicht sich sagen läßt. Der einfache Widerspruch dieses Verlangens ist der von Philosophie selbst: er qualifiziert sie als Dialektik, ehe sie nur in ihre einzelnen Widersprüche sich verwickelt.*

227. Vgl. Ernst Mach, Die Analyse der Empfindungen und das Verhältnis des Physischen zum Psychischen, Jena 1922, S. 22: »Das Ich ist unrettbar.«

228. Zu Hume s. auch oben, S. 137ff.

17. Vorlesung

229. Vgl. »Würde der Frauen«: »Ehret die Frauen! sie flechten und weben / Himmlische Rosen ins irdische Leben [...].« (Schiller, Sämtliche Werke, a. a. O. [Anm. 136], Bd. 1, S. 218)

230. Nicht ermittelt.

231. Joh. 18, 38. – Vgl. Luthers Marginalie: »Ironia est. Wiltu von warheit reden / so bistu verloren.«

232. S. oben, S. 10f.

233. Vgl. Ernst Marcus, Aus den Tiefen des Erkennens. Kants Lehre von der Apperzeption, der Kategorialverbindung und den Verstandesgrundsätzen in neuer verständlicher Darstellung. Ein Kommentar zur transzendentalen Logik, München 1925.

234. Als Hegel zugeschriebenes Zitat beruht die von Adorno wiederholt angeführte Formulierung auf einem Mißverständnis. So heißt es zum Beispiel in der *Philosophie der neuen Musik: Wenn der Kunst die unmittelbare Selbstgewißheit unbefragt hingenommener Stoffe und Formen zergangen ist, dann ist ihr im »Bewußtseyn von Nöthen«, im grenzenlosen Leid, das über die Menschen hereinbrach, und in dessen Spuren im Subjekt selber ein Dunkles zugewachsen, das [. . .] durch seine reale Gewalt die Darstellung im Bilde fast ausschließt.* (GS 12, S. 23) Das ›Zitat‹ wird von Adorno nach der zweiten Auflage des ersten Bandes von Hegels »Vorlesungen über die Aesthetik« in der Ausgabe von H.G. Hotho, Berlin 1842, nachgewiesen; hier steht jedoch auf Seite 37: »Die Musik z. B., welche es sich nur mit der ganz unbestimmten Bewegung des geistigen Innern, mit dem Tönen gleichsam der gedankenlosen Empfindung zu thun macht, hat wenigen oder keinen geistigen Stoff im Bewußtseyn von Nöthen.« Mit anderen Worten: sie hat wenig oder keinen geistigen Stoff im Bewußtsein nötig; das ›Von Nöthen haben‹ ist ein altertümlicher Ausdruck. – Der Sekundärliteratur ist das Adornosche Mißverständnis nicht verborgen geblieben; vgl. etwa Jürgen Trabant, »Bewußtseyn von Nöthen«. Philologische Notiz zum Fortleben der Kunst in Adornos ästhetischer Theorie, in: Theodor W. Adorno, hrsg. von Heinz Ludwig Arnold, 2. Aufl., München 1983, S. 130ff. (Text + Kritik, Sonderband.)

235. Konjektur für *Kryptophilologie*.

18. Vorlesung

236. S. Anm. 167.

237. Kant handelt vom Gewissen vor allem in den »Metaphysischen Anfangsgründen der Tugendlehre«, dem zweiten Teil der »Metaphysik der Sitten«; Adorno könnte an eine Passage wie die folgende

gedacht haben: »Das Bewußtsein eines *inneren Gerichtshofes* im Menschen (›vor welchem sich seine Gedanken einander verklagen oder entschuldigen‹) ist das *Gewissen*. Jeder Mensch hat Gewissen, und findet sich durch einen inneren Richter beobachtet, bedroht und überhaupt im Respekt (mit Furcht verbundener Achtung) gehalten, und diese über die Gesetze in ihm wachende Gewalt ist nicht etwas, was er sich selbst (willkürlich) *macht*, sondern es ist seinem Wesen einverleibt. Es folgt ihm wie sein Schatten, wenn er zu entfliehen gedenkt.« (Kant, Werke, Bd. IV, a. a. O., S. 573) In der »Kritik der praktischen Vernunft« werden dem Gewissen an der einzigen Stelle, an der es wörtlich vorkommt, ebenfalls ›Richteraussprüche‹ zugeschrieben (vgl. ebd., S. 223). Insofern das Gewissen die Stimme des Sittengesetzes ist, hat Kant nachdrückliche Ausführungen über Zwang und Nötigung ebenfalls der »Kritik der praktischen Vernunft« anvertraut: »Das Bewußtsein einer *freien* Unterwerfung des Willens unter das Gesetz, doch als mit einem unvermeidlichen Zwange, der allen Neigungen, aber nur durch eigene Vernunft angetan wird, verbunden, ist nun die Achtung fürs Gesetz. [...] Die Handlung, die nach diesem Gesetze, mit Ausschließung aller Bestimmungsgründe aus Neigung, objektiv praktisch ist, heißt *Pflicht*, welche, um dieser Ausschließung willen, in ihrem Begriffe praktische *Nötigung*, d. i. Bestimmung zu Handlungen, so *ungerne*, wie sie auch geschehen mögen, enthält.« (Ebd., S. 202) – Über den Zusammenhang des Kantischen Gewissens mit dem Überich der Psychoanalyse hat Adorno im Freiheits-Kapitel der *Negativen Dialektik* gehandelt (vgl. GS 6, S. 267 ff.).

238. Vgl. David Hume, Ein Traktat über die menschliche Natur, a. a. O. [Anm. 181], Bd. 1: Über den Verstand, Hamburg 1989, S. 20 ff. – Hume handelt im 4. Abschnitt des 1. Teils »Über die Verknüpfung oder Assoziation der Vorstellungen«: »Der Faktoren nun, aus denen eine solche Association entsteht, und durch welche der Geist in solcher Weise von einer Vorstellung zu einer anderen hingeleitet wird, gibt es drei, nämlich *Ähnlichkeit*, unmittelbarer zeitlicher und räumlicher *Zusammenhang*, und *Ursache* und *Wirkung*.« Zu *Zusammenhang* vgl. aber die Anm. des Übersetzers: »Hume: contiguity in time or place. Die Übersetzung mit ›Berührung‹ in Raum und Zeit ist sprachwidrig. Gemeint ist der unmittelbare Zusammenhang.« (Ebd., S. 21)

239. Über die Differenz von Kant und Hume ›an dieser Stelle‹ heißt es in der *Negativen Dialektik: Humes Kritik am Ich glitt darüber hinweg, daß Bewußtseinstatsachen nicht vorhanden wären, ohne daß sie innerhalb eines einzelnen Bewußtseins, nicht eines beliebigen anderen sich bestimmten. Kant berichtigt ihn, vernachlässigt jedoch auch seinerseits die Reziprozität: seiner Kritik an Hume ist Persönlichkeit zum Prinzip jenseits der Einzelpersonen, zu deren Rahmen erstarrt. Er faßt die Bewußtseinseinheit unabhängig von jeglicher Erfahrung.* (GS 6, S. 288)

240. Vgl. »Sein und Zeit«, insbesondere die §§ 28-30: »Die beiden gleichursprünglichen konstitutiven Weisen, das Da zu sein, sehen wir in der *Befindlichkeit* und im *Verstehen* [...]. [...] Was wir *ontologisch* mit dem Titel Befindlichkeit anzeigen, ist *ontisch* das Bekannteste und Alltäglichste: die Stimmung, das Gestimmtsein. Vor aller Psychologie der Stimmungen [...] gilt es, dieses Phänomen als fundamentales Existenzial zu sehen [...].« (Heidegger, Sein und Zeit, a. a. O. [Anm. 204], S. 133 f.)

241. S. oben, S. 92 f. und 101 f.

242. Adorno behandelte Kants Lehre von den psychologischen Paralogismen bereits ausführlich in *Der Begriff des Unbewußten in der transzendentalen Seelenlehre,* seiner sogenannten ersten Habilitationsschrift von 1927; vgl. GS 1, S. 158 ff.

243. Korrekt müßte es heißen, daß Kant nur den Schluß »von dem transzendentalen Begriffe des Subjekts, der nichts Mannigfaltiges enthält, auf die absolute Einheit dieses Subjekts selber, von welchem ich auf diese Weise gar keinen Begriff habe«, einen transzendentalen Paralogismus nennt (A 340, B 397 f.; W 340); Adornos Bestimmung gilt eher von den dialektischen Schlüssen insgesamt.

244. B 406; W 346.

245. B 407; W 346.

246. B 407; W 346.

247. B 407 f.; W 346 f.

248. B 408f.; W 347.

249. Gemeint sind Worte, die Gides Oedipus zu seinen Söhnen sagt: »Jeder von uns trifft als Jüngling am Beginn seines Laufes ein Ungetüm, und es richtet vor ihm ein Rätsel auf, das uns am Weiterschreiten hindern soll. Und stellt auch diese Sphinx jedem von uns eine verschiedene Frage, so dürft ihr doch überzeugt sein, meine Kinder, daß für alle ihre Fragen die gleiche Antwort bleibt; ja, es gibt nur eine einzige Antwort auf so verschiedene Fragen; und diese einzige Antwort heißt: der Mensch. Und dieser einzige Mensch ist für jeden von uns: er selbst.« (André Gide, Oedipus. Schauspiel in drei Akten, dtsch. von Ernst Robert Curtius, in: Gide, Theater. Gesammelte Stücke, Stuttgart 1968, S. 206)

250. B 409; W 347.

251. S. oben, S. 157f.

252. Vgl. Wilhelm Haas, Die psychische Dingwelt, Bonn 1921.

253. Wahrscheinlich stand Adorno eine Stelle aus der ›Kritischen Beleuchtung der Analytik der reinen praktischen Vernunft‹ vor Augen, an der Kant schreibt, daß wir »voraussetzten, daß alles, was aus seiner Willkür entspringt (wie ohne Zweifel jede vorsätzlich verübte Handlung), eine freie Kausalität zum Grunde habe, welche von der frühen Jugend an ihren Charakter in ihren Erscheinungen (den Handlungen) ausdrückt« (Kant, Werke, Bd. IV, a. a. O., S. 226).

254. Vgl. hierzu GS 6, S. 286f., wo Adorno die in der vorigen Anmerkung zitierte Kant-Stelle analysiert.

255. S. oben, S. 290 sowie die zugehörige Anm. 237.

256. In der *Negativen Dialektik* heißt es deutlicher noch: *Der Vorwurf, in der Objektivität des Sittengesetzes spreize einzig die subjektive Vernunft zum Absoluten sich auf, wäre subaltern. Kant spricht, fehlbar und entstellt, aus, was gesellschaftlich mit Grund zu fordern wäre. Solche Objektivität ist so lange nicht in die subjektive Sphäre, nicht die der Psycholo-*

gie und nicht die der Rationalität, zu übersetzen, sondern existiert zum Bösen und Guten getrennt von ihr fort, bis besonderes und allgemeines Interesse real zusammenstimmen. Das Gewissen ist das Schandmal der unfreien Gesellschaft. (GS 6, S. 272)

257. Vgl. das 3. Kapitel des 1. Abschnitts der Wesenslogik: »Der Grund«, bes. den Teil A (Hegel, Werke, a. a. O. [Anm. 90], Bd. 6, S. 84 ff.).

258. B 306; W 276 f.

259. Adorno spricht in der *Charakteristik Walter Benjamins* von dessen ›Philosophie wider die Philosophie‹: *Nicht übel ließe sie sich darstellen an den Kategorien, die in ihr nicht vorkommen. Von ihnen vermittelt eine Vorstellung die Idiosynkrasie gegen Worte wie Persönlichkeit.* (GS 10·1, S. 245)

260. Vgl. neben der in der vorigen Anmerkung genannten *Charakteristik Walter Benjamins* die *Einleitung zu Benjamins ›Schriften‹* (GS 11, S. 567 ff.).

261. S. oben, S. 233 ff.

262. Vgl. A 259 f., B 315; W 285; s. auch oben, S. 325.

263. Lockes Theorie der Erkenntnis findet sich vor allem im 2. Buch seines »Essay Concerning Human Understanding«, von dem der Autor sagt, daß er darin zeigen wolle, »woher der Verstand alle die Ideen, die er besitzt, nehmen kann, und auf welchen Wegen und in welchem Maße sie in den Geist gelangen können«; Locke beruft sich »hierbei auf die eigene Beobachtung und Erfahrung eines jeden« (John Locke, Über den menschlichen Verstand. Ausg. in 2 Bdn., Berlin 1962, Bd. 1: Buch I und II, S. 107).

264. Konjiziert für *Einbildungskraft*.

265. Konjektur wie in der vorigen Anm.

266. In der *Negativen Dialektik* schrieb Adorno geradezu: *Unter den Leistungen der Kantischen Deduktion rangiert obenan, daß er noch in der*

reinen Form der Erkenntnis, der Einheit des Ich denke, auf der Stufe der Reproduktion in der Einbildungskraft, Erinnerung, die Spur des Geschichtlichen gewahrte. (GS 6, S. 63 f.)

20. Vorlesung

267. Wahrscheinlich denkt Adorno an den § 15 der zweiten Auflage, wo die ›Verbindung eines Mannigfaltigen überhaupt‹ »ein Actus der Spontaneität« und eine »Verstandeshandlung« genannt wird: »unter allen Vorstellungen [ist] die *Verbindung* die einzige [...], die nicht durch Objekte gegeben, sondern nur vom Subjekte selbst verrichtet werden kann, weil sie ein Actus seiner Selbsttätigkeit ist« (B 130; W 135).

268. S. oben, S. 199, sowie die in Anm. 167 zitierte Stelle.

269. Vgl. Heidegger, Kant und das Problem der Metaphysik, a. a. O. [Anm. 44], bes. § 22, S. 96 ff.

270. »Von der Eigentümlichkeit unsers Verstandes aber, nur vermittelst der Kategorien und nur gerade durch diese Art und Zahl derselben Einheit der Apperzeption a priori zu Stande zu bringen, läßt sich eben so wenig ferner ein Grund angeben, als warum wir gerade diese und keine andere Funktionen zu Urteilen haben, oder warum Zeit und Raum die einzigen Formen unserer möglichen Anschauung sind.« (B 145 f.; W 145)

271. S. oben, S. 317 und Anm. 262.

272. A 259 f., B 315; W 285.

273. S. oben, Anm. 270.

274. S. oben, S. 325.

275. Aus solcher Not folgte für Adorno das ›schließliche Scheitern‹ (vgl. GS 5, S. 152) aller Erkenntnistheorie, wie es ihn andauernd beschäftigt und, nach ihrer Metakritik bei Gelegenheit der Phänomenologie, zur verbindlichen Formulierung in einer Fußnote der *Negativen Dialektik* geführt hat: *Das Wort Identität war in der Ge-*

schichte der neueren Philosophie mehrsinnig. Einmal designierte es Einheit des persönlichen Bewußtseins: daß ein Ich in all seinen Erfahrungen als dasselbe sich erhalte. Das meinte das Kantische »Ich denke, das alle meine Vorstellungen soll begleiten können«. Dann wieder sollte Identität das in allen vernunftbegabten Wesen gesetzlich Gleiche sein, Denken als logische Allgemeinheit; weiter die Sichselbstgleichheit eines jeglichen Denkgegenstandes, das einfache A = A. Schließlich, erkenntnistheoretisch: daß Subjekt und Objekt, wie immer auch vermittelt, zusammenfallen. Die beiden ersten Bedeutungsschichten werden auch von Kant keineswegs strikt auseinander gehalten. Das ist nicht Schuld eines laxen Sprachgebrauchs. Vielmehr bezeichnet Identität den Indifferenzpunkt des psychologischen und logischen Moments im Idealismus. Logische Allgemeinheit als die von Denken ist gebunden an die individuelle Identität, ohne welche sie nicht zustande käme, weil sonst kein Vergangenes in einem Gegenwärtigen, damit überhaupt nichts als Gleiches festgehalten würde. Der Rekurs darauf wieder setzt logische Allgemeinheit voraus, ist einer von Denken. Das Kantische »Ich denke«, das individuelle Einheitsmoment, erfordert immer auch das überindividuelle Allgemeine. Das Einzel-Ich ist Eines nur vermöge der Allgemeinheit des numerischen Einheitsprinzips; die Einheit des Bewußtseins selber Reflexionsform der logischen Identität. Daß ein individuelles Bewußtsein Eines sei, gilt nur unter der logischen Voraussetzung vom ausgeschlossenen Dritten: daß es nicht ein Anderes soll sein können. Insofern ist seine Singularität, um nur möglich zu sein, überindividuell. Keines der beiden Momente hat Priorität vorm anderen. Wäre kein identisches Bewußtsein, keine Identität der Besonderung, es wäre so wenig ein Allgemeines wie umgekehrt. So legitimiert erkenntnistheoretisch sich die dialektische Auffassung von Besonderem und Allgemeinem. (GS 6, S. 145 f., Anm.)

276. Vgl. fr. 1 des Anaximandros aus Milet: »Anfang und Ursprung der seienden Dinge ist das ἄπειρον (das grenzenlos-Unbestimmbare). Woraus aber das Werden ist den seienden Dingen, in das hinein geschieht auch ihr Vergehen nach der Schuldigkeit; denn sie zahlen einander gerechte Strafe und Buße für ihre Ungerechtigkeit nach der Zeit Anordnung.« (Diels/Kranz, Die Fragmente der Vorsokratiker, 6. Aufl., Berlin 1951, Bd. 1, S. 89) – In der Einleitung zur *Metakritik der Erkenntnistheorie* schreibt Adorno von den überlieferten Erkenntnistheorien: *eine jegliche steht unter dem Fluch des Anaximander, dessen Seinsphilosophie, eine der frühesten, gleichsam das spätere Schicksal aller weissagte* (GS 5, S. 32).

277. In der *Metakritik der Erkenntnistheorie* hat Adorno das mit Bezug auf diejenige Husserls getan, die sich *zu einem Schuldzusammenhang* ›verschränke‹ und *ungewollt Erkenntnistheorie analog zu einem universalen Rechtsverhältnis* ›konstruiere‹: *In der Figur eines niemals erfüllten, darum in sich unendlichen, ausweglos sich wiederholenden Vertrages partizipiert noch die aufgeklärteste Erkenntnistheorie an dem Mythos vom Ersten.* (GS 5, S. 33f.)

278. S. auch schon oben, S. 40 und S. 55.

279. Von der antiken Vorgeschichte des Motivs erkenntnistheoretischer Ähnlichkeit handelt eine Anmerkung zur *Metakritik der Erkenntnistheorie: Einer Angabe des Theophrast in »De Sensu« zufolge lehrte bereits der Parmenides die Ähnlichkeit zwischen Wahrnehmendem und Wahrgenommenem, während Heraklit vertreten habe, nur das Unähnliche, Entgegengesetzte könne das Ähnliche erkennen. Platon folgte der eleatischen Tradition. Aristoteles führte selbst die Platonische μέθεξις auf eine Lehre von der Ähnlichkeit zurück: die Pythagoreische, daß die Dinge durch Nachahmung der Zahlen existierten (Metaphysik A, 987b). Unter den Beweisen für die Unsterblichkeit der Seele im Phaidon fehlt nicht das Argument, der Ähnlichkeit des Leibes mit der Erscheinungs- entspreche eine der Seele mit der Ideenwelt (St. 79). Davon ist nicht weit bis zum Schluß auf die Ähnlichkeit von Subjekt und Objekt in der Erkenntnis.* (GS 5, S. 147f., Anm.) – Vgl. auch a. a. O. die Fortsetzung über Mimesis, ohne deren ›wie immer auch sublimierten Zusatz‹ *der Bruch von Subjekt und Objekt absolut und Erkenntnis unmöglich* wäre (ebd., S. 148). – In der *Negativen Dialektik* ist dann die geschichtsphilosophische Dechiffrierung des Motivs nachzulesen: *Je gründlicher das Subjekt, nach idealistischem Brauch, die Natur sich gleichmacht, desto weiter entfernt es sich von aller Gleichheit mit ihr. Affinität ist die Spitze einer Dialektik von Aufklärung. Sie schlägt in Verblendung, begriffslose Vollstreckung von außen zurück, sobald sie die Affinität vollends durchschneidet. Ohne diese keine Wahrheit: das hat der Idealismus identitätsphilosophisch karikiert. Das Bewußtsein weiß von seinem Anderen soviel, wie es ihm ähnlich ist, nicht indem es sich samt der Ähnlichkeit ausstreicht.* (GS 6, S. 266f.)

280. Ein Gedanke, der weiterführt, als ihm an Ort und Stelle anzusehen ist: *Hegels Doktrin* – wird Adorno in der *Negativen Dialektik* lehren –, *Logik und Metaphysik seien dasselbe, wohnt Kant inne, ohne daß sie bereits thematisch würde. Ihm wird die Objektivität der Vernunft als*

solcher, der Inbegriff formallogischer Gültigkeit, zur Zufluchtsstätte der in allen materialen Bereichen von Kritik tödlich ereilten Ontologie. Das stiftet nicht nur die Einheit der drei Kritiken: als dies Einheitsmoment gerade erlangt Vernunft jenen Doppelcharakter, welcher nachmals Dialektik motivieren half. Vernunft ist ihm einerseits, unterschieden von Denken, die reine Gestalt von Subjektivität; andererseits, Inbegriff objektiver Gültigkeit, Urbild aller Objektivität. Ihr Doppelcharakter erlaubt der Kantischen Philosophie wie den deutschen Idealisten ihre Wendung: die von Subjektivität nominalistisch ausgehöhlte Objektivität der Wahrheit und jeglichen Gehalts kraft derselben Subjektivität zu lehren, die sie vernichtet hat. (GS 6, S. 233)

21. Vorlesung

281. Zum Schematismus-Kapitel s. aber oben, S. 197ff.

282. Vgl. A 23, B 38; W 72 und A 30, B 46; W 78.

283. Vgl. den Anfang des § 2 der ›Transzendentalen Ästhetik‹: »Vermittelst des äußeren Sinnes (einer Eigenschaft unsres Gemüts) stellen wir uns Gegenstände als außer uns, und diese insgesamt im Raume vor. Darinnen ist ihre Gestalt, Größe und Verhältnis gegen einander bestimmt, oder bestimmbar. Der innere Sinn, vermittelst dessen das Gemüt sich selbst, oder seinen inneren Zustand anschauet, gibt zwar keine Anschauung von der Seele selbst, als einem Objekt; allein es ist doch eine bestimmte Form, unter der die Anschauung ihres innern Zustandes allein möglich ist, so, daß alles, was zu den innern Bestimmungen gehört, in Verhältnissen der Zeit vorgestellt wird.« (A 22f., B 37; W 71)

284. S. oben, S. 255ff.

285. S. oben, S. 252ff.

286. Vgl. A 24, B 38f.; W 72 und A 31, B 46; W 78.

287. Vgl. A 24f., B 39; W 73 und A 31f., B 47; W 79.

288. Adorno denkt an Ausführungen, die im Anhang zum ersten Band der »Welt als Wille und Vorstellung« stehen: »Die *transzendentale Ästhetik* ist ein so überaus verdienstvolles Werk, daß es allein hinreichen könnte, Kants Namen zu verewigen. Ihre Beweise haben so volle Überzeugungskraft, daß ich die Lehrsätze derselben den unumstößlichen Wahrheiten beizähle, wie sie ohne Zweifel auch zu den folgenreichsten gehören, mithin als das Seltenste auf der Welt, nämlich eine wirkliche, große Entdeckung in der Metaphysik zu betrachten sind.« (Arthur Schopenhauer, Sämtliche Werke, a. a. O. [Anm. 89], Bd. I: Die Welt als Wille und Vorstellung I, Darmstadt 1982, S. 590)

289. Vgl. A 25, B 39f.; W 73 und A 32, B 47f.; W 79.

290. Vgl. in der ›Antithetik der reinen Vernunft‹ die ›Anmerkung‹ zur ersten Thesis, in der Kant »von der Unendlichkeit einer gegebenen Größe« spricht, wie dieselbe »nach der Gewohnheit der Dogmatiker« verstanden werde (A 430, B 458; W 416).

291. Ähnlich formuliert Adorno noch in dem Text *Zu Subjekt und Objekt,* einem in seinem letzten Lebensjahr geschriebenen Epilegomenon zur *Negativen Dialektik: Für den Vorrang des Objekts spricht wohl ein mit Kants Konstitutionslehre Unvereinbares: daß die ratio in den modernen Naturwissenschaften über die Mauer blickt, die sie selbst errichtet; ein Zipfelchen dessen erhascht, was mit ihren eingeschliffenen Kategorien nicht übereinkommt. Solche Erweiterung der ratio erschüttert den Subjektivismus.* (GS 10·2, S. 748)

292. Eine ›Kontroverse‹ zwischen Ernst Cassirer und Max Born konnte bisher nicht ermittelt werden. Vgl. jedoch Cassirers Arbeit »Zur Einsteinschen Relativitätstheorie« von 1921, die einen Abschnitt ›Der Raum- und Zeitbegriff des kritischen Idealismus und die Relativitätstheorie‹ enthält (Ernst Cassirer, Zur modernen Physik, 7. Aufl., Darmstadt 1994, S. 67ff.).

293. Wohl auch unter Zeitdruck, den das zuendegehende Semester mit sich brachte, sind Interpretation und Kritik der ›Transzendentalen Ästhetik‹ in der Vorlesung ein wenig lapidar geraten. Es seien deshalb die Ausführungen zitiert, die Adorno in der *Metakritik der Erkenntnistheorie* dem Gegenstand gewidmet hat: *Die Kantische tran-*

szendentale Ästhetik findet mit dem quid pro quo von Constituens und Constitutum sich ab, indem sie die Sinnlichkeit entsinnlicht. Ihre reine Anschauung ist nicht mehr anschaulich. Die Verwiesenheit des Gegebenen auf ein je schon Konstituiertes schlägt in der Kantischen Terminologie sich nieder, in Redeweisen wie eben jener immer wiederkehrenden, daß »uns« Gegenstände gegeben seien. An ihrem Widerspruch zur Lehre vom Gegenstand als bloßer Erscheinung hat man seit Maimon sich gestoßen, anstatt des impliziten Zugeständnisses der Grenze der Apriorität an jenem Constitutum innezuwerden, dessen Konstitution der Apriorismus leisten soll. Aber im Zentrum des Kantischen Versöhnungsversuchs wohnt eine Paradoxie, zu welcher der unauflösliche Widerspruch sich zusammengezogen hat. Er wird sprachlich indiziert von der Nomenklatur »reine Anschauung« für Raum und Zeit. Anschauung als unmittelbare sinnliche Gewißheit, als die Gegebenheit unterm Aspekt des Subjekts, benennt einen Typus von Erfahrung, der, als eben ein solcher, überhaupt nicht »rein«, nicht von Erfahrung unabhängig sein kann; reine Anschauung wäre ein hölzernes Eisen, Erfahrung ohne Erfahrung. Wenig hülfe es, wenn man die reine Anschauung als laxe Redeweise für die von allem besonderen Inhalt gereinigten Formen der Anschauung interpretierte. Daß Kant vielmehr in der transzendentalen Ästhetik zwischen den Ausdrücken »Form der Anschauung« und »reine Anschauung« schwankt, bezeugt die Inkonsistenz der Sache. Er will verzweifelt, wie mit einem Schlag, Unmittelbarkeit und Apriorität auf den gemeinsamen Nenner bringen, während der Begriff der Form, als auf einen Inhalt verwiesen, selbst bereits eine Vermittlung, wenn man will ein Kategoriales darstellt. Die reine Anschauung, als unmittelbar und nicht begrifflich, wäre eben selbst sinnlich, »Erfahrung«; die reine, von der Beziehung auf jeglichen Inhalt gelöste Sinnlichkeit keine Anschauung mehr, sondern einzig »Gedanke«. Eine Form der Sinnlichkeit, die das Prädikat der Unmittelbarkeit verdiente, ohne doch selber Gegebenheit zu sein, ist absurd. Die Formen der Sinnlichkeit werden von Kant überhaupt nur darum den Kategorien, unter denen sie ja, wie jener moniert, bei Aristoteles ohne Differenzbestimmung eingeführt waren, so emphatisch gegenübergestellt, weil sonst die in diesen Formen angeblich vorhandene unmittelbare Gegebenheit gefährdet wäre: Kant müßte zugestehen, daß das »Material«, an dem die kategoriale Arbeit sich betätigen soll, selbst bereits vorgeformt sei. Raum und Zeit, so wie die transzendentale Ästhetik sie herauspräpariert, sind allen gegenteiligen Versicherungen zum Trotz Begriffe, nach Kantischer Redeweise Vorstellungen einer Vorstellung. Sie sind nicht anschaulich, sondern die obersten Allgemeinheiten, unter denen »Gegebenes« befaßt wird. Daß aber in der Tat von keinem Gegebenen unabhängig von diesen

Begriffen die Rede sein kann, macht Gegebenheit selber zu einem Vermittelten. Soviel ist wahr an der Kantkritik des spekulativen Idealismus, welche den Gegensatz von Form und Inhalt verflüssigte. Keine Materie ist von den Formen abzusondern. Dennoch aber ist die Form einzig als Vermittlung der Materie. In solchem Widerspruch drückt Einsicht in die Nichtidentität, die Unmöglichkeit sich aus, in subjektiven Begriffen ohne Überschuß einzufangen, was nicht des Subjekts ist; schließlich das Scheitern von Erkenntnistheorie selber. Die gesamte Konzeption des Schematismuskapitels ist objektiv dadurch motiviert, daß Kant nachträglich des kategorialen Wesens dessen, was ihm Sinnlichkeit heißt, innewird. Dadurch, daß er, was als Rohmaterial der Erkenntnis am Anfang stand, durch eine »verborgene Kunst in den Tiefen der menschlichen Seele« vorgeformt sein läßt, kann er die Gleichartigkeit von kategorialer Form und sinnlichem Inhalt statuieren, ohne welche die beiden »Stämme« der Erkenntnis schlechterdings nicht zusammenfänden. Die Lehre vom Schematismus widerruft unausdrücklich die transzendentale Ästhetik. Gälte diese in der Tat so, wie die Architektur des Systems es vorschreibt, dann wäre der Übergang zur transzendentalen Logik ein Wunder. Wird aber die reine Sinnlichkeit, in voller Konsequenz des Programms der Ästhetik, ihrer Materie enteignet, so reduziert sie sich auf ein selbst bloß Gedachtes, ein Stück transzendentaler Logik, und es wäre nicht zu verstehen, wieso Denken erst hinzuträte. Kant selbst, der den begrifflichen Charakter von Raum und Zeit bestreitet, kommt doch nicht darüber hinweg, daß Raum und Zeit nicht vorgestellt werden können ohne Räumliches und Zeitliches. Insofern sind sie selber nicht anschaulich, nicht »sinnlich«. Diese Aporie erzwingt die kontradiktorischen Aussagen, daß einerseits Raum und Zeit »Anschauungen« seien, andererseits »Formen«. (GS 5, S. 150ff.)

294. Vgl. den Abschnitt A.b. im 3. Kapitel der Wesenslogik, ›Form und Materie‹ (Hegel, Werke, a. a. O. [Anm. 90], Bd. 6, S. 88ff.). – Wahrscheinlich sah Adorno eine Parallele zur ›Transzendentalen Ästhetik‹ als *einer Art von Grundschicht der Erkenntnis* im Anfang der Hegelschen Ausführungen: »Die Materie ist [...] die einfache unterschiedslose Identität, welche das Wesen ist, mit der Bestimmung, das Andere der Form zu sein. Sie ist daher die eigentliche *Grundlage* oder Substrat der Form, weil sie die Reflexion-in-sich der Formbestimmungen oder das Selbständige ausmacht, auf das sie sich als auf ihr positives Bestehen beziehen.« (Ebd., S. 88)

295. Ähnlich hat Adorno auch die Hegelsche »Logik« gelesen. Bei Hegel heißt es in dem Abschnitt ›Form und Materie‹: »Die Materie, das als gleichgültig Bestimmte, ist das *Passive* gegen die Form als *Tätiges*. Diese ist als das sich auf sich beziehende Negative der Widerspruch in sich selbst, das sich Auflösende, sich von sich Abstoßende und Bestimmende. Sie bezieht sich auf die Materie, und sie ist *gesetzt,* sich auf dies ihr Bestehen als auf ein Anderes zu beziehen. Die Materie hingegen ist gesetzt, sich nur auf sich selbst zu beziehen und gleichgültig gegen Anderes zu sein; aber sie bezieht sich *an sich* auf die Form, denn sie enthält die aufgehobene Negativität und ist nur Materie durch diese Bestimmung.« (Hegel, Werke, a. a. O., [Anm. 90], Bd. 6, S. 89 f.) In seinem Exemplar der »Logik« notierte Adorno am Rand dieser Stelle: *sehr tief. In der Vermittlung sind nicht beide Momente »gleich«. Materialismus.* – Über Vermittlung und Unmittelbarkeit vgl. auch den zweiten Teil der *Negativen Dialektik,* insbesondere den Abschnitt ›Vermittlung durch Objektivität‹ (GS 6, S. 172 ff.).

296. Eine letzte Version seiner Kant-Deutung und -Kritik hat Adorno noch in der achten These *Zu Subjekt und Objekt* gegeben, die dem Verhältnis des Dings an sich zum Nichtidentischen gilt (vgl. GS 10·2, S. 752 ff.). Daß im Ding an sich *in Kant die Erinnerung an das gegen die Konsequenzlogik widerspenstige Moment, die Nichtidentität* überlebe, hatte vorher schon die *Negative Dialektik* (GS 6, S. 286, Anm.) festgehalten, in der unter dem Titel *Vorrang des Objekts* der Gedanke zur eigenen Theorie entfaltet worden war. – Die *Anmerkungen zum philosophischen Denken* von 1964, eine in den Kontext der *Negativen Dialektik* gehörende Gelegenheitsarbeit, notiert und schlichtet den Widerspruch, in dem Adornos Vorrang des Objekts zur Kantischen Kopernikanischen Wendung in Subjektivität zu stehen scheint: *Objektivität, die Wahrheit der Gedanken hängt an ihrer Relation zur Sache. Subjektiv betrachtet ist philosophisches Denken ohne Pause mit der Forderung konfrontiert, konsequenzlogisch sich in sich zu verhalten und dennoch das in sich zu empfangen, was es nicht selber ist und was sich a priori seiner eigenen Gesetzmäßigkeit nicht unterwirft. Denken als subjektiver Akt muß erst recht der Sache sich überantworten, wo es, wie Kant und die Idealisten es lehrten, die Sache konstituiert oder gar produziert. Von ihr hängt Denken dort noch ab, wo ihm der Begriff einer Sache problematisch ist und es sich anheischig macht, sie erst zu stiften. Kaum ein stärkeres Argument für den zerbrechlichen und einzig in der wechselseitigen Vermittlung*

von Subjekt und Objekt zu fassenden Vorrang des Objekts bietet sich an, als daß Denken einem Objekt sich anschmiegen muß, auch wenn es ein solches noch gar nicht hat, gar es zu erzeugen meint. Solche Sachlichkeit der Methode hat bei Kant ihren Niederschlag im Gehalt. Zwar ist sein Denken gerichtet auf die Formen des Subjekts, sucht aber sein Ziel in der Bestimmung von Objektivität. Trotz der Kopernikanischen Wendung und durch diese hindurch bestätigt Kant ungewollt den Vorrang des Objekts. (GS 10·2, S. 601 f.) – Der erwähnte Text *Zu Subjekt und Objekt*, ein Nachwort zur *Negativen Dialektik*, faßt zusammen: *Vorrang des Objekts heißt [...], daß Subjekt in einem qualitativ anderen, radikaleren Sinn seinerseits Objekt sei als Objekt, weil es nun einmal anders nicht denn durch Bewußtsein gewußt wird, auch Subjekt ist. Das durch Bewußtsein Gewußte muß ein Etwas sein, Vermittlung geht auf Vermitteltes. Subjekt aber, Inbegriff der Vermittlung, ist das Wie, niemals, als dem Objekt Kontrastiertes, das Was, das durch jegliche faßbare Vorstellung vom Subjektbegriff postuliert wird. Von Objektivität kann Subjekt potentiell, wenngleich nicht aktuell weggedacht werden; nicht ebenso von Subjektivität das Objekt. Aus Subjekt, gleichgültig, wie es bestimmt werde, läßt ein Seiendes nicht sich eskamotieren. Ist Subjekt nicht etwas – und »etwas« bezeichnet ein irreduzibel objektives Moment –, so ist es gar nichts; noch als actus purus bedarf es des Bezugs auf ein Agierendes. Der Vorrang von Objekt ist die intentio obliqua der intentio obliqua, nicht die aufgewärmte intentio recta; das Korrektiv der subjektiven Reduktion, nicht die Verleugnung eines subjektiven Anteils.* (GS 10·2, S. 746 f.) – Über den Zusammenhang der eigenen Theorie vom Vorrang des Objekts mit der »Kritik der reinen Vernunft« hat Adorno in der *Negativen Dialektik* ausgeführt: *Kant noch hat das Moment des Vorrangs von Objektivität nicht sich ausreden lassen. Er hat sowohl die subjektive Zergliederung des Erkenntnisvermögens in der Vernunftkritik aus objektiver Absicht gesteuert, wie hartnäkkig das transzendente Ding an sich verteidigt. Ihm stand vor Augen, daß es dem Begriff eines Objekts nicht schlechthin widerspräche, an sich zu sein; daß seine subjektive Vermittlung weniger der Idee des Objekts zuzurechnen ist als der Insuffizienz des Subjekts. Während es auch bei ihm nicht aus sich heraus gelangt, opfert er doch nicht die Idee der Andersheit. Ohne sie verkäme Erkenntnis zur Tautologie; das Erkannte wäre sie selbst. Das irritierte offenbar die Kantische Meditation mehr, als die Inkonzinnität, das Ding an sich sei die unbekannte Ursache der Erscheinungen, während doch von der Vernunftkritik Kausalität als Kategorie dem Subjekt zugeschlagen wird. War die Konstruktion der transzendentalen Subjektivität die großartig paradoxe und fehlbare Anstrengung, des Objekts in seinem Gegenpol mächtig zu werden, so wäre auch insofern erst durch ihre Kritik zu vollbringen, was die positive, idealistische Dialektik nur proklamierte. Soweit bedarf es eines ontologischen Moments, wie Ontologie kritisch dem Subjekt die bündig konstitutive Rolle aberkennt, ohne daß doch das Subjekt durchs Objekt gleich wie in zweiter Unmittelbarkeit substituiert würde. Einzig subjektiver Reflexion, und der aufs Subjekt, ist der Vorrang des Objekts erreichbar.* (GS 6, S. 185f.)

Editorisches Nachwort

Zu Beginn der sechziger Jahre, im Gespräch mit jüngeren Mitarbeitern, charakterisierte Horkheimer einmal die Arbeitsteilung, die zwischen Adorno und ihm seit langem sich herausgebildet hatte, mit den Worten, es sei Adorno zugefallen, die gemeinsame Theorie aufzuschreiben, und zwar gleich so, daß es ›stehenbleiben‹ könne, während er selber den Unterricht der Studenten zu seiner Sache gemacht habe. Als Adorno, wie es nicht ausbleiben konnte, diese Äußerung des damals wohl schon emeritierten Freundes hinterbracht wurde, reagierte er einigermaßen ungehalten: ob das etwa heißen solle, daß er die akademische Lehre vernachlässige? Aufgeschrieben hat Adorno seine Vorlesungen freilich nicht, aber wieviel Zeit und Ausdauer er gleichwohl auf die Lehre verwandt hat, ist über den begrenzten Kreis seiner Hörer hinaus kaum recht zu überblicken gewesen und unterdessen vollends in Vergessenheit geraten. In jenen eineinhalb Jahren, die der junge Privatdozent vor 1933 lehren durfte, und nach seiner Rückkehr aus dem Exil im Herbst 1949 hielt er, mit einer zweimaligen Unterbrechung für jeweils zwei Semester, bis zu seinem Tod 1969 in jedem Semester ein zweistündiges Kolleg; abgesehen von der letzten, einer *Einleitung in die Soziologie,* galten sämtliche Vorlesungen philosophischen Gegenständen. Von manchen der bis zum Sommer 1957 gehaltenen Vorlesungen sind im Nachlaß Adornos seine handschriftlichen Entwürfe vorhanden, die allerdings nur selten über die Stichwortform hinausgehen; von einigen dieser frühen Vorlesungen existieren zudem mehr oder weniger zuverlässige, in der Regel fragmentarische Nachschriften. Erst seit dem Wintersemester 1957/58 ließ Adorno seine Kollegs auf Tonband aufnehmen und nach den Bändern abschreiben. Auf diese Weise sind von den 35 Vorlesungen, die Adorno im Laufe seiner Lehrtätigkeit insgesamt gehalten hat, immerhin fünfzehn überliefert worden.

Keine seiner Vorlesungen hat Adorno veröffentlicht, wie er sich auch meistens weigerte, selbst nahen Schülern oder Freunden, wenn sie etwa eine Kollegstunde versäumt hatten, Einblick in die Transkriptionen der Bandaufnahmen zu gewähren. Herstellen und abschreiben ließ Adorno die Bandaufnahmen mit der Absicht, zu einem späteren Zeitpunkt bei noch zu schreibenden Arbeiten darauf zurückzugreifen. Wieweit er dies tatsächlich getan hat, wird sich erst anhand der gedruckten Vorlesungen übersehen lassen, jedenfalls weisen nur verhältnismäßig wenige der Transkriptionen Spuren einer Lektüre durch Adorno auf. Fraglos hätte Adorno der posthumen Publikation der Vorlesungen sein Einverständnis verweigert. Seine Gründe mag man den Sätzen entnehmen, mit denen er 1962 der Publikation eines einzelnen improvisierten Vortrags seine Zustimmung gab: er sei *sich dessen bewußt, daß in seiner Art von Wirksamkeit gesprochenes und geschriebenes Wort noch weiter auseinander treten als heute wohl durchweg. Spräche er so, wie er um der Verbindlichkeit der sachlichen Darstellung willen schreiben muß, er bliebe unverständlich; nichts aber, was er spricht, kann dem gerecht werden, was er von einem Text zu verlangen hat. [...] Darin, daß allerorten die Tendenz besteht, die freie Rede, wie man das so nennt, auf Band aufzunehmen und dann zu verbreiten, sieht er selber ein Symptom jener Verhaltensweise der verwalteten Welt, welche noch das ephemere Wort, das seine Wahrheit an der eigenen Vergänglichkeit hat, festnagelt, um den Redenden darauf zu vereidigen. Die Bandaufnahme ist etwas wie der Fingerabdruck des lebendigen Geistes.* (GS 20·1, S. 360) Wenn das Theodor W. Adorno Archiv dennoch inzwischen begonnen hat, die erhaltenen Vorlesungen Adornos herauszugeben, so rechtfertigt deren sachliche Bedeutung das Editionsvorhaben. Es muß jedoch von dem nachdrücklichen Appell an die Leser begleitet sein, keinen Augenblick vergessen zu wollen, daß man keinen Text Adornos vor sich hat, sondern das Protokoll einer Rede, die der Redner der Vergessenheit zu widmen gedachte.

Adorno, der mehrere Jahre in Oxford, wie er gelegentlich an Walter Benjamin schrieb, *das Leben eines mittelalterlichen Studenten in Cap and Gown [...] zu führen [...] gezwungen* (Theodor W. Adorno/Walter Benjamin, Briefwechsel 1928-1940, hrsg. von Henri Lonitz, Frankfurt a. M. 1994, S. 76) war, durchschaute die Form der akademischen Vorlesung, des traditionellen Kollegs als archaisch. Was in der Universität des Mittelalters und noch bis zu den Tagen Hegels möglich und sinnvoll war, die Autorität der Lehre – im Geist von Theologie oder zumindest des geschlossenen Systems wie im deutschen Idealismus – autoritär, in ununterbrochener Rede vorzutragen, hatte längst seinen Sinn eingebüßt. Adorno suchte mit seinen Vorlesungen aus solcher Not eine Tugend zu machen, indem er in ihnen nicht länger lehrhaft reden zu können in Anspruch nahm und keine bereits fixierten, zuendegedachten und ausformulierten Texte verlas. Das ist zunächst ganz wörtlich zu verstehen: Adorno hat im Kolleg stets frei improvisierend gesprochen, lediglich auf wenige, in der Regel kurz vorher notierte Stichwörter sich stützend, in denen er nur selten Argumentationen auch nur andeutete, meistens nicht mehr als die geplante Abfolge der Themen festhielt. Er überließ sich in seinen Vorlesungen im Ernst – so formulierte er es, in einem für Horkheimer geschriebenen Text, als Forderung an den gegenwärtigen Hochschulunterricht – *dem Element der geistigen Freiheit in Gestalt der Reflexion, der deutenden Interpretation, der Kritik, des produktiven Weitertreibens von Ideen* (vgl. Max Horkheimer, Gesammelte Schriften, Bd. 8, hrsg. von Gunzelin Schmid Noerr, Frankfurt a. M. 1985, S. 396f.). Daß wohl die Mehrzahl der Studenten durch seinen Vortrag überfordert wurde, war Adorno durchaus gegenwärtig. Er fand zwar in solcher Überforderung etwas von jener Humanität aufbewahrt, die sonst allenthalben verlorenzugehen im Begriff war, versuchte aber ebenfalls, das Gefühl des Ausgeschlossenseins zu mildern, das manchen seiner Hörer angesichts des Niveaus erfassen mochte, auf das sich zu begeben der Adornosche Vortrag von ihm verlangte. Dieser Versuch, der in der vorliegenden Vorlesung die Gestalt der Fiktion annahm, daß die Hörer vom zu behandelnden Gegenstand ›noch nichts wissen‹, könnte den Einleitungscharakter, den gelegentlich sich vordrängenden pädagogischen Gestus erklären helfen, der den Adornoschen Vorlesungen nicht selten eignet und der im produktiven Widerspruch zu ihrem Reflexionsanspruch steht: wie der letztere immer der Anspruch der Sache ist, niemals der professorale, angemaßte des Vortragenden, so sind die Vorlesungen Adornos doch nicht weniger um der Lernenden willen gehalten worden. In einem 1955 in einer Studentenzeitung erschienenen Text *Zum Studium der Philosophie* hat Adorno sich mit den falschen Reaktionen befaßt, denen gerade seine Vorlesungen immer wieder begegneten: *Gespannt warten manche Studenten darauf, welche Partei nun der Dozent nimmt, geraten in Bewegung, wenn sie ein affirmatives oder polemisches Wort hören, und ziehen die Position der Reflexion vor. Äußerste Vorsicht ist geraten gegenüber jeglicher Verfälschung der philosophischen Nuance, in der meist das Wichtigste, die spezifische Differenz, sich versteckt. Das überwertige Bedürfnis des Mitschreibens etwa reduziert das Vorgetragene auf Thesen und läßt als schmückendes Beiwerk das weg, worin der Gedanke eigentlich lebt, wofern nicht gar Rancune gegen Überlegungen sich regt, welche die These versagen oder aufheben. Dialektik als Philosophenschule, das soll noch erlaubt sein, aber Denken, das im freien Vollzug tatsächlich dialektisch verfährt, wirkt als Irritation, zuweilen schlicht als erschwerend bei der Vorbereitung zum Examen. Aber gerade die*

Vereidigung auf die These; die Erwartung, daß einem nun bündig gesagt werde, was man zu denken und womöglich zu tun habe, ist das eigentlich Unphilosophische, ja das Geistfeindliche schlechthin. (GS 20·1, S. 325f.) Die zitierten Worte enthalten, und sei es e contrario, das Programm des Adornoschen Kolleghaltens; zugleich kann man ihnen auch etwas wie Anweisungen entnehmen, wie Adornos Vorlesungen auf die rechte Art zu rezipieren seien.

Indessen besteht das Spezifische der Adornoschen Vorlesungen keineswegs in ihrem propädeutischen Charakter, den sie denn auch noch am ehesten mit der heute gängigen Kollegpraxis teilen dürften. In seinen Vorlesungen hat Adorno nicht verschmäht, von dem Gebrauch zu machen, was man Rhetorik und womöglich ›bloße‹ Rhetorik zu nennen sich gewöhnt hat. Die *Negative Dialektik* umfaßt auch eine Rettung der Rhetorik: durch diese habe *der Ausdruck ins Denken sich hinübergerettet* und der Philosophie *ihr sprachliches Wesen* (GS 6, S. 65) bestätigt. Wenn man das sprachliche Wesen der Schriften Adornos darin erblicken kann, daß in ihnen alle rhetorische Ornamentik wie weggehauen scheint und dadurch die Sache ihren Ausdruck gewinnt, so kehrt im gesprochenen Wort der Adornoschen Vorlesungen die Sache ihre noch unbearbeitete Seite als Ausdruck nach außen: Denken, das noch nicht zu seiner verbindlichen Formulierung gefunden hat, in der es ›so stehenbleiben kann‹ und damit bis zu einem bestimmten Grad immer auch stillgestellt wird, sondern das sich erst auf den Weg macht. In den Vorlesungen Adornos ist der Gedanke noch nicht zum Lehrsatz geronnen, in die Geschlossenheit scholastischer Thesen gebannt; er ist noch in Bewegung, sein Ergebnis nicht absehbar, analog der modernen Kunst, der die Konzeption des Experiments, nach Adornos Deutung, selbstverständlich ist. Denken wirft in Adornos Vorlesungen oft genug à fonds perdu sich weg, es sieht sich zum Eingehen von Risiken genötigt, geht das Risiko selbst des Scheiterns ein. Der Titel »Holzwege«, und daß Heidegger *für* solche sich erklärte, hat Adornos Billigung gefunden. Das Adornosche Denken auf seinen Wegen und Umwegen begleiten zu können, führt auf Aspekte, in welchen die abgeschlossene und abschließende Form, die in den Schriften Adornos immerhin vorherrscht, wiederum aufgebrochen wird und Möglichkeiten hervortreten, die einzulösen dem Autor in seinen verbindlichen Werken versagt war. Für Adorno war Denken stets mit Anstrengung verbunden; häufig zitierte er Hegels Satz aus der Vorrede zur »Phänomenologie des Geistes«, daß es darauf ankomme, »die Anstrengung des Begriffs auf sich zu nehmen«; und den Kantischen Begriff der Spontaneität bestimmte er als *Erfahrung des anstrengenden Tuns [...], die mit Denken verbunden ist* (GS 10·2, S. 600). Als der Herausgeber, zu Beginn seines Studiums, mit der Naivität des Anfängers, es fertigbrachte, Adorno zu fragen, ob das Schreiben ihm auch so schwerfalle, bekam er die verdiente Antwort: »Doch nicht das Schreiben! das Denken!« Daß Adornos Schriften sich angestrengtestem Denken verdanken, wird noch keinem Leser entgangen sein. Erst die Protokolle seiner Vorlesungen erlauben, ihm bei der Anstrengung des Denkens zuzusehen; einen Blick in die Werkstatt zu tun, in der, wie Siegfried in Mimes Höhle sein Schwert, der Philosoph seine Begriffe schmiedet; Zeuge zu werden, wie der ›lebendige Geist‹ an den Gedanken arbeitet.

Das Kolleg über Kants »Kritik der reinen Vernunft«, das als zweite Vorlesung, nach der *Einleitung in die Soziologie* von 1968, veröffentlicht wird, hat Adorno im Sommersemester 1959 gehalten. Es war weder sein erstes Kolleg über Kants erkenntnistheoretisches Hauptwerk noch das erste, in dem er sich mit Problemen der Erkenntnistheorie befaßte. Schon die Dissertation des Zwanzigjährigen war einem epistemologischen Thema, der Kritik der Husserlschen Dingtheorie, gewidmet gewesen. Im Wintersemester 1931/32, dem ersten der Lehrtätigkeit Adornos, verzeichnete das Vorlesungsverzeichnis der Frankfurter Universität: *Erkenntnistheoretische Übungen (Husserl)*. Und nach der Rückkehr aus der Emigration und einer ersten, anscheinend zweisemestrigen Vorlesung zur *Ästhetik* las Adorno bereits im Sommersemester 1951 über *Probleme der zeitgenössischen Erkenntnistheorie (Husserl)*. Weiter zurück noch als das Interesse Adornos für die Husserlsche Phänomenologie datiert seine Beschäftigung mit der »Kritik der reinen Vernunft«, die er schon als Schüler zusammen mit Siegfried Kracauer, dem älteren Freund, gelesen hat (s. oben, Anm. 98). Im Kolleg behandelte er die theoretische Philosophie Kants allerdings erst seit Mitte der fünfziger Jahre. Im Wintersemester 1953/54 und im folgenden Sommersemester 1954 las er zweiteilig über *Das Problem des Idealismus;* während der erste Teil im wesentlichen eine Platon-Vorlesung war, trug der zweite im Vorlesungsverzeichnis den erläuternden Zusatz: *Einleitung in Kants Kritik der reinen Vernunft*. Schon im Sommersemester 1955 folgte eine Vorlesung unter dem Titel *Kants transzendentale Logik;* denkbar, daß Adorno im Jahr zuvor über die ›Transzendentale Ästhetik‹ nicht hinausgekommen war und jetzt die Fortsetzung bot.

Anders als die genannten Vorlesungen, von denen außer einigen Stichwörtern nichts erhalten blieb, ist die Vorlesung mit dem Titel *Erkenntnistheorie* vom Wintersemester 1957/58 die früheste, von der es eine Transkription der Bandaufnahme gibt; nach Adornos Tod hat sie übrigens als Raubdruck eine gewisse Verbreitung gefunden. Zwar wendet diese Vorlesung sich erst im letzten Drittel energischer der Einführung in die »Kritik der reinen Vernunft« zu, sie ist jedoch als ganze eine wichtige Vorstufe zu der im vorstehenden veröffentlichten, die Adorno im Sommersemester 1959 als *Kritik der reinen Vernunft* angekündigt und gehalten hat. Später hat Adorno nicht mehr über die theoretische Philosophie Kants gelesen.

Seinen Büchern über Hegel, Kierkegaard und Husserl hat Adorno keins über Kant an die Seite gestellt; lediglich das Freiheitskapitel der *Negativen Dialektik* behandelt die praktische Philosophie Kants. Da für Adornos Denken die Kantische Vernunftkritik von kaum geringerer Relevanz als die Hegelsche Dialektik ist und die Bedeutung der Philosophie Kierkegaards wie Husserls ohne Frage übertrifft, kommt seinen Kant-Vorlesungen – neben der vorliegenden den gleichzeitig zur Veröffentlichung gelangenden *Problemen der Moralphilosophie* von 1963 – um so größeres Gewicht zu. In der letzten der Vorlesungen zur »Kritik der reinen Vernunft« spricht Adorno von *einem dialektischen Denken* – er meinte das eigene –, *dessen Elemente ich Ihnen an Kant entwickelt habe* (oben, S. 352); deutlicher konnte Adorno nicht sagen, worum es ihm ging: nicht um immanente Auslegung des historischen Kant; er verhandelte vielmehr bei Gelegenheit Kants Fragestellungen der eigenen Philosophie. Die der Adornoschen Philosophie immanente Erkenntnislehre ist Metakritik der überkommenen – und das heißt vorab: der Kantischen – Erkenntnistheorie. An versteckter Stelle hat Adorno ausgesprochen, daß er die *sehr große Anstrengung,* die Kantische Konstitutionsproblematik zu interpretieren, nur deshalb auf sich nehme, *weil es hier um nicht weniger* gehe, als um *die Grundlegung der philosophischen Position, wie ich sie selbst vertrete* (oben, S. 239) und für die er erst später den Namen der negativen Dialektik fand. Adorno hat so intensiv mit Erkenntnistheorie sich nur befaßt, um diese hinter sich zu lassen und sachhaltigem Philosophieren sich zuwenden zu können: auch dies eine Kopernikanische Wende. Die materialistische Insistenz auf der Dignität von Erfahrung als dem Organon von Denken, die Adornos Philosophie bestimmt, ist nicht zuletzt Kant verpflichtet, bei dem der Erfahrungsbegriff nirgends auf die subjektive oder empirische

Wahrnehmung geht, sondern, indem er den Aufbau einer gegenständlichen Welt zu leisten beansprucht, immer zugleich Notwendigkeit und Allgemeinheit in Anspruch nimmt. Die aber meint auch das Theorem vom ›Vorrang des Objekts‹ als einem Objektiven bei Adorno. Zentrale Gedanken, für die sein Denken einsteht, sind immer wieder in der Diskussion Kantischer gewonnen worden, so das Nichtidentische, von dem Adorno mit soviel Emphase gesprochen hat und das zu einer Art Schibboleth seines Denkens geworden ist. Adorno interpretierte etwa die Dinge an sich, von denen Kant nicht lassen wollte, als Statthalter des Nichtidentischen, durch welche das idealistische Urpseudos, alles Objekt auf seine subjektive Konstitution zu reduzieren, gesprengt wird. Adornos lebenslanges Interesse an der erkenntnistheoretischen Problematik und insbesondere an derjenigen Kants ist das an einem *Niemandsland,* wie er es wiederholt in den vorliegenden Vorlesungen formuliert hat (s. oben, S. 40, 55 und 332). Gemeint ist das Bereich, welches Kant als transzendentales zwischen Logik, Psychologie und Metaphysik ansiedelte. In den Lücken, die dort zwischen den durch Grenzpfähle abgesteckten Disziplinen und ihren vorgeblichen Zuständigkeiten sich auftun, suchte Adorno das ›unauslöschlich Ontische‹, das Nichtidentische – nämlich nicht mit ihrem begrifflichen Abguß Identische – der Sachen selbst. In einem Bericht über Kinderspiele hat Adorno aber einmal verraten, wofür das Wort *Niemandsland* in seinem Diktionär steht: *Das Land [. . .], das ich, spielend mit mir selbst, okkupierte, war ein Niemandsland. Später, im Krieg, tauchte das Wort auf für den verwüsteten Raum vor den beiden Fronten. Es ist aber die getreue Übersetzung des griechischen – Aristophanischen –, das ich damals desto besser verstand, je weniger ich es kannte, Utopie.* (GS 10·1, S. 305) Heute, da niemand dies Wort mehr kennen will, weil es keiner schon verstanden hat, mag das messianische Licht zuletzt noch in Adornos Denken des Niemandslands sich brechen, so trocken es auch in seiner abstrakt-epistemologischen Gestalt daherkommt, mit allem Fehlbaren und Ungesicherten, das das Experiment der improvisierten Rede mit sich bringt.

Die Edition der Vorlesung stützt sich auf die Transkription der Bandaufnahme, die im Institut für Sozialforschung, meistens in unmittelbarem Anschluß an die einzelnen Kollegstunden, angefertigt worden ist. Die abgeschriebenen Tonbänder sind gelöscht worden, um erneut verwendet zu werden; die Transkription befindet sich heute im Theodor W. Adorno Archiv unter der Signatur Vo 4259-4504.

Bei der Textherstellung hat der Herausgeber versucht, ähnlich zu verfahren, wie Adorno selber die Redaktion frei gehaltener Vorträge besorgte, wenn er sie überhaupt für die Publikation freigab: *Er hat den Vortragscharakter unangetastet gelassen und nur die gröbsten sprachlichen Fehler und die auffälligsten Wiederholungen beseitigt.* (Zit. nach: Vorträge, gehalten anläßlich der Hessischen Hochschulwochen für staatswissenschaftliche Fortbildung, Bad Homburg v. d. H., Berlin 1955, S. 54) Das Bestreben war, möglichst wenig in den gut überlieferten Text der Vorlage einzugreifen, der von einer Sekretärin geschrieben wurde, die nicht nur mit Adornos Eigenheiten vertraut war, sondern auch dem Gegenstand sich völlig gewachsen gezeigt hat. Gerade deshalb scheint sie freilich auch den Text, der sich auf dem Band befunden hat, an manchen Stellen schon verbessert zu haben. Um so weniger sah der Herausgeber sich gehalten, seine Vorlage wie einen heiligen Text zu behandeln. Sachliche Irrtümer etwa, die auf ›Fehlhörungen‹ beim Transkribieren zurückgeführt werden müssen, sowie eindeutige Verstöße gegen grammatische Regeln wurden ebenso stillschweigend korrigiert, wie Füllwörter, insbesondere die Partikeln *nun, also, ja,* dort getilgt worden sind, wo sie auf bloße Verlegenheitsfloskeln sich reduzierten. In der Handhabung der Interpunktion, die notwendig hinzugefügt werden mußte, hat der Herausgeber sich am freiesten gewußt und, ohne Rücksicht auf die von Adorno bei geschriebenen Texten beachteten Regeln, das Gesprochene möglichst eindeutig und unmißverständlich zu gliedern gesucht. So ist etwa bei Parenthesen vor dem Gebrauch von Klammern – die Adorno möglichst vermieden hat – nicht zurückgeschreckt worden, wann immer die Übersichtlichkeit dadurch zu gewinnen schien.

In den Anmerkungen hat der Herausgeber die in den Vorlesungen benutzten Zitate nachgewiesen sowie solche Passagen zitiert, auf welche Adorno sich in den Vorlesungen bezogen hat. Darüber hinaus sind häufiger Parallelstellen aus den Schriften Adornos beigebracht worden, die in den Vorlesungen Ausgeführtes verdeutlichen können, aber auch demonstrieren sollen, daß Vorlesungen und Schriften Adornos überaus vielfältig miteinander verknüpft sind.

Adorno glaubte, *ohne Unbescheidenheit den Satz Rudolf Borchardts für sich in Anspruch nehmen zu können, daß er gewohnt sei, zwischen den Gattungen zu scheiden. Die Differenz zwischen dem, was er schreibt und was lediglich den Anforderungen des Gegenstandes gehorcht, und dem gesprochenen Wort, das auf Kommunikation abzielt, dünkt ihm entscheidend.* (Ebd.) Man wird dem gesprochenen Wort Adornos nur Gerechtigkeit widerfahren lassen, wenn man es nicht an dem mißt, was er geschrieben hat; dann jedoch vertritt es eine Gattung sui generis.

Januar 1995

Register

Das Register erschließt, abgesehen von den auf jeder Seite gegenwärtigen Namen Kants und Adornos, die im Text der Vorlesungen sowie in den Anmerkungen des Herausgebers und im Editorischen Nachwort vorkommenden Personennamen. Seitenzahlen in Geradschrift beziehen sich auf die Vorlesungen, *kursiv* gesetzte Zahlen auf die Anmerkungen und das Nachwort. Indirekte Erwähnungen sind ohne besondere Kennzeichnung aufgenommen worden.

Übersicht

Theodor W. Adorno im Suhrkamp Verlag

Gesammelte Schriften in zwanzig Bänden. Herausgegeben von Rolf Tiedemann unter Mitwirkung von Gretel Adorno, Susan Buck-Morss und Klaus Schultz.

- Band 1: Philosophische Frühschriften. stw 1701. 384 Seiten
- Band 2: Kierkegaard. Konstruktion des Ästhetischen. stw 1702. 266 Seiten
- Band 4: Minima Moralia. Reflexionen aus dem beschädigten Leben. stw 1704. 303 Seiten
- Band 5: Zur Metakritik der Erkenntnistheorie. stw 1705. 386 Seiten
- Band 6: Negative Dialektik. Jargon der Eigentlichkeit. stw 1706. 531 Seiten
- Band 7: Ästhetische Theorie. stw 1707. 582 Seiten
- Band 8: Soziologische Schriften I. stw 1708. 587 Seiten
- Band 9: Soziologische Schriften II. Zwei Bände. stw 1709. 924 Seiten
- Band 10: Kulturkritik und Gesellschaft. Prismen. Ohne Leitbild. Eingriffe. Stichworte. Anhang. Zwei Bände. stw 1710. 843 Seiten
- Band 11: Noten zur Literatur. stw 1711. 708 Seiten
- Band 12: Philosophie der neuen Musik. stw 1712. 206 Seiten
- Band 13: Die musikalischen Monographien. stw 1713. 521 Seiten
- Band 14: Dissonanzen. Einleitung in die Musiksoziologie. stw 1714. 449 Seiten
- Band 15: Komposition für den Film (gemeinsam mit Hanns Eisler). Der getreue Korrepetitor. stw 1715. 406 Seiten
- Band 16: Musikalische Schriften I-III. Klangfiguren (I). Quasi una fantasia (II). Musikalische Schriften (III). stw 1716. 683 Seiten
- Band 17: Musikalische Schriften IV. Moments musicaux. Impromptus. stw 1717. 349 Seiten

NF 138/1/12.16

- Band 18: Musikalische Schriften V. stw 1718. 841 Seiten
- Band 19: Musikalische Schriften VI. stw 1719. 665 Seiten
- Band 20: Vermischte Schriften. Zwei Bände. stw 1720. 877 Seiten

Nachgelassene Schriften
Herausgegeben vom Theodor W. Adorno Archiv

Abteilung I: Fragment gebliebene Schriften
- Band 3: Current of Music. Elements of a Radio Theory. Herausgegeben von Robert Hullot-Kentor. 690 Seiten. Gebunden

Abteilung IV: Vorlesungen
- Band 2: Einführung in die Dialektik. Herausgegeben von Christoph Ziermann. 439 Seiten. Gebunden
- Band 3: Ästhetik. Herausgegeben von Eberhard Ortland. 522 Seiten. Gebunden
- Band 4: Kants »Kritik der reinen Vernunft«. Herausgegeben von Rolf Tiedemann. 440 Seiten. Gebunden
- Band 6: Philosophie und Soziologie. Herausgegeben von Dirk Braunstein. 459 Seiten. Gebunden
- Band 7: Ontologie und Dialektik. Herausgegeben von Rolf Tiedemann. 448 Seiten. Gebunden
- Band 9: Philosophische Terminologie. Herausgegeben von Henri Lonitz. 912 Seiten. Gebunden
- Band 10: Probleme der Moralphilosophie. Herausgegeben von Thomas Schröder. 318 Seiten. Gebunden
- Band 12: Philosophische Elemente einer Theorie der Gesellschaft. Herausgegeben von Tobias ten Brink und Marc Phillip Nogueira. 278 Seiten. Gebunden
- Band 13: Zur Lehre von der Geschichte und von der Freiheit. Herausgegeben von Rolf Tiedemann. stw 1785. 491 Seiten
- Band 14: Metaphysik. Begriff und Probleme. Herausgegeben von Rolf Tiedemann. 320 Seiten. Gebunden

NF 138/2/12.16

- Band 15: Einleitung in die Soziologie. Herausgegeben von Christoph Gödde. 330 Seiten. Gebunden
- Band 16: Vorlesung über negative Dialektik. Herausgegeben von Rolf Tiedemann. 464 Seiten. Gebunden
- Band 17: Kranichsteiner Vorlesungen. Herausgegeben von Klaus Reichert und Michael Schwarz. Mit einer DVD. 600 Seiten. Gebunden

Briefe und Briefwechsel
Herausgegeben vom Theodor W. Adorno Archiv

- Band 1: Theodor W. Adorno – Walter Benjamin. Briefwechsel 1928-1940. Herausgegeben von Henri Lonitz. 501 Seiten. Gebunden
- Band 2. Theodor W. Adorno – Alban Berg. Briefwechsel 1925-1935. Herausgegeben von Henri Lonitz. 380 Seiten. Gebunden
- Band 3: Theodor W. Adorno – Thomas Mann, Briefwechsel 1943-1955. Herausgegeben von Christoph Gödde und Thomas Sprecher. 179 Seiten. Gebunden
- Band 4.1: Adorno – Max Horkheimer. Briefwechsel I. 1927-1937. Herausgegeben von Christoph Gödde und Henri Lonitz. 612 Seiten. Gebunden
- Band 4.2.: Adorno – Max Horkheimer. Briefwechsel II. 1938-1944. Herausgegeben von Christoph Gödde und Henri Lonitz. 662 Seiten. Gebunden
- Band 4.3.: Adorno – Max Horkheimer. Briefwechsel III. 1945-1949. Herausgegeben von Christoph Gödde und Henri Lonitz. 589 Seiten. Gebunden
- Band 4.4 Adorno – Max Horkheimer. Briefwechsel IV. 1950-1969. Herausgegeben von Christoph Gödde und Henri Lonitz. 1078 Seiten. Gebunden
- Band 5: Briefe an die Eltern. 1939-1951. Herausgegeben von Christoph Gödde und Henri Lonitz. Mit einem vierfarbigen Bildteil. 576 Seiten. Gebunden

NF 138/3/12.16

- Band 7: Adorno – Siegfried Kracauer. Briefwechsel 1923-1966. »Der Riß der Welt geht auch durch mich ...«. 772 Seiten. Gebunden
- Band 8: Theodor W. Adorno – Gershom Scholem. Briefwechsel. 1939-1969. »Der liebe Gott wohnt im Detail«. Herausgegeben von Asaf Angermann. 548 Seiten. Gebunden

»So müßte ich ein Engel und kein Autor sein«. Adorno und seine Frankfurter Verleger. Der Briefwechsel mit Peter Suhrkamp und Siegfried Unseld. Herausgegeben von Wolfgang Schopf. 650 Seiten. Gebunden

Einzelausgaben. Eine Auswahl

Beethoven. Philosophie der Musik. Fragmente und Texte. Herausgegeben von Rolf Tiedemann. stw 1727. 392 Seiten

Einleitung in die Soziologie. Herausgegeben von Christoph Gödde. stw 1673. 336 Seiten

Erziehung zur Mündigkeit. Voträge und Gespräche mit Hellmut Becker 1959 bis 1969. Herausgegeben von Gerd Kadelbach. st 11. 148 Seiten

Jargon der Eigentlichkeit. Zur deutschen Ideologie. es 91. 139 Seiten

Minima Moralia. Reflexionen aus dem beschädigten Leben. BS 236. 339 Seiten

Negative Dialektik. stw 1706. 531 Seiten

Studien zum autoritären Charakter. Übersetzt von Milli Weinbrenner. stw 1182. 483 Seiten

NF 138/4/12.16

Traumprotokolle. Herausgegeben von Christoph Gödde und Henri Lonitz. Mit einem Nachwort von Jan Philipp Reemtsma. BS 1385. 122 Seiten

Zu einer Theorie der musikalischen Reproduktion. Herausgegeben von Henri Lonitz. stw 1750. 400 Seiten

Zur Lehre von der Geschichte und von der Freiheit. stw 1785. 491 Seiten

NF 138/5/12.16